本書受二〇一五年重慶市古籍保護項目資助

蜀故

〔清〕彭遵泗等 撰
劉興亮等 整理

國家圖書館出版社

圖書在版編目（CIP）數據

蜀故 /（清）彭遵泗等撰；劉興亮等整理. -- 北京：國家圖書館出版社，2017.8

ISBN 978-7-5013-6191-5

Ⅰ. ①蜀… Ⅱ. ①彭… ②劉… Ⅲ. ①四川—地方史—清代 Ⅳ. ① K297.1

中國版本圖書館 CIP 數據核字（2017）第 195607 號

書　　名　蜀　故
著　　者　（清）彭遵泗等撰　劉興亮等整理
責任編輯　南江濤
封面設計　程言工作室

出　　版　國家圖書館出版社（100034　北京市西城區文津街 7 號）
（原書目文獻出版社　北京圖書館出版社）
發　　行　010-66114536　66126153　66151313　66175620
66121706（傳真）　66126156（門市部）
E-mail　nlcpress@nlc.cn（郵購）
Website　www.nlcpress.com →投稿中心
經　　銷　新華書店
印　　裝　河北三河弘翰印務有限公司
版　　次　2017 年 8 月第 1 版　2017 年 8 月第 1 次印刷

開　　本　880 × 1230（毫米）1/32
字　　數　330 千字
印　　張　16

書　　號　ISBN 978-7-5013-6191-5
定　　價　45.00 圓

點校説明

《蜀故》二十七卷，清人彭遵泗等著。舉凡『守土考鑒之資、學士采獲之助，靡不畢具』。又有謂，『其一書而兼備各類，存治要，彰法戒，極人事之變化，窮天地之所有，使人流覽便可知巴蜀梗概』。故被時人譽爲『可當於《通志》之一助』[一]！

有關彭遵泗生平及著述，史少明文，幸有羅建新《彭遵泗〈蜀故〉版本源流考》一文，不但詳考其生平，還對《蜀故》一書之成書過程及版本情況進行了仔細的梳理。今據其所論，知彭遵泗字磐泉，號丹溪生，眉州丹棱（今四川丹陵）人。遵泗幼穎悟，七歲能詩。與兄端淑、肇洙同讀於紫雲寺，得父向及外祖父王庭詔之教誨。博覽群書，學識大進。據《［乾隆］丹棱縣志》卷八、法式善《清秘述聞》卷五載：彭遵泗於雍正八年（一七三〇）拔貢生；雍正十三年（一七三五）中舉人；乾隆二年（一七三七）進士及第，選翰林院庶吉士；後調兵部主事，擢兵部員外郎；至乾隆十五年（一七五〇），放甘肅涼州同知，轉調湖北，任黃州府同知；乾隆十九年（一七五四）署江防同知，爲官清正，卓有政績，乾隆二十一年（一七五六），辭官歸里，後病卒於家，封奉政大夫。彭遵泗學問淵博，勤於著述，據黃廷桂等《［嘉慶］四川通志》、丁仁《八千卷樓書目》、張廷玉等《清文獻通考》、鄭珍《［道光］遵義府志》、佚名《清史列傳》諸史籍載，其先後纂輯有《蜀碧》《蜀故》《丹棱縣志》諸書，另有詩文《過應山楊大洪宅》《過草堂》《述舊示子侄》《蜀中煙説》《陳家庵碑記》《興福河橋記》《大雅堂銘》等行世。身後，其兄端淑、肇洙與子延慶將其僅存的數十首詩作整理，録爲《丹溪遺編》二卷，並於乾隆年間梓行，今《清代詩文集彙編》七九九册收入是書［二］。

《蜀故》之成書並非得於彭遵泗一人之力，而是出於衆人之手，彭氏子弟延慶、肇洙、端淑等人均曾參與該書的纂修。

據彭端淑《蜀故序》所載，時『爲邑侯黃公聘修縣志，隨輯《蜀故》』，知《蜀故》一書之纂，實肇於彭遵泗修《［乾隆］丹棱縣志》之時，也可以説，該書是彭氏修《丹棱縣志》時，因輯史料而成的副産品。今檢視《［乾隆］丹棱縣志》，知時任丹棱縣令爲黃雲，其於乾隆十年（一七四五）至二十年（一七五五）間任丹棱知縣，則據此知，彭遵泗《蜀故》之纂輯當始於這一時期。

也正是由於《蜀故》乃彭遵泗『隨輯』之作，冀晚年歸里，始考訂行世，故其編寫時，『皆旭素狂草，塗乙縱横，不盡可識，且隨書隨擲』，未曾有意編輯整理。因此，直至其身故之時，書稿實際仍爲散篇斷章，更遑論付梓了。所幸當時有其子彭延慶，亦長於史事，常將零散之稿逐一秘藏，

《蜀故》稿本方纔得以留存。

今傳諸《蜀故》刻本，多附彭端淑《蜀故敘》一文，據該文所述，我們可以基本瞭解到《蜀故》的刊刻過程。該文云：『余三侄延慶，侍左右有年，一一秘而藏之篋笥。』又云：『至乾隆三十八年（一七七三），匏繫江右清江縣事畢，録簡册欲付梓人，而未敢以行世也。余時適掌錦江書院，延慶以書稟命於余曰：「此吾父數十年之筆墨也。」余不没磬泉之苦心，細加翻閲，真有補於博覽稽古之士，誠非淺鮮。異日表而出之，以公同好。』據此知，《蜀故》稿本，雖有其子盡心整理，但直至乾隆三十八年始有端緒。彼時彭端淑掌錦江書院，爲山長。延慶遂請其爲序，以求彰明之，端淑盡心校改，最終促使該書如願刊行。另據彭肇洙敘中所言，『余戊辰歲解組歸來，余弟三子延慶，携以請予批閲』諸語，知肇洙時因母喪而歸籍守制，而其所見之《蜀故》乃彭延慶初步整理之部分抄本。羅建新也認爲，彭肇洙所獲，衹是《蜀故》的部分篇章，因其時遵泗並未纂成此書，此可從該書卷五具載乾隆十八至十九年（一七五三—一七五四）間由廣東、福建、湖南、江西諸地遷蜀之人數這一情況而得到證明。

總之，《蜀故》一書，從乾隆二十年彭遵泗開始纂輯，至乾隆三十八年以後形成定稿刊刻，頗賴彭氏子弟多人之力，方纔完成，可以説，其過程是較爲曲折漫長的。

今觀《蜀故》一書所記，上自天文，下迄疆域，名賢事功，辨其真贋，內容涉及方域、形勢、賦税、貢土、茶税、酒税、錢法、城市、坊、官制、宫室、選舉、風俗、文學、人物、古跡、列女、著作、物産、仙道、藝術、邊徼等各方面，故彭端淑稱其書：『括全省之典章、人物，以佐案頭之博覽者也。上自天文之分野，古今之興廢，官則之沿革，名賢之著作，凡夫忠孝、節烈、釋道、仙佛、關河、險阻，無不略備。』

薛新立《巴渝古代要籍敘録》一書認爲，《蜀故》一書的價值雖巨，但首要價值在於其關注民生方面。如卷三詳細記録了清朝時蜀中的田畝賦税額度：『田地四十五萬九千一百二十三頃五畝，每年增減原無定數。已熟田地，當年起科。報墾荒地，分别水田六年，旱地十年。田地徵糧科則重輕不一，上田每畝四分六釐零至八分四釐，中田每畝三分六釐至七分八釐，下田每畝二分二釐至五分八釐。上地每畝一分五毫至一分三釐，添增中地每畝七釐二絲至八釐九毫。』同時還記載了各縣賦税情況：『保寧府屬之通江縣，上田每畝徵銀一錢二分六釐，下田每畝徵銀六分五釐。中田與下田一體徵收，實爲特重。……惟重慶巴縣等處，上田徵糧不滿一分，該地方地脈淺薄，不及他處，照舊徵收。』這對研究川東地區賦税制度提供了翔實的資料。又如卷五詳細記載了重慶城當時的面貌：『重慶府城，依山勢爲之，兩面大江，一面合江，惟西北有一路與成都通，計至省一千二百里，門十七，朝天、翠微、通遠、金湯、定遠、南紀、鳳凰、金字、仁和、太平、出奇（今爲儲奇）、大安、臨江、洪崖、千斯、興福、東水，今存者九。』則乾隆時重慶城門就剩九門了。另，對枳城提出了新的看法：『枳城，夔府北，漢縣。《史記》「楚得枳而國亡」即此。』對歷史上的張儀城作出判斷：『張儀城，保寧東，秦時築。今名曰白沙壩。』卷六對捍關提出自己的見解：『捍關，關廩君浮夷水所置也。』又如卷八：『蜀雖僻左，而先正大儒如濂溪周先生、河南二程先生，嘗不鄙而幸臨之。今其遺墨多在蜀……三先生始在蜀時，所聞未彰，而蜀人從者已衆矣。誦其詩，讀其書，且猶以爲未足也。得其隻詞斷册，猶寶之不置，至貽之子孫，不敢失墜。』則蜀中實爲理學傳播之重鎮[三]。

《蜀故》版本，大抵有抄本與刻本兩種形態。然據現存文獻，彭延慶所據刊刻的《蜀故》稿本已佚，其他抄本亦未見面世，傳世版本皆爲刻本，大體主要有：

（一）乾隆補修本。此本爲《蜀故》傳世之最早刻本。九行二十二字，小字雙行，四周雙邊，白口，單魚尾，版心上題『蜀故』，標明卷數與每卷頁碼。首《乾隆三十四年壬申仲秋月上浣肇洙仲尹氏並序》，概括《蜀故》之性質，『典故也，括全省之典章人物，以佐案頭之博覽者』，說明其得見此書之原委；次《乾隆三十八年丙子仲春月上浣書於錦江之石室端淑樂齋氏序》，陳述遵泗編纂《蜀碧》《蜀故》之動機與時間，交代作《蜀故序》之因由及用意；次《蜀故目録》，目録末注明監刻者爲彭照、彭堉坤，繕寫者爲彭懷初。卷一下題『丹棱彭遵泗磬泉氏纂輯，仲兄端淑樂齋、叔兄肇洙仲尹仝校』。

（二）白鶴堂本。此本乃據乾隆補修本翻刻，其卷首增補《道光甲午年仲冬月桐城李宗傳序》，以爲『《蜀故》則全省中數千年之掌故備焉，所以攄懷舊之蓄念而發思古之幽情也』，『其微顯闡幽、論辯得失類，皆犁然有當，於人心而不可易，則又以見學識之正，而非第才之賅洽已也』，餘者仍其舊。

（三）讀書堂本。此本乃新鐫之本，封面題『彭磬泉先生輯，光緒丙子鐫，讀書堂梓』，九行二十二字，小字雙行，四周雙邊，上下粗黑口，雙對黑魚尾，版心標明卷數與每卷頁碼，次以肇洙、端淑之敘，次《蜀故目録》。據《彭遵泗〈蜀故〉版本源流考》一文所考，該本多有異於乾隆補修本者：如卷三增入『户口、商税、關務、鹽井、鹽政、水引羨餘』，抽取乾隆補修本卷六之『官制、文潞公二則、安酉三則』置於卷五，卷七無乾隆補修本之『祠』條，卷八增列『風俗、口語、民謡、忌諱』四目，卷九增列『故事、進獻、詭詐、詆嘲、黠刺、報應、孽報、補故事類』諸目，卷十五增『補唐子西事』目，卷十六增『浣花夫人任正一紀略』目，卷二十三增『異夢』目，而將乾隆補修本『仙兆』條誤書爲『先兆』，卷二十四增『畫、樂器、音樂』目而重出『藝術』目。卷一下題『丹棱彭遵泗磬泉氏纂輯』，無乾隆補修本所提之端淑、肇洙校訂之信息。

（四）玉元堂本。此本乃據乾隆補修本翻刻，封面牌記鐫『光緒戊戌年玉元堂校刊』，首肇洙敘，次端淑敘，次目録，版式、内容等一仍其舊。

（五）耕道齋本。光緒二十八年（一九〇二），耕道齋據白鶴堂本影印，牌記鐫『光緒壬寅重鐫，時策必用，耕道齋發售』，首李宗傳序，次肇洙序，次端淑序，次目録，版式、内容等别無一致。

自乾隆年間成書後，《蜀故》長期流傳不廣，見者不多，其『有補於博覽稽古之士』的價值並未能得到充分顯現。直至二十世紀九十年代，《四庫未收書輯刊》出版後，該書纔漸爲學人所知。然《四庫未收書輯刊》所收録《蜀故》，乃據乾隆補修本影印而成，字跡漫漶不清，難以卒讀，這就使有欲尋《蜀故》而治蜀地文史者，難得其本真。有鑒於此，我們決定對《蜀故》進行初步的點校整理，以求有助於學林。

總體看來，《蜀故》刻本大致可分爲兩大系統：一爲乾隆補修本系統，白鶴堂本、玉元堂本、耕道齋本皆出於此；一爲讀書堂本。而就版本價值而言，讀書堂因刊刻者廣輯博採，校訂時尤參考衆本，故版本價值較高，訛誤之處相對其他刻本也最少。故我們這次點校是以讀書堂本爲底本，校以乾隆補修本、白鶴堂本、玉元堂本、耕道齋本。另外，需要説明的是，本次點校，針對底本中存在的明顯訛誤，均據他本所載作了改動。諸本均誤之處，則據他書校改，並出校記。對於一時無法改動之異詞，並列諸書之説，不作辨證。文中所見之異字、俗字、避諱字，均徑改，不出注。凡原刻本雙行夾注，則置於括號之内，以小號字體標出。由於讀書堂本目録，多有異於他本，文中諸多條目，原目録遺漏者仍在在有之，爲避免原目録所存在的上述問題，我們點校過程中，在綜合比對各版本目録的基礎上，對底本目録進行了重新編排。

本次點校，亦如《蜀故》之纂修，成於衆手。劉興亮負責全書統稿，並完成第一至十卷點校；殷玉玲負責第十一至十八卷；張校承擔了餘下各卷的點校工作；唐昌倫則負責全稿的審定。因我們學力有限，雖志願盡善，但錯誤和不妥之處在所難免，至盼讀者指正。

劉興亮

二〇一七年三月

參考文獻

〔一〕《蜀故序》，清道光十四年白鶴堂刻本。
〔二〕羅建新：《彭遵泗〈蜀故〉版本源流考》，《文藝評論》二〇一四年第十二期。
〔三〕薛新立：《巴渝要籍敘録》，中州古籍出版社二〇〇八年，第九十三頁。

目録

卷六

卷七

卷八

卷九

卷十

卷十一

卷二十七

敘一

蜀故者，典故也。括全省之典章、人物，以佐案頭之博覽者也。上自天文之分野，古今之興廢，官則之沿革，名賢之著作，凡夫忠孝、節烈、釋道、仙佛、關河、險阻，無不略備。誠哉試策之寶筏，可當於《通志》之一助也。余戊辰歲解組歸來，余弟三子延慶，携以請予披閱，事故瞭若指掌，不禁喟然曰：噫嘻！此汝父之手澤，謹藏諸笥，爲家塾之一助也。

可

旨

乾隆三十四年　壬申仲秋月　上浣

肇洙　仲尹氏　並序

敘二

吾蜀僻處邊陲，自蜀府成王貯書數萬卷，兵燹而後，盡爲灰燼，好學之士欲窺全豹，駸駸乎其難之矣。余弟磬泉喜筆墨，留京數十年，憫蜀罹獻賊之苦，抉句而成《蜀碧》，已付剞劂行世。太史蔡雪南曰『撰著十年成《蜀碧》』，正謂此也。後爲邑侯黄公聘修縣志，隨輯《蜀故》。上自天文，下迄疆域，名賢事功，辨其真贋，成集凡二十七卷。然皆旭素狂草，塗乙縱横，不盡可識，且隨書隨擲，恐蹈管窺耳。余三侄延慶，侍左右有年，一一秘而藏之篋笥。至乾隆三十八年，匏繫江右清江縣事畢，録簡册欲付梓人，而未敢以行世也。余時適掌錦江書院，延慶以書稟命於余曰：『此吾父數十年之筆墨也。』余不没磬泉之苦心，細加翻閱，真有補於博覽稽古之士，誠非淺鮮。異日表而出之，以公同好，是在子孫能繼先志耳。聊弁數語，冠於篇首云。

時

乾隆三十八年丙子　仲春月　上浣　書於錦江之石室

端淑　樂齋氏序[一]

校勘記

[一] 端淑樂齋氏，即指彭端淑。彭端淑（一六九九—一七七九），字樂齋，號儀一，眉州丹棱（今四川丹棱縣）人。生於清聖祖康熙三十八年，卒於清高宗乾隆四十四年。清朝官員、文學家，與李調元、張問陶一起被後人稱爲『清代四川三才子』。端淑十歲能文，十二歲入縣學，與兄彭端洪，弟彭肇洙、彭遵泗在丹棱萃龍山的紫雲寺讀書。雍正四年（一七二六），彭端淑考中舉人；雍正十一年（一七三三）又考中進士，進入仕途，任吏部主事，遷本部員外郎、郎中。乾隆十二年（一七四七），彭端淑充順天鄉試同考官。

卷一

丹稜彭遵泗磬泉氏纂輯

方域

《春秋元命苞》云：『觜、參流爲益州。益之言隘也，謂物類並決，其氣急切決列也。』[一]《春秋文耀鉤》云：『荆山西南至岷山、北距烏鼠、梁州，屬開陽。』[二]《洛書甄曜度》云：『汶山之地爲井絡，帝以會昌，神以建福，上爲天井。』[三]

《漢天文志》：『觜觿、參，益州。』

《地理志》：『秦地於天官，東井，輿鬼之分野也。南有巴蜀、廣漢、犍爲、武都。又西南有牂牱、越嶲、益州，皆宜屬焉。』[四]

《晉天文志》：『觜、參，魏，益州：廣漢入觜一度，越嶲入觜三度，蜀郡入觜一度，犍爲入參三度，牂牱入參五度，巴郡入參八度，漢中入參九度，益州入參七度。』[五]

《唐天文志》：『東井據百川上流，故鶉首爲秦、蜀墟，得兩戒山河之首。雲漢達坤維右而漸升，始居列宿上，觜觿、參、伐皆直天關表而在河陰。』[六]又云：『東井、輿鬼，鶉首也。初井十二度，中井二十七度，終柳六度。自漢三輔，西自隴坻，西南盡巴蜀漢中之地，及犍爲、越巂、益州，極南河之表，東至牂牁，古秦梁、邠、芮、豐、畢、駘杠，有扈、密須、庸、蜀、羌、髳之國。』[七]

《宋兩朝天文志》：『井八星距西北第一星，去極六十九度。鬼四星距西南星，去極六十九度半。』[八]

《元天文志》：『四海測驗，二十七所。成都，北極出地三十一度半强。』[九]

《明天文志》：『井九度至柳三度屬秦分，鶉首之次。四川成都府、崇慶、漢、威三州，皆井鬼分。綿州，觜分。茂州、重慶府、涪州，皆井鬼分。忠、合二州，參井分。順慶府、蓬、廣安二州，保寧府、劍州、敘州、夔州二府，施、潼川、瀘、嘉定、雅、眉、馬湖、龍松九州，普定、芒布、建昌三府，柏興州、德昌、會川、烏蒙、烏撒、東川、阿都六府，皆井鬼分。』

《一統志》：『成都府，天文井，鬼分野，入參一度。保寧府，井、鬼分野。順慶府，參、井分野。敘州府、重慶府俱井鬼分野。夔州府翼軫分野。馬湖府鬼分野。龍安府、鎮雄府、潼川州、眉州、嘉定州、瀘州、雅州，俱井、鬼分野。東川府，參分野。烏蒙、烏撒二府，永寧、天全、黎州三司，俱井、鬼分野。平茶司，軫分野。松潘司、疊溪所，俱觜、參分野。』

《容齋隨筆》云：『十二國分野，上屬二十八宿，其爲義多不然。其不可曉，莫如《晉天文志》

謂：「自畢至東井爲實沈，於辰在申，魏之分野，屬益州。」魏分晉地，得河內、河東數十縣，於益亦不相干，豈非蔽於天而不知地乎。』[一〇]

徐發《分野説》：『歷代分野，各有不同，惟古法多驗，餘參以時制焉。』漢沔以南，巴蜀，邛筰屬之。翼軫，實楚之支也。江南五月梅熟時，霖雨連旬，謂之『黄梅雨』。少陵詩云：『南京犀浦道，四月熟黄梅。湛湛長江去，冥冥細雨來。』[一一]蓋唐人以成都爲南京，則蜀中梅雨亦在四月也。

《河圖括地象》云：『正南邛州曰深土，西南戎州曰滔土。』又云：『井絡纏曜，江漢炳靈，泉流深遠，爲四瀆之首。』[一二]

四川，《禹貢》梁州之域。自蠶叢、魚鳧而下，不通中國者千有餘載，至苴蜀相攻，秦救苴滅蜀及巴而郡縣之。漢曰廣漢，武帝始置益州部。唐初，置劍南道爲西川後增置東川府於梓州，於是稱兩川焉。

川者，穿也。水穿地中，故曰穿。岷江，一水也。瀘，一水也。雒，一水也。渝，一水也。蜀江之水非一，而岷、瀘、雒、巴，爲四大川也。四川之名所由方與，一曰：宋南渡後，始分益、利、夔、梓爲四路，故曰四川。蜀，見於《尚書·牧誓》，地與秦接。《通典》云所謂巴、賨、彭、濮之人。[一三]《元和郡縣志》：『武王伐殷，巴人助焉。』後封爲巴，姬姓，子爵，在巴郡江州縣，今渝州江津。其地東至魚腹，西僰道接漢中，南極牂牁，是其界也。

《華陽國志》：『蜀之先，肇於人皇之際，黄帝爲子昌意娶蜀山氏女，子孫因封焉。秦滅蜀，因滅巴。』

陳子昂云：『昔蜀與中國不通，秦以金牛、美女啖蜀侯，侯使五丁力士自棧褒斜，鑿通谷，迎秦之餽。』秦隨以兵，而地入秦，取蜀置巴郡、蜀郡，漢因之。初，苴蜀相攻，秦使張儀、司馬錯取蜀。譙周曰：『苴，今之巴郡也。』《正義》曰：『蜀王封其弟於漢中，號曰苴侯，因命之邑曰葭萌。苴侯與巴王爲好，巴與蜀爲仇，故蜀王怒伐苴，苴奔巴，求救於秦。秦遣張儀伐蜀，滅之，因滅巴。』[一四]《括地志》：『苴侯，都葭萌，今利州益昌縣五十里葭萌故城是，蜀侯都益州。』[一五]太史公曰：『巴蜀四塞，棧道千里，唯褒斜綰轂其口。』

漢武帝平西南夷，置牂牁、越嶲、沈黎、汶山、犍爲、益州六郡，西置武都郡。天漢四年，併沈黎於蜀。地節三年，併汶山於蜀犍爲、夜郎地。元封五年，初置部刺史，改梁爲益。益州刺史部漢中、廣漢、武都、犍爲、越嶲、益州、牂牁、蜀郡，凡八郡。漢高帝置廣漢郡，領十縣，以應十支。通湖在戌，陽泉在亥，安南在子，涪流在丑，梓潼在寅，五城在卯[一六]，新都在辰，資州在己，犍爲在午，什方在酉。後封雍齒什方侯，今什方縣也。三國蜀先主全制巴蜀，置益、梁二州。益，成都。梁，漢中。又置郡九，巴東、巴西、梓潼、江陽、汶山、漢嘉、朱提、宕渠、涪陵。後主增雲南、興古。

唐分天下十道，九曰劍南道，今益、蜀、彭、漢、綿、劍、梓、遂、普、資、簡、陵、邛、眉、嘉、雅、榮、瀘、戎、黎、茂、龍、扶、文、當、松、静、柘、翼、悉、維、嶲、姚，凡三十有三州焉。東連牂牁，牂牁渠帥姓謝氏，舊臣中國。貞觀[一七]中，修貢職，列其地爲牂牁，西界土蕃，南接郡蠻。郡蠻者，南詔烏蠻、白水蠻、昆明蠻、兖州蠻、六姓蠻之屬。又，漢州雒縣西北有白馬羌、南平蠻獠，蓋蠻之别種，漢中、邛筰之間所在多有。北通劍閣，劍閣在劍州劍門縣，張載作銘。有梁山亦曰大劍山，在縣西南二十四里。其名山有峨眉、青城、鶴鳴、岷山，其大川有涪、雒，及西漢之水，江瀆在焉。厥賦絹、綿、葛、紵。厥貢麩金、羅綾、綿綢、交梭、弭牟布、絲葛、麝香、羚羊、犀牛角，遠夷則控西河群蠻之貢獻焉[一八]。考當時夔、萬、忠、梁、洋、集[一九]、通、開、壁、巴、蓬、渠、涪、渝、合、鳳、利、閬、果，則屬第五之山南道。

置天下十節度，劍南節度西抗吐蕃，南撫蠻獠，治益州兵三萬九百人。

宋至道三年，定天下爲十五路，蜀曰西川、峽西。咸平四年，分川峽爲四路，益、梓、利、夔。

成都府路，州一十二，眉、綿、漢、彭、蜀、嘉、邛、簡、黎、雅、茂、威；府一，成都；軍一，永康；監一，陵井；縣五十八。

梓州路，州一十一，梓、遂、果、資、普、合、榮、渠、昌、戎、瀘；軍二，懷安、康安；監一，富順；縣四十九。

利州路，州九，利、閬、洋、文、劍、興、巴、蓬、龍；府一，興元；縣三十九。

夔州路，州九，夔、忠、萬、施、開、達、涪、渝、黔；軍三，雲安、梁山、南平；監一，大寧；縣三十一。

成都府，《禹貢》梁州之域。古蜀國，秦置蜀郡，漢曰廣漢，曰益州。後爲公孫述據，置成都尹，蜀漢都此。唐置劍南道，後改成都府，升置南京，尋罷，復西川節度。宋爲成都府。明因之。

保寧府，《禹貢》梁州之域。春秋巴國地，秦爲巴郡。閬中西境，漢曰巴西，梁曰南梁，西魏曰隆州，唐曰閬州，宋曰安德，元明曰保寧。

敘州府，《禹貢》梁州之域。古僰侯國，漢犍爲郡治，梁、隋、唐皆曰戎州，後改南溪郡。宋改敘州，元升爲路，明敘州府。

重慶府，《禹貢》梁州之域。周爲巴子國，秦置巴郡。漢曰江州，漢末曰永寧，梁曰楚州，隋曰渝州，唐曰南平，宋、元、明曰重慶。

夔州府，《禹貢》荊、梁二州之域。周爲魚復國，春秋爲夔國地，秦屬巴郡。漢曰永寧，曰巴東。蜀漢曰固陵，梁曰信州，唐曰雲安，宋、元、明曰夔州府。

潼川府，《禹貢》梁州之域。春秋、戰國屬蜀地，漢曰廣漢，蜀漢曰梓潼，晉曰新都，梁曰新州，西魏曰昌城，隋曰梓州，唐曰東川，宋曰梓川，明爲潼川州，今升府。

嘉定府，《禹貢》梁州之域。秦爲蜀郡地，漢屬犍爲郡，曰漢嘉。梁置青州，西魏改眉州，後周屬平羌郡，旋改曰嘉州。隋改眉山郡，唐屬劍南道。宋改爲嘉祥縣，後升爲嘉定府，又置嘉慶軍。元爲路，明爲府，後降爲州，今升府。

雅州府，《禹貢》梁州之域。周屬雍州，秦、漢曰嚴道，屬蜀郡。西魏曰蒙山，隋置雅州，後爲臨邛郡。唐、宋、元、明曰雅州，今升府。

龍安府，《禹貢》梁州之域。秦爲氐、羌地。漢曰陰平，後魏曰江油，隋曰平武，唐曰龍門，宋曰龍州。明初爲龍州宣撫司，後改曰龍安府。

順慶府，《禹貢》梁州之域。周爲雍州地，春秋、戰國爲巴子國。秦、漢屬巴郡，漢末曰安漢。劉宋曰宕渠，隋曰巴西。唐曰南充，曰果州。宋曰順慶，元曰東川，明爲順慶府。

寧遠府，《禹貢》梁州南裔，古西南夷邛都國地。漢置越嶲郡，梁置嶲州，後周置西寧州，元置建昌路。明初爲府，尋改爲衛，置行都司，今改爲府。

資州，漢資中縣地。後周分置盤石縣。隋、唐、宋、元曰資州，明降爲縣，今升爲直隸州。

茂州，古冉駹國地。漢置汶山郡，治汶江縣，梁置繩州，後周置汶州。隋曰蜀州、會州。唐曰南會州，後改茂州。明設茂州衛，屬成都府，今升爲直隸州。

酉陽州，《禹貢》梁州之域。古蠻夷地，秦屬黔中，漢以酉陽地置武陵郡。吴曰黔陽，唐曰思州。明爲酉陽宣撫司，隸重慶府，今升爲直隸州。

忠州，周巴地。漢置臨江縣，後魏置臨州。唐改忠州，後改南賓郡。宋升爲咸淳府，元復爲忠州，明屬重慶府，今升爲直隸州。

達州，《禹貢》梁州之域。漢巴郡宕渠縣之東境，東漢分置宣漢縣，劉璋分屬巴西郡。桓温平蜀，立晉昌郡，劉宋分置巴渠郡。梁曰石城，置東關郡及萬州。西魏改通州，隋曰通川，宋改曰達州。明降爲縣，後復州，屬夔州府，今升直隸州。

眉州，《禹貢》梁州之域。秦爲蜀郡地，漢爲犍爲郡武陽縣地。蕭齊析置齊通郡，梁置青州，西魏爲眉州，周曰嘉州，隋屬眉山郡。唐、宋、元曰眉州，降爲縣，後升爲直隸州。

邛州，《禹貢》梁州之域。周職方屬雍，秦、漢曰臨邛，梁曰邛州，西魏曰蒲原，唐、宋、元俱爲邛州。明降爲縣，屬嘉定州，後升爲直隸州。

瀘州，《禹貢》梁州之域。春秋時巴國地，漢置江陽縣，梁置瀘州，隋改瀘川郡。唐置都督府，羈縻十四州。宋置節度，領羈縻十八州，後改曰江安州。元亦曰瀘州，明改爲直隸州。

開明妃墓，今武擔山也。有石闕、石鏡。武陵王蕭紀掘之，得玉石棺，棺中美女容貌如生，體如冰〔二〇〕，掩而寺其上。鏡周二丈五尺。《蜀紀》：『武擔山精，化爲美女。蜀王納爲妃，不習水土而死，王遣五丁於武都，擔土爲冢，故名武擔。蓋地數畝，高七尺。上有石厚三寸，徑五尺，瑩徹，號曰石鏡。王見悲悼，作《臾邪》之歌、《龍歸》之曲［二一］。』

子美《愁坐》詩，有『左擔大戎屯』之語，注俱失解。按：《太平御覽》引《蜀紀》［二二］云：『蜀山自綿谷、葭萌，道徑險窄，北來擔負者，不容易肩，謂之左擔道。』又李公允《益州記》云：『陰平縣有左擔道，其路至險。自北來，擔在左肩，不得度右肩。』［二三］常璩《南中志》云：『自焚道［二四］、朱提有水步道，水道有黑水及羊官水，至險難。行步道度三津，亦艱阻，故行者謡曰：楢溪、赤水，盤蛇九曲。盤羊烏櫳［二五］，氣與天通。庲降賈子，左擔七里。』據三書，左擔有三：綿谷一也，陰平二也，朱提三也。朱提，今之烏撒。

茂州西北最後番曰列鵝村。村有岷山，名曰鐵豹，一曰羊膊。按：《後漢書》注云：『一名沃蕉，在隴山南直上六十里。』今謂之鐵豹嶺。

蜀有三離堆，一在蒼溪，一在南部，一在灌縣。

王象之《蜀國考》，按：《世本》《山海經》、楊雄《蜀王本紀》《華陽國志》諸書，皆言蜀之先，肇於人皇之際，至黄帝子昌意娶蜀山氏女，生帝嚳，後封其支庶於蜀，歷夏、商、周，始稱王者，總目名曰蠶叢，次曰柏灌，次曰魚鳧。其後有王曰杜宇，杜宇稱帝，號望帝。時有荆人鱉泠死，其屍隨水上，荆人求之不得。鱉泠至汶川下，忽復生，見望帝，帝立爲相。時巫山壅江，蜀地洪水，望帝使鱉泠鑿山，蜀得陸處。望帝因禪位於鱉泠，號開明。遂自亡去，化爲鵑鳥，故蜀人謂子鵑爲望帝。自開明而上至蠶叢，凡四千歲，自開明而下五世[二六]，有開明尚，始立廟，《尚書·牧誓》所謂庸蜀者，即此也。《通鑑》：慎靚王五年，『巴蜀相攻擊，俱告急於秦。秦使張儀、司馬錯伐蜀，滅之。貶蜀王，更號爲侯，後以其地爲蜀郡。』《華陽國志》云，開明氏『凡王蜀十二世』。

王象之《巴國考》：『《山海經》云，西南有巴國。』又云：『昔太皞生咸鳥，咸鳥生乘釐，乘釐生后昭，是爲巴人。』郭璞注云：『巴之始祖事。』《寰宇記》：『周武王伐紂，巴蜀之屬髳、微、彭、濮人。』注云：『髳、微在巴蜀，巴之名見於此。』《巴志》云：武王克殷，封其宗姬於巴，爵之以子。春秋魯桓公九年，巴子請與鄧爲好。莊公十八年，楚伐楚。文公十六年，巴與秦、楚共滅庸。哀公十八年，巴人伐楚，敗於鄾。又曰：『庸蠻叛楚，楚莊王伐之，七遇皆北，惟鯈、魚人，實逐之。』[二七]杜曰：『裨、鯈、魚三巴，今魚復縣也。』《巴志》云：戰國時，蜀既稱王，巴亦稱王。《巴志》亦云：周慎靚王五年，蜀王伐苴，苴侯奔巴，巴爲求援於秦。秦惠王遣張儀、司馬錯救苴，巴遂伐蜀，滅之。儀貪巴道之富，因取巴，執巴王以歸，置巴蜀及漢中郡[二八]。

校勘記

［一］「參」，底本作「星」，今據《新唐書》《古徵書》等改。

［二］「開陽」，底本作「開星」。今據《六典通考》所引改。

［三］此句，《河圖括地象》云：「岷山之地，上爲井絡，帝以會昌，神以建福。」「井」字下原有「星」字。

［四］「秦地，於天官、東井，輿鬼之分野也。南有巴蜀、廣漢、犍爲、武都。又西南有臧哥、越巂、益州皆宣屬焉。」一句有脱文，《漢書·地理志》原作「秦地，於天官、東井，輿鬼之分野也。南有巴蜀、廣漢、犍爲、武都。西有金城、武威、張掖、酒泉、敦煌。又西南有臧哥、越巂、益州皆宣屬焉。」

［五］「牂牁」，底本原作「牂牱」，今據《晉書》改。

［六］「列宿上」三字上原脱「始居」。今據《新唐書》補。

［七］「豐」，底本作「輿」。「駘杠」底本作「駘杜」。「髳」，底本作「髳」。今均據《新唐書》改。

［八］「西北」二字間，原有衍字「扇」，今據《宋史》删。

［九］「四海」，底本原作「西海」，今據玉元堂本及《元史》改。

［一〇］「宿」，底本作「舍」，今據《容齋隨筆》改。

［一一］杜甫全詩作：「南京犀浦道，四月熱黃梅。湛湛長江去，冥冥細雨來。茅茨疏易濕，雲霧密難開。竟日蛟龍喜，盤渦與岸回。」此處彭氏所引，僅前四句。

［一二］《河圖括地象》原作「岷山之下爲井絡，帝以會昌，神以建福。《夏書》曰：岷山導江，東别爲沱，泉源深盛，爲四瀆之首。」

［一三］《通典》原作「梁州，當夏殷之間，爲蠻夷之國，所謂巴、賨、彭、濮之人也」。

［一四］「秦遺張儀伐蜀」，底本作「秦遺張儀伐蜀」，今據《正義》改。

［一五］『益昌縣』三字下，脱『五十里』。

［一六］『卯』，底本作『夘』，今據玉元堂本改。

［一七］『貞觀』，底本原作『正觀』，今據玉元堂本改。

［一八］『群蠻』，底本作『郡蠻』，今據玉元堂本改。

［一九］此字原脱，今據玉元堂本補。

［二〇］『冰』，底本作『水』。今據玉元堂本及《古今圖書集成·山川典》改。

［二一］《蜀紀》原作：『武都山精，化爲女子，美而豔。蜀王納爲妃，不習水土，欲去。王必留之，乃作《東平》之歌以悦之。無幾，物故。王乃遣武丁於武都擔土爲冢，蓋地數畝，高七尺。上有一石，圓五寸，徑五尺。瑩沏，號曰石鏡。王見，悲悼。遂作《臾邪》之歌、《龍歸》之曲。』《路史》亦有記載曰：『開明妃墓，今武擔山也。有二石闕、石鏡。武陵王肖紀掘之，得玉石棺，中美女容貌如生，體如冰，掩之而寺其上。鏡，周三丈五尺。』

［二二］『《蜀紀》』，底本作『《蜀記》』，今據玉元堂本改。

［二三］『度』字下底本脱『右肩』二字，今據《益州記》補。

［二四］『焚道』，底本作『僰道』，今據《南中志》改。

［二五］『盤羊烏櫳』，底本脱『盤』字，今據玉元堂本補。

［二六］『世』，底本作『葉』，今據《華陽國志》改。

［二七］『北』，底本作『敗』，『惟』，底本作『唯』。今據《巴志》改。

［二八］『郡』，底本作『都』，今據文意改。

卷二

形勢

蜀在畿輔西少南，轄十一府，九直隸州，二直隸廳。東西距二千里，南北距三千二百一十里。東至夔府巫山縣界嶺，交湖廣巴東縣界，計程一千七百六十里。西至龍安府松潘衛，交南夷部落毛兒革生番界，計程一千二百四十里。南至寧遠府會理州金沙江，交雲南元謀縣界，計程二千零二十里。北至保寧府廣元縣七盤關，交陝西寧羌州界，計程一千一百八十里。東南至敘永廳永寧縣赤水河，交貴州畢節縣界，計程一千一百五十里。西南打箭爐出口裏塘等處，至西藏阿里拉丹界，計程九千六百七十五里。東北至直隸達州太平縣分水嶺，交陝西興安縣界，計程一千四百一十里。西北至龍安府平武縣，交陝西交縣界，計程一千一百五十里。

成都府，省會。東西距二百二十里，南北距二百三十里，轄十三縣，三州。沃野千里，據錦江水利之勝。

龍安府，在省北六百五十里。東西距八百四十里，南北距八百里，轄四縣，一廳，五關，設險西北藩籬。

直隸綿州，雍正五年改直隸，在省東北二百七十里。東西三百里，南北距一百零五里，轄五縣，控扼全川，舟車輻輳。

直隸茂州，雍正五年改直隸，在省西四百一十里。東西距一百八十里，南北距四百三十里，轄二縣。岷山爲江瀆之源，桃關來西域之路，控制吐蕃，捍蔽内郡。

雜谷廳，乾隆十七年設同知，在省西四百六十里。管鎋大、小金川、松岡、卓克基、沃日六土司，撫夷綏漢，籌邊要地。

保寧府，在省北少東六百二十里。東西距七百一十里，南北距六百里，轄七縣，二州，棧道千里，秦蜀之衝。

順慶府，在省東北六百二十里。東西距七百六十里，南北距二百三十里，轄八縣，二州，嘉陵大江襟帶於左，金泉棲樂雄峙於右。

潼川府，在省東北三百二十里。東西距四百五十里，南北距五百八十里，轄八縣，在涪水、中江、瀘、敘、龍、綿之間，居中扼要。

重慶府，在省東少南一千二百里。東西距五百六十里，南北距五百九十里，轄十一縣，二州，沿江爲地，鑿崖爲城，三巴形勢之天造地設者也。

夔州府，在省東一千七百四十里。東西距四百三十里，南北距四百四十四里，轄六縣。鎮以灩滪，扼以瞿塘，咽喉楚蜀，鎖鑰巴渝。陸行細路，繚雲水行，急峽轟雷，最爲險要。

直隸酉陽州，雍正十三年改縣爲直隸州，在省東少南二千零十里。東西距三百七十里，南北距五百四十里，轄三縣。控楚連黔，撫苗綏漢，川東要隘。

直隸達州，在省東一千二百里。東西距二百七十里，南北距七百四十里，轄三縣。四達之衝，峽右之冠。

直隸忠州，在省東一千五百里。東西距二百六十里，南北距一百八十里，轄三縣。前涪後峽，夔府咽喉。

敘州府，在省東南七百九十里。東西距四百四十五里，南北距三百七十五里，轄十一縣，雷波一衛，原有建武廳，改鄧井關通判。東距瀘水，西連大峨，南達六詔，北接三榮，負山枕江，地勢險要。馬湖府屬，雍正五年改屏山縣。

敘永廳，在省東南九百九十里。東西距二百五十里，南北距三百里，轄一縣。紅崖鎮北，雙溪横南，上通滇黔，下達巴瀘，夷漢雜處，洵稱重地。

直隸瀘州，在省東南七百五十里。東西距三百一十里，南北距二百二十里，轄三縣。枕帶雙流，居江雒之會。

直隸資州，雍正五年改資縣爲直隸州，在省東三百四十里。東西距四百三十里，南北距五百零五里，轄四縣。資水環流，素稱沃壤。

雅州府，在省西南三百三十里。東西距五百三十五里，南北距三百八十五里，轄五縣，一州。控帶夷落，南詔咽喉。西南六百三十里，即打箭爐、天全州、雅安縣，俱雍正七年復設。

嘉定府，在省南三百九十里。東西距五百四十里，南北距二百六十里，轄七縣。背負三峨，襟帶二江。

寧遠府，雍正六年裁建昌通判爲府，在省南一千二百三十里。東西距六百六十里南，北距一千二百九十里，轄三縣，一州，一衛。六詔咽喉，地利膏腴。

直隸眉州，在省南一百八十里。東西距一百四十里，南北距一百五十里，轄三縣。擅峨眉、象耳之勝。

直隸邛州，在省西南一百八十里。東西距二百二十里，南北距一百五十里，轄二縣。東接蓉城，西連番地。

打箭爐同知，在省西南一千零二十里。東西距六百四十里，南北距八百三十里。層巒峻嶺，峭壁懸崖，中隔瀘水，番藏要道。

南棧、劍州之劍關，昭化之牛頭山，廣元之朝天關、七盤關，最爲險要。較之蠶叢各路，上層雲，下深灘，不計其丈。而羊腸一綫，不能經尺。沙流勢側，尤平易也。

張儀説楚王曰：『秦西有巴蜀，大船積粟，起於汶山，浮江已下至楚三千餘里。舫船載卒，一舫五十人，與三月之食。下水而浮，一日行三百餘里，里數雖多，然而不費牛馬之力。不至十日而拒扞關，扞關驚，則從竟陵而東盡城守矣，黔中、巫郡，非王之有。』

蜀爲險國，苟非其人，最爲易取。秦伐蜀，十月取之。後唐平蜀王衍，七十五日。宋平蜀孟，祗用六十日也。

倪氏曰：『桓温經理中原，先平李勢。劉裕削平燕秦，先取譙縱。故蜀於天下形勢最重。』孫氏以蜀先亡也，王濬順流而下而吴亡。陳以蜀先爲隋有也，楊素順流而陳亡。本朝先平孟昶，然後南唐不能以自立，故蜀於東南形勢尤重。

堪輿家云：『天下山川起崑崙，分三龍入中國，循西番入趨岷山，沿岷江左右者，包敘州而止。江左者，北趨關中。』宋儒乃謂：南龍與中龍同出岷山，沿江而分。蓋宋晝大渡河爲守，而棄滇雲，當時士大夫遊輶未至，不知而臆説也。今金沙江源出吐蕃犁牛河，入滇下川江，則已先於塞外隔斷岷山，故南龍不起岷山。蜀中山纔離祖，水尚源頭，層巒疊嶂，環以四圍，然後開成都千里之沃野。蹲其中服，水雖無瀦，岷江爲經，衆水緯之。群流總歸三峽，一綫而出，故爲西大省[一]。

《蜀志》曰：『姜維等聞諸葛瞻破，乃引軍由廣漢郪道以審虛實。』《後漢傳贊注》：『梁山北拒華山之陽，南距黑水，故常璩敘蜀事，謂之《華陽國志》也。』

眉州南門外村名小桃源，竹籬、桃樹、小橋、流水，夾以槐柳，緑蔭翳然，遊人汎舟其間[二]，謂之小桃源。東坡詩：仿佛城南路，繁花撲石頭。子由詩：『清江入城郭，小浦生微瀾。』

蓬山館，《統志》[三]：『在大蓬山下，江山勝概，爲一郡美觀。』

簡州有小桃園。天水一碧，放目無際。春月，桃花甚繁。

青蓮鄉，平武東南，接江油西北界。《通志》：『相傳李白母浣紗於此，有鯉魚躍入籃中，烹而食之，遂孕而生白。』《舊志》：『爲彰明人。』蓋平武實割江油、劍州、梓潼、彰明之地爲邑矣。

荔枝園，江津治後。《巴志》：『江州有荔枝園，至熟二千石，常設廚膳，命士大夫共會樹下食之。』

倪户侍[四]所居有巴字園，俯臨城堞，南對塗山，下有龍門，浩擅巴郡江山之勝，自題一聯云：『居臨巴水真成字，家對龍門好著書。』

李户部云：自灌至郫，自郫達成都西門，甬道相屬百餘里，皆石爲之，上皆雕鐫花卉、翎毛，窮極工巧，即此一端，蜀中當日極盛風物可以想見。

眉州象耳山有李白留題云：『夜來月下卧醒，花影零亂，滿人襟袖，疑如濯魄於冰壺也[五]。』

校勘記

〔一〕此句出王士性《廣遊志》，該書原作『即如川中，山才離祖，水尚源頭，然猶開成都千畖之沃野，水雖無瀦，然全省群流，總歸三峽一綫，故爲西大省。』

〔二〕『間』，底本作『問』，今據玉元堂本改。

〔三〕《統志》，即《明一統志》。

〔四〕倪户侍，據《帶經堂詩話》卷十四所載，即巴縣户侍倪斯蕙。

〔五〕『疑如濯魄於冰壺也』，底本脱『於』字，今據乾隆補修本及《李太白詩集注》等改。

卷三

田賦

田地四十五萬九千一百二十三頃五畝，每年增減原無定數。已熟田地，當年起科。報墾荒地，分别水田六年，旱地十年。田地徵糧科則重輕不一，上田每畝四分六釐零至八分四釐，中田每畝三分六釐至七分八釐，下田每畝二分二釐至五分八釐。上地每畝一分五毫至一分三釐，添增中地每畝七釐二絲至八釐九毫。原載之中地每畝一分七釐至四分二釐，原載之下地每畝七釐八毫至二分八釐。重慶府屬之長壽縣減瞞科則上、中無幾。直隸綿州稻田，陸地每畝徵輸四分二釐。彰明縣田上、中二則，地止上則。潼川屬之中江縣，中田每畝丁糧銀六分五釐，下田每畝丁糧銀五分八釐，中地每畝丁糧銀五分五釐，下地每畝丁糧銀三分九釐。遂寧縣，地分上、中、下三則，其田止載稻中一則，每畝原徵丁糧銀五分四釐零。龍安府屬之江油縣，田地未開，下則。敘州府屬屏山縣，上田每畝徵銀七分一釐。雅州府屬之滎經縣中田，蘆山縣上田，嘉定府屬之峨眉縣上田，夾江縣上田，科則較之各屬實爲偏重。名山縣，下地每畝一分五毫起科。保寧府屬之通江縣，上田每畝徵銀一錢二分六釐，下田每畝徵銀六分五釐。中田與下田一體徵收，實爲特重。閬中等縣，上田起科則例，均屬懸殊。雍正八年，巡撫憲德疏稱[一]：川省田地徵糧科則，必須均平畫一[二]。奏准。自此各州縣上、中、下田地徵收一律也。惟重慶巴縣等處，上田徵糧不滿一分，該地方地脈淺薄，不及他處，照舊徵收。

蜀田沿永樂故籍[三]，野田益闢而賦不爲科，豪强侵占。東餉起[四]，海内悉加賦，右布政朱燮元署司篆，不爲增派，乃偏科蜀田，清其漏知籍，歲充新餉七萬五千有奇。

户口

户口原報七十四萬三千八十八户。乾隆十八年，廣東省入川民人楊國能等四百零八户，湖南省入川民人蔣玉先等九百九十一户，廣西省入川民人胡志章等八户，江西省入川民人蕭藥榮等三百九十四户，福建省入川民人林理臣等一十七户。乾隆十九年，廣東省入川民人姚官秀等二百八十一户，湖廣省入川民人謝恭敬等一千六百一十二户，江西省入川民人蕭天祥等一百四十户，廣西省入川民人李子傑等七十三户，乾隆二十年，湖南省入川民人蔡芝茂等一千八百六十户，廣東省入川民人高三才等五百九十户。

賦税

晉時，李雄據蜀，賦丁歲穀三斛，女子半之，綢絹不過數丈，綿數兩，事少役稀，百姓富實。

宋時，四川有對糴米，謂如税户甲家當輸百石，則又科糴百石，所輸倍於正税，皆軍興後科配也。

貢土

唐時，蜀郡每年常貢南賓郡（今忠州），貢蘇薰席四領，綿綢四匹。巴川郡（今合州），貢牡丹皮十斤，藥子二百顆。清化郡（今巴州），貢綿綢十匹。益昌（今利州），即廣元縣，貢絲布十匹。咸安郡（今蓬州），貢綿綢十匹。盛山郡（今開州），貢蠟四十斤，車前子一升。始寧郡（今璧州），貢綿綢十匹。南平郡（今渝州），貢葛五匹。鄰山郡（今渠州），貢綢十匹，買子木十斤。蜀郡（今益州），貢單絲羅二十匹，高苧衫段二十匹。唐安郡（今蜀州），貢羅十匹。濛陽郡（今彭州），貢交梭二十匹。德陽郡（今漢州），貢彌布十匹，紵布十匹。通義郡（今眉州），貢麩金八兩，柑子不限多少。梓潼郡（今梓州），貢綾十六匹。巴西郡（今綿州），貢雙紃二十匹。普安郡（今劍州），貢絲布十匹，蘇薰席六領。閬中郡（今閬州），貢重連綾二十匹。資陽郡（今資州），貢麩金七兩，柑子不限多少。臨邛郡（今邛州），貢絲布十匹。通化郡（今茂州），貢麝香六十枚，扇香十枚，齊香十枚，顆香三十枚。交州郡（今松州），貢麝香三十枚，當歸七斤，羌活五斤，野狐尾五枚。越嶲郡（今嶲州），貢絲布十匹，進刀子靶六十枚。南溪郡（今戎州），貢葛十匹。六月，進荔枝煎。遂寧郡（今遂州），貢樗蒲綾十五匹，乾天門冬百一十斤。南充郡（今果州），貢絲布十匹。壽郡（今陵州），貢綢葛五匹。犍爲郡[五]（今嘉州），貢麩金五兩。盧州郡（今雅州），貢金、落雁木。瀘州郡（今瀘州），貢葛十匹。安岳郡（今普州），貢葛十匹，天門冬煎四斗。陽安郡（今簡州），貢綿綢十匹，柑子不限多少。油江郡（今龍州），貢麩金六兩，羚羊角六具。涪陵郡（今涪州），貢連貊、獠布十段。維州郡（今維州），貢麝香二十顆，犛牛尾十斤。洪原郡（今當州），貢蜀椒一石。宣和元年，户部尚書唐恪稽考諸路送上供錢物之數。利州路（今廣元），三萬二千五百一十八貫匹兩，夔州路一十二萬三百八十九十匹兩，成都路四萬五千七百二十五貫匹兩，潼川路五萬二千一百二十貫匹兩。

商税

宋熙寧間四川諸州商税歲額：成都，二十一務四十萬貫以上。蜀州，八務。彭州，八務。永康，五務。梓，二務。遂，二務二十萬貫以上。眉，二務。綿，二務。漢，二務。嘉，八務。邛，十九務。簡，四務。果，一務。戎，三務。瀘，六務。合，一務。懷安，三務。利，三務。閬，一務。劍，七務。三泉縣，二務。夔，二務十萬貫以上。資，一務。普，一務。昌，三十八務。洋州，八務。太寧監，一務。達，一務。施，五務。涪，六務五萬貫以上。榮，一務。巴，五務。雅，十一務。廣安，三務。

渝，三務五萬貫以下。龍，二務。集，七務。壁，一務。開，一務三萬貫以下。陵井監，四務。梁山一務，一萬貫以下。按：天下商税，惟四蜀獨重。雖戎閒小壘，其數亦倍蓰於内地之壯郡。然《會要》言：四蜀所納皆鐵錢，十纔及銅錢之一，則數目雖多而所取亦未爲甚重。而熙寧十年以後再定之額，他郡皆增於前，而四蜀獨减於舊，豈亦以原額偏重之故與[六]？

關務

雍正六年，以夔關税務隱欺甚多，未定章程，請照滸墅關之例，派差監督一員料理。雍正十二年，呈報期滿部覆，今數年來章程漸定，不須特遣官員，着照舊例交地方大臣委員管理，每年正額徵銀七萬三千七百四十兩四錢九分，遇閏加徵銀六千一百四十五兩四分。米税，乾隆七年免徵。乾隆十四年，奉文仍照舊例徵收。每年徵米税銀二萬五千一十兩八錢八分，未有定額。

渝關木税。康熙四十七年定額銀四千七百餘兩。雍正十一二三年，徵正耗銀七千餘兩。乾隆二年，分所收税銀，除去加四耗銀並書巡飯食等項外，即以五千之數定爲歲額，至十五六七等年所收，不數額數，歸併夔關徵收。

落地税。成都府，每歲徵收正額銀六百九十五兩八錢九分。廣元縣，歲徵收正額銀一千四百八十一兩七錢四分。閬中縣，每歲徵收額銀一百八兩七錢六分。

雅州通判，每歲徵收正額銀二百八十六兩四錢七分。敘永廳，每歲徵收正額銀六百四十七兩四分。

寧遠通判，每歲徵收正額銀二百二十七兩七錢四分，俱係入地丁册内報銷。

打箭爐監督，每年約徵銀一萬九千七百餘兩，就近兑支。泰寧、阜和等協營餉，亦無定額，自行奏銷。

阜和營石城，周一百四十五丈八分有奇，門樓三，凡在爐東北。雍正八年，建關隘大卡，在爐東。柳楊卡，在爐三十里，俱康熙四十一年設，盤查貨物，徵收商税。

鹽井

唐有鹽池十八，井六百四十，皆隸度支。嶲州井一，果、閬、開、通，井百二十三，山南西院領之。邛、嘉、眉有井十三，劍南西川院領之。梓、遂、綿、合、昌、渝、瀘、資、榮、陵、簡，有井四百六十，劍南東川院領之。置榮、安等十三鹽監。五代時，孟知祥因董璋誘商賈，販取東川鹽入西川，知祥患之，乃於漢州置三場，重徵其税。宋初，夔路納鹽課變價成都、潼川、利路折納錢絹，後罷改引，每年納鹽六千四百四萬四千七百一十八斤，甚爲蜀害。孝宗時[七]，歲減四十萬緡，民間競設佛事以報之。元世祖時，四川鹽場凡二十一井有九十五。至元十九年，通辦鹽一萬七千九百五十二引，後續增至二萬八千九百一十引，計鈔八萬六千七百三十錠，又添餘鹽一萬引，帶辦浙運五千引，竈丁盡皆逃竄。明制，鹽課提舉司。洪武間，鹽井二百七十八，額課一千六百五萬九千九百三十斤，以後利臣獻媚希升，漸增前額，名曰新增鹽。吹毛剔骨，名曰埋没鹽。竈民課重難完，別尋小井煎貼，旋即榷出，名曰添辦鹽。宣德間，富義等井户亦尋井開煎，旋即榷出，名曰增羨鹽。景泰間，復加增榷廣貯鹽倉。弘治十七年，始罷鹽課本色，改徵銀，罷先年召商引目。自此鹽政壞甚，不可問矣。

宋時煮井者，益州路，則陵井監及二十八井，歲煮一百十四萬五千餘斤。綿州，二十四萬餘斤。邛州，九井，二百五十萬斤。眉州，一井，一萬餘斤。簡州，十九井，二十七萬斤。嘉州，十五井，五萬九千餘斤。雅州，一井，一千六百餘斤。漢州，一井，五百餘斤。梓州路，則梓州，一百四十八井，三百六十六萬餘斤。資州，九十四井，六十四萬二千餘斤。遂州，三十五井，四十一萬二千餘斤。果州，四十三井，十四萬六千餘斤。普州，三十八井，二十二萬九千餘斤。昌州，八井，四萬餘斤。瀘州，淯井監及五井，七十八萬三千餘斤。富順監，十四井，一百一十七萬三千餘斤。利州路，則閬州，一百二十九井，六十一萬餘斤。夔州路，則夔州永安監，十一萬二千餘斤。忠州，五井，五十一萬三千餘斤。達州，三井，十九萬餘斤。萬州，五井，二十萬九千餘斤。黔州，四井，二十九萬七千斤。開州，一井，二十萬四千斤。雲安軍雲安監，及一井，八十一萬四千餘斤。

大寧監。一井，一百九十五萬餘斤，以各絡本路監則官掌，井則土民幹鬻，如數輸課，聽往旁境販賣，惟不得出川峽。

蜀鹽，宋熙寧中，患井鹽不可禁，欲盡實私井而運解鹽以足之，修起居注沈括以爲不可，遂寢。九年，劉佐入蜀經度茶事，乃歲運解十萬席，未幾罷之。崇寧二年，川峽利、洋、興、劍、蓬、閬、巴、綿、漢、興元府等州，並通行東北鹽。四年，梓、遂、夔、綿、漢、大寧監等鹽，仍舊鬻於蜀，惟禁侵解池鹽。

《華陽國志》云：『定筰有鹽池，積薪以齊水灌，而後焚之成鹽。』

鹽政

鹽井，八千一百八十八眼，共竈四百五十五座煎鍋，鍋三千六百四十口，額徵課銀一萬一千一百七十五兩四錢。外有鹽源縣井眼竈六十六條半，每條徵課鹽一百斤，半條徵課鹽五十斤，照月算六十六條半，共徵課鹽七萬三千一百五十斤。每斤課銀一分二釐，徵課銀八百七十七兩八錢，共徵課銀一萬二千零五十三兩二錢。鹽源縣遇閏年，每條加徵課銀一兩二錢，六十六條半加徵課銀七十九兩八錢，共徵課銀一萬二千一百三十三兩零。

川北射洪、蓬溪舊名華池廠，南部、閬中舊名福興廠。川南嘉定、犍爲舊名永通廠，富順、榮縣舊名富義廠。川東雲陽，舊名雲安廠。此五廠産鹽最多，川屬産鹽之二十一州縣，皆附此五廠之内，建官蒞事［八］，舊制無存。雍正十二年，總督黄題准照舊，仍設廠員專司鹽政。川北井竈引鹽最多之射洪縣，於各府中揀選同知一員，駐紥附近，潼川、中江、蓬溪、遂寧、樂至五縣井鹽聽其總理。再於各州縣佐雜内揀選十員，分地管理，南部縣移駐。保寧同知專司鹽政，附近之閬中，川東之蓬州、南充、西充四州縣鹽井，應聽總理，該廠事簡，再委州縣佐雜三員，足資分理。川南嘉定之樂山、犍爲，與川西之井研等三縣，有地名馬蹬井，爲三處井竈叢聚之所，最易影射滋弊，即於其地移駐府同知一員，居中總理。其附近之仁壽，及三州縣散處井竈，再委州縣佐雜五員，以資分理。富順榮縣井鹽雖多，坐落一處，稽查尚易，應於其地駐府通判一員，並榮昌、隆昌、大足三縣，俱聽總理，再委州縣佐雜二員，分司諸務。川東之雲陽，應駐府通判一員，並附近之萬縣、大寧、太平、開縣四縣井鹽，俱聽總理，再委州縣佐雜三員，以資分辦。井竈坐落歸一之簡州、綿州、資州、忠州、彭水、鹽源等六州縣揀選州縣佐雜二員，足資辦理。井竈無多之資陽、内江、江安、屏山、長寧、大竹、威遠、酆都、鹽亭、安岳等十縣所開鹽井，俱在十井以内，無庸另設專員，仍令該縣等照舊管理。又如，遂寧縣上馬頭一處，爲潼川、中江、射洪、蓬溪等縣之要口，重慶府爲行黔鹽引之總滙，嘉定爲成都府邛、雅之要口，瀘州亦下川南富義廠上水行鹽總隘，應各設官一員，專司盤驗。

原額新增並湖北等州縣水引一萬六千二百三十四張，每引一張配鹽五千七百五十斤，每張徵税銀三兩四錢五釐，共徵稅銀五萬五千二百七十六兩七錢七分。

原額新增並湖北等州縣陸引十萬零四千四百八十八張，每引一張配鹽四百六十斤，每張徵稅銀二錢七分二釐四毫，共徵稅銀二萬八千四百六十二兩五錢三分一釐二毫。水引行黔、滇，每張截角銀一兩，本省每張截角銀六錢。

陸引行黔、滇，每張截角銀八分，本省截角銀四分八釐，湖北截角水陸引張，照本省之例。

水引羨餘，資州內江縣水引每張徵羨銀一兩五錢九分五釐。樂山、洪雅、夾江、雙流、新津、雅安、滎經、廬山、彭山、青神、大邑、蒲江等縣，崇慶、天全、眉、邛等州，水引每張徵羨銀二兩一錢四分五釐。犍爲、成都、華陽、温江、彭縣、名山、宜賓、慶符、長寧、南溪、高縣、筠連、珙縣、興文、屏山、雅安、清溪、江安、納溪、射洪等縣，瀘、忠二州，水引每張徵羨銀二兩二錢九分五釐。南部、閬中、廣元、昭化、渠縣、平武等縣，蓬州，水引每張徵羨銀二兩五錢九分五釐。三臺、巴縣、綦江三縣，水引每張徵羨銀三兩七錢九分五釐。中江、鹽亭二縣，涪州，水引每張徵羨銀四兩九分五釐。蓬溪、岳池、鄰水、銅梁、定遠、長壽、東鄉、酆都、墊江、遂寧、樂至等縣，廣安、合、達三州，水引每張徵羨銀四兩四錢六分。璧山、南川二縣，水引每張徵羨銀四兩八錢九分五釐。富順、江津、永川、隆昌、永寧、滎縣、敘永廳，水引每張徵羨銀五兩五錢五分五釐。雲陽、開縣、巫山、萬縣、新寧、東鄉、梁山、大寧，水引不徵羨餘。

陸引羡餘，資陽、仁壽、内江、榮昌、閬中、大足、酆都、南充、大竹、萬縣、開縣、大平、長寧、隆昌、江安、鹽源、井研、温江、慶符、彭水、黔江、西充、營山、岳池等縣，資、忠、蓬四州，陸引每張徵羡銀一錢二分七釐六毫。樂山、夾江、峨眉等縣，陸引每張徵羡銀一錢七分一釐六毫。犍爲、新津、郫縣、慶符、宜賓、南溪、高縣、筠連、珙縣、興文、屏山、雅安、名山、榮經、清溪、永寧、彭山、蒲江、江安、雙流、丹稜、青神、崇寧、彭縣、新繁等縣，崇慶、天全、邛、漢四州，雷波衛，陸引每張徵羡銀一錢八分三釐六毫。南部、閬中、通江、南江、儀隴、渠縣、平武、成都、郫縣、金堂、汶川、保縣、安縣、綿竹、羅江、石泉、彰明、江油等縣，劍、巴、簡、綿、茂五州，陸引每張徵羡銀二錢六分七釐六毫。鹽亭縣，陸引每張徵羡銀三錢二分七釐六毫。安岳縣，陸引每張徵羡銀三錢六分七釐六毫。射洪、崇寧、什方、巴縣、德陽、成都、華陽等縣，陸引每張徵羡銀三錢九分一釐六毫。三臺、新都、灌縣、梓潼四縣，松潘廳，陸引每張徵羡銀四錢二分七釐六毫。蓬溪、長壽、鄰水、岳池、東鄉、遂寧、富順等縣，陸引每張徵羡銀四錢四分七釐六毫。

校勘記

[一] 底本『憲』字下原脱『德』字，今據玉元堂本補。

[二] 『畫』，底本作『書』，今據玉元堂本改。

［三］『籍』，《石匱書》作『册』。
［四］『東餉』，《陳卧子先生安雅堂稿》作『遼餉』。
［五］『犍爲郡』，底本作『楗爲郡』，今據文意改。
［六］『豈』下『亦』字，底本原脱，今據《文獻通考》補。
［七］『孝宗』，底本作『孝宋』，今據玉元堂本改。
［八］『蒞』，底本作『位』，今據文意改。

卷四

茶税

宋初，蜀之茶園皆民兩税，地不殖五穀，惟宜種茶。賦税、役錢以直折輸，民賣茶資衣食，與農夫無異。神宗熙寧七年，李巴入蜀經度，即諸州創設官場，歲增息十萬而重禁榷之，令其輸受之際，往往壓其斤重，侵其價值。既而運茶積滯，歲課不給，乃建議於彭、漢二州，歲買布各十萬匹，以折腳費，實以布助茶息，亦未免積滯。蒲宗閔乃議川峽路民茶息收十之三，盡賣於官場，更嚴私交易之令，稍重至徒刑，仍設緣身所有物〔一〕，以待給賞。於是，蜀茶盡榷，民始病矣。知彭州呂陶言：『川峽四路所出茶貨，北方〔二〕、東南諸處十不及一，諸路皆許通商，兩川卻爲禁地，虧省治體，莫甚於斯。』哲宗元祐二年，侍御史劉摯上言：『蜀地榷茶之害，園户有逃以免者，有投死以免者，而其害猶及鄉伍。欲伐茶，則有禁。欲增植，則加市。故其俗論謂，地非生茶也，實生禍也。願選使者，考茶法之弊政，以蘇蜀民。』

建炎元年四月，成都路運判趙開言：榷茶、買馬五害，請用嘉祐故事，盡罷榷茶。而漕司買馬或未能，然亦當減額以蘇園户，輕價以惠行旅。如此，則私販衰而盜賊息矣。朝廷遂擢開同主管川陝茶馬。二年十一月間，至成都大更茶法，仿蔡京都茶場法，印給茶引，使商人即園户市茶。百斤爲一大引，除其十勿算。置合同場以譏其出入，重私商之禁，爲茶市以通交易。每斤引錢，春七十，夏五十，市利頭子在外，所過徵一錢五分。引與茶隨，違者抵罪。自後引息錢至一百五萬緡。紹興復提舉官，又旋增引錢。至十四年，每引收十二道三百文。視開之初，又增一倍矣。

自豐、熙來，蜀茶官事權出諸司之上，而其富亦甲天下，時以其歲剩者上供。舊博馬皆以粗茶，乾道末，始以細茶遺之。然蜀茶之細者，其品視南方以下。惟廣漢之趙坡，合州之水南，峨眉之芽白，雅安之蒙頂，土人亦珍之。然産甚微，非江建比也。

唐德宗稅天下茶、漆、竹、木，十取一，以爲常平本錢，茶之有稅自此始。王播始榷川茶。宋神宗時，使李杞、蒲宗閔主其事，爲熙河馬之費。歲有常額，李稷倍增，陸師閔又增，民不堪命。至元祐，罷成都茶場，蜀稍蘇息。及崇寧，仍其舊。迨建炎軍興，改成都茶場爲合同場，買馬收錢事更煩擾。乾道中，王十朋守夔州，言馬綱行茶，利少害多，時論韙之。嘉泰末，馬數漸增，而所市多不及額，徒招民怨。元至元六年，始立四川監榷鹽茶使司，定長引、短引法。明洪武五年，令四川産茶地方，每十分，官取一分。三十年，令成都、重慶、保寧三府，及播州宣慰司，各置茶倉，歲徵川中課茶，貯倉召商，與西番易馬。差行人一員於碉門等處，諭把隘頭目，不許私茶出境。駙馬都尉歐陽倫，以私茶犯事，賜死。永樂六年，禁緞匹、絹帛、私茶、青紙出境，違者凌遲，家遷化外。成化七年，罷差人行，並罷播州茶倉，令巡道往來，禁約之。嘉靖四年，以水利僉事帶管茶法，每年布政請引五萬道。至是，收折銀兩，備買茶賞番及買馬之用。嘉靖十二年，以全黎發賣引茶太少，始委官於巫山縣，以上夔州府扼吭之處。秤盤至嘉定州黑水尾，委官再秤。雅州又復盤驗，方分撥入天全、黎州。隆慶三年，仍引五萬道半芽茶、半葉茶，以二萬六千爲腹引，二萬四千爲邊引。每引芽茶三錢，葉茶二錢。內一萬九千八百引給黎、雅各商，每引芽茶三錢八分，葉茶二錢五分。內分二百道，於本地思經、羅純産茶處所，每引給之松潘四千道，税與腹引同。萬曆三年，以驛鹽、茶水利合爲一道，今總以驛鹽歸併按察司矣。雍正七年，特設驛鹽道總管，引税隨時加增，而法遵舊制云。

洪武五年，置茶馬司。户部云：四川茶，宜十取其一，以易番馬。於是諸産茶地設茶課司，定税額，設茶馬司於雅州。自碉門、黎、雅，抵朵甘、烏思藏行茶之地，西方諸部落無不以馬售者。唐文若嘗通判洋州，西鄉縣産茶，亘陵谷八百里，山窮險，賦不盡括。使者韓球將增賦以市寵，園户避苛斂轉徙，饑饉相藉。文若力争之，賦迄不增。咸淳六年九月，蒙古弘四川茶鹽之禁[三]，以四川民力困弊，詔免茶鹽等課，有言茶鹽之利者，以違制論。

茶政

雍正十三年正月二十七日，准户部咨，查得各省行茶辦税，全以引目爲憑。現今請引省分，俱係一式行銷，並無别項名目。惟四川一省，各商領引之後，有即在本地各州縣銷售者，亦有發往土司地方販賣者，更有運至口外各部落行銷者。其間有腹引、土司、邊引之分。腹引每張交税銀二錢五分，土司每張交税銀三錢六分一釐，邊引每張交税銀四錢七分二釐。是同一引目而税額迥相懸殊。雖該省照例請頒各有一定之數，而本部向係一律印刷，並無邊、土、腹之分，恐不肖奸商，串通作弊。或將腹引指爲土引，土引作爲腹引。希圖影射行銷，朦混取利，情弊相應。行文川撫，將該省額設茶引一十萬八千三百九十道，於差員領引之。先照原定腹引、土引、邊引各若干數目〔四〕，預報本部。以便俟刷印完畢，各於引上加腹引、土引、邊引號記，頒發行銷。庶各商照引行茶，絲毫不復牽混，可杜影射之弊。而該地方按引科税，更可便於稽查。通飭各屬，一體遵照。

成都府屬，原額腹引二千零四張，每張徵課銀一錢二分五釐，税銀二錢五分，羨銀九分八釐，截角銀一錢二分，原額邊引新增共一萬三千二百零八張，徵課銀一錢二分五釐，税銀四錢七分二釐，羨銀一錢二分四釐，截角銀一錢。邊引，成都縣内有一百六十張，華陽縣内有七百五十張，彭縣内有二百四十張，灌縣内有七十二張，新津縣内有六十張，温江縣二十張。截角銀，俱一錢四分二釐。

課税、羨銀同一例。腹引，成都縣内有一百五十張，華陽縣七百五十張，温江、彭縣、新都、灌縣、什方等縣，崇慶、漢二州，截角銀俱一錢二分，課税，羨銀同一例。

保寧府屬，原額腹引一千零六十張。原額邊引五十張，每張徵課銀一錢二分五釐，税銀二錢五分，截角銀一錢二分内。廣元縣，邊引税銀四錢七分，截角銀一錢。順慶府屬，原額腹引九百二十三張，每張徵課銀一錢二分五釐，税銀二錢五分，羨銀九分八釐，截角銀一錢二分。

重慶府屬，原額腹引三百八十一張，每張徵課銀一錢二分五釐，税銀二錢五分，羨銀九分八釐，截角銀一錢二分。江津、南川二縣，原額邊引三百張，税銀四錢七分二釐，羨銀一錢二分四釐。截角銀，江津一錢，南川一錢四分二釐，課銀同一例。

敘州府屬，南溪，原額腹引四十張，每張徵課銀一錢二分五釐，税銀二錢五分，羨銀九分八釐，截角銀一錢二分。

夔州府屬，原額腹引二十六張，邊引三百張，腹引每張徵課銀一錢二分五釐，税銀二錢五分，羨銀九分八釐，截角銀一錢二分，邊引每張徵税銀四錢七分三釐，羨銀一錢二分四釐，截角銀一錢四分二釐，課同一例。

龍安府屬，原額邊引四百二十六張，每張徵課銀一錢二分五釐，税銀四錢七分二釐，羨銀一錢二分四釐，截角銀一錢四分二釐。

雅州府屬，原額腹引五十一張，每張徵課銀一錢二分五釐，稅銀二錢五分，羨銀九分八釐，截角銀一錢二分。邊引五萬七百零八張，每張徵課銀一錢二分五釐，稅銀四錢七分二釐，羨銀一錢二分四釐，截角銀一錢四分二釐。土引一萬六千四百九十四張，每張徵課銀一錢二分五釐，稅銀三錢六分一釐，羨銀一錢一分一釐，截角銀一錢二分二釐。

嘉定府屬，原額腹引二千六百九十六張，邊引五十張。腹引每歲徵課銀一錢二分五釐，稅銀二錢五分，羨銀九分八釐，截角銀一錢四分二釐，課銀一例。

潼川府屬，鹽亭、中江二縣，原額邊引十五張，每張徵課銀一錢四分二釐，稅銀四錢七分二釐，羨銀一錢二分四釐，截角銀一錢四分二釐。

眉州屬，原額新增腹引一千零八十張，每張徵課銀一錢二分五釐，稅銀二錢五分，羨銀九分八釐，截角銀一錢二分。丹稜縣，原額邊引一百張，每張稅銀四錢七分二釐，羨銀一錢二分四釐，截角銀一錢，課銀同例。

邛州，原額腹引八百八十張，每張徵課銀一錢二分五釐，稅錢二錢五分，羨銀九分八釐，截角銀一錢二分。原額邊引一萬六千一百張，每張稅銀四錢七分二釐，羨銀一錢二分四釐。邛州截角銀一錢八分六釐。大邑縣截角銀一錢二分，餘同一例。

瀘州屬，原額腹引三百二十一張，每張徵課銀一錢二分五釐，稅銀二錢五分，羨銀九分八釐，截角銀一錢二分。原額邊引二百張，每張徵課銀一錢二分五釐，税銀四錢七分二釐，羨銀一錢二分四釐。

綿州屬，原額腹引一百張，原額新增邊引二千零三十張，腹引每張徵課銀一錢二分五釐，税銀二錢五分，羨銀九分八釐，截角銀一錢二分。邊引每張税銀四錢二分四釐，羨銀一錢二分四釐，截角銀一錢，課同一例。

茂州屬，原額新增共邊引二千二百九十七張，每張徵課銀一錢二分五釐，税銀四錢二分七釐，羨銀一錢二分四釐，截角銀一錢，内有二百五十張，截角銀一錢四分二釐。蓬州屬，原額腹引二百六十七張，每張徵課銀一錢二分五釐，税銀二錢五分，羨銀九分八釐，截角銀一錢二分。

忠州屬，酆都縣原額腹引三張，每張徵課銀一錢二分五釐，税銀二錢五分，羨銀九分八釐，截角銀一錢二分。

酉陽州，原額腹引一百四十五張，每張徵課銀一錢二分五釐，税銀二錢五分，羨銀九分八釐，截角銀一錢二。

以上通省原額腹引九千五百七十七張，新增腹引四百張，原額邊引八萬四百二十七張，新增邊引三千六百張，原額土引一萬六千四百九十四張，原額新增腹、邊、土引共一十一萬四百九十八張，共徵課銀一萬三千八百一十二兩二錢五分，共徵税銀四萬八千一百零九兩三錢二分八釐，共徵羨銀一萬二千三百三十七兩九錢二分八釐，共徵截角銀一萬四千九百八十四兩一錢七分。

鹽茶耗、羨、截角共徵銀一十三萬七千八百七十兩四錢四分三釐，每年支給督部堂書吏口糧銀三百二十四兩，撫院書吏口糧三百兩，鹽茶道衙門書吏口糧、紙張、筆墨銀六百兩，外府州縣書巡工食銀五千七百五十八兩，各屬地丁不敷於鹽茶耗羨內。支養廉銀一萬七千八百五十兩七錢八分三釐，餘剩銀兩，解藩司充公。

酒税

宋熙寧初，天下諸州酒課歲額，成都二十八務四十萬貫以上，綿州十四務，漢州十九務，邛州十九務，果州二務，梓州十八務，閬州四十二務，皆十萬貫以上。眉州十六務，蜀州八務，彭州八務，嘉州三務，遂州四務，合州九務，興元三十六務，皆五萬貫以上。簡州十五務，資州十六務，懷安十二務，劍州三務，皆五萬貫以下。陵井監二十務，永康八務，昌州四務，普州四十三務，榮州六務，渠州一務，廣安三務，利州六務，三爾一務，蓬州七務，興州一務，洋五務，皆三萬貫以下。雅州七務，瀘州一務，巴州十四務，皆二萬貫以下。戎州三務，富順監一務，龍三務，集二務，璧三務，大寧監一務，渝州四務，萬一務，忠一務，皆五千貫以下。黎、茂、威、劍門關無定額，夔、黔、達、開、施、涪、雲安、梁山無榷。淳熙二年，詔減四川酒課錢四十七萬三千五百餘貫，令禮部給降度牒六百六十一道，補還今歲減數。

建炎三年，張浚爲川陝宣撫處置使，浚以趙開[五]爲隨軍轉運使，專總四川財賦。開見浚曰：『蜀之民力盡矣，錙銖不可加，獨榷貨尚存贏餘，而貪猾認爲己有，共相隱匿，惟不恤怨詈，斷而敢行，庶可救一時之急。』浚銳意興復，委任不疑，於是大變酒法。即舊樸買坊場所，置隔釀，設官主之，麯與釀具，官悉自買，聽釀户各以米赴官自釀，斛輸錢三十，頭子錢[六]二十二，其釀之多寡，惟錢是視，不拘數也。

錢文

漢文帝賜鄧通銅山，始鑄銅錢於蜀。公孫述據蜀，廢銅錢，鑄鐵錢[七]，百姓貨弊不行，然後鐵錢二止當銅錢一。

先主初攻劉璋，與士衆約，若事定，府庫百物，孤無預焉。及拔[八]成都，士衆皆捨干戈，赴諸藏，競取寶物，軍需不足，先主憂之。劉巴曰易耳，但當鑄值百錢，平諸物價，令吏爲市，官從之間，府庫充實。

崔祖思云，先主帳鈎銅鑄錢，以充國用[九]。

隋文帝詔蜀王秀於益州立五鑪鑄錢，錢益濫惡，文帝賜鄧通蜀嚴道銅山，得自鑄錢，文字肉好，皆與天子錢同，鄧氏錢布滿天下，故富侔人主。景帝立，人有告通盜出徼外鑄錢，後通竟餓死。王建武成三年十二月，大赦。改明年元爲永平，鑄錢永平元寶。五年，改元通正。通正元年十月，大赦。改明年元曰天漢，國號漢。天漢元年十二月，改明年元曰光元。王建卒，子衍立，明年改元乾德，鑄錢曰乾德元寶。乾德七年，改元曰咸康。

蜀王昶明德三年十二月丁亥，申嚴錢禁，明年改元廣政，文曰廣政通寶。廣政二十五年，以屯戍既廣，調度不足，始鑄鐵錢。

孟昶聞世宗下秦鳳，愈不自安，多積芻粟，以鐵爲錢，禁民私用鐵，而自鬻器用，以當民力，民甚苦之。

公孫述廢銅錢，置鐵錢，百姓貨賣不行。蜀中童謡曰：『黄牛白腹，五銖當復。』有好事者竊言，王莽稱黄，述自號曰五銖錢，漢貨也，言天下當還劉氏。

宋開寶三年，令雅州百丈縣置監鑄鐵錢，禁銅錢入兩川，後令兼行，銅錢一當鐵錢十。神宗時，鐵錢逐監錢數。嘉州，三萬五千貫。邛州，七萬三千二百三十四貫。鐵錢四路行使，成都府路、梓州路、利州路、夔州路。

天聖元年，張詠知益州〔一〇〕，患蜀人鐵錢重，不便貿易，設質劑之法，一交一緡，以三年爲一界而換之，六十五年爲二十二界，謂之交子，使富民主之。後富民稍衰，不能償所負，争訟不息。運轉使務薛田、張若谷，請置交子務，以權其出入，禁私造者。帝可其議，立務於益州界，以百二十五萬六千三百緡爲額。

錢法

寶川局。雍正十年，撫院憲奏，蒙設鑪十五座，鼓鑄錢文。時因買運滇銅，恐不敷用，止建爐八座。嗣經咨查，滇銅有餘。乾隆三年，撫院奏，准增爐七座，以敷原議。迨後開採本省建昌、樂山各廠，銅斤充裕。乾隆十二年，督部堂慶奏准，又添設爐一十五座，鑄出錢文一半，添搭川餉一半，協濟陝西。乾隆十六年，督部堂尹奏准，令陝西委員，赴川省運銅二十五萬斤，自行開鑄。川省減爐七座，停其運陝錢文。乾隆十八年，督部堂黄奏准建昌、樂山等廠，銅斤採獲日多，請將舊爐七座，仍行復設，鑄出錢文添搭兵餉、養廉之外，俟市價昂貴之日，即酌中定價，設局出易，以平市價。乾隆二十年，督部堂黄奏准增添爐十座，並加卯帶鑄錢文，歲獲餘息銀兩，留爲修理邊地城垣之用。乾隆二十年，調陝甘督部堂開，提督岳會奏准加一卯，鼓鑄錢文，所獲餘息，以作駐紮巴旺麻書角洛寺三處弁兵口糧，及賞操練屯番之用。

鼓鑄配料。鑄錢以銅爲本，攙用白、黑鉛斤，配用板錫。緣白鉛性脆，攙入銅内，見鎚則碎，以杜奸民私銷，不能分出銅斤射利。黑鉛性散質重，攙入銅内溶化，亦杜奸民私銷，不能分出銅斤。

板錫性柔，攙入銅鉛内鑄錢，圖其光亮，軟硬配搭，以杜奸民私銷不能分出銅斤。乾隆十三年，以前配用粤東點銅，因價貴途遠，十三年以後，改用板錫，呈分不及點銅，故每百斤准其折耗六斤。

部頒錢式。每錢一文，重一錢二分。每錢一串，重七斤八兩。每爐一座，每卯大建，用紅銅一千六百九十三斤十兩六錢六分，白鉛一千四百五斤十一兩八錢九分，黑鉛二百二十斤二兩八錢二分，正耗板錫七十二斤六兩三錢，除耗錫四斤一兩零一分，鑄錢四百一十串九百九十六文。每卯小建，用紅銅一千六百三十九斤十兩六錢六分六釐，白鉛一千三百六十斤十四兩七錢七分三釐，黑鉛二百一十三斤二兩五錢，正耗板錫六十九斤八兩三錢四分，除耗錫三斤十四兩九錢六分，鑄錢三百九十七串八百九十二文，計爐四十座。每卯大建，共鑄錢一萬六千四百三十九串八百五十四文。每卯小建，共鑄錢一萬五千九百一十五串六百九十五文。正卯、加卯、帶鑄共計七百六十卯。歲用紅銅，一百二十五萬斤。白鉛，一百零三萬七千五百斤。黑鉛，一十六萬二千五百斤。正耗板錫，五萬三千斤。除耗錫，三千斤，應鑄錢三十萬三千三百三十三串三百三十三文，内加卯帶鑄修理城垣與操練番屯二案，共用紅銅六十五萬斤。白鉛，五十二萬九千五百斤。黑鉛，八萬四千五百斤。正耗板錫，二萬七千五百六十斤。舊爐三十座，分用紅銅三十三萬七千五百斤。白鉛，二十八萬零一百二十五斤。黑鉛，四萬三千八百七十五斤。正耗板錫，一萬四千三百一十斤。除耗錫，八百一十斤。外鑄錢八萬一千九百串。新爐十座，分用紅銅三十一萬二千五百斤。白鉛，二十五萬九千三百七十五斤。黑鉛，四萬零六百二十五斤。正耗板錫，一萬三千二百五十斤。除耗錫，七百五十斤。外鑄錢，七萬五千八百三十二串三百三十三文，至各除還成本例用外，餘息錢約一十二萬七千六百六十七串五十文，以平價出易。

局設總理一員，協辦一員，庫官一員，巡綽一員，歲各給月費錢六十千文。書辦十名，歲給飯食錢九十六千。巡攔、皂役、更夫二十四名，歲給工食錢二百三十串四百文，歲支工費錢三百串。以爲致祭爐神，日用燈油紙費，歲支書辦紙筆錢二十四串。舊爐每正銷銅、鉛、錫一百斤，給爐匠工料錢一千八百二十文，新爐每正銷銅、鉛、錫一百斤，給爐匠工料錢一千六百三十八文，按卯支給。

銅廠，會理州屬，迤北、沙溝二銅廠，冕寧縣紫古別廠，共解課耗銅一十五萬餘斤。嘉定府樂山縣屬老銅溝廠，解課耗餘銅一百五十餘萬斤。雅州府榮經縣呂家溝廠，解課耗餘銅五千三百餘斤。寧遠府鹽源縣甲子夸廠，解課耗餘銅三萬三千三百餘斤。篾絲羅廠，解課耗餘銅一十八萬九千餘斤。建昌迤北、沙溝銅廠，乾隆七年報採。敘州府屬宜賓縣梅子坳銅廠，乾隆十年報採。龍安府屬平武縣箐青山銅廠，雅州府屬榮經縣寶子山銅廠，雅安縣溜沙坡銅廠，寧遠府屬冕寧縣嗟哆節興銅廠，茂州屬孟洪銅廠，汶川縣屬板橋後山銅廠、羅卦搭銅廠，試採未久，礦砂尚歉。

會理州黎溪白銅，歲出銅二十萬斤，每雙爐一座，抽小課五斤。單爐一座，抽小課二斤八兩。

每銅一百一十斤，抽大課十斤，變價彙解歸公。每月又抽青礦銀三兩，亦彙入小課報解。寧遠府冕寧縣沙雞黑鉛廠，歲收課耗餘鉛八萬餘斤，解局供鑄。龍安府平武縣天臺山黑鉛廠，歲收課耗餘鉛一十一萬五千斤，成都府屬灌縣大乾溝、小嶺崗黑鉛廠，雅州府榮經縣盤龍山黑鉛廠、嘉定府峨眉縣團沱子黑鉛廠、酉陽州獅子山黑鉛廠，試採未久，礦砂尚歉。

酉陽州旺蓋白鉛廠，歲共解課耗餘鉛一十一萬餘斤。雅州屬榮經縣香爐山白鉛廠，試採未久。

寧遠府冕寧縣稗子田金廠，封禁礦廠。峨眉縣銅麻坪銅廠、平武縣銅礦硾銅廠、榮經縣馬家廠銅廠、汶川縣照兒壩銅廠、天全州大川銅廠，洪雅縣長腰崗、八金峰銅廠，大尖峰、馬耳小銅廠，萬縣金鳳山、龍潭河銅廠，崇慶州防豐坪銅廠，威遠縣五寶墩、鑾坡瑠銅廠，屏山縣乾溪、永樂銅廠，西昌縣黃水河銅廠、廣元縣安樂堡銅廠，試採不旺，概請封禁。峨眉縣消水溝、老鶴巖黑鉛廠[二]，瀘州鉛礦坪黑鉛廠，石板箐黑鉛廠、羅卜黑鉛廠、平武縣老溪黑鉛廠、灌縣碉子溝黑鉛廠、二峨眉中嘴瓦子坪黑鉛廠，榮經縣苦蒿溝黑鉛廠、老龍山黑鉛廠，太平縣馬老溪黑鉛廠，汶川縣大溪溝、尤溪溝、黃草坪、木石坪黑鉛廠，安縣鬼壩子、椿樹坪、老馬園黑鉛廠，秀山縣革里黑鉛廠，天全州東蠟兩河嘴、龍池黑鉛廠、冷鎮黑鉛廠，東蠟石板溝黑鉛廠，茂州屬巖板溝、青山溝黑鉛廠，洪雅縣屬朝天、馬麟、象山、雲板崖黑鉛廠，瓦屋黨、母狗崖、玉沿山黑鉛廠，萬縣屬花椒園黑鉛廠、土箐壩黑鉛廠、白沙嶺黑鉛廠、過路崖黑鉛廠，崇慶州屬樓兒壩黑鉛廠、西昌縣屬寧崗山滴水崖黑鉛廠，廣元縣屬大沿、東溝二堡黑鉛廠，西陽州三岔壩黑鉛廠、小蓋山黑鉛廠，乾溪、小壩、鸚嘴崖、銅漕溝、清溪縣屬鷂子坡黑鉛廠，大嶺溝杉坪黑鉛廠、越嶲衛屬麂子黑鉛廠、會理州屬獅子山黑鉛廠，俱因試採不旺，概請封閉。雅州府木坪土司屬密蠟川玻璃溝黑鉛廠、隴東赶羊樓子崗黑鉛廠。屏山縣屬層巖子化皮黑鉛廠。峨眉縣兩河口，即長梯溝、水碓溪黑鉛廠，俱因逼近夷疆，不便開採，詳明封閉。

漢置鹽鐵官。鹽官，蜀郡臨邛縣、犍爲郡南安縣、巴郡朐䏰縣。鐵官，蜀郡臨邛縣、犍爲郡武陽縣，又南安縣。鐵廠，嘉定府威遠縣屬大山嶺鐵廠溝鐵廠，歲獲生鐵二萬九千餘斤，照例十分抽税鐵五千八百餘斤。順慶府鄰水縣屬碑牌口、陳家林、藍家溝鐵廠，歲獲生鐵一萬四千五百餘斤，照例抽税鐵二千九百餘斤。邛州蒲江縣屬黄鐵山鐵廠，歲獲生鐵五萬四千餘斤，照例抽税鐵一萬八百餘斤，其所抽税鐵，遵照部定，每斤折銀二分，變價歸公。

校勘記

［一］『設』，底本原作『没』，今據《宋史》改。

［二］『北方』，《歷代名臣奏議》作『比方』。

［三］『蒙古』，底本作『蒙占』，今據《元史》改。

［四］『若干數目』，底本原作『若千數目』，今據文意徑改。

［五］『趙開』，底本作『趙門』，今據《建炎以來繫年要録》改。

〔六〕『頭子錢』，底本作『子錢』，今據《宋史》改。

〔七〕『鐵錢』，底本作『銕錢』，今據《後漢書》改。

〔八〕『拔』，底本作『扳』，今以《三國志》改。

〔九〕《齊書·崔祖思傳》原載，『祖思言：「劉備取帳鉤銅以鑄錢。吴爲産金之區，蜀爲富饒之地，銅之乏且如是，況於他邦？蓋自董卓毁壞五銖，所鑄小錢，本不得民信，又爲魏武所廢；至魏文則並五銖而廢之；其時民間用錢本少，又值喪亂，商賈不行；向爲錢幣之銅，遂多轉而爲械器矣。」』

〔一〇〕張詠，底本作張永，當誤，今據《宋史》及《〔雍正〕四川通志》等所載改之，以下各卷所見徑改。

〔一一〕『廠』，底本原作『縣』字，今據玉元堂本改。

卷五

城市

龜城，張儀築大城，屢頽。忽有大龜出於江，儀以問巫，巫曰：『隨龜築之。』功果就。故人稱龜城，今有龜化城。

又有小城，在子城西南之三壁，東即大城之西墉。張儀既築大城，後一年，又築小城，樓曰『白兔樓』。

成都會城，高三丈，周圍四十里，東西南北四門，又有二水。

瞿上城，在雙流縣，蠶叢氏都此。

古郫城，即郫縣，杜宇所築也。

廣都城，成都南。蜀號三都者，成都、新都、廣都也。

雍齒城，什方，漢雍齒封邑。

萬里城，茂州北，一名邏城。明副使朱紈築。

南陽城，在什方縣西二十里。李膺記云：『李雄之亂，蜀遣李壽掠漢五十餘家，寓於此。』晉置爲郡，後廢。

裴城，眉州東，昔有夜築此城，天明即畢。

犍爲城，彭山，漢建元中築。

徙陽城，雅州，晉徙陽縣也，産丹砂、雄黄、空青。

鄧通城，滎經，即鄧通餓死處。

要衝城，大渡河邊，唐韋皋築，今俗呼曰『河米寨』。

虎頭城，富順，因山爲城，不假修築，宋咸淳初移縣治此。

孟獲城，西昌東。《諸葛亮傳》：亮『聞孟獲者，爲夷、漢並所服，募生致之。既得，使觀於營陣之間[一]。問曰[二]：「此事何如？」獲對曰：「向者不知虛實，故敗。今蒙賜觀看營陣，若祇如此，即定易勝耳。」亮笑，縱使更戰，七縱七擒，而亮猶遣獲。獲止不去，曰：「公，天威也，南人不復反矣」，遂至滇池。』

無憂城，威州李德裕築，禦吐蕃，號無憂城。

彭大雅知重慶，大興城築，僚屬更諫不從。彭曰：『不把錢作錢看，無不可築之理。』既而城成，僚屬乃請立碑以記之，大雅以爲不必，但立四大石於四門之上，大書曰『某年月日大雅築此城，爲蜀之根本。』其後，蜀之流離者多歸焉。蜀亡，城無恙，真西蜀根本也。

萬州城，梁山西，西魏平蜀，置萬州郡於此。

關索城，開縣射洪山，舊傳關射於此。

重慶府城，依山勢爲之，兩面大江，一面合江，惟西北有一路與成都通，計至省一千二百里，門十七，朝天、翠微、通遠、金湯、定遠、南紀、鳳凰、金字、仁和、太平、出奇、大安、臨江、洪崖、千斯、興福、東水，今存者九。

七勝城，在三峽口，陸法和所立。

枳城，夔府北，漢縣。《史記》：『楚得枳而國亡。』即此。

白帝城，公孫述至魚復，有白龍出井中，因號魚復爲白帝城。《漢書·地理志》：『江關都尉理魚腹，有橘官，即此地也。』蜀先主改爲永安郡，府改夔州。《通典》：『夔州爲蜀重鎮，先主敗於夷陵，退屯白帝，其後吴將全踪來襲，不克。』《郡縣志》：『永安宮，在奉節縣東七里，先主改魚復爲永安。』白帝山，即州城所據也。城周回七里，西南二里，因江爲池，東臨瀼溪，唯北一面，小差逶迤，猶斬山爲路，羊腸數轉，然後得上。《水經》：『江水東逕魚復縣故城，南注故魚國。』《左傳》：『楚伐庸，魚人逐之。』是也。巴東郡治。白帝山城，周回二百八十步，北緣馬嶺，南接赤甲，其間平處，南北相去八十五丈，東西七十丈。又傍東瀼溪，即以爲隍南，臨大江，瞰之眩目，故記云：『寒山九阪極爲險峻。距白帝城五里，有東屯，乃公孫述留屯之所。其田可百許頃，稻米爲蜀第一。』少陵詩：『東屯大江北，百頃平若接』云云。吴《朱續傳》：『密書結蜀使，爲並兼之處，蜀遣閻宇，將兵五千，增守白帝。』張氏曰：『武侯之治蜀也，東屯白帝以備吴，南屯夜即以修蠻，北屯漢中以備魏。』

巴子城，《左傳》：巴子使韓，服告於楚。《括地志》：『在合州石照縣。』[三]恐誤。南五里，故墊江縣也。《一統志》：『夔州府，春秋屬巴國。』

張儀城，保寧東，秦時築，今名曰白沙壩。

黎州城，廣元。後魏，益州。梁，黎州、西黎、利州。隋，義城郡。皆此城也。

集州城，巴州界，唐置。集州治於此。

蜀有痎市，而間日集，痎瘧之一發，則其俗又以冷熱發歇爲市喻。

正月燈市，二月花市，三月蠶市，四月錦市，五月扇市，六月香市，七月寶市，八月桂市，九月藥市，十月酒市，十一月梅市，十二月桃符市。

成都藥市，以玉局觀爲最盛，九月九日。《楊文公談苑》云七月七日，誤也。

成都東門外有紅布街，明時青樓業也。今往往争基興訟，以爲祖業，誤矣。

村

老人村。在灌縣西七十里，岷山之南，青城山之西北，中有平阜一區，如秦人之桃源。昔人避難其中，多享年壽，故名。或謂，潛夫張不群，因入山採藥，浹旬不返，見老叟，致敬而問，曰：『吾族本丞相范賢之裔，范知李雄之祚不久，挈吾輩居此，爲終身之計焉。』東坡云：『蜀青城山老人村有五世孫者，道極險遠，生不識鹽醯，而溪中多枸杞，根盤如龍蛇，飲其水，即得長壽，故圖云即老人溪也。』按：《夷堅丙志》云：『青城老澤坪，平時無人至其處，關壽卿與同志七八人作意往遊。未到二十里，日勢薄暮，鳥鳴猿悲，境界淒厲，同行相顧[四]，塵埃之念如掃，策杖徐進。久之，山月稍出，花香撲鼻，諦視滿山，皆牡丹也。幾二更，乃得一民家。老人猶未睡，見客至，欣然延入，布葦席而坐，客謝曰：「中夜爲不速之客，庖僕尚遠，無所得食，願從翁賒一餐，明當償值矣。」翁曰：「幸不糲食見鄙，敢論直乎？」少傾，設麥飯一盞，菜羹一盆當席間，環以椀。揖客坐食，翁獨據榻正坐。俄出一物，如小兒狀[五]，置於前，衆莫敢下箸，獨壽卿擘食少許，翁曰：「儲此味六十年，規以待老，今遇重客不敢愛，而皆不顧，何也？」取而盡食之，此松根人參也。明日，導往傍舍，亦皆争相延饌曰：「地無税租，吾劚山爲隴，僅可播種，以贍伏臘，吏不到門，或經年無人跡，諸賢何爲肯臨乎？」留三日始出山，凡在彼所見老人，其少者亦龐眉白髮，略無兒曹。近歲道漸通，漸能致五味，而壽亦衰」。今屬滋茂鄉。

昭君村。巫山東，陳旅《明妃出塞圖》詩：「昭君北嫁呼韓國，巫山更有昭君村。」

巴鄉村。夔州東，《水經注》：「村人善釀酒，故俗稱巴鄉村。」

坊

碧雞坊。錦城西南隅，杜甫詩：「時出碧雞坊，西郊問平堂。」《通志》：「成都之坊百有二十，第四曰『碧雞坊』。」《音義》曰：「金形似馬，碧形似雞也。」成都西金容坊，有石二株，舊曰石筍，前秦遺址。諸葛孔明拙之，有篆字曰『蠶叢起國之碑』，以二石柱橫埋，中連以鐵，一南一北，無偏無倚。又五字，『濁』『歡』『燭』『觸』『躅』，時人莫曉。後長生議曰：「亥子歲，濁字可視，主水災。寅卯歲，歡字可視，生饑饉。己午歲，燭字可視，主火災。辰戌、丑未歲，觸字可視，主兵災。申酉歲，躅字可視，主豐稔。以年事推驗，悉皆符合。」

青泥坊。周末殺萇弘於蜀，血碧色，入地化爲碧玉。數里內，土皆青色，故有青泥坊。杜詩：「飯煮青泥坊底芹」本此。

孝女坊。羅江士人女張氏，母楊氏寡居。姻黨有婚，母女皆往。其典庫雍乙者忽被殺，獄吏張文饒疑楊氏有奸，恐乙洩，故殺之，以滅其口，並逮其女，女不勝拷掠，臨死，謂其母曰：「我死必訴於天。』於是，石泉連三日地震如雷，天雨雪，屋瓦皆落。獄官疑有冤，忽假寐，有猿墮前，曰：『殺人者，袁姓乎？』張氏饋食之夫曰袁大，訊之，認曰：『適盜庫，會[六]雍見，遂殺之』。時女纔死數日，郡榜曰『孝女坊』。

里鄰

杜子美居草堂，有南鄰、北鄰。南則錦里先生，烏角巾，朱山人也。公所云『多道氣數追隨者』也。北鄰則王明府，公所云『愛酒能詩者』也。又，斛斯校書，亦草堂之南鄰，公詩云『走覓南鄰愛酒伴』，注云『斛斯融，吾酒徒也』。

官制

松茂道共轄成、龍二府，直隸、雜谷一廳，綿、茂二直隸州。

成都，知府、理事同知、水利同知、通判、經歷司、司獄司、教授、訓導。簡州，知州、石井州判、吏目、龍泉驛巡檢、學正、訓導。崇慶州，知州、吏目、學正、訓導。漢州，知州、吏目、教諭、訓導。成都，知縣、縣丞、典史。華陽，知縣、縣丞、典史。太平場，巡檢、教諭、訓導。雙流，知縣、典史、訓導。温江，知縣、典史、教諭、訓導。新津，知縣、典史、教諭。金堂，知縣、典史、教諭、訓導。新都，知縣、典史、教諭、訓導。郫縣，知縣、典史、教諭。灌縣，知縣、典史、教諭、訓導。崇寧縣，知縣、典史、訓導。新繁，知縣、典史、教諭。什方，知縣、典史、教諭、訓導。彭縣，知縣、典史、訓導。

龍安，知府、經歷司、教諭、訓導，分駐松潘同知、照磨。南坪，巡檢、教諭、訓導、理番同知、照磨。平武，知縣、分駐青川縣丞、典史、教諭、訓導。江油，知縣、中壩場巡檢、典史、教諭、訓導。石泉，知縣、典史、教諭、訓導。彰明，知縣、典史、教諭。

直隸綿州，知州、豐谷井州判、吏目、魏城驛丞、學正、訓導。德陽，知縣，典史、教諭。羅江，知縣、典史、訓導。安縣，知縣、典史、教諭。綿竹，知縣、典史、教諭、訓導。梓潼，知縣、典史、教諭、訓導。

直隸茂州，知州、吏目、學正、訓導。汶川，知縣、典史、教諭、訓導。保縣，知縣、通化里縣丞、典史、教諭、訓導。

建昌道，共轄雅、嘉、寧三府，邛、眉二直隸州，越巂一衛。

寧遠府，知府、通判、經歷司。西昌，知縣、縣丞、典史、教諭、訓導。冕寧，知縣、冕山縣丞、典史、教諭、訓導。鹽源，知縣、典史、教諭、訓導。

會理州，知州、苦竹壩巡檢、吏目、學正、訓導。越巂，通判、大樹堡經歷司、教授。

雅州，知府、打箭爐同知、通判、經歷司、照磨、瀘定橋巡檢、教授、訓導。雅安，知縣、典史。名山，知縣、典史、教諭、訓導。榮經，知縣、典史、教諭。盧山，知縣、典史、教諭、訓導。天全，知州、始陽州同、吏目。清溪，知縣、典史、訓導。雅安、天全生員，附府學。

嘉定，知府、分駐馬踏井通判、經歷司、教授。樂山，知縣、典史、訓導。峨眉，知縣、典史、教諭、訓導。洪雅，知縣、典史、教諭、訓導。夾江，知縣、典史、教諭、訓導。犍爲，知縣、牛華溪鹽大使、典史、教諭、訓導。榮縣，知縣、貢井縣丞、典史、教諭。威遠，知縣、典史、訓導。

直隸眉州，知州、州判、吏目。學正、訓導。丹稜，知縣、典史、教諭。青神，知縣、典史、訓導。彭山，知縣、典史、訓導。

直隸邛州，知州、州判、吏目、火井漕巡檢、學正、訓導。大邑，知縣、典史、教諭、訓導。蒲江，知縣、典史、教諭、訓導。

川北道，共轄保、順、潼三府。

保寧，知府、分駐南部同知、通判、經歷司、教授、訓導。閬中，知縣、典史、教諭、訓導。南部，知縣、兩河口鹽大使、典史、教諭、訓導。廣元，知縣、百丈關巡檢、神宣驛巡檢、朝天關巡檢、典史、教諭、訓導。蒼溪，知縣、典史、教諭、訓導。昭化，知縣、典史、教諭、訓導。巴州，知州、鎮龍關州判、江口鎮巡檢、吏目、學正、訓導。通江，知縣、典史、教諭、訓導。南江，知縣、典史、教諭、訓導。

劍州，知州、吏目、劍門驛丞、武連驛驛丞、學正、訓導。[七]

潼川，知府、通判、經歷司、教授。三臺，知縣、葫蘆溪鹽大使、典史、訓導。射洪，知縣、青提渡鹽大使、洋溪鎮巡檢、典吏、教諭、訓導。鹽亭，知縣、典史、教諭、訓導。中江，知縣、鹽家池鹽大使、典史、教諭、訓導。遂寧，知縣、梓潼鎮縣丞、典史、教諭。蓬溪，知縣、蓬萊鎮縣丞、康家渡鹽大使、典史、教諭。安岳，知縣、典史、訓導。樂至，知縣、典史、訓導。

順慶，知府、同知、通判、經歷司、教授、訓導。南充，知縣、鹽大使、典史、教諭、訓導。西充，知縣、典史、教諭、訓導。蓬州，知州、吏目、學正、訓導。營山，知縣、典史、教諭、訓導。渠縣，知縣、典史、教諭、訓導。

廣安州，知州、吏目、學正、訓導。渠縣，知縣、三滙場縣丞、典史、教諭、訓導。大竹，知縣、石橋鋪縣丞、典史、教諭、訓導。岳池，知縣、典史、訓導。鄰水，知縣、典史、教諭。

川東道，共轄重、夔二府，忠、達、酉陽三直隸州。

重慶，知府、同知、通判、經歷司、司獄司、教授、訓導。巴縣，知縣、白市驛丞、木洞鎮巡檢、典史、教諭、訓導。江津，知縣、典史、教諭、訓導。長壽，知縣、典史、教諭、訓導。永川，知縣、典史、教諭。璧山，知縣、典史、訓導。榮昌，知縣、典史、教諭。大足，知縣、典史、訓導。綦江，知縣、典史、教諭、訓導。南川，知縣、典史、教諭、訓導。

合州，知州、吏目、學正、訓導。銅梁，知縣、安居巡檢、典史、教諭。定遠，知縣、典史、訓導。涪州，知州、武隆巡檢、吏目、學正、訓導。夔州，知府、雲安廠同知、通判、經歷司、教授、訓導。奉節，知縣、典史、教諭。大寧，知縣、鹽大使、典史、訓導。巫山，知縣、典史、訓導。雲陽，知縣、鹽大使、典史、訓導。萬縣，知縣、縣丞、巡檢、典史、訓導。開縣，知縣、典史、教諭。

直隸忠州，知州、州判、巡檢、吏目、學正、訓導。酆都，知縣、典史、訓導。墊江縣，知縣、縣丞、典史、教諭、訓導。梁山，知縣、縣丞、典史、教諭。

直隸達州，知州、州同、巡檢、吏目、學正。東鄉，知縣、典史、教諭。太平，知縣、典史、訓導。新寧，知縣、典史、訓導。

直隸酉陽，知州、州同、州判、龔灘巡檢、吏目、訓導。秀山，知縣、石堤巡檢、典史。黔江，知縣、典史、教諭。彭水，知縣、郁山鎮〔八〕巡檢、典史、教諭、訓導。秀山生員，附州學。

永寧道，共轄敘州一府，直隸敘永一廳，資、瀘二直隸州，雷波一衛。

敘州府，知府、鄧井關通判、經歷司、教授、訓導。宜賓，知縣、縣丞、宣化驛巡檢、典史、教諭、訓導。南溪，知縣、典史、教諭、訓導。富順，知縣、縣丞、典史、教諭、訓導。長寧，知縣、典史、教諭、訓導。隆昌，知縣、典史、教諭、訓導。慶符，知縣、典史、教諭、訓導。高縣，知縣、典史、教諭、訓導。筠連，知縣、典史、教諭、訓導。珙縣，知縣、典史、教諭、訓導。興文，知縣、建武巡檢、典史、教諭、訓導。屏山，知縣、石角營巡檢、典史、教諭、訓導。

敘永廳，同知、照磨、古藺鎮巡檢、教諭、訓導。永寧，知縣、縣丞、典史、教諭、訓導。

直隸資州，知州、州判、吏目、學正、訓導。資陽，知縣、典史、教諭、訓導。內江，知縣、典史、教諭、訓導。井研，知縣、典史、教諭、訓導。仁壽，知縣、典史、教諭、訓導。

直隸瀘州，知州、州同、州判、嘉明鎮巡檢、吏目、學正、訓導。江安，知縣、典史、教諭、訓導。合江，知縣、典史、教諭、訓導。納谿，知縣、典史、教諭、訓導、九姓司訓導。

松茂道屬之華陽縣，雍正五年，復設雙流、崇寧、彭縣、彰明。雍正七年，復設綿州。雍正五年，改直隸羅江。雍正七年，復設茂州。雍正五年，改直隸雜谷廳。乾隆十七年，歸誠設同知一員，爲保縣維關之關鍵。

川北道屬岳池縣，康熙六十年，復設安岳縣。雍正七年，復設川東道屬大足、璧山、定遠。雍正七年，復設銅梁縣。康熙六十年，設立建始縣。乾隆元年，改歸楚省大寧縣。雍正七年，復設西陽縣。乾隆六年，改直隸州。秀山縣，雍正十三年設立。新寧縣，雍正七年復設。

永寧道屬敘府，原有建武廳。雍正十三年，建武併興文縣通判，改富順鄧井關廠員。屏山縣舊馬湖府屬，雍正五年改資縣，旋改爲直隸資州。

建昌道屬雅州府、天全州、雅安縣，俱雍正七年復設。威遠縣，雍正七年復設。寧遠府，雍正六年裁建昌通判改知府。彭山、青神，雍正七年復設。

韋太尉皋，鎮西川二十年。降吐蕃九節度，擒論莽以獻大招，附西南夷。任大尉，封南康王。凡事設教，軍吏將士婚嫁，則以熟綵衣給其夫氏，以銀泥衣給其女氏。又各給錢一萬，死葬稱是，訓練稱是。內附者富贍之，遠來者將迎之。極其聚斂，坐有餘力。以故軍府寖盛，而黎氓重困，及晚年爲月進，終致劉闢之亂，天下譏之。

嚴武以强俊知名。蜀中坐衙，杜甫袒跣，登其几案。武愛其才，終不害。然與韋彝素善，再入蜀，談笑殺之。及卒，母喜曰：『而今而後，吾知免官婢矣』。

嚴武鎮蜀，辟杜甫爲參謀。武以世舊，待甫甚善。甫醉登武牀，瞪視曰：『嚴挺之乃有此兒。』武恚曰：『審言孫子欲將虎鬚耶？』一日，欲殺甫，集吏於門。武將出，冠鉤於簾者三，左右白其母，奔救得免。母遂以小舟送甫下峽。武卒，乃寓居夔之東屯。

諸葛亮與張飛、趙雲破巴郡，獲太守嚴顏。喝曰：『何不降？』顏曰：『但有斷頭將軍，無降將軍。』飛怒，欲斬之。顏容不變，曰：『斬頭便斬頭，何爲怒耶？』飛壯而釋之，引爲上客。

李德裕西川節度使，自南詔入寇，民不聊生。德裕安輯雄邊子弟以壯威。築伏義、柔遠諸城，以扼番落。復邛崍關，徙嶲州治臺墩以奪蠻險。西人勒像，與韋皋並祀。

余玠治蜀，任都統張實治軍旅，安撫王惟忠治財賦，監簿朱文炳接賓客，皆有常度。至於修學養士，輕傜以寬民力，薄徵以通商賈。既富實，乃罷京湖之餉。邊關無警，又撤東南之戍。自寶慶以來，蜀閫未有能及之者。

趙清獻公抃，初任成都，携一琴、一鶴、一馬而行。其再任也，屏去琴鶴，止有一老蒼頭執事。

田元均治成都有聲，民有隱惡，輒摘發之，蜀人謂之『照天蠟燭』。吴公弼知成都，營卒犯法，當杖，不受曰：『寧以劍死。』公曰：『杖者，國法。劍，汝自請。』杖而斬之，軍府肅然。

王剛中知成都，濬萬歲池淤澱，溉田三鄉，土植榆柳[九]，表以石柱，郡人指爲王使君甘棠。

張乘崖守蜀，有録事參軍王姓者，老病詩云『秋光都似宦情薄，山色不如歸興濃。』乘崖曰：『幕下有詩人，奈何不相聞耶？』厚禮遣之。

薛蓬爲巴州刺史，父老歌曰：『日出而作，日入而歸。吏不到門，夜不掩扉。有孩有童，願以名垂。何以字之，薛子薛孫。』張載，安平人，父收爲蜀太守。載省父，經劍閣。以蜀人恃險好亂，作《劍閣銘》以示誡。刺史張敏見而奇之，入奏武帝，命鐫之劍閣。

元微之，左遷達州司馬。投宿一舍，壁間有字數行，乃微之十五年初及第時贈妓女者，復韻呈白居易云：『十五年前似夢遊，會將詩句結風流。昔教紅粉佳人和，今遺青山司馬愁。』

張忠定公祠，成都城內。公自蜀召歸，留畫一軸，遺僧希曰：『後十年開。』僧聞訃，開視，乃公像，自贊曰：『乘則違俗，崖不利物，乘崖之名，聊以表德。』

燕肅，字穆之，知梓州，作蓮花漏，晨昏分刻不差，立石載其法。李遷哲，後周以大將軍出鎮白帝，苦無倉儲，遷哲取葛根造粉、兼米以給軍。每有佳膳，即分賜營中，無不人人感奮者。

程頤貶涪州司户，嘗過涪，中流船幾覆，舉舟之人相顧號泣，頤獨正襟危坐，已而及磡，衆中一父老問曰：『當船危時，君坐甚莊，何以？』〔一〇〕頤曰：『心存誠敬。』父老曰：『又不若無心也。』頤方欲與之言，忽不見。

程頤遊成都，見治篋、箍、筩〔一一〕者挾册，就視之，則《易》也。篋者問曰：『若嘗了此乎？因論未濟三陽失位，爲男窮之義。』頤兄弟爽然，後謂袁滋曰：『《易》學在蜀，滋入成都，見賣醬薛翁者，與語大有得，蓋篋叟、醬翁皆隱君子也。』

趙清獻爲青城宰，挈聲樂妓以歸，爲邑尉追還，大慟且怒。又因與妻忿争，由此惑志。

夔人重武侯，以歲首人日傾城出遊八陣上，謂之『踏磧』，婦人拾沙中小石之可穿者，貫以縷携歸，以爲一歲之祥。宋子京書韋皋事云，蜀人思之，見其遺像，必拜，凡刻石著皋名者，皆鑱去其文，尊諱之也。

文潞公二則

潞公少時，從其父赴蜀州幕官，過成都，潞公入江瀆觀書，祠官接之甚勤，且言夜夢神令灑掃祠庭曰：『明日有宰官來，豈異日之宰相乎？』公笑曰：『宰相非所望，若爲成都，當令廟室一新。』慶曆中，公以樞密直學士知益州，聽事之三日，謁江瀆廟，若有感焉。方經營改造中，忽江漲，大木數千章蔽流而下，盡取爲材，廟成〔一二〕，雄壯甲天下。

潞公知成都日，年未四十。成都風俗，喜行樂。公多宴集，有飛語至京，御史何郯聖從，蜀人，因謁告歸。上遣伺察之，聖從將至，公亦爲動。張少愚謂公曰：『聖從之來，無足念。』少愚因迎見於漢州。同郡會有營妓，善舞。聖從喜之，問其姓。妓曰：『楊』。聖從曰：『所謂楊臺柳者。』少愚即取妓之項帕羅，題云：『蜀國佳人號細腰，東臺御史惜妖嬈。從今喚作楊臺柳，舞盡春風萬萬條。』命妓作柳枝詞歌之，聖從爲之霑醉。後數日，聖從至成都，頗嚴重。一日，潞公大作樂，以宴聖從。迎其妓雜府妓中，歌少愚之詩，以酌聖從，每爲之醉。還朝，公之謗乃息。

安酋三則

朱燮元總督五省，方蒞任，謁先師廟，至明倫堂，諸生講書訖，即縛諸生八人斬之學宮〔一三〕。

前闔城人大驚莫測，後平水西，得安氏諸册籍，則八人，安氏耳目也，受安金，拜官矣。安氏有軍師謝姓，一切兵謀皆其爲之。燮元用力士，授之以計。越山攀木，夜入謝軍師家，縛軍師來，安氏不知也。軍師見總督，長揖作賀曰：『先生得我，安氏無能爲矣，敢不賀。』

安氏有女將軍安八姐，勇捷無敵，諸名將往敵之，皆敗。竟數敗官兵，燮元諜八姐淫媟，於是選軍中美男子，得一人，飾以金銀兜甲，善弓刀、駿馬，首陣前，偉麗動人。八姐合戰，望見即縱馬欲生擒去，相近不加刃，遂反生擒之矣。至則獄之，索《三國志》，獄官持送，喜獄官，獄官不敢前，稟之燮元。燮元曰：姑融通延活彼，以俟吾請命也，命下死。

明御史大夫丁玉，以平羌將軍經略西番。鑄銀爲錠，與之要約，散給諸羌，得之者寶之如神物，上有誓詞『輕重不等』，番號之爲丁大夫。

校勘記

[一]『間』字，底本作『問』，今據《三國志》所載改。

[二]『問曰』，底本脱『問』字，今據《三國志》所載改。

[三]『照』，底本作『燒』，今據《括地志》載改。

[四]『行』，底本作『往』，今據《夷堅丙志》改。

[五]『俄出一物，如小兒狀』，底本原作『俄供一如小兒狀』，似不同，今據《夷堅丙志》改。

[六]『會』，底本原作『全』，今據《宋史》所載改。

[七]『訓』字後，原脱『導』字，今據乾隆補修本補。

[八]『郁山鎮』，諸本皆作『都山鎮』，均誤。史載，宋嘉定元年（一二〇八），因『鹽泉流白玉』而置玉山鎮；明景泰元年（一四五〇）因避諱（代宗朱祁鈺即位）更名為郁山鎮。

[九]『楡』，底本作『檢』，《宋史》本傳載，『成都萬歲池，廣袤十里，溉三鄉田，歲久淤澱。剛中集三鄉夫共疏之。纍土爲防，上植楡柳，表以石柱。州人指曰：「王公之甘棠也。」』今據《宋史》本傳所載改。

[一〇]『莊』，底本作『壯』，今據乾隆補修本改。

[一一]『筩』，底本作『箭』，今據乾隆補修本改。

[一二]『成』，底本作『工』，今據《邵氏聞見録》所載改。

[一三]『宮』，底本作『官』，今據《續藏書》所載改。

卷六

兵衛　營制

滿城官兵。康熙六十年設，六副都統，麾下共七十四員。內兼佐領之協領五員，佐領十九員，防禦二十四員，驍騎校二十四員，筆帖式二員。八旗、滿洲、蒙古旗，分馬兵一千六百名，內狀大八名，前鋒一百五十二名，領催一百四十四名，甲兵一千二百九十六名，步兵四百名，匠役九十六名，炮手四十八名。

督標三營。中營副將一員，都司一員，千總二員，把總四員，外委千總二員，外委把總四員，左營遊擊一員，守備一員，千總二員，把總四員，外委千總二員，外委把總四員，右營遊擊一員，守備一員，千總二員，把總四員，外委千總二員，外委把總四員。馬戰守兵二千四百名，內除養廉公費、馬戰糧二百七十二分外，實存馬兵三百五十四名，戰兵六百三十五名，守兵一千一百三十九名。

提標五營。中營參將一員，守備一員，千總二員，把總四員，外委千總二員，外委把總四員，左營遊擊一員，守備一員，千總二員，把總四員，外委千總二員，外委把總四員，右營遊擊一員，守備一員，千總二員，把總四員，外委千總二員，外委把總四員，前營都司一員，守備一員，千總二員，把總四員，外委千總二員，外委把總四員，後營都司一員，守備一員，千總二員，把總四員，外委千總二員，外委把總四員。馬戰守兵三千二十五名，内除養廉公費、馬戰守糧四百七十分外，馬兵七百零六名，戰兵一千五百一十八名，守兵三百三十一名。

普安三營。參將一員，守備一員，千總二員，把總四員，外委千總二員，外委把總四員，安阜營都司一員，千總一員，把總二員，外委千總一員，外委把總二員，馬邊營都司一員，千總一員，把總二員，外委千總一員，外委把總二員。川北鎮鎮標八營。中營遊擊一員，守備一員，千總二員，把總四員，外委千總二員，外委把總四員，左營遊擊一員，守備一員，千總二員，把總四員，外委千總二員，外委把總一員，左營都司一員，守備一員，千總二員，把總四員，外委千總二員，外委把總四員。

順慶營。遊擊一員，守備一員，千總二員，把總二員，外委千總二員，外委把總三員。

達州營。遊擊一員，守備一員，千總一員，把總二員，外委千總一員，外委把總二員。

太平營。都司一員，千總一員，把總二員，外委千總一員，外委把總二員。

潼綿營。都司一員，千總一員，把總二員，外委把總二員，通巴營守備一員，把總二員，外委把總二員。馬戰守兵三千六百七十八名，內除養廉公費、馬戰守糧五百二十二分，馬兵四百一十八名，戰兵八百五十一名，守兵一千八百一十一名。

重慶鎮。鎮標十營。中營遊擊一員，守備一員，千總二員，把總四員，外委千總二員，外委把總四員，左營遊擊一員，守備一員，千總二員，把總四員，外委千總二員，外委把總四員，右營遊擊一員，守備一員，千總二員，把總四員，外委千總二員，外委把總四員。

綏寧營。參將一員，守備一員，千總二員，把總四員，外委千總二員，外委把總四員。

黔彭營。都司一員，千總一員，把總二員，外委千總一員，外委把總二員。

忠州營。都司一員，千總一員，把總二員，外委把總二員。

夔州協。副將一員，左營都司一員，千總二員，外委千總一員，外委把總三員，右營守備一員，千總二員，把總四員，外委千總二員，外委把總三員。

巫山營。都司一員，千總一員，把總二員，外委千總一員，外委把總二員，

梁萬營。都司一員，把總一員，外委把總一員，馬戰守兵三千五十名，內除養廉、公費、馬戰守糧五百八分外，馬兵一百八十三名，戰兵八百七十名，守兵一千四百八十九名。夔州協。馬戰守兵一千七百五十名，內除養廉、公費、馬戰守糧二百一十一分外，馬兵九十九名，戰兵五百一十二

名，守兵九百二十八名。

松潘鎮。鎮標十二營。中營遊擊一員，守備一員，千總二員，把總四員[一]，外委千總二員，外委把總四員，左營遊擊一員，守備一員，千總二員，把總四員，外委千總二員，外委把總四員，右營遊擊一員，守備一員，千總二員，把總四員，外委千總二員，外委把總四員。

龍安營。參將一員，守備一員，千總二員，把總四員，外委千總二員，外委把總四員。

漳臘營。參將一員，守備一員，千總二員，把總四員，外委千總二員，外委把總四員。

疊溪營。遊擊一員，守備一員，千總一員，把總二員，外委千總一員，外委把總二員。

平番營。都司一員，千總一員，把總二員，外委千總一員，外委把總一員。

南平營。都司一員，千總一員，把總二員，外委千總一員，外委把總二員。

小河營。守備一員，千總一員，把總二員，外委千總一員。

維州協。副將一員，左營都司一員，千總二員，把總四員，外委千總二員，外委把總四員，右營都司一員，千總一員，把總二員，外委千總一員，外委把總二員。

茂州營。都司一員，千總一員，把總二員，外委千總一員，外委把總二員，馬戰守兵四千六百四十名，内除公費、養廉、馬戰守糧六百三十四分外，馬兵五百五十七名，戰兵一千六十六名，守兵二千三百八十三名。維州協，馬戰守兵一千二百名，内除公費、養廉、馬戰守糧一百七十二分外，馬兵一百四十二名，戰兵二百三十五名，守兵六百五十一名。

建昌鎮。鎮標十三營。中營遊擊一員，守備一員，千總二員，把總四員，外委千總二員，外委把總四員，左營遊擊一員，守備一員，千總二員，把總四員，外委千總二員，外委把總四員，右營都司一員，守備一員，千總二員，把總四員，外委千總二員，外委把總四員。

越嶲營。參將一員，守備一員，千總二員，把總四員，外委千總二員，外委把總四員。

會川營。參將一員，守備一員，千總二員，把總四員，外委千總二員，外委把總四員。

會鹽營。遊擊一員，守備一員，千總二員，把總四員，外委千總二員，外委把總三員。

靖遠營。遊擊一員，守備一員，千總二員，把總四員，外委千總一員，外委把總三員。

寧越營。都司一員，千總一員，把總二員，外委千總一員，外委把總三員。

嘉順營。都司一員，千總一員，把總二員，外委千總一員，外委把總二員。

懷遠營。都司一員，千總一員，把總二員，外委千總一員，外委把總二員。

永定營。都司一員，千總一員，把總二員，外委千總二員，外委把總二員。

冕山營。都司一員，千總一員，把總二員，外委千總一員，外委把總二員。

瀘寧營。守備一員，千總一員，把總二員，外委千總一員，外委把總二員。

永寧協。副將一員，左營都司一員，千總二員，把總四員，外委千總二員，外委把總四員，右營都司一員，千總二員，把總四員，外委千總二員，外委把總四員。

敘馬營。遊擊一員，守備一員，千總二員，把總二員，外委千總二員，外委把總三員。

建武營。遊擊一員，守備一員，千總一員，把總二員，外委千總一員，外委把總二員。

大壩營。都司一員，把總一員，外委把總一員。

赤水營。守備一員，把總一員，外委把總一員。

泰寧協。副將一員，左營都司一員，千總一員，把總二員，外委千總一員，外委把總二員，右營都司一員，千總一員，把總二員，外委千總一員，外委把總二員。

黎雅營。遊擊一員，守備一員，千總二員，把總四員，外委千總一員，外委把總二員。

峨邊營。遊擊一員，守備一員，千總二員，把總二員，外委千總二員，外委把總二員。

阜和營。遊擊一員，守備一員，千總三員，把總五員，外委千總二員，外委把總四員，馬戰守兵六千三百名，內除養廉、公費、馬戰守糧八百五十二分，馬兵五百五十七名，戰兵一千二百六十二名。

永寧協。馬戰守兵二千二百九名，內除公費、養廉、馬戰守糧三百六十一分外，馬兵一百一十一名，戰兵六百一十一名，守兵一千一百七十二名。

泰寧協。馬戰守兵二千七百名，內除公費、養廉、馬戰守糧三百二十四分外，馬兵二百七十五名，戰兵六百三十九名，守兵一千四百六十二名。
城守三營。參將一員，左營守備一員，千總二員，把總三員，外委千總二員，外委把總五員，右營守備一員，千總二員，把總三員，外委千總二員，外委把總四員。
青雲營。守備一員，千總一員，把總一員，外委千總一員，外委把總一員，馬戰守兵一千六百五十名，内除公費、養廉、馬戰守糧一百七十五分外，馬兵一百八十名，戰兵三百八十九名，守兵九百六名。
西藏駐防官兵五百七員名，定例三年更換一次，於標、協、營派撥。
臺站駐防官兵一千一十二員名，定例三年更換一次，於標、鎮、協、營派撥。
阿壩色住卡駐防弁兵三十三員名，定例一年更換一次，於松潘鎮、標三營、漳臘營派撥。
上革齊寫達、霍耳、甘孜遊巡弁兵二十一員名，定例一年更換一次，於阜和營派撥。

衛所

洪武二十六年，定天下都司衛所。四川都司，成都左護衛、右護衛，後爲龍虎左衛，隸南京左府。中護衛，後爲豹韜左衛，隸南京前府左衛。革右衛、前衛、後衛、中衛。寧川衛、茂州衛、建昌衛、後屬行都司。重慶衛、敘南衛、蘇州衛，後爲寧番衛，屬行都司，革瀘州衛、松潘衛、軍民指揮使司巖州衛。革青川千户所、成州千户所、大渡河千户所。

四川都司，舊有浦江關軍民千户所，後革。成都左護衛、右衛、中衛、前衛、後衛、寧川衛、茂州衛、重慶衛、敘南衛、瀘州衛、利州衛。舊無，後設。松潘衛，舊無軍民指揮使司，後改。青川千户所、保寧千户所、威州千户所、雅州千户所、大渡河千户所、廣安千户所、灌縣千户所、已下各所後設。黔江千户所，叠溪千户所、建武千户所、小河千户所、蜀府儀衛司、壽府儀衛司，革。壽府群牧所，革。

土官。天全六番招討官司，屬都司。隴木頭長官司、静州長官司、岳希蓬長官司，已上屬茂州衛。石柱宣撫司、酉陽宣撫司，已上屬重慶衛。右耶洞長官司、邑梅洞長官司，已上屬酉陽宣撫司。占藏先結簇長官司、阿昔洞簇長官司、蠟匝簇長官司、白馬路簇長官司、山洞簇長官司、北定簇長官司、麥匝簇長官司、者多簇長官司、牟力簇長官司、班班簇長官司、祈命簇長官司、勒都簇長官司、包藏簇長官司、阿用簇長官司、思曩兒簇長官司、阿用簇長官司、潘斡寨長官司、八郎安撫司、阿角寨安撫司、麻兒匝安撫司、芒兒者安撫司，已上俱屬松潘衛。叠溪長官司、鬱即長官司，已上屬叠溪千户所。

四川行都司。舊無，後設。舊有建昌前衛，後革。建昌衛，舊屬四川都司。寧番衛，舊爲四川蘇州衛，已下添設會川衛、鹽井衛、越巂衛、禮州後千户所、禮州中中千户所、建昌打沖河中前千户所、德昌千户所、迷易千户所、鹽井打沖河中左千户所、冕山橋後千户所、鎮西後千户所。

土官。昌州長官司、威龍長官司、普濟長官司，俱屬建昌衛。馬喇長官司，屬鹽井衛。邛部長官司，屬越嶲衛。

土兵

紹興末，帥臣李師顏於夔州三縣保甲中選置義兵，立七資職次，分上、中、下邑，軍名團結。恭、涪、忠、萬四州皆有義軍，額或千數。

黎、雅州土丁，集沿邊農人大甲户爲之，蓋唐雄邊子弟之遺法，舊無行陣軍伍，但以甲頭總之。乾道七年，邊釁之後，始置寨將、押隊、旗頭之類，略寓軍制，每歲農隙時，官給口食，教之武事，舊制，凡千人，淳熙三年，禄粹父請倍其數。

嘉定土丁。惟犍爲、峨眉二縣有焉。自熙、豐以來，峨眉八寨一千四百八十人，犍爲五寨之籍二百七十五。

威、茂州亦有土丁。各州二百，威州之丁月給米三升，驍捷可用，夷人亦畏之。茂州之丁，半市人，無月給，半有爲夷人庸耕者。

漢興十一年，發巴蜀材官衛軍霸上。

關隘

飛仙關。廬山南，即古之漏閣。宇文博賦：『惟天下之至險，有嚴道之漏閣焉。』孤峰上繼於青天。湍波下走於長川。斷崖横壁立之岸，飛湍濺千丈之泉。

天險關。滎經東北，據邛崍九折坂之險。

邛崍關。滎經境，據番夷要害。

倒馬關。納溪，南路通南中、交阯。

石關。納溪，通雲南、交阯路，關前有石如虎，因名。

扞關。廩君浮夷水所置也，《楚世家》：『肅王四年，蜀伐楚，取兹方，於是爲扞關以拒之。』《郡國志》：『巴郡魚腹縣有扞關』。李熊説公孫述曰：『東守巴郡拒扞關之口。』《正義》《華陽國志》云：『巴楚相攻伐。故置扞關。』陽關。《括地志》：『陽關，今涪州永安縣，治陽關城也。永安省入樂温縣，扞關今峽州巴山縣界，故扞關是巴山，省入彝陵。』江關，今夔州鱼腹縣南二十里江南岸白帝城，是今奉節縣。後漢岑彭、公孫述遣將乘枋箄下。江關注云：『舊在赤甲城，後移江南岸，對白帝城故基。』

劍門關。劍州北，汪元量詩『萬里橋西一回首，黑雲遮斷劍門關。』唐明皇詩『劍閣横空峻，鑾輿出狩回。翠屏千仞合，丹嶂五丁開。灌木縈旗轉，仙雲拂馬來。乘時方在德，嗟爾勒銘才。』

上亭驛。在梓潼，唐玄宗幸蜀，至此，雨中聞鈴聲，左右云，似言三郎。琅璫，又名琅璫驛。王阮亭題詩云『金雞賜帳事披猖，河朔從兹不屬唐。卻使青騾行萬里，三郎當日太郎當。』籌筆驛，廣元北，諸葛武侯出師，嘗駐軍籌筆於此。杜牧詩：永安宮受詔，籌筆驛沈思。畫地乾坤在，濡毫勝負知。』

橋

萬里橋。在成都府南門外，以石爲之，高三丈，寬半之，長十餘丈，架錦江上，相傳以爲孔明送吳使張温，曰：『此水至揚州萬里』，因以名橋。一説費禕聘吳，孔明送之曰：『萬里之行始於此矣』，故名。

升仙橋。在成都北門外，魚鳧王、張伯子俱乘虎仙去，橋因以名。司馬相如東遊，題其柱曰『不乘駟馬車，不復過此橋』。今橋邊勒石曰駟馬橋。

蜀都浦江有七橋，直西門郫江曰沖星橋，西南石牛門曰市橋。《寰宇記》：市橋，在益州西四里。常璩石牛門曰：『市橋，石犀潛於此淵中。』

李膺《益州記》：『沖星橋，蓋市橋也，在今成都縣西南。』

《後漢書注》：『市橋，即七星橋之一也。』

筰橋。成都西，桓温伐蜀，戰此。

雁橋。任豫《益州記》：『雁橋東，君平賣卜土臺，高數丈。』張何賦：『雁橋風暖，犀浦花新。』

折柳橋。簡州朝天門外，舊名情盡。《唐詩紀事》：『陶雍送客至情盡橋，命筆爲詩云「從來只有情難盡，何事名爲情盡橋。」自此，改名爲折柳，任他離恨一條條。』

天生橋。萬縣苧溪上，一石自然成橋，長與溪等，溪流出其下。彭山邑北二里，有埋輪橋，漢張綱事也。劾梁冀，人嘉其忠，故以名橋。又朱遵與公孫述戰於六水門，先埋其車輪於橋側，後因以名。

按：此後說，爲近雍正邑令張綽易爲忠孝橋，亦因舊志，有此橋名耳。橋側舊有張綱、李密祠。

渡

白沙渡。杜甫詩：『畏途從長江，渡口下絶岸。水清石礨礨，白沙灘漫漫。』《通志》：『白水江東南至昭化，入嘉陵江，有白沙渡，西川汶川保縣一帶，與番夷相通之路，曰溜索。以篾索一條，繫於兩岸樹根中，跨大江，江水激石，吼聲如雷，去江數仞，欲渡者以一竹筒，劈而爲二，合於索上，以繩自縛於筒上，行李亦然，用力，趁勢合於索上，溜而過之，索半歲一换。斷此，則往來隔絶矣。』

津

眉州東西四里有玉津。宋陸放翁詩：『玻璃江上送殘春。疊鼓催帆過玉津。』

青衣津。在嘉定，州治南有青衣神廟。按：《益州記》云：『神號雷塠廟』，即《華陽國志》之雷垣也。班固以爲，離堆下有石室玉女房，蓋此神耳。

考青衣江，爲今雅河，經洪雅而達嘉定，與錦水合。

青衣神爲古蠶叢氏，衣青衣，教民蠶桑。今青神縣，即其稱，謂以爲雷塠，又以爲玉女房，恐非是。

蜀道

益州利昌縣，古劍閣道。秦欲吞蜀，詭言牛能糞金，欲獻蜀，蜀王使五力士開路，曳石牛，道成，秦得伐蜀。故史詩云：『五丁不鑿金牛路，秦惠何由得併吞。』

劍門驛路，自明末寇亂，久爲榛莽。入蜀由蒼溪、閬中、鹽亭、潼川，以達漢州，率皆鳥道。康熙二十九年四月，四川巡撫噶爾圖上疏，自廣元縣迤南，歷圓山等十二站，始達漢州，計程八百二十里，多崇山峻嶺，盤折難行，查得劍門關舊路，僅六百二十里，臣乘農隙，刊木伐石，搭橋造船，以通行旅，遂成坦途，裁省驛馬六十八匹，歲省銀二千五十六兩，新路經牛山，亦首險。

校勘記

〔一〕『把總』，底本原作『犯總』，今據玉元堂本改。

卷七

宫室

蜀先主征吴，爲陸遜所敗，還至白帝，改魚腹爲永安宫，今夔府學宫即其地也。

閬苑。滕王元嬰刺閬州，以衙宇卑陋，修治宏大之，擬於宫苑，故名。

楚王宫。巫山東北，《統志》：『楚襄王所遊之地』，遺址尚存。

闕

兼山書院。在劍州東北，祀宋尚書黄裳。今殿碑存，可考。

樓

海棠樓。李回所建，以會僚佐議事，裴坦爲記，今基不可考。五福樓。在成都内，韋皋建，其基亦不可考。

錦樓。在龜城外，唐詩《建平視衆山》，『前瞰大江，西眺雪嶺，東望長松。』〔一〕白敏中時與賓介飲酒，賦詩其上，今基址都不可考，然不知毁自何代。

望妃樓。在子城西北隅，亦名西樓，開明妃之墓在武擔山，爲此樓以望之，今基址毁。唐成都有散花樓，與河州府之薰風樓、綠莎廳，揚州賞心亭、鄭州夕陽樓、潤州千巖樓，皆見於傳記。今無存者，或易其名，或廢而不修也。

挾山樓。邛州北崇真觀後，昔有仙人張霄遠者，往來於此，每挾弹，視人家有災者为擊散之，此其故居也。

眉治西舊有書樓。唐光啓初，州人孫長孺建，藏書於中，僖宗御書『書樓』二字賜之。長孺四世孫降衷，宋初爲眉州别駕，市書卷以貯之。六世孫闢又重修，魏了翁作記。

萬景樓。嘉定南萬景山上，范成大詩：『若爲喚得涪翁起，題作西南第一樓。』齊愈詩：『面瞻北闕三千里，俯視嘉陽十萬家。』

荔枝樓。在忠州西南，白居易所建，白詩云『荔枝新熟雞冠色，燒酒初開琥珀香。欲摘一枝傾一盞，西樓無客對誰嘗。』夔府東十五里萬丈樓，即杜工部東屯故居也。後人建樓，取『李杜文章在，光焰萬丈長』之句。

四望樓。忠州南，白居易詩：『江上新樓名四望，東西南北水茫茫。』

香草樓。江津西南，昔有仙人居此，池側建樓，多植香草。順慶府東仙鶴樓，俯瞰大江，面對層峰。宋邵伯温詩：『春去春來好風月，鶴樓端勝庾公樓。』即此。

順慶府北五里有北津樓，道人張三丰詩：『誰喚吾來蜀内遊，北津樓勝岳陽樓。煙迷沙岸漁歌起，水照江城歲月收。萬里清波朝夕湧，千層白塔古今浮〔二〕。壯懷無限登臨處，始識南邊第一州。』保寧府東樓，枕嘉陵江上，可高三層，子美詩：『層城有高樓，制古丹雘存，迢迢百丈餘，豁達通四門』，即此。

保寧城内，宋元祐中建會經樓，置經史子集一萬餘卷。東坡題額，蒲宗孟爲記，范百禄皆有詩，今其基不可考矣。

制勝樓。夔治，王延禧詩：『夔子城新築，長江便作壕。百蠻歸指掌，三峽見秋毫。』遠景樓，眉州北，郡守黎錞建，蘇軾記太守黎侯希聲作遠景樓，曰：『與賓客僚友處其上，軾之去鄉久矣，所謂遠景者，雖想見其處，而不能道其詳，然州之所以樂斯樓之成，而欲記焉者，豈非上有易事之長，而下有易治之俗也哉。』景蘇樓。眉州西，宋陳燁爲三蘇父子建。

璧津樓。嘉定東南，跨城爲樓。下瞰三江，三峨九頂森列左右。懷葛樓。天全南，招討使高崧思諸葛武侯建。

東樓。敘州東北，杜甫詩：『重碧拈春酒，輕紅擘荔枝。高樓欲愁思，横笛未休吹。』

西樓。敘州北，劉翼之詩：『西樓何似古東樓，但覺今州勝舊州。山色不藏興廢跡，江聲空載古今愁。』又黄魯直遊題敘州北樓，今名弔黄樓。

南定樓。瀘州治，宋郡守晁公武建，取《出師表》中『思維北征，宜先入南』之句爲名。陸游詩『行徧涼州到益州，今年又作渡瀘遊。江山重複争供眼，風雨縱横亂入樓。』

鎮遠樓。瀘州西，四山環合，一郡大觀。

籌邊樓。成都西，唐李德裕建。四壁畫蠻夷險要曰：『與習邊事者，籌畫其上』，後范成大改建子城西南，今圮。

越王樓。綿州西北，舊名越王臺。唐顯慶中，太宗子越王貞爲州刺史建。

望湖樓。簡州，下瞰大江，山光水色，相映宛然，瀟湘苕霅間也。

開漢樓。順慶南，因紀信名。

碧玉樓。保寧西南，一名十二樓。

南樓。保寧城南，據江山之勝，唐滕王元嬰建。

鳳翔樓。蓬溪，近樓諸山，有飛鳳之勢，故名唐建。

臺

相如琴臺。在浣花溪正路金花寺北，梁蕭藻鎮蜀，增建樓閣，以備遊覽。元武伐蜀，下營於此，掘得大甕二十餘口，蓋所以響琴也。隋蜀王秀更增五臺，並舊臺六焉。嘉靖中，陳流金建坊於路旁，題曰『琴臺』，今廢。

讀書臺。成都城北二里許，相傳武侯築此，以集諸講待四方賢士者，又城北里許有雲臺，俗呼爲賽雲臺，即玉局觀也。

望鄉臺。在成都之北，嚴武表甫爲工部員外，中使啣命至，武與公共於望鄉臺迎之，杜詩『共迎中使望鄉臺』，今基址無考。

講道臺。在漢州，二程夫子隨父珦守漢州講道處，今址猶存。

太白臺。龍安東南牛心山側，李白與江油尉嘗遊此，仁壽北亦有太白樓。

相如琴臺。在邛州城内。

邛州鶴山書臺，有二舊臺，在州西關外鶴林寺，了翁兄弟讀書處。先生手植雙桂，至今猶存，新臺在幽居寺，亦先生讀書處，二基臺境俱幽雅，爲人士登眺之所。

琴臺去文君井不數武，亦在南街左。其基頗高市面，今爲街民所踞，置屋於上，即相如撫琴處。

彭山象耳山中有李白讀書臺。上有石刻『太白』，杜光庭詩『山中猶有讀書臺，風掃晴嵐畫幛開。華月冰壺依舊在，青蓮居士幾時來。』

盤石山亦有范鎮讀書臺，鎮詩刻石，『家幽訪盤石，細徑入荒涼，踏葉屐履湿，觸花衣袂香。』

欝姑臺。在敘州府，北宋楊仙遇仙人欝姑於此臺，故名。今其地産仙茅。

嘉定烏尤山烏尤寺左有爾雅臺，相傳郭景純注《爾雅》於此。

瀘州治北二里有撫琴臺，昔尹伯奇爲後母所逐，自投江中，吉甫登臺援琴作思子操憶之臺，乃山石生成，周十丈，特立山腰。

懷清臺。長壽西，《史記·貨殖傳》：巴蜀寡婦清，其先得丹穴，而擅其利數世，清，寡婦，能守其業，用財自衛，不見侵犯，秦始皇以爲貞婦而客之，爲築女懷清臺。注：巴寡婦之邑。清，其名寡婦。清臺山，俗名貞女山。

巴子臺。在忠州西五里，白居易詩：『迢迢東郭上，有土青崔嵬。不知何代物，疑是巴王臺。』陽臺。巫山西，杜甫詩：『我到巫山渚，訪古登陽臺。神女去已久，襄王安在哉。』

鹽亭東一百五十里有孝義臺，宋邑人馮伯瑜剖腹取肝愈父，縣令卞沈爲築臺立石旌表之。

讀書臺。射洪北金華山，陳子昂讀書於此，杜甫詩『陳公讀書臺，石柱仄青苔』。

玉女臺，大劍山絶頂有石刻云『玉女煉丹處』。蓬溪西亦有孝義臺，蜀孟昶時，里人程崇事親至孝，方冬，母病思筍，崇號泣林中，俄生數筍，縣令陳元佐詩『戢戢筍芽生爲母，淚痕落處兩三莖。』

成都北有望京臺，唐韋臯築。

内江縣西鄉有讀書臺，傳爲宋狀元瀶耕、瀶畬讀書處。

亭

載酒亭。華陽東南，二江合流，范成大《吴船録》：合江者，乃岷江别派，自永康流入成都，又彭蜀諸郡水皆合於此，緑野平林，煙水清遠，極似江南風景，亭之上曰芳華，樓前後植梅，蜀人入吴者自此登舟。

瀛州亭。資縣治後圃，鮮於撰記，千巖萬壑，顧接不暇。

資江道中石溪橋，有無名氏粉書一詩云：『桃花依舊放山青，曲几焚香對畫屏。記得當年春雨後，燕泥時污石溪亭。』灌縣西有廣莫亭，吕大防記：『危檐飛楹，負城四出，眺覽之勝，甲於東南。』

威州玉壘山巔有飛翠亭，正德時建，今其基尚存。

温江縣東郭外有翡翠亭，倒壞無存，惟基礎歷歷可考，俗傳炳靈三太子讀書於此。

平雲亭。大邑之静惠山，范文忠鎮以不合王安石歸，徜徉於此。

蘇氏族譜亭。在州西南七十里，修文鄉蘇氏祖塋之側，舊曾刻老泉記其中。

借景亭。青神治，舊有亭，下瞰史家園，園多佳景，黄庭堅嘗遊此，扁曰『借景』。

岷峨亭。在蟆頤山，宋時建，以介岷峨之間，故名。

勿剪亭。井研南，鄧若水建。

碧照亭。雅州治西，一名鳳凰亭，雷簡夫宴客之所。

嘉定府北十里錦岡山有太白亭，下即平羌峽，云李白曾遊於此亭，今廢。尚有石斗、石鯨在荒址中。

子雲亭。犍爲南子雲山上，揚雄隱居，搆亭於此。

鎖江亭。在敘州府江側，黄庭堅詩：『鎖江亭上一樽酒，山自白雲江自横。』陸游詩：『千尋鐵鎖還堪恨，空鎖長江不鎖愁。』涪翁亭，敘州東北大江北岸，黄庭堅建。

摇香亭。清溪境，有海棠、芙蓉之勝。

四香亭。瀘州南，郡守趙雄建，謂荼蘼香春，芙蕖香夏，木樨香秋，梅花香冬，因名。

碧雲亭。涪州東，對岸上，每歲太守率郡僚遊宴於此。

杜鵑亭。雲陽，前有巨石，每歲春深，則杜鵑啼其上。

翠薌亭。開縣，《夏侯孚先記》：『盛山風物，冠冕峽郡，其間十二景名，唐宋名人唱和。』

六相亭。達州學宫講堂前，唐李嶠、李邊之、劉晏、韓滉、元稹，宋張商英，皆官於此，後俱入相。

勝江亭。達州西，宋郡守王蕃建，取『通州猶似勝江州』之句爲名。

憂雲亭。在達州南，嶺山之西畔，下瞰江流，周覽城邑，元稹爲司馬時建。

香霏亭。在大足，《皇輿考》：『昔有調昌守者，求易便地，彭淵才聞而止之。曰：昌，佳郡也。海棠無香，獨昌地産者香，故號海棠香，國非佳郡乎，取名以此。』

四春亭。潼川治，魏了翁詩：『皇天平四時，不以秋軼春。仁人奉天職，不以德後刑。四時常有春，吾聞邵子云。觸事識初心，乃以名吾亭。』

流觴亭。巴州西龕山上，唐嚴武建。

五友亭。南充縣，宋游丙題云：『明月清風爲道友，古典今文爲義友。山菓橡栗爲相友』，是五友者，無須臾不在此間也。放船亭，在滄溪縣江邊，子美詩：『送客滄溪縣，山寒雨不開。直愁騎馬滑，故作放船回。』後人因以名亭。

滕王亭。在保寧府城北七里玉臺觀内，唐滕王元嬰嘗遊憩此。

紫微亭。保寧城南南巖上，陳堯叟兄弟讀書處，御筆題『飛練亭』。《通志》：蟠龍山瀑布之側，東坡名曰『飛雪』。

聞峰亭。保寧南錦屏山上。

蜀路有飛泉亭，詩板百餘，薛能過之，盡剷去，惟留李端《巫山高》一篇。

簡州景德寺覺範道人種竹於所居之東軒，使君楊夢貺題其軒曰『也足』。取古人所謂『但有歲寒心，兩三竿也足』者也。

閣

龍門閣。嘉陵江上，石壁陡立，險不易登。《方輿紀勝》：『石欄橋，在綿谷縣北一里。自城北至大安軍界，營橋欄共一萬五三千三百一十六間，其著名者，爲石櫃閣。龍門閣，城五里，豈非其處乎？秀柏參差，當爐滌器，風流可想見也。』

揚雄宅。內有草玄臺，即成都縣治之前。有池曰洗墨池，舊有臺於池上，今廢。

王褒宅。在資縣，墓在資陽，舊碑剥落，惟大書『王褒墓』三字尚在。

花蕊夫人宅。灌縣西南。五代時，費氏以才色入蜀宫，後主嬖之，效王建作宫詞百首。

君平故宅。在邛州東十五里萬石壩地，平衍入景，所謂萬石農耕也。

邛州城南五里，臨邛縣爲卓王孫宅基，方十里，自昔耕者往往得錢，初有掘出卓氏錢甕者，大可容五石，色如漆，弇口宏腹，實錢於中以瘞之，足有籀文，其錢皆五銖，故城中有甕亭，因昔得二甕，建藏焉。

鄧通宅。夾江南安鎮，漢南安縣也，廢城。舊有鄧通故宅，見邑志。鄧通，夾江人也。

杜甫宅。夔州東北。陸游《高齋記》：『少陵居夔凡三徙：一在白帝，一在瀼西，一在東屯，皆名高齋。』

紀信宅。西充東高陽里扶龍村。信，廣安人。誑楚脱漢高帝，爲項羽所殺，宋時加封，制曰『國爾忘身，實開漢業。』

譙周宅。南充北。周，字允南，巴西西充人。精六經，曉天文，仕蜀爲光禄大夫。卒後，益州刺史董營圖畫周像於州學，命李通頌曰：『抑抑譙侯，好古述儒，寶道懷真，鑒世盈虚。』

堂

名世堂。潼川治。後堂中懸屈原、司馬相如、王褒、揚雄、嚴君平、陳子昂、李白、蘇軾像，以八人皆名世士也。

六一堂。綿州治。歐陽觀嘗爲郡推，生子修於此，後人因以修號名堂。

萬卷堂。在彭水東，黄庭堅建，聚書於此。十賢堂。夔城内，初名歲寒，宋時建，以祀前賢，嘗至蜀者，屈原、諸葛亮、嚴挺之、杜甫、陸贄、韋昭範、白居易、柳鎮、寇準、唐介。堂外栽竹，王十朋詩『六月修筠帶雨移，丁寧護取歲寒枝。十賢清節高千古，不是此君誰與宜。』

鉤深堂。涪州北巖。程頤謫涪時，即普净院闢堂注《易》，黄庭堅扁曰『鉤深』。

雙鳳堂。雅州廳後。郡守樊汝霖爲蘇軾、蘇轍建。

蒲江縣南二十里爲莫公堂。漢武帝時，莫將軍征雲南、越嶲，旋師至此，見山水幽奇，於此修道焉。金泉山上有步虛堂。宋鄭庭詩：『平生酷好退之詩，謝女仙踪頗自疑。不到步虛堂下看，瓊英環珮有誰知。』

杜甫草堂。一在萬里橋，一在浣花溪。

懷白堂。李白坐永王璘事，長流夜郎。意白豈從人亂者，讀其《自序》詩，『夜半水軍來，迫脅上樓船。辭官不受賞，翻謫夜郎天』，亦不憐矣。

遺像

綿州學東壁繪龐統、蔣琬、杜微、尹默、李白、陳該、蘇易簡、王仲華、歐陽脩、黃庭堅十人之像以祀之。

文翁立講堂，作石室。一曰玉堂，在城南，初堂遇火，太守更修立，又增立二石室，《華陽國志》：堂焚於晚漢，高眹復興，完之。後人又作眹像，以配文翁。

神君張亞紫府飛霞洞記

吾舊生越嶲間。按越嶲爲郡，居天下之西南角，得坤之用。在漢時，户僅四十萬，其俗多營窟，版屋而息，如上古穴居野處之世。其壙巖穴，接黎之邛、筰都，雅靈關道。自唐大斥土宇，包夷荒，而郡縣之民不堪命，越嶲遂與中華壤斷土隔。真人幸啓偃兵息民，執玉斧而劃棄大渡之外，越嶲遂淪。嗚呼！吾將安歸？當以黎、雅爲鄉也。黎之邛崍關有靈應洞，乃吾之變化所，其俗醇厚簡古，如周民好善，堯民可封。其地襟帶巖巒，如泰華之磅礴，岷峨之嶙峋，吾嘗愛而居焉。近奉帝命，往來全蜀，至則寓之以行化。恨榛莽掩翳，如小有虚静之所，吾必久留也。邑下苟洙父子，念此甚久。吾知而直命之，乃忻然於吾殿後斬荆棘，去茅菅，爲一洞天，費僅二千萬錢，星穴皆備。吾揭爲紫府飛霞。蓋本班固賦西都『據坤靈之正位，放太紫之圓方』，與王勃記滕王閣『彩徹雲衢』『霞鶩齊飛』之義，以示吾不忘故鄉之意，下以期有志於攀麟者。休哉！蒙山之下，亦有變化之所矣。後之人有能自勵而期爲汗漫遊者乎？然東山舊祠，興自紹興丙寅，逮今年丁卯，始克有洞穴。不成於他人，而成於苟洙父子，亦有數也。一日苟洙父子欲紀年日月，此事非神，其誰宜爲？吾亦忻然親書於石。開禧三十年六月十八日記。

廟

石泉石紐山下有大禹廟，土人以禹六月六日生，歲時致祭。

高梁大山有漢武帝廟，至今祭者往往有一二百，蝴蝶降祠所享其食，近之不驚，徹饌方去。時謂武帝侍從，捉之者必致病。

花卿廟，在眉州西。祀唐花敬定。本長安人，至德間，從崔光入蜀，討段子璋有功，封嘉祥縣公。後討賊，单騎鏖戰。已喪其元，猶騎馬荷戈，至東館鎮，下馬沃盥。浣溪女曰：『無頭何以盥』，爲遂僵仆。居民葬之溪上，歷代祀之，謝皋羽有詩。

神女廟，《統志》：『在巫山西北。』《漫叟詩話》：『高唐事乃懷王，非襄王也。』然《神女賦》云：『襄王遊雲夢之浦，使玉賦高唐之事，其夜與神女遇』云。李義山詩：『一自高唐賦成後，楚天雲雨盡堪疑。』吴簡言詩：『惆悵巫娥事不平，當時一夢是虚成。只因宋玉閒唇吻，流盡巴江洗不清。』今爲凝真觀。廟前有神鴉，客舟將來，則迓於數里外，舟過亦送數里，土人謂之神鴉。周公廟，雅州東。孔明南征日，夢周公助以陰兵，因立廟魏武帝廟方山。宋時，討乞弟蠻，陰雨踰月，神宗緘香禱之，輒應。

呂光廟，江安。苻秦時，光以破虜將軍討李益亂。

豐澤廟，蓬溪。宋李洪值歲歉，捐貲活十萬，宋賜號豐澤。

張翼德廟，在遂寧之涪江。元豐三年，邑人任慶長始侈大之。後十五年，榱棟仆落，榛棘叢翳，任氏之孫揆，復一新之。紹與初元，北兵震摇關輔，張魏公宣撫處置秦蜀，移屯閬中。秋八月，死卒有更生者，傳戒語，欲助順誅逆。已而金兀术、婁室連犯漢中，皆折角而退。又有廟在火峰山之下，邦人張氏創爲之，至獻可者，老而無子，詣涪州謁王，别廟拜禱。是夕，夢神告曰，汝實無裔，當有名孕。明日與婦飲，見五色光氣如綫，投婦盃中，飲散而孕。明月生男曰述[三]。獻可捨己田爲廟，移樂温之楓兩萌孽以歸，植於東門西偏，示不忘本。述長而擢進士，終職方員外郎。其亡也，外人皆見車馬鼓吹，坌入廟中，聲達遠邇，祝史咫尺無所見，踰旬訃至，其日時皆符合。其後，旱乾、霖溢、螟蝗、疾癘，有請輒應。雨楓至高十餘丈，其大合抱。職方之孫，又增大廊宇，跨爲樓門。

酆都有閻羅殿，廟山側又有九蟒御史祠，傳有御史登此山，遭蟒糾纏而死，土人神而祀之，甚著靈異。嘉靖間，祠傍有楊生者，每過祠，必下馬致揖。忽一日，倉卒竟騎而過，御史見夢曰『爾前過我必步，今乃騎，豈簡我耶？爾若要中，除非日月倒懸』，楊謂尤己，甚不樂。已而秋試，《詩經》一題『如日之恒，如月之升』二句，遂得雋。

祠

青神土主祠，祀蠶叢氏。丹稜土主云祀花鄉，又其他或祀李冰，或祀冰之子二郎。又曰川主，璧山祠神，姓趙，名延之，唐時人，今建廟，祀者甚衆。

夾江武侯祠，原在九盤坂，距縣三十里許。鄧艾廟，即今祠地。邑令陝西人董繼舒欲撤廟改祠武侯，投艾像於水九盤里。入夜，夢艾云：『明日吾有水阨，爾等可乘夜偷吾像』，來人從之。至明日，艾像失矣，董因改祠武候。今祠世世重修，然則賊艾亦有靈耶。又夾江東偏，亦有鄧艾廢廟，見邑志。子中表兄國學王簡臨云，九盤尚有鄧艾廟。

錦城南門外武侯祠，前殿祀昭烈，後祠武侯，兩廡祀文武諸臣。門側有大碑，裴晉公撰文，柳公綽書，與武侯事業稱『三絕碑』，與《能改齋漫録》所云爾。西挾，即武侯祠。東挾，即先主祠。其基迥異，今之祠，想非古矣，惠陵即在祠之西。

益州城西北隅有龍女祠，即開元二十八年，長史章仇兼瓊拔平戎城。夢一女子曰：『我此城龍也，今棄番陬，來歸唐化。』後問諸巫，俱言不異，尋表立爲祠〔四〕，錫號會昌祠，在少城。舊跡近揚雄故宅，每旱祈禱，無不立應。乾符中，燕國公高駢築羅城，收龍祠在城內。工徒設板至此，驟有風雨，朝成夕敗，以聞於公。公亦夢龍女曰：『某是西山龍母池龍君，今築城，請將某祠置於門外，便於往來。』公夢中許之，及覺，遂令隔其祠於外，而重葺之，風雨乃止，城不復壞。繼之王、孟二主，甚嚴飾之，祈禱感應，封睿聖夫人〔五〕。天禧己未歲，自九月不雨至庚申歲二月，寺觀諸廟祈禱〔六〕，寂無影響。知州諫大夫趙公稹躬詣其祠冥禱。未至郡，甘澤大澍達旦。是歲豐登，民無劄瘥，遂奏章新其祠焉〔七〕。

成都武侯祠廟圮，觀察使宋可發艾石修之。取池土築牆，得石一方，如古甎，廣徑俱二尺，是横列三言四句，有云『水月主，庚不大，蓋十八，龍復卧』。中心上書武侯諱一字，下書『千一出』三字，隸法遒勁。觀察築一亭，以石嵌壁，下復勒一石，自記始末。大約上三字隱『清』『康』『宋』

三字，蓋武侯預知千餘年後，修其廟者爲宋公也。

峨山廟後有歌鳳先生祠，祀楚狂接與，有古碑磨滅不可讀。望帝祠，在錦城。《西蜀志》：『杜宇稱帝，號曰望帝。』

昭應祠，錦城金馬坊。左思《蜀都賦》：『金馬騁光而絕影，碧雞倏忽而曜儀。』注：『漢宣帝時方士言，益州有金馬碧雞之神，可以醮祭而置，帝使王褒持節求之。』《統志》：『宋賜廟額昭應江陽兒祠。』光武微時，過江陽，生一子，望氣者言，江陽有貴兒，縣人因王莽亂，求而殺之，光武怒，爲立祠，不使江陽人冠帶。在富順縣。

孟拾遺祠，眉州西。僖宗在蜀，政事悉出内侍田令孜，拾遺孟昭圖力諫坐貶，令孜遣人沉之江。

姜維祠，盧山城内近南，以維曾築土城於此，今土城址尚有存者。又城北有縣主祠，云祀姜維妹。

蠶家所祀先蠶之神，實馬頭娘也。高辛時，蜀有夫在外，久不歸，妻誓曰：『得夫歸者，以女妻之。』家有一馬，聞而躍去。數日，夫乘馬歸，馬嘶不已，夫審其故，曰：『人豈與馬配耶。』殺馬曝皮於庭，女過皮傍，皮忽捲女飛去，掛於桑上，遂化爲蠶。食桑葉，作一大繭如甕，後人塑女像爲馬頭娘娘，以祈蠶焉。《夷堅志》：『嘉州士人黄棠，博學能文，謂取功名如拾芥。肄業成都府學，學有菊花仙神祠，傳爲漢宫女、諸生求名者，影響答之。棠嘗夜讀，見美女立燈下，棠驚問汝何氏，輒至此？女笑曰：「吾乃菊花仙，以君今舉當高第，故來報喜。初任郫縣主薄，宜勉之」。是歲棠獲薦，赴部試，至郫縣境，憩逆旅。有負水至者，棠酌飲之，又傾其餘以濯足。負者曰：「村疃之水，數里行汲得至此，飲尚不敷，忍用濯足？」棠怒曰：「俟我爲主簿，當治爾罪。」及試失利，復入學，見女於廊下。棠謂其言不驗[八]。女曰：「汝不能謹，輕以告人，且欲逞私憾，豈汝容乎？必欲成名，須修德乃可。」棠自追悔，省咎克責[九]，後一舉登科。』

敘州府翠屏山有五賢祠，祀漁溪、横渠、明道、伊川、晦菴象。按：即翠屏書院也。

寺觀

聖壽寺，在成都城内西南隅，建自漢，在唐爲定慧寺，後改爲龍淵寺。孟蜀时，宰相王處回捨宅以廣其基。至宋大中祥符間，移聖壽寺額於此中，有秦太守所鑿石犀在殿，故今欲呼爲石牛寺。殿中有井，相傳與海通，所謂海淵也。

成都城外西南有青羊宫，老子謂關令尹曰：『千日之外，求我於蜀中青羊之肆』，即此。

成都玉局觀。老君與張道陵至此，有局腳玉牀自地湧出，老君升坐，爲道陵説《南北斗經》，故名。

校勘記

［一］《方輿勝覽》載『在成都縣龜城上，唐建。前瞰大江，西眺雪嶺，東望長松二江合流。』

〔二〕「千層白塔古今浮」一句，《張三丰全集》作「千層白浪古今浮」。
〔三〕「明月年男曰述」，《夷堅志》作「明年，生男曰述」。
〔四〕「祠」，底本作「詞」，今據《茅亭客話》所載改。
〔五〕「睿聖夫人」，底本原作「睿神夫人」，今據《茅亭客話》改。
〔六〕「廟」字，底本作「神」，今據乾隆補修本，及《茅亭客話》所載改。
〔七〕《茅亭客話》「郡廿澤大澍達旦」一句後，有「屬邑皆告足」諸字，《蜀故》諸本，均未見録。
〔八〕「棠」，底本作「堂」，徑改。
〔九〕「棠自追悔省咎克責」，底本原作「棠自追悔省咎」，今據《夷堅志》補。

卷八

選舉

紹興二十七年，先時，蜀士赴殿試不及者，皆賜同進士出身。上念其中有俊秀能高第者，不宜皆置下列。至是，先期諭都省寬展試日以待。宰相沈該奏：『天時向暑，臨軒非便，請後至者臣等策之，中書定高下。』上曰：『三年策士，朕豈憚一日之勞耶？』及唱第，王十朋爲首，第二人閻安中，第三人梁介，皆蜀士也，上大悦。紹興二十九年，孫道夫侍經筵。一日，極論四川類試請托之弊，請書令赴禮部。上曰：『後舉，但當遣御史監之。』道夫持益堅，事下，國子監祭酒楊椿曰：『蜀去天萬里，可使士子涉三峽，冒重湖耶？欲革其弊，一監試得人足矣。』是歲，四川類省試始降敕差官。四川類省試，第一人恩數，初視殿試第三人，賜進士及第，優之也。後以何耕對，蜀人才爲秦檜所怒，及諭禮部類試，第一等人並賜進士出身，自是無有不赴御試者。

孝宗乾道元年，議復國初科制。翰林學士汪應辰以眉山布衣李垕應詔，上覽其文稱奬，命依格召試[一]。會有沮之者，不果試。宰相虞允文爲上言之，始依元祐獨試故事，命翰林學士王曮、起居舍人李彦穎考試參詳。垕六論，凡五通。上喜曰：『繼自今其必有應詔者矣。』十一月，上親策於集英殿，有司考入第四等，復御殿引見，賜制科出身，授節度推官。其策依正奏名第一甲例，謄寫爲册，進御及德壽宫，並焚進諸陵。淳熙四年，李垕之弟塾，復舉賢良方正，近習恐制科之攻己，共摇沮焉[二]。然自李垕之後，制科無合格者，又三十餘年矣。

淳熙二年春三月，親試舉人。蜀人楊甲對策言：『恢復之志不堅者二事，其一謂嬪妃滿前，聖意幾於惑溺；其二謂策士之始，其及兵者不過一言而已。是以談兵革爲諱，論兵革爲迂也。』帝覽對不悦，置之第五[三]。

孝宗隆興初，增省額百人，遂以十七人取一人。而四川類省試，則十六人取一人，後復改。

宋太宗端拱二年進士榜，省元陳堯叟，狀元同[四]。

真宗咸平三年進士榜，狀元陳堯咨。

仁宗寶元元年進士榜，省元范鎮。

神宗元豐五年進士榜，狀元黄裳。

徽宗政和五年進士榜，狀元何㮚。

高宗紹興二年，四川進士一百二十人。五年，四川進士一百三十七人。十二年，四川進士一百四十四人。十五年，四川進士七十三人。十八年，四川進士二十三人。二十一年，四川進士十八人。二十四年，四川進士六十三人。三十年，四川進士十六人。

寧宗慶元五年，四川進士四人。

嘉定元年，四川進士四人。

明登科録

永樂九年辛卯科，四川進士三甲一人，三甲三人。壬辰科進士，三甲二人。乙未科進士，二甲一人，三甲十人。戊戌科，二甲二人，三甲六人。辛丑科，二甲一人，三甲二人。

宣德二年丁未科進士，二甲一人，三甲二人。庚戌科，二甲一人，三甲四人。癸丑科，三甲六人。

正统元年丙辰科，二甲一人，三甲三人。己未科，二甲二人，三甲三人。壬戌科，二甲三人，三甲六人。乙丑科，一甲一人（第二周洪謨，長寧人），二甲一人。三甲六人。戊辰科，二甲二人（傅臚、萬安），三甲六人。

景泰二年辛未科，二甲一人，三甲十一人。甲戌科，二甲七人，三甲十五人。

天順元年丁丑科，二甲十人，三甲十六人。庚辰科，一甲一人（第二李永通，長寧人），二甲一人，三甲五人。甲戌科，二甲五人，三甲十一人。

成化二年丙戌科，二甲三人，三甲二十二人。己丑科，二甲二人，三甲十三人。壬辰科，二甲四人，三甲十一人。乙未科，二甲四人，三甲九人。戊戌科，二甲七人，三甲十五人。辛丑科，二甲四人，三甲十二人。甲辰科，二甲六人，三甲十一人。丁未科，一甲一人（第二劉永春，巴縣人），二甲九人，三甲二十四人。

弘治三年庚戌科，二甲六人，三甲九人。癸丑科，二甲五人，三甲十五人。丙辰科，二甲三人，三甲十二人。己未科，二甲七人，三甲十五人。壬辰科，二甲六人，三甲十一人。乙丑科，二甲八人，三甲十人。

正德三年戊辰科，二甲十人，三甲十六人。辛未科，一甲一人（第一楊慎，新都縣人），二甲八人，三甲十九人。甲戌科，二甲十人，三甲十四人。丁丑科，二甲四人，三甲十七人。辛巳科，二甲四人，三甲十七人。

嘉靖二年癸未科，二甲九人，三甲九人。丙戌科，二甲六人，三甲七人。己丑科，一甲一人。（第三楊呂，遂寧縣人），二甲六人，三甲八人。壬辰科，一甲一人（第三高節，綿州人），二甲七人，三甲十四人。乙未科，二甲七人，三甲十三人。戊戌科，二甲二人，三甲十六人。辛丑科，二甲五人，三甲十七人。甲辰科，二甲五人，三甲二十人。丁未科，二甲四人，三甲十人。庚戌科，二甲四人，三甲十三人。癸丑科，二甲二人，三甲二十一人。丙辰科，二甲七人，三甲九人。己未科，二甲二人，三甲十二人。壬戌科，二甲三人，三甲十三人。乙丑科，二甲三人，三甲二十人。

隆慶二年戊辰科，一甲（傅臚，李長春，富順人）七人，三甲二十一人。辛未科，二甲二人，三甲十四人。

萬曆二年甲戌科，二甲三人，三甲十八人。丁丑科，二甲五人，三甲十五人。庚辰科，二甲一人，三甲十二人。癸未科，二甲一人，三甲十二人。丙戌科，三甲十七人。乙未科，二甲二人，三甲十八人。戊戌科，二甲一人，三甲十人。辛丑科，二甲三人，三甲十二人。甲辰科，二甲一人，三甲十三人。丁未科，二甲三人，三甲十一人。庚戌科，二甲（傅臚、朱綵，劍州人）三人，三甲十五人。癸丑科，二甲三人，三甲十三人。丙辰科，二甲三人，三甲十四人。己未科，二甲三人，三甲二十一人。

天啓二年壬戌科，二甲二人，三甲十二人。乙丑科，二甲四人，三甲十六人。

崇禎戊辰科，二甲一人，三甲十八人。辛未科，三甲十八人。甲戌科，二甲二人，三甲七人。丁丑科，二甲一人，三甲十二人。庚辰科，二甲二人，三甲十二人。壬午科，特用進士十六人。癸未科，二甲一人，三甲十九人。

皇朝進士題名

順治乙未科，三甲四人。戊戌科，三甲四人。己亥科，三甲二人。辛丑科，一甲第二人（李仙根，遂寧人），二甲一人，三甲三人。

康熙甲辰科，二甲一人，三甲二人。丁未科，三甲一人。庚戌科，二甲一人，三甲六人。癸丑科，三甲三人。丙辰科，無。己未，無。壬戌，無。乙丑科，三甲二人。戊辰科，三甲二人。辛未科，三甲二人。甲戌科，三甲五人。丁丑科，三甲四人。庚辰科，三甲四人。癸未科，三甲一人。丙戌科，三甲四人。己丑科，三甲二人。壬辰科，二甲一人，三甲一人。癸巳科，三甲四人。乙未科，二甲一人，三甲四人。戊戌科，三甲三人。辛丑科，三甲四人。

雍正癸卯科，三甲三人，未殿試一人。甲辰科，二甲一人，三甲四人。丁未科，三甲六人，庚戌科，三甲九人。癸丑科，三甲八人。丙辰科，二甲二人，三甲八人。丁巳科，二甲二人，三甲四人。

眉山科第

眉之進士，自宋治平開科，至寶祐止二百餘年，共八百六十九人。明三百年，止三十七人。丹稜，自宋至明止十六七人，州有張添紹，洪武間狀元，科分、事蹟，始終無考，止名見舊志，亦缺事也。

文學

漢文翁爲蜀郡守，仁愛教化。見蜀地辟陋，有蠻夷風。文翁欲誘進之，乃選郡縣小吏，開敏有材者張叔等十餘人，親自飭厲，遣詣京師受業博士，或學律令。減省少府用度，買刀布蜀物，齎計吏以遺博士。數歲，郡生皆成就還歸。文翁以爲右職，用次察舉，官有至郡守刺史者。又修起學宮於成都市中，招下縣子弟以爲學官弟子，爲除更徭，高者以補郡縣吏，次爲孝悌力田。常選儒官僮子，使在便坐受事。每出行縣，益從學官諸生明經飭行者，與俱使傳教令，出入閨閣。縣邑吏見而榮之，數年争欲爲學官弟子，富人至出錢以求之。由是大化，蜀地學於京師者比齊魯焉。至武帝時，乃令天下郡國皆立學校，自文翁爲之始云。

士風

蜀雖僻左，而先正大儒如濂溪周先生、河南二程先生，嘗不鄙而幸臨之。今其遺墨多在蜀，而了翁偶獲窺見者，如濂溪先生帖、伊川先生手刺，遂寧傅氏各藏其一。而濮陽度周卿所藏程刺，亦得之傅氏也。伊川先生貼，則金堂謝氏有之。明道先生帖，則余得其一焉，乃《和邵子打乖吟》後一章也。三先生始在蜀時，所聞未彰，而蜀人從者已衆矣。誦其詩，讀其書，且猶以爲未足也。得其隻詞斷册，猶寶之不置，至貽之子孫，不敢失墜。今三先生之書滿天下，而學士大夫，不知好之有好之矣。審思而篤行之者蓋鮮，而抗之於高遠[五]，删之於艱澀，或托之以爲炫鬻之媒者，往往而是。可嘆矣！

遊賞

成都遊賞之盛，甲於西蜀。今以元日爲始而第其事。正月元日，郡人曉持小綵幡，遊安福寺塔，粘之楹柱，若鱗次然，以爲厭禳。懲咸平之亂也（宋田況有五古紀其事）。

二日出東郊，早宴移忠寺，晚宴太慈寺（田況有五言詩）。

五日，五門蠶市，蓋蠶叢氏始爲之（田況有五古）。

上元節，放燈。舊記稱，唐明皇上元京師放燈甚盛。葉法善奏曰，成都燈亦盛，遂引帝至成都，市酒於富春坊。宋開寶二年，上元放燈三夜。自是歲以爲常，十四、十五、十六三日，燈火之盛，以昭覺寺爲最。又爲殘燈會，會始於張公詠，以十七日也（田況有五古）。

二十三日，聖壽寺前蠶市，自張公詠始，即事爲會，使民鬻農器（田況有五律）。

二十八日，俗傳爲保壽侯誕日，出窄橋門，即侯祠奠拜次，遊净衆寺（田況有五律）。

二月二日，踏青節。初郡人遊賞，散在四郊。張公詠以爲不若聚之爲樂，乃以是日出萬里橋，爲綵舫數十艘，與賓僚分樂之歌，吹前導號，爲小遊江。蓋指浣花爲大遊江也。士女駢集，觀者如堵，晚宴於寶曆寺。公爲詩有『春遊千萬家，美人顔如花。三三兩兩映花立，飄飄似欲乘煙霞』之句。後清獻公時，綵舫增至數十倍（田況有五古）。

八日，觀街藥市。早宴太慈寺，晚宴金繩院。

三月三日，出北門，遊學射山。蓋張伯子以是日即此地上升巫覡賣符於道遊者，佩之以宜蠶避災，輕車小蓋，昭爛山阜（田況有五古）。

九日，太慈寺前蠶市（田況有七絶）。

二十一日，出大東門，遊海雲山鴻慶寺。蓋開元二十三年，靈智禪師以是日歸寂，邦人敬之，入山遊禮，因成俗。山有小池，士女採石其中，以占求子之祥焉（田況有七絶）。

二十七日，大西門外睿聖大人廟前蠶市。

四月十九日，浣花夫人誕日也。太守出笮橋門，至梵安寺，謁夫人祠，就宴於寺之設廳。既宴，登舟觀諸軍騎射，倡樂導前，泝流至百花潭，觀水嬉競渡。官舫、民船，乘流上下。或幕簾水濱，以事遊賞，遂爲出郊之勝（田況有七律）。

五月五日，宴太慈寺設廳，醫人鬻艾，道人賣符、朱索、綵縷，長命避災之物，筒飯角黍，莫不咸在。

六月初伏日，遊江瀆廟池。初，文潞公建設廳，以伏日爲會避暑，自是以爲常。

七月七日，太慈寺前夜市乞巧之物皆備焉（田況有七絶）。

十八日，太慈寺散盂蘭盆（田況有七絶）。

八月十五日，中秋玩日。

九月九日，玉局觀藥市，或云有恍惚遇仙者。

冬至，宴於太慈寺，後一日早宴金繩寺，晚宴太慈寺。成都諸名族婦女出入皆乘犢車，惟城北郭氏車最鮮華，爲一城之冠，謂之郭家車子。江瀆廟西廂壁畫犢車，廟祝指以示予，曰：『此郭家車子也。』

世傳《唐明皇幸蜀圖》，山谷間，老叟出望駕，有着白巾者，釋者曰：『爲諸葛武侯也』[六]。

風俗

爨薪，皆短而粗，縛齊密，狀如大餅。飲不可遽燒，必以斧破之，至有以斧柴爲業者。孟蜀時，周世宗志欲平蜀，取征蜀卒，涅面爲斧形，號破柴都。

十月至年終，祭壇神，名爲慶壇神。壇神者，灌縣令李冰[七]，嘉定牧趙旭也。治水有功，故農人世祭之。按：巫人皆書趙侯、羅公，趙或是旭，羅則公遠也。李冰自爲川主，恐非壇神。

口語

蜀人謂老爲皤（波），蓋取『皤皤黃髮』之義。後有蠻王小皤作亂，今國史作小波，非是。

又，見物輒驚曰『噫嘻囈』，李白作《蜀道難》因用之。謂糊窗曰『泥窗』，花蕊夫人《宫詞》有『紅錦泥窗繞四廊』[八]之句。范大成詩：『耳畔逢人無魯語』，其爲京洛音，謂之魯語，亦又諱之。

『豆子山，打瓦鼓。陽平關，撒白雨。』此《綿州巴歌》也。『巴歌』二字，始見此[九]。後劉禹錫之《竹枝》，李紳之《巴女詞》[一〇]，皆其變體也。若常璩《巴志》所載，則皆古詩者流，非通俗之唱矣。

民謡

汶阜之山，水出其腹。帝以會昌，神以建福。大飢不飢，蜀有蹲鴟。大旱不旱，蜀有廣漢。

晉惠帝時，蜀中謡『江橋頭，闕下市，成都北門十八子』。十八子，李也。其後李雄據蜀，僭號。按：漢武元鼎二年，立大城九門，故有十八子之稱。

《華陽國志》：王平、句扶、張翼、廖化，並爲大將軍。時人曰：『前有王、句，後有廖、張。』

王建據蜀之後，有一僧常持大帚，每過即泛掃，人以掃地和尚目之。掃畢，輒寫云『水行仙，怕秦川。』其後，王衍有秦川之禍，人方知『水行仙』，『衍』字也。

忌諱

嘗記丁顧言少卿云：『昔遊宦蜀中，至官有期，駐舟江滸，憩山寺。遇老僧問：「丁公何爲而至？」丁具以之官告。又問：「期在何時？」丁又告。僧曰：「是所謂兀日，不可視事，弗避之，公必以事去。」丁笑而不應。即至官月餘，竟以事免歸。丁深異之，於是復過故處，從僧請其術。丁屢以語人云。』〔一一〕

成都不打晚衙鼓，劉仲、張潛夫皆云，孟蜀多以晚鼓戮人。埋毬場中故鳴鼓，則鬼祟必作〔一二〕。自是承例，不打晚鼓。

校勘記

〔一〕『召試』，底本作『名試』，今據《宋史》所載改。
〔二〕『沮』，底本作名『汨』，今據《文獻通考》所載改。
〔三〕『置』，底本作『寘』，今據《宋史》所載改。
〔四〕此事亦見載《汴京遺跡志》卷一二，其作：『端拱二年，進士一百八十六人，省元陳堯叟，狀元同。』
〔五〕『抗』，《新修潼川府志》作『詆』。
〔六〕『爲』，底本作『服』，今據《文獻通考》所載改。
〔七〕『李冰』，底本原誤作『李水』，今徑改。

［八］「泥窗」，底本作「泥封」，今據原詩改。
［九］「始」，《曹學佺詩話》録作「纔」。
［一〇］「李紳」，底本作「李伸」，徑改。
［一一］末句「丁屢以語人云」，《王氏談録》作「丁屢以語公，臨治頗用之」。
［一二］「祟」，底本作「崇」，徑改。

卷九

故事　先聖

《遁甲開山圖》榮氏解曰：女狄暮汲於石紐山下大祠前水中，得月精如雞子[一]。愛而含之，不覺而吞，遂有身，十四月而生夏禹。

行幸

唐玄宗幸蜀，至上亭，霖雨彌旬。聞鈴聲，悼念貴妃，爲制《雨霖鈴》曲。

進獻

孟昶時，每臘月，内官各獻羅體圈、金花樹子，梁守珍獻『忘憂花』，縷金於花上，曰『獨立仙』。

姓氏

蜀翰林學士范禹偁嘗冒張姓，謝啓云：『昔年上第，誤標張禄之名；今日故園，復作范雎之裔。』

李先復云：『前知大冶縣，見《柯陳氏譜》云，陳友諒子理敗亡入蜀[二]，改姓欝，居合江縣。子孫繁衍，散在涪州、長壽諸邑。明末，兵部尚書陳新甲，其後也。後理年八十，携一子再入楚，居興國州，其子孫尤繁衍不下萬人，即今柯陳氏也。』

後漢譙周，小名長兒。

司馬相如，小字犬子。

蘇子由，小名卯君。

餘録

司馬相如初與文君還成都，居貧愁懣，以所衣鷫鸘裘，就市人陽昌貰酒，與文君爲歡。既而文君抱頸而泣曰：『我生平富足，今乃以衣裘貰酒。』遂相與謀爲成都賣酒。相如親着犢鼻滌器，以恥王孫。王孫果以爲病，乃厚給文君，遂爲富人。文君姣好，眉色如遠山，臉際常若芙蓉，肌膚柔滑如脂，十七而寡，爲人放誕風流，故悦長卿之才而越禮焉。長卿素有消渴疾，及還成都，悦文君而遂以發痼疾，乃作《美人賦》以自刺，而終不能改，卒以此疾至死，文君作誄傳於世。

相如將聘茂陵女爲妾，文君作《白頭吟》以自絶，乃止。宋刻《鑒戒録》載：『前蜀興聖太子隨軍王承旨（失名）。詠後主出降詩云：「蜀朝昏主出降時，銜璧牽羊倒繫旗。二十萬軍齊拱手，更無一箇是男兒。」此詩與花蕊夫人詩大同小異，必有一誤。此詩《能改齋》亦兩載之。』[三]

何光遠《鑒戒録》載：『王蜀盧延讓獻王建詩卷中有「栗爆燒氈破，貓跳觸鼎翻」之句，後建與潘峭在内殿平章邊事，令宫人於爐内煨栗。栗爆出，燒損繡褥子。建多疑，每於爐中燒金鼎，惟徐妃二妹妹侍茶湯而已。是夜，宫貓誤觸鼎翻，建曰：「栗爆燒氈破，貓跳觸鼎翻」，憶延讓詩有此一聯。先輩裁詩，信無虚境，來日遂有六行之拜（自給事拜工部）。以俚鄙之詞，遂獲顯擢，與孟公「松月夜窗虚」迥異如此。人生窮通，豈非命乎？或云是盧延遜獻宋太宗[四]，潘峭作潘美。』

宋張魏公浚手書《謁范文正公祠》一絶云：『拜公祠廟識公顔，神氣如生晚不還。守土小生偏感仰，太平功業重如山。』後書『樞密副使綿州張浚頓首題』，字畫甚拙，詩亦劣。

卓沃飽學而貧，家徒四壁。一日，有盜入其家，沃知，吟詩以示之曰：『夜静鍾殘月色昏，有勞帶劍入寒門。詩書腹内餘千卷，珠玉牀頭没半分。低語已驚黄犬吠，輕行不損緑苔痕。多情知我凄凉事，不及披衣起送君。』盜笑而去。後應鄉試，至巫江，搭船乏鈔，梢子辱之，令宿於舟尾。沃以詩自恨曰[五]：『搭船誰敢道心酸，梢尾中間一斗寛。縮頸睡時如鳳宿，屈身坐處似龍蟠。九天雨下渾身濕，五夜風生透體寒。最是有錢真個好，官艙裏面樂盤桓。』將登岸，梢子故意開之，竟跌水邊，衆笑之。沃又吟曰：『一到江邊船便開，天公爲我洗塵埃。時人莫笑衣衫濕，曾向龍門跳出來。』入試畢，及揭榜，以春秋中亞魁。春榜，登進士第，授職雲貴。過巫江，舟子已早避矣。乃拘其母，禁之十日，不出。復執其妻，次早投見。沃乃斷之曰：『禁母十日，拘妻一宵，倚門之望何疏，結髮之情何厚？往辱儒生，今違孝道，用申法律以警將來。』遂杖而釋之。

吴季成，眉人。有子資質甚茂，欲其速成於士大夫之列也。夙夜督其不至，小過，則以鞭撻隨之。黄山谷與書曰：『吾聞古人胥保惠，胥教誨，然後可以成就人材。未聞以鞭撻也。況父子之間乎？』抄王荆公《學記》遺之[六]。費著撰《杜氏族譜》云：『杜翊世以死節顯，其世祖甫來蜀，依嚴武，家青城者，實宗文裔，世生準，皇祐五年第進士，宰綿竹以卒。子翊世徙成都，紹聖元年第進士，官至朝議大夫，通判懷德軍。靖康元年死節，特贈正議大夫，命官其後十人。五子，忱、慥以賞得官[七]。孫逸老、俊老，曾孫光祖、大臨，以忠義遺澤得官，今猶稱忠義。杜云著此説，不知何據？坡詩有云：『聞道華陽版籍中，至今尚有城南杜。』則子美有後於蜀，其信然耶。

王新城所載，謂不知何據？青城人杜莘老，《宋史》見載，唐工部甫十三世孫，與逸老、俊老同派，此或其據耶。

杜甫在蜀，以七金買黄兒米半籃，細子魚一串，籠桶衫[八]、柿油巾，皆蜀人奉養之粗者。

杜甫在蜀，以每蠶熟時，即與兒躬行而乞，曰：『如或相憐[九]，惠我一絲兩絲。』

宋祁嘗晏於錦江，偶微寒，命索半臂。諸婢各送一枚，慮有厚薄之嫌，訖不服，忍冷以歸。

杜鵑考

古來詩人皆傳，杜鵑爲蜀望帝魂所化。左太沖《蜀都賦》云：『鳥生望帝之魂。』杜宇者，望帝名也。杜少陵亦云：『古時杜宇稱望帝，魂化杜鵑何微細。』又，『我見常再拜，重是古帝魂。』及觀《華陽國志》，云：『蜀王杜宇，號望帝，好稼穡，治郫城，會國有水災，其相開明決玉壘山，以除水患。帝遂禪位於開明，升西山隱焉。時適三月，蜀人悲之，聞子規之鳴，即曰望帝，遂號子規爲杜鵑。』蓋鵑爲捐棄之意也，其實非魂化之謂。

富足

漢武帝得貳師天馬，以熊羆皮爲蔽泥。熊羆毛綠光，長二尺者值百金，卓王孫有百餘雙，詔使獻二十枚。

李昊事前後蜀五十年，資貨巨萬，奢侈踰度，妓妾數百。嘗讀王凱、石崇傳，罵爲窮儉乞兒。

李叔明，閬州人，爲尚書右僕射，素豪侈，任殖財，廣第舍、田産。歿數年，子孫驕縱，皆盡[一〇]。

世言多藏者，以叔明爲鑒云。

偏刻

席書，字文同，遂寧人。遇事敢爲，性頗偏愎，議大禮亦是，攻費弘，庇李鑑、陳洸，則爲私矣，謚文襄。

趙貞吉，内江人。六歲，日誦書一卷。最善王守仁，舉爲相，好剛使氣，動與物忤。九列大臣，或名呼之，亦以是多怨。高拱、張居正名輩出貞吉後，而進用居正先，負氣好勝不相下。高拱攻去貞吉，居正又攻去高拱，居正後亦不善其終。

王應熊〔一一〕，巴縣人。博學多才，熟諳典故，而性谿刻强狠，人多畏之。周延儒、温體仁援以自助，後入永寧山中，卒於畢節衛。子禧陽，死於兵，無後。

諷諫

紹興己未〔一二〕，金人許和秦檜，令其作赦文，郵傳至四方，遺黎讀之有泣者。蜀士劉望之詩曰：『一紙盟書換戰塵，萬方呼舞卻沾巾。崇陵訪沈空遺恨，郢國憐懷尚有人。收拾金繒煩廟算，安排鍾鼎誦宗臣。小儒何敢知機事，終望君正赦奉春。』時語禁未大嚴，無以爲風者。望之有集自號《觀堂》，所謂『奉春』，竟不知指何人也。

蜀士尚流品，不以勢詘。乾道間，楊嗣清有聲西川[一三]，清議推屬。初試邑，有部使者，頗以繡衣自驕，怒其不降，意誣刻以罪。趙衛公方左史，聞之，不俟車，亟往白廟堂曰：『譬之人家，市貓於鄰，將以咋鼠也。鼠暴，未及問，而首抉雕籠，以噬鸚鵡，其情可怒乎！』當國者問其由，告以故，相與大笑，刻牘竟格不下。至今蜀人談謔，以排抵善類者，爲貓噬鸚鵡云。

徐黄州之子叔廣，嘗出醉墨一軸，示東坡。字畫欹傾，龍蛇飛動，乃張商英過黄州。而徐有四侍人，適夫人携其一往婿家，爲浴兒之會。商英因戲語云：『厥有美妾，良由令妻。』東坡即續之爲小賦，云：『道得徽章鄭趙，姓稱孫姜閻齊。浴兒於玉潤之家，一夔足矣；侍坐於冰清之側，三英粲兮。』既暮，張夫人復還其一，乃閻姬也，最爲徐所寵，公復書絶句云：『玉筍纖纖揭繡簾，一心偷看緑蘿尖。使君三尺毬頭帽，須信從來只有簷』。

詭詐

韓彦古，字子師[一四]。詭譎任數，處性不常。爲京尹，李仁甫惡其爲人，弗與交，請謁嘗瞰其亡。一日，知其出，往見之，則實未嘗出也。既見，韓延入書屋而請曰：『平日欲一攀屈而不能，今幸見臨，姑解衣盤礴也。』仁甫辭再三，不獲，遂爲强留。有一廚貯書，牙籤黄袱，扃護甚。仁甫問，此爲何書？答曰：『先人在軍中日，得於北方，蓋本朝野史編年成書者。』是時，仁甫方修《長編》，既成，有詔臨安給筆劄，就其家繕録以進，而卷帙浩繁，未有端緒。彦古常欲略觀不可得。仁甫聞其言，窘甚，急欲得見之。則曰：『家所藏秘，將即進呈，不可他示也。』李益窘，再四致禱，乃曰：『且爲某飲酒，續當以呈。』李於是爲盡量，每盃行，輒請。至酒罷，笑謂仁甫曰：『前言戲之耳，此即公所著《長編》也。已爲用佳紙作副本，裝治就以奉納，便可進御矣。』李視之，信然。蓋陰戒書吏傳録，每一板酬十金。吏畏其威，獲其賞，輒先録送韓，李未成帙，而韓已得全書矣。仁甫雖憤愧不平，而亦幸蒙其成，竟用以進。

蜀人李士寧，好言鬼神詭異事，爲余言，嘗泛海值風，廣利王使存問已。又嘗一夜，有人傳相公命己，及往，燕設甚盛，飲食醉飽。既寢，乃在梁門外，所謂相公者，一相神也。人皆言士寧能佗心通[一五]，士寧過予，予故默作念，侮戲之竟日，士寧不知，惡在其通也。士大夫多遺其金帛、錢物，士寧以是財用常饒足，人又以爲有術能歸錢，與李君類。誤矣。

熙寧八年，李士寧者，得導氣養生之術，自言時已三歲矣。又能言人休咎，王安石與之有舊，每延於東府，跡甚熟。安石鎮金陵，呂惠卿參大政。刻者言，士寧嘗預此，謀敕天下[一六]，捕之，杖流永州。

詆嘲

蜀東西川之人，常互相輕薄。西川人言：『梓州者，乃我東門之草市也。豈得與我偶哉？』[一七]柳仲郢爲東川節度使，謂幕賓曰：『吾立朝三十年，清華備歷，今日始得爲西川作市。』令聞者皆笑之，故世言東、西兩川人多輕薄。韓昭仕蜀，王氏爲禮部尚書，粗有文章，至於琴、棋、書、射亦皆涉獵，以此恩幸於王衍。時人謂昭事藝，如拆襪綫，無一條長也。

李世修，蜀人，慥堂熊仲之子，爲江陰僉判。北軍之來，因斬使而得知軍事，後乃自修草表以降，豈世修降表之裔乎？[一八]按：李昊兩爲降表，蜀人憤之，有潛書其門曰『世修降表李家』。丹溪生曰：『前有譙周，後有李昊。何吾蜀世修降表之多也。』

韋郾，唐相範之子。仕蜀，孟昶時歷御史中丞，性多依違，時號『軟餅中丞』。五代蜀相韋莊，字端己，著《秦婦吟》，號『秦婦吟秀才』，舉乾寧進士，以才名寓蜀，蜀主奪其姬。

夔峽道中，昔有杜少陵題詩一首，以『天』字爲韻，榜之梁間。自唐至今，無敢作詩者，有一監司過而見之，輒和少陵韻，大書其側。後有人嘲之云：『想君吟詠揮毫日，四顧無人膽以天。』過者無不笑之。

後蜀鹿虔扆、歐陽炯、韓琮、毛文錫、閻選，號『五鬼』。川中一士人作《食菜》十餘韻，其警句云：『溲頻傾緑水，溷急走青蛇。渾家青菜子，一肚晚蠶沙。』

僞蜀潘在寧以財賄交結權貴，求典樞要，常謂所親曰：『權勢之家，非仗其爲援，但不欲令其冷語冰人耳。』[一九]萬安爲相，見上只知呼萬歲，人稱爲萬歲閣老。

黠刺

李夷簡，元和末在蜀，蜀市人趙高好鬬，嘗入獄，滿背鏤毗沙門、天王。吏欲杖背，見之輒止。恃此轉爲坊市患害。左右言於李，李大怒，擒就廳前，索新造筋棒，頭徑三寸。叱杖子打天王，盡則已，數已三十餘，不絶。經旬日，袒衣而歷門叫呼，乞修理功德錢。

報應

蜀將尹偃，營有卒，晚點後數刻，偃將責之。卒被酒，自理聲高。偃怒，杖數十，幾至死。卒弟爲營典，性友愛，不平。偃乃搆刀，鎸『殺尹』兩字，以墨涅之。偃陰之，乃以他事杖殺典。及大和中，南蠻入寇。偃領衆數萬，保邛崍關，偃膂力絶人，常戲左右，以素節杖擊其脛。隨擊，筋漲擁腫，初無撻痕。恃其力，悉衆出關，逐蠻數里。蠻伏發，夾攻之，大敗。馬倒，中數十鎗而死。初出關日，忽見所殺典，擁黄案，大如轂，在前引。尹心惡之，問左右，咸無見者，竟死於陣。

蜀民景章豪富，以酒注子打貧民趙安，注子入腦死。隨隱其事，後景章腦上忽生瘡，可深三四分，膿血不絶。時見趙安，透喉死。

簡州進士王行庵，弱而寡慾。其表弟沈某，色力强壯，肆情花柳。公屢規之，不聽。一日，沈自外歸，目擊其妻與人苟合，正欲舉器擊之，手臂忽不能舉，浩嘆而卒，時年三十一。丁卯冬，公偶病，設醮。道士拜疏伏地，起云：『查公大限，壽至五旬，兩次不淫人妻，增壽二紀。』八十六歲卒。

馮子春，爲資州守，其婿從之官。公使銀盆[二〇]，老兵持以入。婿匿之，而稱失去，且語馮未嘗用。馮以爲老兵所竊，置諸獄。老兵不堪鞫，遂誣自索其物[二一]，云『久已轉鬻』。論罪決杖，且償元值。兵不勝冤，狀訴東嶽行宫，録一紙繫腰間，自縊於廟門外。後馮受代果州[二二]，忽見此兵正書在側。愕然曰：『汝死一年，如何到此？』對曰：『銀盆事，陳訴嶽帝，令來追知府女婿對理。』俄失所在[二三]，其婿即若中惡，當日死。馮後七日亦卒[二四]。

邛州有一僧，有士人脅持，誣以不軌，僧下獄受鞫，隨問即承。獄官測其非情，開之翻變，訖無異詞。及赴刑入市，亦殊無懼色，對刑官兵曰：『少寬頃刻之期，我有偈頌請官人寫之』，乃口占云：『宿業因緣人不知，如今啐啄與同時。今生歡喜償他了，來世分明不欠伊。夢幻色身從敗壞，閑田虚樹已生枝。休休休也歸家去，石女懷胎産一兒。』宣和間事也。

孽報

蜀青石鎮陳洪裕妻丁氏，因妒忌，打殺婢金巵，潛於本家埋瘞。仍榜通衢云，金巵逃走。經年，遷居夾江。因夏潦，漂壞舊居渠岸，見死婢，容質不變。鎮將報州，追勘擬伏。其婢屍一夕壞爛，遂置丁氏於法（洪遂《侍兒小名録》）。

遺臭

蹇材望，蜀人，爲湖州倅。北兵之將至也，蹇自誓必死，乃作大錫牌[二五]，鐫其上曰：『大宋忠臣蹇材望。』且以銀二笏鑿竅，並書其上曰『有人獲吾屍者，望爲埋葬，仍見祀，題云「大宋忠臣蹇材望」，此銀所以爲埋葬之費也。』日繫牌與銀於腰間，只伺北軍臨城，則自投水中，且徧視鄉人及常所往來者，皆憐之。丙子正月旦日，北軍入城，蹇莫知所之。人皆謂之溺死，既而，北裝乘騎而歸，則知先一日出城迎拜矣，遂得本州同知。鄉曲人皆能言之。

建中靖國初，韓文定忠彦當國，黨禍稍改。成都鄧洵武爲起居郎，乘間以紹述熙豐政事爲言。上意雖不能無動，而未始堅決也。洵武懼文定知之，未知所以回天者，憂形於色。有館客者聞之，獻計曰：『新法者，神考所行之法也。韓琦嘗沮之，今忠彦得政而廢新法，是能紹述琦之志也。忠彦爲人臣，尚不忘其父，上爲天子，乃忘其父兄耶？誠以此爲上別白，上必感動。』洵武如其言，上亟命之。於是，崇寧改元，天下曉然，知其意矣。洵武復進一圖，曰《愛莫助之圖》，以豐、祐人才分而爲二，能紹述者居左。惟温益以下一二人，而列於右者，皆指爲害政，舉朝無遺焉。於左列之上，密覆一名曰蔡京，謂『非相京不可』。上覽而是之，洵武亦馴致政府，卒之成蔡氏二十年擅國之禍，胎靖康裔夷之酷者，此圖也。初，洵武父綰，熙寧舉進士，禮部第一，通判寧州。知王安石得君行政，上對事言：『陛下得伊呂之佐』。又貽書安石，極其佞諛。安石薦爲侍御史、判司農寺。嘗上言：『陛下得聖臣，行青苗良法，臣以寧州民心歡悦者占之，天下可從之矣。惟陛下堅守勿變，毋惑流俗。』是時，鄉人在都者笑且罵。綰曰：『笑罵從他笑罵，好官我自爲之。』後薦人不循分守，罷中丞，出知虢州。子洵武，又勸徽宗用蔡京亂天下，史謂世濟其惡。

簡州刺史安重伯貪賄，州名有姓鄧，能棋，召對敵，每落一子，俾退，立牖下，俟算路定，乃進之。終日不下十數子，鄧飢倦不堪。次日，是又召，或曰『何不獻賂獻金，三定乃免。』

蹇序辰，雙流人。父蹇輔周深文刻覈，故老而獲戾，序辰尤刻毒，謂司馬光等奸惡，其章疏、章牘，散在有司者，彙輯以示天下。哲宗遂命序辰、徐鐸（莆田人）編類，凡一時文書撫拾附著，纖悉不遺。由是編輯之禍，無一得脱者。史斷云，蹇輔周與鄧綰二家父子，同惡相濟。而序辰與鐸編類事狀，流毒元祐，名臣忠義之士爲之一空，馴至靖康之禍，可勝嘆哉。

鄧通，南安人。有幸於文帝，賜蜀嚴道銅山，得自鑄。鄧氏錢布天下。文帝嘗病癰，通常爲上吮之。帝曰：『天下，誰我愛者？』[二六]曰：『宜莫如太子。』帝使太子齰，有難色，已而聞通常爲之，太子心恨通。景帝立，盡沒其貲，寄死人家。

眉山萬安罷歸，住省城，專一請託。或問安，何不歸故鄉？答曰：『我在內閣，止有銀十八萬，待足二十萬，便回也。』

綿州文及翁，登第後遊西湖。或戲之曰：『西蜀有此景否？』及翁即席《賀新郎》詞以解之[二七]，有云：『借問孤山林處士，但掉頭，笑指梅花蕊。天下事，可知矣。』時有賈相，行推田之令，及翁作《百字令·詠雪》以譏之。

張訥，閬中人。首劾趙南星十大罪[二八]，並劾鄒維璉十七人，尋請毀各處書院，與兄並入逆案。

巴縣孝廉劉非眼道開，作《故大學士王應熊傳》，頗紀實，無諛詞。其贊云：『立朝孑孑，居鄉赫赫。峻整方嚴，夏日冬雪。天姿則美，聖學未充。責人無已，居己不洪。伏鉞秉旄，入相出將。遇非其時，用違其量。民之焦埶，其何能淑。翰林有餘，宰相不足。』應熊以崇禎癸酉冬入閣，辨事不由枚卜，在政府僅五月，攻之者衆，遂罷歸。歸後，弟應熙與同邑户待倪斯蕙子天和相軋，成大獄，倪氏傾覆殆盡，巴人少之。癸未，周延儒罷相，舉應熊自代，詔起田間。比至，周已賜死，陳演不欲其入。紿應熊止涿州，而上疏力辭。上以問陳，對曰：『此要君之術耳。』上怒，遂敕歸。

南渡以爲督師，專辦蜀寇。甫抵遵義，獻賊已據成都陷，將曾英據擁衆數萬駐重慶，應熊無師可督，蟒衣、玉帶，坐受庭謁而已。丙戌冬，肅王誅獻賊於南部之鳳凰山，假子孫可望奔重慶，隳其城，南入滇黔。明年丁亥秋，應熊卒於永寧之土城。

江盈科進之集中詠張浚一絶云：『聖禹安能蓋鯀凶，曲端冤與岳飛同。何人更立將軍廟，更把頑金鑄魏公。』[二九]王弱生《讀宋史張浚傳》二絶句云：『一立彤墀喙便長，有時包老也登場[三〇]。富平未起符離又，可悔彈文到李綱。十萬良家等蠛蠓，符離一夕水流紅。魏公心法由來異，鼻息如雷學寇公。』王阮亭《跋張浚墨蹟》云：『巴西白骨接符離，二十年中幾喪師。太息長城君自壞，軍中空卓曲端旗。』屈悔翁《錢塘懷古》云：『一去中原成絶塞，三爲大將剩餘杭。』此皆據事直書，足破諸史家誣謬。

子年未二十，閱葉向高《綱鑑》，於空白處妄塗數字。『李綱，吾知其忠也，秦檜，吾知其奸也。張浚，吾不得而知。喪師辱國，按軍法，已在必誅。至曲端何罪？硬誣以謀反炙死，毒與奸檜風波亭何異？而以諸葛武侯比之，且謂忠義勛名，爲中興第一將，欲以欺天下後世聾瞽者耶？』當日，以涴書被抶，故猶記之。

妄逆

神宗朝，蔣堂爲樞密直學士、知成都府。有狂生何宗韓，上堂詩有『截斷劍門燒棧閣，此中別是一乾坤。』堂懼，遽下宗韓獄[三二]，繳其詩待罪。一日，上問政府，何宗韓事如何？諸公對：『方進呈，此本狂生，諸州編置可也。』上曰：『不可，此窮措大爲飢寒所致，與一不管事官。』遂授鄧州司士參軍，仍賜袍笏。

《紫微雜記》《曲洧舊聞》云：『到任不一年，慚恧死。』

元和初，陰陽家言五福太乙在蜀。故劉闢造五福樓，符載爲之記。初，闢有心疾，人自外至，輒如吞噬之狀。同府崔佐，時體甚肥硬，闢據地而吞，眥裂流血。獨盧文若至不吞，故後日惑爲亂。

補故事類

范致能、陸務觀，以東南文墨之彦，至爲蜀帥。在幕府日，賓主唱酬，每一篇出，人以先睹爲快。

校勘記

[一]《説郛》録作『狄暮汲石紐山下泉，水中得月精如雞子』。

[二]『陳友諒』，底本作『陳氏諒』，今據原譜改。

[三]即《能改齋漫録》。

[四]『宋太宗』，《池北偶談》作『宋太宗詩』。

[五]『恨』，《池北偶談》作『悼』。

〔六〕《學記》即《虔州學記》。
〔七〕「慥」，《王世禎全集》作「忱」。
〔八〕「籠桶衫」，底本作「籠桶新」，今據《雲仙雜記》改。
〔九〕「相憐」，《浣花旅地志》作「相悯」。
〔一〇〕「皆盡」，《新唐書》，作「資産皆盡」。
〔一一〕「王應熊」，底本作「壬應熊」，今據乾隆補修本改。
〔一二〕「紹興」，底本作「詔興」，徑改。
〔一三〕「西川」，《桯史》作「西州」。
〔一四〕「子師」，底本作「子歸」，今據《癸辛雜識》改。
〔一五〕「佗心通」，原作「通佗心」，今據《中山詩話》乙正。
〔一六〕《東軒筆録》於「呂惠卿參大政」後有「會山東告李逢、劉育之變，事連宗子世居，御史府、沂州各起獄推治之」一句，《蜀故》諸版本皆略而不録，今姑列於此。
〔一七〕「偶」，《北夢瑣言》作「耦」。
〔一八〕以上另見載於《癸辛雜識》。
〔一九〕「冰」，底本作水，今據玉元堂本改。
〔二〇〕「公使銀盆」，《夷堅志》所載，作「嘗須公使銀盆」。
〔二一〕「遂誣自索其物」，《夷堅志》載作「遂自誣伏」。
〔二二〕「後馮受代果州」，《夷堅志》載作「馮受代，復知果州」。
〔二三〕「俄失所在」，《夷堅志》於此前另有「馮驚慑之次」一句，《蜀故》諸本均未見録。
〔二四〕「馮後七日亦卒」一句，底本原脱「馮」字，今據玉元堂本補。

［二五］「牌」字，底本原脱，今據玉元堂本並《癸辛雜識》補。
［二六］「者」，底本原作「手」，今據《史記》改。
［二七］「席」字下原衍「所」字，今據乾隆補修本删。
［二八］「劾」，底本作「刻」，今據玉元堂本改。
［二九］《漁陽先生精華録》所載此詩作：「子聖焉能蓋父凶，曲端冤與岳飛同。何人爲立將軍廟，也把烏金鑄魏公。」
［三〇］「包老」，一作「鮑老」。
［三一］「狱」，底本原作「吏」，今據《説郛》並《劍門關志》改。

卷十

古蹟

成都府舊藩中有古石刻二十三幅，趙子昂《真草千字文》，並仙筆《蜀府蘭亭帖》，當時稱爲第一。予半刺益州時，徧覓不獲。偶於城西散步，見民家房側砌一横石，爲豕圈。隱隱有字跡，披閲之，正《趙子昂臨蘭亭帖》也。字大於猥五子碑，而筆法遒古，過於他帖。因購得之，移於署中。碑陰即《蘭亭圖》。惜其久於污穢中，剥落不堪矣。

《成都耆舊傳》：『蜀妃與五丁同生，父母棄之溪。後聞呱呱聲，就視，乃一女五男，女即蜀妃，男即五丁。』今綿竹有玉女溪，即此。

《蜀本紀》曰：『成都人有女，蜀王納以爲妃，疾卒，葬於成都，作石鏡一枚，以表其墓。』《輟耕録》云：『錦城江瀆廟前，樹六株，世傳自漢、唐以來即有之[一]，其樹高可五六十丈，圍約三四尋，挺直如矢，無他柯幹，頂上纔生枝葉，若椶櫚狀。皮如龍鱗，葉如鳳尾，實如棗而加大。每歲仲冬，有司具牲饌祭畢，然後采摘，金鼓儀衛迎入公廨。差點醫工，以刀逐箇剥去青皮，石灰湯焯過，入熬熟，冷蜜浸五七日，撈起控乾，再換熟蜜，如此三四次，入瓶〔三〕，封貯進獻。不如此修製，則生澀不可食，謂之金果。番中名爲苦魯麻棗，蓋鳳尾蕉也。今湮没，不知毁自何時。』

《儒林公議》云：『成都先主廟側有武侯祠，祠前有大柏，係孔明手植。圍數丈，唐相段文昌有詩刻存焉。唐末漸枯，歷王、孟二國，不復生，然亦不敢伐。宋乾德五年丁卯夏五月，枯柯再生。余於皇祐初守成都，又八十年矣。新枝聳雲，枯幹存者，若老龍形。』杜詩：『霜皮溜雨四十圍，黛色參天二千尺。』正謂此柏也。

蜀後主禪，造一大劍，長一丈三尺，以鎮劍口。山人往往見之，後人求之不獲。

宋高宗紹興二十六年，成都郫縣出銅馬，高三尺，工製甚精。中宵風雨，忽聞嘶聲，時以帝忘金人之仇而神怒也。

仁壽縣西跨鼇山，上有石姥，不知何代之物，歲旱則土人轉徙之，輒雨。文同有賦。

新津縣西山石壁上刻『終古礙新月，半江無夕陽』之句，不識何代所鑿。今剥落，惟字痕猶存。

青城石刻『亦時水』三字，旁書『河東邊敏修、施天漢、勾千齡書，住庵馮守中立』。石俱八分書，大類峋嶁峰禹碑筆意，不知何代物也。

灌縣朝天寺，正德末有僧開闢穢址，得一石。有詩，前已剥落，結句云『天孫從有閑針綫，難繡西川百里圖。』筆法遒勁，至今猶存。

眉州有蘇長公水墲小像，李龍眠書，子由贊。雖明初鐫，不失古意。又有長公馬券，刻黄魯直跋，及《水調歌頭》諸碑，皆近代效滁黄鐫者。

眉州古榆一株，在蘇祠門外左隅。相傳老泉手植，至今枝葉榮秀。又，文廟有荆樹，左右各一，色蒼古，花開甚盛，云宋元時植也。

眉州署右有黄葛二株，鱗染髯矯，夭如虬龍，鸛雀争棲其上。自昔傳有神異顯，應受封。每歲二八月上丁，有司具牲醴祀之，號黄葛將軍，至今猶然。

閬中張曲山注慶題云『祇應千載老巖阿，何事風塵傲薜蘿。但覺秋聲清夢遠，不因春色醉人多。數家燈火分星影，百尺虬龍映月波。陵谷亂離多變態，獨看異政幾回過。』

眉州有雁塔，在學欞星門外，東西各一，宋乾道間建，進士登科者，題名於上。景泰四年，作亭覆之。又有蠶市習俗，種蠶每歲二月望日群聚，鬻蠶器，作樂縱觀，泊暮而散。

眉州大江東北岸，近靈巖寺下江沙中，得巨石鼓一，高三尺，圍六尺許，形製殆類岐鼓，俱無記畫可考。豈蜀石善泐，爲齧濤所薄蝕盡乎？僧舉置廡下，寶重之。武陽，今彭山也。城在舊彭山東十里。張儀伐蜀，開明據戰不勝，退走武陽，即此。犍爲城，舊治西北五里，漢建元中築。昭帝時，犍爲自僰道移至武陽。晉又遷郡，改治僰，乃改武陽、犍爲爲縣。宋末省。

富順縣治後山上文昌宮，有米元章題『第一山』三字，字大如輪，遒媚可愛。

鄨縣，故犍爲郡城也，不狼山出鄨水入沅，有野生薛可食。旅平舊址，雅州東。禹治水功成，旅祭於此。

海觀，瀘州東。當兩江合流處，宋安撫使趙雄建。

瀘州忠山，武侯嘗駐兵於此。舊有廟。乾隆辛酉，州牧林良銓，重新之。於廟下掘石人二，一則背刻『守土，守土，三分心苦』，一刻『遇隆則盛，松柏千古』。二石人皆漢衣冠，似武侯遺跡。

江津縣東一百五十里周溪上石磧中，有淺水一段[三]，周回五六尺，隱見雙金環影。

長壽縣張桓侯廟，宋大觀中，邑人於廟前得三印及珮鈎、刁斗，鐫飛名。

彭水縣麻油灘上，懸崖壁立，人不能到其巖之陡處，嵌空各有木櫃藏置其中，莫能考其從來。今俗呼名曰『萬年倉』。又，黔江櫃子巖，亦有此異，其高數十丈，上有櫃[四]，至今不朽。

涪州有赤甲戍。漢末，赤甲兵所聚之處。

永安宮，今夔州府學宮，是其故址，即孔明受遺之處。

夔州府江崖，與八陣圖相對，有石鼓，相傳爲武侯教戰之鼓。

八陣圖，《郡縣志》：『在夔府奉節縣西七里。』《寰宇記》：『在縣西七里。』《荊州圖副》云：『永安宮南一里渚下平磧上，周回四百十八丈，中有諸葛武侯八陣圖，聚細石爲之。各高五尺，廣十圍，歷然棋布，縱横相當，中間相去九尺，正中開南北巷，悉廣五尺，凡六十四聚。或爲人散亂，及爲夏水所没。冬水退，復依然如故。』盛弘之《荆州記》云：『壘石爲八行，行八聚，聚相去二丈，因曰「八陣」。既成，自今行師，庶不覆敗。』八陣及壘，皆圖兵勢行藏之權，自後深識者，所不能了。桓温以爲常山蛇勢，蓋意言之。薛氏圖之，可見者三：一在沔陽之高平舊壘。一在新都之八陣鄉。一在魚腹永安宫南江灘上。蔡氏曰：八陣有二：『一在魚腹。一在廣都。』《成都圖經》云：『八陣凡三，在夔州魚腹者，六十有四，方八陣也，在新都彌牟鎮者，一百二十有八，當頭陣法也。其在棋盤市者，二百五十有六，下營法也。』《興元志》：『西縣亦有之。』則八陣凡四，在魚腹者皆亂石子爲之，水錮始見。好事者移去，明日依然如故。彌牟鎮以土壘之，狀如古冢，歷歷可數，傍有小廟，祀武侯，有臺傍峙云。是觀陣臺，碑碣甚多，惟楊升庵《記》可讀。

峽口鐵柱，不知何代物，上鑄『守關大將軍徐宗武』等字。峽口石上字多磨滅不可讀。惟一詩云：『白帝城邊春草生，黄牛峽裏水波清。追思昭烈千年事，長使英雄氣不平。』大書『元至元十九年歲次壬午，鎮國上將軍、四川宣慰使何公，同男到此吟』而已。

巫山縣堂下有大鐵盆，有款識曰：『永平二年』，蓋漢時物。巴東有一折柱，孤直，高三丈，大十餘圍。傳是公孫述樓柱，破之血出，枯而不朽。

涪陵有張飛刁斗，其銘文字甚工，飛所書也。張士環詩云：『天下英雄止豫州，阿瞞不共戴天仇。山河割據三分國，宇宙威名丈八矛。江上祠堂嚴劍珮，人間刁斗見銀鈎。空餘諸葛秦川表，左袒何人復爲劉。』

南唐李煜善書。元祐二年太守孝直，乃煜之族孫也，家藏得親書李白《古風》模磨於石，今在閬中之普通院

閬州州治大廳梁間，有一函書，前後人莫敢取視者。有一太守之子，必欲開之，人勸之，不從，竟取之，乃三國時斷一大辟文耳。復置舊所，未幾守遂死。

乾道間，陸放翁取家藏前輩書札，刻石嘉州荔枝樓下，名宋法帖。予得其本，有陳文惠書，首云『堯佐白』，而後云『希元再拜』。希元，文惠字也。自稱其書間，不可解，云云。

自昔相傳十七帖，乃逸少與蜀太守者，未必盡然，然其中間蜀事爲多[五]，是亦應與周益州書也。

戎州有蔡次律者，家於近郭。黄庭堅嘗過之，筵飲小軒，楹外植餘柑子數株[六]，因乞名，題曰『味諫軒』。後王子予以橄欖遺庭堅，作詩云：『方懷味諫堂中果，忽見金盤橄欖來。想共餘甘有瓜葛，苦中真味晚方回。』

黎廳，舊州治，世傳唐三藏師植黎杖於此，云『此他日州治也。』後果驗，杖成株，高九十尺，圍五十尺。

丹稜有山谷手題『大雅堂』，中刻杜詩，亦谷親書者。青神清風閣，山谷來題匾曰『借景亭』，

並留詩云：『當官借景未傷民，恰似鑿池取月明。』又，眉州觀蓮亭有山谷贊，又有録菜贊，今石刻廬山縣。

崇德廟，內江，嘉靖中修廟，掘地出水，有石蓋書『聖水池』，識者云是東坡隸書。

內江縣儒學後有石壁甚奇，明三百年中，衣冠科第甲西蜀。順治末，輝縣冀應熊爲成都知府，好作擘窠大書。一日，至內江謁文廟，愛石壁之奇書而鑱諸石，石破，有清泉一穴，魚十頭，游泳其中。見風水涸，魚化爲石，自是科第不振。

古器

毗稜[七]士大夫有仕成都者，九日藥市，見一銅鼎，已破闕，傍一人贊取之。即得，叩何所用，曰：『歸以數爐炷香環此鼎，香皆聚於中。』試之果然，乃名『聚香鼎』，初不知何代而致此異。揚雄草玄硯如今制，去其圭角。汾水王通廟中，有通隋時續六經所磨硯。

諸葛鼓，乃銅鑄者。其形圓，上寬而中束，下則敞口，大約若今之楂斗倒置也。面有四水獸，周有細花紋，其色不甚緑，擊之彭彭有聲，如鼓云。置於水，擊之，其聲更鉅。

蜀先主章武二年，於漢州鑄一鼎，名曰『克漢鼎』。埋之丙穴中，八分書，三足。又鑄一鼎，沉於永安水中，紀行軍奇變。又於成都武擔山埋一鼎，名曰『受禪鼎』。又埋一鼎於劍口山，名曰『劍山鼎』，並小篆書，皆武侯跡。

安韋祐[八]在位十九年，以元初六年鑄一劍，藏峨眉山，疑山王也。

宋時，郫縣村民鑿古墓得一銅馬[九]，高可三尺許，製作精妙。簡池守景季淵取以歸，中宵風雨，輒聞嘶聲，怪之，不敢留，移送佛寺。

碑

成都府治内亭後有『吴道子畫龜蛇碑』『梓潼像碑』『純陽像碑』『蘇軾畫壽星碑』。

平武縣牛心山上，有『吕純陽道貌碑』，傳是純陽真筆。玉虚觀内有『米芾碑』，至今猶存。

犍爲清溪口楊洪山下有『孝女碑』。東漢永建初，孝女叔先雄，以父泥和墜湍水，屍喪不歸，於父溺處自投水死。後五日，與父屍相浮江上，邑人爲之立碑，宋元祐中重立。

夾江縣治前數武，有酒泉，今廢，碑刻尚存。書係八分，精雅絶倫，楊升庵以爲漢刻。今觀年號，則在宋淳熙間。升庵博古，未必無據，但滅没者，不可句讀。

杜少陵遊蜀，凡八稔。而在夔，獨三年。平生所賦詩凡千四百六篇，可考而在夔者，乃三百六十有一。治平中，知州賈昌言刻十二石於北園，歲久字漫。建中靖國元年，運判王箋新爲十碑，今碑在漕司。

保寧府文廟中有宣聖篆碑二，其一題比干墓，曰：『左林右泉，峻岡前導，萬世之寧，兹焉是寶。』其一題曰：『嗚呼！有吴延陵季子之墓』。此好事者鈎摹湯陰、丹陽古碑，而刻之閬中耳。

劍州武連驛山麓，有寺曰『覺苑寺』，乃宋賜額也。元豐五年敕牒石刻尚存。庭有二桂，樹高參天，表逕可三丈，枝幹蒼古意，亦宋物也。大門旁有顔真卿大書『逍遥樓』三字。碑右又種松碑，字大如雞卵。郭璞云：『縣路翠，武功貴，縣路青，武功榮。岷山阿，榜兹地。勉忠孝，翊聖世。』慶元丁巳，治路種松碑，碑側小書：『是碑也，得之西廊塵埃中，敬識而豎之。時大順元年辛酉端月，鎮守利州守備吴國輔記。』寺基甚宏敞，階磉猶存。今廟祇三楹，像宇傾頽殆盡矣。

劍閣兩石壁上，鐫唐宋人碑碣無數，悉皆剥落斷缺，惟李義山、陸放翁、蘇東坡三碑尚可披讀。惜乎！懸崖絶壁不得摹搨耳。

與董彦遠同觀文翁學生題名。予謂董云：『結體殊不類隸。』董云：『《集古録》以爲文翁學生。』予云：『嘗考此碑，其郡望有云江陽、寧蜀、遂寧、晉原，以《晉書·志》考之，江陽，蜀置此郡。寧蜀、遂寧、晉原，皆是宣武平蜀後置。』彦遠擊節此言，以爲辨正精詳。又問予云：『《周公禮殿記》[一〇]云，甲午年故府，梓潼人，平帝用爲益州太守，記中文君，乃此人也。』

成都遭獻亂，金石文字無存者，惟武侯廟碑猶尚完好。蓋武丞相元衡帥蜀時，裴、柳二公皆在幕中，實元和四年己丑也。碑首稱節度掌書記、侍御史内供奉、賜緋魚袋裴度撰，營田副使、檢校尚書、吏部郎中、兼成都少尹、侍御史、賜紫金魚袋柳公綽書。

蜀道觀中鑿井，得一碑刻，文似賦似贊，曰：『有物有物，可大可久。採乎蠶食之前，用乎火化之後。成湯自上而臨下，夸父虛中而見受。氣應朝光，功參夜漏。白英聚而雪漸，黄酥凝而金醜。轉制不已，神趣鬼驟。金與？玉與？天年上壽。無著於文，訣之在口。』後有隱士言：『是漢時陰真人所著鍊丹法，後雜著於「子玉碑」』。僕恨不得其門户，聊復存之。[一二]

誓水碑，彭縣李冰鑿山導江，其神怒化爲牛，出没波上。冰操刀入水殺之，因立五石犀於水傍。誓曰：『淺毋至足，深毋至肩。』水患遂息。

《嘉州凌雲寺大像記》，韋皋文，張綽書。其碑甚豐，字畫雄偉，頃於潘義榮處見之。又有匾，上刻『江流砥柱』，不知何人題。

夾江縣學宫後有先聖冢，云像埋於中，立碑三尺，許祀之。至今猶存，不知何謂？或曰：元時，詔燬聖像，當是此時埋之也。李興爲鎮南將軍，劉弘觀諸葛亮故宅，立碣表閭文曰：『天子命我，於沔之陽，聽鼓鞞而永思，庶先哲之遺光。登隆山以遠望，軾諸葛之故鄉。蓋神物應機，大器無方。通人靡滯，大德不常。故谷風發而騶虞嘯，雲雷升而潛龍驤。摯解褐於三聘，尼得招而褰裳。管豹變於受命，貢感激以回莊。異徐生之摘寶，識卧龍於深藏。偉劉氏之傾蓋，嘉君子之周行。夫有知己之主，則有竭命之良。固可以三分我漢鼎，跨帶我邊荒，抗衡我北面，馳驅我魏疆者也。英哉吾子！獨含天靈。豈神之祇，豈人之精。何思之深，而德之清。異世通夢，恨不同時。推子八陣，不在孫吳。木牛之奇，則亦般模。[一二]神弩之巧，一何微妙。千井齊甃，又何秘要？昔在顛夭，有名無跡。孰若吾儕[一三]，良籌妙畫。臧交既没，以言見稱。又未若子，言行並徵。夷吾反坫，樂毅不終。奚比於爾，明哲守沖。臨終受寄，讓過許由。負扆涖事，民言不流。刑中於鄭，教美於魯。蜀民知恥，河、渭安堵。匪皋則伊，寧彼管、晏。豈徒聖宣，慷慨屢嘆。昔爾之隱，卜惟此宅。仁智所處，能無規廓。日居月諸，時隕其夕。誰能不歿，貴有遺格。惟子之勛，移風來世。詠歌餘典，懦夫將厲。遐哉邈矣，厥規卓矣！凡若吾子，難可究已。疇昔之乖，萬里殊途。今我來斯，覿爾故墟[一四]。漢高歸魂於豐沛，太公五世而返周。想魍魎以仿佛，冀影響之有餘。魂而有靈，豈有識諸。』昔人比諸葛於伊周，信已。然桐宫有顛覆之放，東山有破斧之悲。劉禪之姿，遠遜甲誦；孔明輔政，絶類伊周，而失德未聞於沖人，流言無啄於舉國，則二聖未逮也。

其用兵也，不動一衆，而官府、次舍、橋梁、道路、井灶、圊圂，無細不備。至八陣之奇，木牛之巧，雖聖人亦有所不知不能焉，古今絶才也。

興，字儁石，與其兄賜，俱有文名。此羅尚遺詣劉弘時所作，今彭山人李密子也。

墓

許静墓，在成都延秋門外，直西七八里。田中有巨墓云：『許將軍墓』也，耕牧之人，牛豕之屬，犯者必有禍焉。

近制，軍營屯野外，墟墓多不存者，唯此巋然，人莫敢犯，静在前蜀，官至大司徒。

華陽縣東十五里，有静居寺。寺後爲宋濂墓，濂歿，葬於夔。永樂間，蜀獻王命遷於此。

張飛墓，萬里橋南。飛爲帳下張達所殺，持其首奔吳，收屍葬此。

羅江西鹿頭關，一名落鳳坡，有龐統墓於衰煙荆棘中，墓五六尺，得巨冢焉。甎甓甚固，於甎外得金錢數十枚，各重十七八銖，徑寸七八分，圓而無眼，去緣二分，有隱起規。規內兩面，各有番書二十一字。其緣甚薄，猶刃焉。督役者馳其二以白，司徒命使者入青城雲溪山居以示余，云此錢得有石餘，公以命復瘞之，仍不開發其冢，但不知誰氏之墓也。度其地形，當石筍之南百步所，即知石筍，即此墓之闕矣。自此甚靈，人不敢犯，其後蜀主改置祠堂，以龍神享之，爲立小屋龍堂，即在墓之東矣。李公以不發古冢，不貪金錢，亦古賢之高鑒也。

東漢循吏王渙稚子墓，在新都縣北五里。冢前二石闕，其一題『故兗州別駕、洛陽令王君稚子之闕』。其一題云『漢故先零侍御史、河內縣令王君稚子之闕』。

梓潼縣西五里，有李業石闕，乃漢侍御史李業葬此，遭赤眉毀破，碑碣傾壞，惟冢石闕猶存。

大竹縣北一里許，有雙石闕。一鐫云『漢謁者北屯司馬左都侯沈府君』。一鐫云『漢新豐令交趾都尉府君』[一五]，其闕上各鐫殿宇，禽獸飛走之狀。

越王墓，長寧。高廣各數丈，以花磚砌之，古柏合抱，越王墓前有小碑，傍有廟。

張綱墓，在彭山縣崛崍山東。綱討廣陵賊張嬰，有恩信。比卒，嬰率五百餘人，制服送至武陽，負土成墳而去，即此墓也。

李密墓，在忠孝橋北。康熙四十六年，知州金一鳳俱重飾之。

王建墓，在西門外。有二石幢，旁有太后冢，石人、石馬猶存。夾江北三里，有梁王墓。昔梁武帝封其十子蕭信於蜀郡，後卒，葬此地，因名梁皇漕。

邛州東四十里，故依鎮舊縣平岡中有樊噲墓，甚大，傳有豎碑，不知噲何以葬此？

五代黄崇嘏，蜀女狀元也。墓在州西九十里火井崇嘏山，今俗爲銅鼓山。

山谷云，花卿冢在丹稜縣之東館。[一六]今冢尚存。康熙中，眉州刺史金一鳳令人守之，復其冢。

乾寧三年丙辰，蜀州刺史節度參謀、司徒李公師泰，理第於成都錦浦里北門之內西回第一宅，西與李冰祠相鄰。距宅之北，地形漸高。崗走西南，與祠相接，於其堂北鑿池，未詳何人。或云：唐太子越王正爲綿州刺史，卒葬此。

重慶西五里巴子墓，有石獸、石龜各二，石麟、石虎各一，即古巴國君冢也。

杜莘老墓，江津。宋虞允文過其墓，題曰『剛直御史』。

陸贄墓，忠州。宣公嘗藁葬於此。

甘夫人墓，夔府城鎮峽堂後，即蜀先主夫人。

保寧府閬中城内有張桓侯墓。墓頂即壓以廟，土人祀之甚虔，安剛中有記。

賈島墓，安岳南。島，字浪仙，遷普州司户參軍，卒葬此。杜荀鶴詩：『山根三尺墓，人口數聯詩。』[一七]

南充縣署有譙周墓，自晉以來，無敢動者。嘉靖中，太守袁光翰徙之，後縣中頻見緋衣貴人出入[一八]，縣尹至者輒不利，往往遷他所避之。南城吴鎰以進士任縣令，獨不避。下車之日，妻張暴卒；未幾，母張又爲侄所殺，疑是其子，笞而斃之，遂被劾去。

新都殷司徒家掘地[一九]，得古冢，冢磚長五寸許，皆有字，云『歙東蕭司馬碧葬』，而不知『碧葬』之義。以問汪伯玉司馬，伯玉考之：凡死，忠不得屍者，得血以葬，曰『碧葬』，豈化碧萇弘之義血耶。

章懷太子墓，巴州。太子有賢聲，武后見忌，廢爲庶人，徙巴州，后使丘神勣逼令自殺，葬此。

南充某村，掘地得古隧[二〇]，云姚氏之門，爲棺幾萬幾千幾百。皆瓦棺，長僅尺，棺内皆男女枯骸，實符其數。不知何物，仍瘞覆之。李本寧太史觀察關中時，實見其事，而朱秉器中丞已紀載之，則在川中者也。

校勘記

〔一〕『漢』，底本原作『嘆』，今據玉元堂本改。

〔二〕『入瓶』，《南村輟耕録》原作『卻入瓶缶』。

〔三〕『段』，底本原作『叚』，今據玉元堂本改。

〔四〕『上有櫝』三字之前，底本有衍文『上』字，今據乾隆補修本及玉元堂本改。

〔五〕『問』，底本作『間』，另有一衍文『問』字，今刪衍文，並改。

〔六〕『櫑』，《程史》録作『檻』。

〔七〕『毗稜』，底本原作昆陵，今據玉元堂本改。

〔八〕『安韋祐』，《四川省志》作『安帝祜』。

〔九〕『村民』，底本作『村名』，今據文意改。

〔一〇〕此文全稱《益州太守高眹修周公禮殿記》。

〔一一〕此存《彦周詩話》，間有刪節。

〔一二〕『亦』，底本原作『非』，今據《全上古三代秦漢三國六朝文》改。

〔一三〕『䜣』，底本作『子』，今據《全上古三代秦漢三國六朝文》改。

〔一四〕『覿』，底本原作『睹』，今據《全上古三代秦漢三國六朝文》改。

〔一五〕今觀拓本，作『漢新豐令、交趾都尉沈府君神道』。

〔一六〕《〔雍正〕四川通志》云：『花卿墓，在彭山縣東東江鎮。』

〔一七〕此兩句詩，底本作『山根三尺墓，人口數聊詩。』今據原詩改。

〔一八〕『頻』，底本作『頃』，今據《涌幢小品》改。

〔一九〕『地』，底本作『池』，今據《耳談》改。

〔二〇〕『掘』，底本作『拙』，今據《耳談》改。另據《耳談》，此段後另有句：『或謂是芻靈之古以殉葬者，而枯骸即以骨治之與，殆不可曉也。』

卷十一

人物

巴蔓子，周末國亂，蔓子爲將軍，請師於楚，許以三城。楚已救巴，遣使請城。蔓子曰：『藉楚之靈克解難，誠許楚城，可持吾頭往謝，城不可得也。』遂自刎。使者持其首歸報。楚王曰：『使吾得臣如蔓子，何用城焉？』以上卿禮葬之。

譙玄，閬中人。平帝朝對策，拜議郎，遷繡衣使者，持節觀風。聞莽居攝，遂棄官歸。公孫述纍聘不起，賜以藥，玄歎曰：『保志全高，死亦奚恨！』其子瑛盡捐家資贖父死。

李業，梓潼人。少勵志操，舉明經。值莽居攝，乃匿名山谷中。公孫述聞其高，纍徵不應，述愧之，遣大鴻臚尹融造門，曰：『起則拜君列侯，不爾有藥酒在，可呼妻子計焉。』業曰：『身可殺，名不可辱，久已斷之心矣。』遂飲藥死。述恥殺一名士，贈錢百萬，弔其家，業子翬逃去不受。

法正，字孝直。常幅巾見扶風太守。守曰：『哀公雖不肖，猶臣仲尼。柳下惠不去父母之邦，欲相屈爲功曹，何如？』正曰：『正以明府相待有禮，故特見之。必欲以吏使之，正將在南山之南，北山之北。』守遂不敢屈。

譙周，廣安人。耽古篤學，研精六經，才兼文武，仕蜀漢爲光禄大夫。子秀躬耕山藪，桓温薦之不起。

陳壽，廣安人。自少博學，師事譙周。張華曰：『班固、史遷不足方也。』撰《三國志》，官中庶子，卒於洛。官不稱才，世所共惜。

王褒，有軼才。益州刺史薦褒，召至，待詔金馬門，上《聖主得賢臣頌》，擢諫議大夫。遣祀金馬、碧雞，卒於道。

李弘〔二〕，字仲元，居成都，里中化之。班白不負擔，男女不錯行。弘嘗被召爲縣令，鄉人共送之。元無心就行，因共酣飲，月餘不去。刺史使人喻之，仲元遂遊奔，不之官。惟揚雄重之曰：『不夷不惠，居於可否之間。』

後漢張楷，字公超，成都人，霸子。門徒常百人，除長陵令，不至官，隱居弘農山中。學者隨之，所居成市。

張陵，字處仲，楷子，官尚書。元嘉中，歲首朝賀，梁冀帶劍入省，陵呵叱之。敕羽林、虎賁奪冀劍，以一歲俸贖，百僚肅然。冀弟不疑，曰：『舉君，適所以自罰也。』陵曰：『明府不以陵不肖，誤見擢序。今申公憲，以報私恩。』不疑有愧色。

漢任永，犍爲僰道人，好學博古。公孫述纍徵，待以高位，托青盲不至。及述敗，則曰：『世適平，目即清。』光武聞而徵之，會病卒。

後漢諒輔，字漢儒，廣漢新都人。少給佐吏，漿水不交。爲從事，大小畢舉，郡縣斂手。時夏枯旱，太守自曝中庭，而雨不降。輔以五官掾出禱山川，自誓曰：『輔爲股肱，不能進諫納忠，薦賢退惡，和調百姓，至令天地否隔，萬物枯焦，百姓喁喁，無所控訴，咎盡在輔。今郡太守內省責己，自曝中庭，使輔謝罪，爲民祈福。精誠懇到，未有感徹。輔今敢自誓，若至日中無雨，請以身塞無狀。』乃積薪柴，將自焚焉。至日中時，山氣轉黑，起雷，雨大作，一郡沾潤。世以此稱其至誠。

蜀有两揚雄、两王褒、两李膺。漢揚，成都人，字從手。漢王褒，資中人，作《賢臣頌》。晉李膺，涪州人，作《益州記》者。已上皆土著也。東漢李膺，爲益州太守。《寰宇記》云：城西三里有李膺宅。後周王褒，同庾信從益州趙王，出鎮之蜀。褒詩有《奉和趙王途中五韻》，『峽路沙如月，山峰石似眉』之句。隋揚雄，持節入蜀，迎梁王蕭巋者，字從木。已上皆宦遊也。資中一王褒，資縣之士曰：『吾王子淵也。』資陽之士曰：『吾王諫議也。』两邑皆社而稷之。盤石一趙逵，內江之士曰：『吾趙莊叔也。』資縣之士曰：『吾趙狀元也。』資陽之士曰：『吾趙棲雲也。』三邑皆屍而祝之。洪雅、眉州之祀田表聖，綿州、潼川之志蘇易簡，亦然。或以訊予曰：『是不勝其争，請子訂其是。』予曰：

『無爲也，其争也君子。』

梁孝威詩〔二〕：『君平子雲俱不仕〔三〕，江漢英靈信已衰。』宋有逃禪子楊補之，自稱子雲之後，云自蜀移家清江，善畫梅，秦檜求之，竟不與也。有《逃禪老人詞》一卷。

《益州耆舊傳》云：『柳宗，字伯騫，蜀人，爲治中，其所校進皆世所稱。鄉里爲之語曰，得黄金一笥，不如爲柳伯騫所識。』

尹珍，南川人，武帝時從汝南許叔重受五經。還蜀，教其鄉子弟，於是始知學。

揚雄無子明白〔四〕，而王逸少《問蜀都帖》云：『聞譙周有孫，不知嚴君平、司馬相如、揚子雲有後否』〔五〕？似誤問也。意者好賢之心，欲其有後耶？君平、相如，其後亦不復見，爲之嘆息。

升庵曰：『李白慕謝東山，故自號東山李白。』杜子美云：『汝與東山李白好是也。』劉昫修《唐書》，乃以白爲山東人，遂致紛紛耳。因引曾子固稱，白，蜀郡人，而取《成都志》謂：『白，生彰明之青蓮鄉』以實之。今蜀人則以白爲蜀産，隴西人則以白爲隴西産，山東人又借此以爲山東産，而修入《一統志》。今王元美斷以《范傳正墓志》爲是，曰：白父客西域，逃居綿之巴西，而白生焉。是謂實録。

張浚，綿竹人，高宗朝拜樞密使，與韓世忠戮力王室，一時倚以爲重。得疾，謂二子曰：『死則葬我於衡山，足矣。』苗劉嘗遣刺客至浚所，浚覺，曰：『即取吾頭去！』客曰：『侍郎忠誠，安忍相犯？恐有後至，宜嚴備之。』浚執其手，問姓氏，不答。兀术欲窺蜀，浚使都統制吴玠於鳳翔府之和尚原，先據要地。兀术引衆至，玠擊之，中箭而逃。

宋狀元陳堯叟之裔孫曰陳表，蒼溪縣庠生也。正德間，鄢藍賊起，迫縣，表率鄉兵陳紹聰等禦之，盡日對敵，殺賊數十人，無援被執，不屈死之。

陳堯叟，省華長子，舉進士第一，纍官同平章事。豐姿奇偉，奏對明辨，久典機密事，外稱賢相。謚文忠。

陳堯佐，省華次子，以言事忤旨，通判潮州。某子，與其母濯於江，鰐魚尾而食之，母弗能救。堯佐命二吏挐小舟，操綱任捕。鰐至暴，非可綱得。至是，鰐就綱。人皆異之。知惠州，尚清簡，吏民化服。嘗手植荔枝於州治，父老比之甘棠。以太子太師致仕，謚文惠。博學能詩，善古隸，自號『知餘子』。

陳堯咨，省華三子，舉進士第一，官節度使，謚康肅。雅以氣節自負，工草書，善射，世稱『小由基』。

薛居正，知成都。一日，見范鎮，器之，便館於府第，令與子弟講學。及還，載范公以去。或問曰：『自成都歸，得何奇物？』曰：『蜀産不足道，得一偉人耳。』

范鎮以直言忤王安石而致仕，表謝曰：『願陛下集群議爲耳目，以除壅蔽之奸；任老成爲腹心，以養和平之福。』天下聞而壯之。蘇軾往賀，曰：『公雖退，名益重矣！』鎮愀然曰：『天下受其害，而吾享其名，則何心哉！』

張商英，字天覺，新津人。童時日記萬言，向子山見而異之，妻以女。崇寧中拜相，力詆蔡京，入元祐黨籍。商英左遷通川簿，適渝蠻反，當事者檄商英往平，欲難之耳。蠻聞英至，皆下拜乞降。爲丞相媚事，共倡紹述。崇寧二年，遂得尚書左丞。會與蔡京異論，中執法石豫[六]、殿中御史朱紱，予以風旨將劾奏之[七]，而無辭。或言在元祐中，嘗著《嘉禾篇》，擬司馬文正公於周公旦，爲開封府推官。當其薨時，代尹爲酹祭文，有褒頌功德語，因請正其罰。有詔張商英秉國政機，論議反覆，加之自取榮進，貪冒希求，元祐之初，詆訾先烈，臺憲交章，豈容在列，可特落職，知亳州。《嘉禾篇》者，文既爾雅，論亦醇正，惜乎其好德不終也。其言曰：『維元祐丁卯十月，定襄守臣得禾，異畝同穎，部使者張商英，作《嘉禾篇》。神宗既登遐，嗣皇帝幼沖，中外震懼，罔知社稷攸託。惟太母晦聖德於深宮，五十有四年，克莊克明，克仁克簡，肆膺顧命，保佑神孫，以總大政。既臨延和，乃告於侍臣曰：「嗚呼！先皇帝聰明文武，宏規偉圖，軼於古先。丕惟曰，《禹貢》九州之域，久封裔壤，謟於殊俗，豺狼野心，終不可豢，序弗底平，時以憂貽，於我後昆。迺備材力，乃督事功，務除大害，不恤小怨。今既墜厥志，罹家多難，其弛利源，與民共之。所不欲一切蠲罷，庶事肇革，衆志未孚，新故相刑，愛惡相反，議論乘隙，紛紜互見[八]。疑生於弗親，忿生於弗勝，其睽成仇，其合成黨，盈庭睢盱，震於視聽。」惟聖母獨以純静，斷以不惑，去留用舍，不歸於偏。於是，越三載，群慝斯嘉。群乖斯和，群異斯同。馨聞於上帝，風雨時若，英華豐美，被於草木。發珍祥於兹嘉禾[九]，厥本惟三，厥壠惟五，厥穗惟一。臣聞曰：在昔成王沖幼，周公居攝。近則召公不悦，遠則四國流言。成王灼知忠邪之情，誅伐讒慝，卒以天下聽於周公，時則唐叔得禾異畝同穎以獻。推古驗今，跡雖不同，理或胥近。臣商英敢拜手稽首，旅天之命，曰：「嗚呼！先民有言，衆賢和於朝，萬物和於野。和氣致祥，乖氣致異，治平之世，君臣咸有一德。在虞、舜時，百僚師師，在文王時，多士濟濟。降及幽厲，小人在位，君子在野。其詩曰：潝潝訿訿。又曰：噂喈背憎。嗚呼！卿士庶人敬之哉，曲直之辯，是非之判，罔或不異。如禾之本，終以合穎，利害之當，予奪之中，罔或不同；如禾之穎，非離於本，無有作同，害於而公。」臣吴安操、臣李昭敘等立石。』其開封祭文，頌之極摯者，亦特曰：『公在熙寧，謫居洛京。十有五年，《資治》書成。帝維寵嘉，以子登瀛。方渴起居，而帝在天。太母垂簾，保佑神孫，疇咨在庭，屬以宗社。介特真淳，無易公者。公乃秉鈞，久詘而伸。五害變法，十科取人。孰敢弗良，孰敢弗正。有傾其議，必以死争。日月徂征，斯速用成。心勤形瘵，胡衛餘生。嘉謀嘉猷，百未有告。訃音夜奏，九重震悼。爵惟太師，開國於温。莫惠我民，門巷煩冤。廼命貳卿，葬其先原。公殮具資，一給於官。悠悠蒼天，從古聖賢。損益盛衰，與時屢遷。功虧於簣，志奪於年。古也如斯，豈公獨然？已矣温公，夫何恨焉。』如斯而已，亦非大溢美者。然『五害』等字，當時之所深諱，是以亟黜而不留也。商英立朝，其初議論俱是，暨哲宗親政，首爲諫官，乃指呂汲公、范淳夫輩爲大奸，而以司馬文正、文忠列爲負國。甚者至以宣仁比呂、武，視此文爲不同，反覆之言，得之矣。其後入黨籍，反成濫置。欽宗嗣服，贈以太保，與范、司馬二文正並命，令人駭然。王偁作《東都事略》，載商英以言蔡京奸邪，有『自爲相國，志在逢君』等語，臺臣以爲非所宜言而謫之。考之史册，專坐此篇，偁之書誤甚。杲禪師與商英論元祐人材，杲因問温公何如？商英曰：『大賢也。』杲曰：『相公在臺，何如論他？』商英曰：『只是後生時，死急要做官，故如此。』嗚呼！官急要做，何至仆温公之碑耶？古今小人一轍，言之髮指。

邵博曰：『余爲校書郎時，嘗問趙丞相元鎮云：「張天覺者，首造元祐部黨之人也。靖康初，與范文正、司馬文正同追贈，天下已非之。公身任邪正之辨，既未能改追，更謚以文忠，是與蔡公齊、富公弼一等也，可乎？」元鎮悵然曰：「蜀人勾濤在從班遊談，有司不肖，不能執法耳。」予見趙有悔色〔一〇〕，亦不復言。』

商英爲河東大漕，日於上黨訪得李長者古墳，爲加修治，且發土以驗之〔一一〕。掘地數尺，得一大盤石，石面平瑩無他銘款，獨鐫『天覺』二字。故人傳商英爲長者後身。

商英爲開封府推官，獻詩呂公著求進，且爲諛詞貽東坡，求入臺。及爲右正，言附二惇、二蔡，極力攻元祐諸人，復乞毀司馬光、呂公著神道碑。漸至僕射，又思攀附正人，以蓋前愆。真小人而無忌憚者也。蔡京惡其反復，轉得入在元祐黨籍中。坡公筆墨雖出於一時遊戲，然此輩同軸，想當時尚未覺其爲匪類也。

田錫，字表聖，洪雅人，官左拾遺、直史館。遇事敢言，朝貴側目，或謂錫少晦以遠禍。錫曰：『吾豈爲一官負初志耶？』趙普爲相，令群臣章奏必先白錫。錫貽書普，謂失正大之體，普引咎謝之。歷事兩朝，始終以諫諍爲己任。封疏凡五十三上，及卒，真宗惻然，謂李沆曰：『錫，直臣也！朝廷方有闕失，方在思慮，錫之章奏已至矣。若此諫官亦不可得，天何奪之速耶？』手集所上疏，收置一篋，以遺仁宗。錫耿介寡合，未嘗趨權貴之門，居公庭，危坐終日，無懈容。慕魏徵、李絳之爲人，嘗曰：『吾立朝以來，章疏皆諫臣任職之常言，苟合從，幸也，豈可藏副示後，謗時賣直耶？』悉命焚之。

陳希夷，普州崇龕人，按《祥符舊經》，陳摶乃普産。既長，辭父母去，或居亳爲亳人，或居洛爲洛人，或居華山，則爲華山人。此説極當。蓋李宗諤博物君子，必非無據也。

魏鶴山之女，初適安子文家，既寡，謀再適人。鄉人以其兼二氏之撰，争欲得之，而卒歸於劉朔齋（名震孫）。以故不得者嫉之，朔齋以是多嘖言。晚喪偶於建寧。王茂悦槱自臺歸霅，後朔齋亦以口語歸王輅之近郊。既而皆有伉儷之戚，語相泣也。王告別歸舟，得疾，竟至不起。王，劉所愛也。劉歸蜀中[一二]，未幾，亦逝。二人皆蜀之雋人，識者無不惜之。

譙定，涪州人，執經程頤門下，深於易學。靖康初，召至，以廷論不合，力辭去。隱青城山中，年一百三十外。蜀士稱譙夫子。

馬涓，南部人。父從政，未舉子，買一妾，詢知其父卒於官，不克還葬，故鬻之。遂送妾歸，不責所值。後夢一翁謝曰：『我，妾父也，聞之上蒼矣，君家賢嗣當涓涓不絶。』果即生子，以涓名。元祐初及第，上疏忤蔡京，坐貶。

黎錞，渠縣人，官直講。英宗嘗以蜀士問歐陽修，對曰：『文行蘇洵，經術黎錞。』上大悦，名爲直講。

慧星出，浚上疏言事。秦檜屬臺諫彈之，謫居永州。金人憚浚復用，每使至，必問張公安在。

范祖禹，字淳夫。蘇軾嘗薦曰：『淳夫爲今講官第一，言簡而當，無一冗字長語。』官學士，因纂《神宗實録》，直書王安石過舉，見嫉蔡卞，謫嶺南，卒。

趙逵，資州人。由進士六年即除中書舍人，南渡所未有。帝嘗曰：『秦檜日薦士，未嘗一語及卿[一三]。以此知卿不附權貴，真天子門生也。』

虞允文，字彬甫，仁壽人。金主下江南，大軍臨采石。允文往蕪湖，趨李顯忠交王權。軍止，犒師采石。允文曰：『危及社稷，吾將安避？』謂諸將曰：『金帛、誥命在此，待有功。』督諸將力戰，敗之。次日又戰，又大敗之。是役也，允文以一萬八千人破亮兵四十萬。亮既敗，趨瓜州見弑。先是，高宗欲航海避之，至是遂安。

虞雍公父祺，字齊年，起陵州諸生中。初不知佛書也，每曰：『誠者天之道，思誠者人之道，其至則一也，吾知此而已。』當毒賦賸斂鞭箠牛馬其人之日，一漕夔，再漕潼川，民獨晏然，倚以朝夕也。間屬疾，凭几不言，忽顧坐客曰：『古佛俱來，吾亦歸矣。』子允文旁立泣下。又笑曰：『人而爲佛，寧不可哉？』客異其非公平日之言，即之，已逝矣。明年，始有更生佛事。陵州民解述者，病死一晝夜再生。具言：初爲黄衣逮去，遇故里少年曹生曰：『鄉之大夫虞君主更生事，明當爲更生佛，亟見之。』前抵宫室，沉沉王者冕服正坐，虞君也。吏問述故爲善狀，述訴力貧，但一至瓦屋山，見辟支佛瑞色甚勝，得去。王再敕述：『過語吾家，廣置更生道場，誦數更生佛名字勿怠。』語定，白毫光自王身起，直大觀闕黄金書榜『大慈大悲，更生如來』，述洒然悟，明當虞君練疾云〔一四〕。其時士人陳公璜，年九十，直書其事甚備。華嚴道人祖覺，自《大涅槃經》中得更生佛，因地不誣，虞君不爲佛學佛言，直心是道場，無虚假故，著其爲更生佛事無疑。祖蓋德陽男云。

虞雍公允文，以西掖贊督議〔一五〕，卻金亮於采石，還至金陵，謁葉樞密義問於玉帳，留鑰、張忠定燾及幕屬馮校書方、洪檢討邁在焉，相與勞問江上拒戰之詳。天風欲雪，因留卯飲酒〔一六〕，方行，流星警報沓至，蓋亮已斃衄，將改圖瓜州。坐上皆恐，謂其必致怨於我也。時劉錡屯京口，病且亟，度未必可依，議遣幕府合謀支敵。衆以雍公新立功，咸屬目。葉四顧久之，酌巵醪以前曰：『馮、洪二君雖參幃幄，實未履行陣，舍人威名方新，士卒想望，勉爲國家，卒此勛業，義問與有賴焉。』雍公授卮起立曰：『某去則不妨，然記得一小話，敢爲都督誦之。昔有人得一鱉，欲烹而食之，不忍得殺生之名，乃熾火使釜水百沸，横篠爲橋，與鱉約曰：「能渡此，活汝。」鱉知主人以計取之，勉力爬沙，僅能一渡。主人曰：「汝能渡橋，甚善，更爲渡一遭，我今觀之。」僕之此行，毋乃類是乎？』席上皆笑。已而雍公竟如鎮江，亮不克渡而弒。自此簡上知，馴致魁柄。

如此警急，而尚從容戲謔，足見采石之戰胸有成竹，非僥倖成功可比。鱉渡橋，川風，至今尚爾，非一時詼諧也。公與喻汝礪同縣同時人。

常安民，字希古[一七]，邛州人。與安惇爲同僚，嘗偕謁府帥，輒毁素所厚善者。安民退謂惇曰：『若人不厚於君乎？何詆之深也？』惇曰：『吾心實惡之，姑以是爲面交耳。』安民曰：『君所謂匿怨而友其人，乃李林甫也。』惇笑曰：『直道還君，富貴輸我。』惇貴，遂陷安民。惇子坐法誅死，惇名列奸臣傳。安民以直諫著，子同御史中丞。

安民舉進士，王安石亟稱其文，命學者視以爲式。妻孫氏，與蔡確之妻兄弟也。確時爲相，安民絶不相聞。紹聖初，召對，首發蔡京『奸足以惑衆，辯足以飾非，巧足以移奪主上之觀聽，力足以顛倒天下之是非』。尋竄黨籍，流落二十餘年，奸不動念也。

任諒，九歲而孤，舅奪母志。諒衣泣曰：『豈有人子不能養其親者乎？』母爲感動，遂止。諒力學自奮，年十四，即冠鄉書。登高第，任龍圖閣學士。言契丹不可取，郭藥師必叛。大臣以爲病狂。是年冬即驗。

魏了翁，蒲江人，本高姓，出繼魏氏。纍官吏部尚書。常以論事忤史彌遠，坐謫。築室州城西白鶴山下，遊其門者甚衆。

趙性，合州人。紹興初入對，有曰：『以括囊爲深計，臣知其人矣，主和議者，當之；以首鼠爲圓機，臣知其人矣，杜言路者當之。』考官大驚，謂劉蕡不是過也。

蹇義，巴縣人，質直孝友，善處僚采，未嘗一語傷物。贈太師。子英，有詩名，太常少卿。

邛州，如漢胡安、林閭、莊君平。唐梁震。宋李絢字公素、計用章、常安民字布古、常同、魏鶴山、魏文翁。明孫之益與鄒元標，同劾魏忠賢者。劉道貞，起兵討獻賊者。皆彪炳史册，不可謂無其人。

陳宗虞，字子紹，保寧千户所人，進士，由郎署出領憲閩中。時有倭驚，廓清之力居多。稍遷江浙，皆以兵事著奇勛。初與銅梁張佳廕等結社，王臺續七子之業，南充任瀚序其詩。格力類建安，宫商激越類江左，長句近體類中唐諸大家。吴中王世貞尤稱之云。

閬中馬信，永樂進士，任檢討，升大理寺副，未四十致仕。楊文貞送之以詩曰：『誰似翰林馬檢討，墨頭苦思戀家山。』人比之錢若水。

榮昌有冷珂者，登嘉靖丙戌進士。座師稱其文奇、字奇，想其人亦必奇。幽居端坐，不入寢室，後遂無子嗣。楊升庵服其辨，當道慕其名，造門往見，卒不得面焉。除中書。享年七十，終於家。

合州馮衡，成化中進士，令吴江，大著彊項聲。見時事雜亂，遂拂衣歸。徒步千里，與陳白沙遊，高其誼，以『見一』顔其堂。一日，於白沙坐上，有樵者從山際來，則白沙之叔，以聞道先白沙者也。偵之爲蜀馮公，即拉樹皮題其所佩卷云：『淡飯麤衣儘可過，高牙大纛便如何。閒來見一堂前坐[一八]，細想功名是甚麽。』賓主一笑，别去。郡給事王璽，博奥讜直，當應召北上，衡口占一箋，云：『我從山中來，送君天上去。要爲天下奇，須當天下事。』璽殁後，常向家人索此箋，焚之，其聲始息。

簡公上[一九]，蜀重慶人。謙居天姿絶人，凡有記覽，過目不忘。康熙辛亥，視學江南。江南財賄所都，前學使者無不藉營金窟。公至，力反其弊，勢挾利誘，屹然不動。每發榜後，進諸生而面誨之，某某解題中窾，某某用古入化，並不攤卷於案，皆能背誦之。余亦在列，所目睹也。試蘇州，題中有『上』字，一生因公名『上』，遂寫爲『尚』。公呼問故，生曰：『憲名未敢正書耳？』公怒曰：『汝將以此求媚耶？士人行己，貴乎立品。即小可以見大，即窮可以徵達，推此意也，他日徼倖立朝，則婢膝奴顔，汝必爲之矣。』跪生於庭，立令改正。又數年，公補粵西右江道。北地崔維雅者，傾險人也，向與同官，屢有干請，公薄其爲人，不甚應之。是時升粵藩，護理院，遂以故巡撫郝公與公有交，借事誣奏，繫公於獄。公無以自明，吞金而没。其明日之午，維雅方啓門視事，忽狂呼曰：『簡公來矣。』倉皇亟趨下階，伏地叩顙不已。復起立，投帽脱衣，反手面縛。左右扶入内室，乃絶。

維雅疏下部議，白公無罪，而公已歿，天下莫不冤之。

初公督學時，初試江北諸郡。案出，輿論譁然，士子即以試題作詩云：『才難自古信其然，知我何須更問天。斷斷不能容一技，優優還要禮三千。貧而樂者甘從井，富可求兮願執鞭。夫子宮牆高數仞，故人樂有父兄賢。』遐邇傳誦。公知之，逐出閱文者某某，而所取皆孤寒之士矣。及試吾郡，特拔唐廷巽於大收之中。知其貧而未娶，助銀百兩以完花燭。士林以爲美談。

黎州土司馬金者，蜀漢將軍馬岱之後。張獻忠在蜀，以金印招之。金得印，擲之地，誓衆拒之。時年十六，未幾卒。

楊希仲，新津人，客成都某氏。主人少婦出而調客，希仲正色拒之。其妻是夕夢一人告曰：『汝夫獨處他鄉，不欺暗室，神明知之，當魁多士。』次年果擢第一。

合江李實，微時，過其鄉土地祠，見像起立，心竊怪之。歸告其母，欲碎其像，母止之。忽托夢於人，云：『李秀才過，吾敬之，起立，彼不知，乃欲碎我。微其母，吾不免矣。爲吾致謝。』李後醉過其祠，書像背曰：『此神無禮，合送酆都。』鄉人復夢神泣告曰：『李秀才將送我酆都，煩急求救於其母。』鄉人往告，母命滌之。景泰初，果至左都。

張唐宣公，南軒先生孫也。以朝奉郎[二〇]，由長沙趙璠、熊桂等起兵復宋，連奪回潭之衡山、湘潭、攸縣等三縣。後從督府，敗歸汀州，被執。崔斌欲降之，唐罵曰：『紹興至今百五十年，乃我祖魏公收拾撐拓者。今日降而死，何以見魏公於地下？』遂遇害。

張汴，字朝宗，蜀人。明鋭輕俊，嘗從吴丞相潛兄淵於荆湖幕，頗習兵事。後從文信國贛州勤王室，抗敗而死。仕至秘閣修撰、廣東提舉、同督府參謀官。

任玠，蜀人也，字温如。學識廣博，人皆師仰之。大中祥符初，樂安公中正鎮蜀，延至文翁石室，大集生徒，講説六經，以紹文翁之化。由是蜀中儒士成林矣。凌公策蒞蜀時，表薦於上，詔入京。進《龍圖紀聖詩》一千韻，酬以汝州團練推官，三讓辭官，表云：『伏念臣早年白髮，悲老態之遽增，觸事心闌，覺死期之將至。乞授子一官。』蒙恩與子偕任醴泉主簿。天禧元年，欲就居嵩山，搬家之蜀，因與鄉人隴城主簿張逵秩滿歸川，題一絶於黄休復茅亭，云：『聚散榮枯一夢中，西歸親友半成空。惟餘大隱茅亭客，垂白論交有古風。』天禧六年，遊寧州，卒於旅舍。

任介、郭震、李佃，蜀人，皆博學能詩，曉音律，相與爲莫逆交，遊蕩不羈，禮法之士鄙之，然皆才識過人。李順之將亂，震遊成都東郊，忽賦詩曰：『今日出東郊，東郊好春色。青青原上草，莫教征馬食。』遂走京師上書，言蜀將亂，不報，期年其言乃驗。震竟不仕。介爲陝西一幕官卒。佃稍仕達，至上書郎。震將死時，其友往問之，側卧欹枕而言。其友曰：『子且正身。』震笑曰：『此行豈可復賣名哉！』雖平日談諧之餘習，亦足見其臨死不亂也。

前任玠授汝州團練推官不受，後云介爲陝西一幕官卒。玠與介不同，想是一人，載非一處。

韓魏公作《張乖崖墓志》。蜀學校頽替，公察郡人張及、李畋、張逵者，皆有學行，鄉里所服，遂延獎加禮，敦勉就舉。後三人悉登科，歷美官，於是兩川學者知勸。李畋想即李佃。

靖恭先生楊澠，字源澈，生於蜀。於朝廷故實、士大夫譜牒皆能通貫，其於中國之士，范端明景仁、内翰淳夫、蘇子瞻、門下待郎蘇子由外，不論也。杜門委巷，著書賦詩，人無知者，當路有薦於朝曰：『成都府布衣楊澠，學行甚高，志節甚苦，於本朝典禮、故家世族、奇字異書，無所不知。杜門陋巷，若將終身。當崇尚廉恥，招徠遺逸之日，如澠者，委棄遠方，誠爲可惜，伏望朝廷特加聘召。』亦不報。竟死於委巷之下。藏書萬籤，古今石刻本過六一堂中《集古録》所有者。其後子以書與金石刻本投一部刺史。刺史知其不肖，盡私之，遺以酒漿數壺耳。

欒君生，達州人，生巴峽間，不與中州人士接，狀極質野而博學純至。家貧甚，不自經理，有一妻二兒一跛婢，聚徒城西。草廬三間，以其二處諸生，而妻子居其一。欒易坦率，多嬉笑，未嘗見其怒。一日，過午未飯，妻使跛婢告米竭，欒君曰：『少忍，會當有饋者。』妻不勝忿，忽自屏間躍出，取案上簡擊其首，君生袒而走，仆於舍下，群兒環笑，掖起之。已而州守適送米三斗，徐告妻曰：『果不欺汝！飢甚，幸速炊。』俯仰如昨日，幾五十年矣。每日起分授群兒《經》，口誦數百過不倦。少間必曳履慢聲，抑揚吟詠不絶，有躡其後聽之，則延篤之書也[一二]。喜作詩，有數百篇。曾送州司理一聯云：『末路清談得陶令，他時陰德頌於公。』又寄故人云：『夜半夢回孤月滿，雨餘目斷太虚寬」，云云。

校勘記

〔一〕「李弘」，底本作「李孔」，今據《高士傳》《太平御覽》改。
〔二〕「孝威」，底本作「孝感」，今據《蜀中廣記》及《〔雍正〕四川通志》改。
〔三〕「仕」，《蜀中廣記》及《〔雍正〕四川通志》作「嗣」。
〔四〕「揚雄」，底本作「楊雄」，徑改。
〔五〕「揚子雲」，底本作「楊子雲」，徑改。
〔六〕「石豫」前原有一衍字「石」，今據語義删。
〔七〕「効」，底本作「效」，今據《桯史》改。
〔八〕「見」，《桯史》及《續資治通鑑長編拾補》作「建」。
〔九〕「珍」前原有一衍字「禎」，今據《桯史》删。
〔一〇〕「悔」，底本作「愧」，今據《邵氏聞見後録》改。
〔一一〕「驗」，底本作「覆」，今據《春渚紀聞》改。
〔一二〕「蜀中」，《癸辛雜識》作「吴中」。
〔一三〕「卿」，底本作「鄉」，今據《宋史》及《蜀中廣記》改。
〔一四〕「疾」，《邵氏聞見後録》作「祭」。
〔一五〕「賁」，《桯史》作「贇」，徑改。

〔一六〕『留卯飲酒』，底本脱『卯』字，今據《桯史》補。

〔一七〕『希古』，底本作『古希』，今據《宋史》及《蜀中廣記》改。

〔一八〕『閒』，底本作『間』，今據乾隆補修本改。

〔一九〕『簡公』，底本作『間公』，今據乾隆補修本改。

〔二〇〕『郎』，底本作『即』，今據乾隆補修本改。

〔二一〕『篤』，底本作『薦』，今據乾隆補修本改。

卷十二

人物

程賁，字季長，自號邱園子，江陽人也。世習儒，少孤力學，立身介潔，跬步一言，必循禮則。雖家童稚子，應對進退不踰規矩。尤嗜酒，復喜藏書，自經史子集之外，凡奇訣要録，未嘗聞於人者，畢珍收之，亦多手寫焉。其間復混以名畫、古琴，瑰異雅逸之玩，無所不有。雖年齒已暮，而志好益堅，日遊簡編，未嘗暫息。每謂所知曰：『余五十年，簡册鉛槧，未嘗離手。』其勤至如此。嘗撰《太玄經義訓》，功未就，寢疾而卒。

杜大舉，諱鼎升，蜀人。形氣清秀，有古人之風，鬻書自給，夫婦皆八十餘，每遇芳時好景，出郊選勝偕行，人皆羡其高年逸樂。進士張及贈之詩曰：『家本樊川老蜀都，世家冠劍豈寒儒。筆耕尚可儲三載，酒戰猶能敵百夫。僻愛舜琴湘水弄，每懸僧畫醉仙圖。孟光笑語長相逐，喚作梁鴻也得無。』嘗手寫孫思邈《千金方》鬻之，凡借本校勘，有縫折蠹損之處，必粘背而歸之，或彼此有錯誤之處，則書劄改正而歸之。且曰：『使人臣知方則忠，使人子知方則孝。』自於《千金方》中得服玉泉之道，行之二十年，獲筋體强壯，耳目聰鑒。每寫文字，無點竄之誤，至卒方始閣筆。

瞿塘灩澦，天下至險，每春夏漲潦，砂磧巨石如屋者，皆一夕隨波去。獨諸葛武侯八陣圖，巋然歷千古獨存，議者謂其有神護[一]。紹興中，蜀士喻汝礪，持憲節來治於夔。趙召過郡[二]，與夔帥宴江上，謂是圖原委風后，表而詩之，自爲序曰：『夔帥任子野，以人日置酒江濱，觀武侯八陣圖，諸公皆云八陣自武侯始，捫膝先生獨謂不然，乃作古風示之，庶幾諸公知八陣之所自起。』其詩曰：『魚腹江邊春事起，萬點紅旗颺清泚。主人原是劉夢得，載酒娱賓水光裏。酒闌放脚步沙行[三]，細石作行相靡迤。卧龍起佐亦龍子，天地風雲入鞭箠。蛇盤虎翼飛鳥翔，四正四奇公所壘。當時二十四萬師，開門闔門隨臂指。幾回嚇殺生仲達，往往宵遁常騎豕。海上仙人丈二履，相與往還迂玉趾[四]。笑云此公大肚皮，龍拏虎擲堆胸胃。江頭風波幾劖蕩，斷崖奔峰俱披靡[五]。陽侯鏖戰三峽怒，祇此細石吹不起。晉大司馬宣武公，常山之蛇中首尾。幕中砚砚何物客，未有一客能解會[六]。千年獨有老奇癲，見之斂袂三嘆喟。頗知此法自玄女，細與諸公剖根柢。君不見風后英謀儘奇詭，龕定蚩尤等蜉蟻。漢大將軍親閲試，四夷風聞皆褫氣。馬隆三千皆角犄[七]，西羌茸茸落牙嘴。而公於此出新意，蓋世功名無第二。不知何處着雙手，建立乃與天地比。河圖洛書亦如此，堂堂孔明今未死。我聞生人如死人[八]，老子不作一件事。卻被彌猴坐御牀，孰視天生出居汜[九]。

既不能蹠穿膝暴秦王庭，放聲七日哭不已；又不能斷脰決腹死社稷，滿地淋漓流腦髓。羨他安晉溫太真，狀他霸越會稽蠡。八年嫪戀保妻子[一〇]，灑涕東風肉生髀。班班猶在杲卿發，離離未落張巡齒。愛惜微軀欲安用，有臣如此難准擬。雖然愛國心尚在，左角右角頗暗委[一一]。二廣二矩及二甄，春秋所書晉所紀。況迺東廂與洞當，復有青龍洎句始[一二]。淫淫陳法有如許，知者含是愚者蔽[一三]。此圖昔人之芻狗，參以古法行以已。偏爲前距狄笑之，制勝於茲亮其豈。爾朱十萬破百萬，第顧方略何如耳？嗟我去國歲月老，渺渺志心馳玉扆[一四]。可憐阿伾財女子，而我未刷邦家恥。屬者買舟瀘川縣，扣船欲泛吳江水。赤甲山前春雪深，白帝城下扁州艤。胡爲於此久留滯，細雨打蓬愁不睡。剽聞逆雛犯淮泗，陛下自將誅陳豨。六師如龍賊如鼠，殺回瓦屋皆飛墜[一五]。虜屍蔽江一千里[一六]。哀哉彌猴太痴絶[一七]，垂死尚持虞帝匕。那知光武定中興，要把中原痛爬洗。君不見陛下神武如太宗，萬金制勝將平戎[一八]。倚聞獻馘平江宮，坐使四海開春容。六騑還自江之東，光復舊京如轉蓬。蜀花千枝萬枝紅，輒莫取次隨東風。奇癲腦眼醉冬烘，東向舞蹈壽乃翁。醉醒聊作《竹枝曲》，乞與麫靄歌巴童[一九]。』

汝礪，三嵎人，靖康初爲司部員外郎。僞楚之僭，集議秘省，簪裾恇慴，喻獨捫其膝曰：『此豈易屈者耶？』即日挂冠去。於是以捫膝自號，有集十四卷，詩文險怪挺絶皆稱是，劉後溪光祖序之。三嵎，今仁壽縣城外東西南三隅，相對而治居其中，故云。

李士寧，蓬州人，有異術，王荆公所謂『李生坦蕩蕩，所見實奇哉』者。熙寧，呂惠卿起，李逢中獄事連士寧，呂惠卿初叛安石，欲深文之，以侵安石。神宗覺之，復相安石。安石生平好辭官，此不復辭，自金陵連日夜以來，惠卿罷去，士寧只從編置。初，士寧贈安石詩，多用古人句，安石問之，則曰：『意到即可用，不必皆自己出。』又問：『古有此律否？』士寧笑曰：『《孝經》，孔子所作也。每章必引古詩，孔子豈不能作詩者，亦所謂意到即可用，不必皆自己出也。』安石大然之。至辭位遷觀音院，題薛能、陸龜蒙二詩於壁上云：『江上悠悠不見人，十年一覺夢中身。殷勤爲解丁香結，放出枝頭自在春。臘屐尋苔認舊蹤，隔溪遥見夕陽春。當年諸葛成何事？只合終身作卧龍。』皆用士寧體也。後又集古句，如《胡笳曲》之類不一〔二〇〕。作韓魏公挽詩云：『木稼曾聞達官怕，山頹果見哲人萎』，用《夫子曳杖之歌》〔二一〕，唐天寶中『冬凌樹稼達官怕』故事。其時，安石更法，熙寧中，京師雨木冰，又華山崩阜頭谷，數千丈，壓七村之人。故移以韓魏公當之。

士寧之詩實未得見，至引《孝經》以實己言。聖人蓋先著經而後引詩以結証。現有詩云二字非諱，他人語以爲己出也，春秋名公卿亦然，孟子書亦然。況詩本發攄性情，豈能借他人性情以爲我之性情乎？士寧直謂之偷人句耳。荆公聰明人，奉以爲教，毋怪爲呂惠卿輩所誤。士寧之狂於此見一斑矣。或謂集句始於荆公，大抵即士寧此聞導耳。

附：歐文公《贈李士寧詩》

蜀狂士寧者，不邪亦不正。混世使人疑，詭譎非一行。平生不把筆，對酒時高詠。初如不着意，語出多奇勁。傾財解人難，去不道名姓。金錢買酒醉高樓，明月空牀眠不醒。一身四海即爲家，獨行萬里聊乘興。既不採藥賣都市，又不點石化黄金。進不干公卿，退不隱山林。與之遊者，但愛其人，而莫見其術，安知其心？吾聞有道之士遊心太虚，逍遥出入，嘗與道俱。故能入火不熱，入水不濡。嘗聞其語，而未見其人也，豈斯人之徒與？不然言不純師，行不純德，而滑稽玩世，其東方朔之流乎？

附：東坡《仇池筆記》

章詧，字隱之，本閩人，遷於成都數世矣。善屬文，不仕，晚用太守王素薦，賜號沖退處士。一日，夢有人寄書召之者，云東嶽道士書也。明日，與李士寧遊青城，濯足水中，詧謂士寧曰：『腳踏西溪流去水。』士寧答曰：『手持東嶽寄來書。』詧大驚，不知其所自來也。未幾，詧果死。其子禩，亦以逸民舉，仕一命卒。士寧，蓬州人[一二]，語默不常，或以爲得道者，百歲乃死。常見於成都，曰：『子貴甚，當策舉首。』已而果然。

黄休復，字歸本，蜀人也。通《春秋》三傳，自言受道李謀處士，鬻丹養親。兼通畫學，嘗撰《益州名畫記》，自李唐乾元起，迄趙宋乾德間，五十有八人，釐爲四品，旁通百家小説。所居一茅亭，多蓄古人異蹟，凡賓客往來，拂拭展玩，評論無倦色。偶及仙佛鬼神、謡俗卜筮，雖異端而合道旨，屬勸懲者皆録之，命曰《茅亭客話》。

康定間，益州書生張愈，嘗上書朝廷，天下由是知其名，然不喜仕進，隱於青城山白雲溪。時樞密田況守成都[一二三]，與詩曰：『深慚蜀太守，不及采芝人。』

郝逢，字致堯，成都人。幼好學攻詩，性柔而惰，或謂其性懦非能立事。嘗欲求鄉薦，未竟。屬盜起於境，資産略盡，迫飢寒而無憂嘆。咸平中，掌蜀兵者失律，兵亂爲盜賊，殺守臣據郡，自春徂秋，驅老幼以守城。或獻謀於賊，令盡索郡中諸生，署職俾立效，凡得數十輩，列兵而脅曰：『不從者即此誅戮，仍及其族。』皆震懾而從。逢前紿賊帥曰：『念所索儒生，某非儒，豈可儌禄？不能從命。』詞氣剛憤，不可屈撓[一二四]。賊怒，令引去，臨刃復召者三[一二五]，詞皆如初。會解於賊，櫝楚而釋之。既獲免，遂匿於家。王師至，逆黨殲夷，或聞於郡守，將上其事而中止。逢亦不言，居貧仍自若。

彭任，字有道，蜀人也。從富彦國使虜還，得靈和縣主簿以死。石守道嘗稱之，曰：『有道長七尺，而膽過其身。一日坐酒肆，聞彦國當使不測之虜，憤憤推酒牀，拳皮盡裂，遂自請行，蓋欲以死捍彦國也。』其爲人大略如此，然亦任俠好殺云。

楊嗣清，蜀士也，有聲西州，清議推屬。乾道間，初試邑，有部使者，頗以繡衣自驕，怒其不降意，誣劾以罪[二六]。趙衛公方爲左史，聞之，不俟車，急往白廟堂曰[二七]：『譬之人家，市貓於鄰，卜日而致之[二八]，將以咋鼠也。鼠暴未及問，而首抉雕籠，以噬鸚䳇，其情可恕乎！』當國者問其由，告以故，相與大笑，劾牘格不下。嗣清仕亦不顯，有弟曰嗣勛，其清亦相伯仲云。至今蜀人談謔，以排根善類爲貓噬鸚䳇[二九]。此《桯史》所載謂『蜀人尚流品，不肯以勢詘』也。

何耕，蜀士，有時名。類省試卷中有：『是何道也夫。』道夫，耕字。初未必有心，會有司奇其文，遂以冠多士。士亦皆以得人相賀，而不議其偶近暗號也。師渾甫本名某，字渾甫。既拔解，志高退，不赴省試[三〇]。其弟乃冒其名以行，不以告渾甫也。俄遂登第，渾甫因以字爲名，而字伯渾[三一]。《老學庵筆記》曰：『蜀俗淳厚，若在閩、浙，訟訴紛然矣。』

附：《鹽亭志》載何畊雲溪題詩一首

幽居定何如，頗恨未見之。主人向我言，喜色融雙眉。修篁流翠陰，寒溪漾清漪。領略非一狀，幽妍發餘姿。空濛雨亦佳，瀲灩晴更奇。豈惟二江獨，意恐兩蜀稀。主人信妙士，得此固所宜。天宫閟好景，授受各有時。豈無多田翁，偃蹇逝莫隨。素交懷老蒲，秀向紛珠璣。安得招歸來，爲君賦清詩。往者不可作，後生欲何爲。注：邑人何大受與耕爲詩友。

《陸放翁集》載有師渾甫其人。

薛簡肅知成都日，范蜀公方爲舉子。一見愛之，館於府第，俾與子弟講學。每曰：『范公，廊廟人也。』公益自謙退。乘小駟至銅壺閣下，即步行趨府門。逾年，人不知其帥客也。簡肅還朝，或問簡肅曰：『成都歸，得何奇物？』曰：『蜀珍産不足道，得一偉人耳。』時二宋公有大名，一見，與公爲布衣交。及同賦《長嘯卻胡騎》〔三二〕，公賦成，人爭傳之。公後爲賢從事，其建立，温公自以爲不及也。

蜀公鎮以侍從事仁宗，首建立皇子之議。事英宗又言稱親濮安懿王爲非禮，以此名天下。熙寧初，王荆公始用事，公以直言正論折之不勝，上章乞致仕，曰：『陛下有愛民之性，大臣進殘民之術。』荆公見之，怒甚，持其書手戰。遂落翰林學士，以本官户郎致仕。荆公自草制，極其醜詆。公笑誦其詞曰：『外無任職之能，某披襟當之；内有懷利之實，則夫子自道也。』〔三三〕公既退居，專以讀書賦詩自娱。客至，輒置酒歡洽。或勸公稱疾杜門，公曰：『生死禍福，天也。吾其如天何？』久之，以二人肩輿歸蜀，極江山登臨之盛，賑其宗族之貧者，期年而後還。元祐初，哲宗登極，宣仁后垂簾同聽政，首特起公，詔曰：『西伯善養，二老來歸；漢室卑詞，四臣入侍。爲我强起，毋或憚勤，天下望公與温公同升矣。』公辭曰：『六十三而求去，蓋以引年；七十九而復來，蓋云中禮？』卒不起。先是神宗山陵，公會葬陵下，蔡京見公曰：『上將起公矣。』公正色曰：『某以論新法不合，得罪先帝。一旦先帝棄天，其可因以爲利乎？』故公卒不爲元祐二聖一起。紹聖初，章惇、蔡卞欲並斥公爲元祐黨，將加追貶，蔡京曰：『京親聞蜀公之語如此，非黨也。』惇、卞乃已[三四]。

蜀公致仕在家，非避亂者可比。西伯四語，直詆神宗爲商紂、秦皇矣。詔辭雖工，未免失言。蔡京可謂良心不死於盜賊。

張唐英，新津人，商英兄也。商英少受業於唐英，有史才，嘗作《宋名臣傳》《蜀檮杌》行於世。熙寧元年春，以前御史服除還京朝過洛，府尹同僚屬出賞花，皆不見英。唐英題詩傳舍云：『先帝昭陵土未乾，又聞永厚葬衣冠。小臣有泪皆成血，忍向東風看牡丹。』尹聞之，遣書爲禮，拒而不受。蓋仁宗山陵成，英宗厭代，唐英還朝不得歸臺，不然，河南尹者將不免矣。

張真甫舍人震，廣漢人，爲成都帥，蓋宗一代所未有也。未至前旬日，大風雷，龍起劍南西川門，揭碑至十步外，壞『南』字，爪跡宛然，人皆異之。或爲之説曰：元豐末，貢院火，而焦蹈爲首魁，當時語曰：『火燒貢院狀元焦』，無能對者，今來帥名震，當以『雷起譙門知府震』爲對。歲餘，真甫竟不起。

任子淵，蜀人，好謔。鄭宣撫剛中自蜀召歸，其實秦檜欲害之。鄭公治蜀有惠政，人猶覬其復來。數日乃聞秦氏之指，人人太息。衆中或曰：『鄭不來矣！』子淵曰：『秦少恩哉！』人稱其敢言。

牟羅漢名安，以廂兵隸倅廳。如岷山，陟上清坂，忽遇髯者顧笑曰：『汝何不食柏子耶？』摘子投其口[三五]。顧髯者不復見矣，遂不火食。大雪中，庭有甕貯水，解衣就浴。往往通老莊。偶一日，江水暴漲，舟不可行。或戲指其笠曰[三六]：『吾乘此渡，可乎？』牟置笠水面，趺坐其上，截江以濟。人呼爲牟羅漢。

石待問，少以詩賦名，纍官至太常丞。時丁謂畏其直，錢易奇其文，楊億、李諤服其議論。即此可見其爲人矣。

陳太初，初與東坡同學於道士張易簡。後東坡謫黃州，有眉山道士陸惟忠來，云：『有得道者曰陳太初。』問之，則同學者也。又數年，見東坡於惠州，云：『太初已屍解矣。』

家坤翁，眉山人。景定三年，知撫州。約已剔蠹，始立定規，清積年深弊，重纂圖經，民稱頌之。

張愈巖，正德進士，知南康府。當兵燹之後，節財愛士，安輯流亡，均平里甲，賑恤貧民。入覲，卒於途。歸櫬南康，老穉爲巷哭。

袁襲裳，由進士，嘉靖三十二年任袁州知府。樸質清修，禮士愛民，藹然冬日。嚴嵩方當國，不肯阿附。蒼頭有犯者必繩以法。升江西副使。

任伯雨居諫省半歲，所上一百八疏，貶章惇雷州，高宗立采其諫章，追貶章惇、蔡卞、邢恕、黃履，明以告天下。賜伯雨謚忠敏。子象先、申先，俱有名。

漢朱遵，彭山人，拒公孫述，戰死。贈後漢將軍。

張皓，順帝時人，拜司空，多薦達天下士，救諫官趙騰之死。張綱，皓子，持節按天下。埋輪都亭，劾梁冀奸惡狀[三七]，伏廣陵賊張嬰。楊戲，延禧間射聲校尉，所在清約不煩，著《季漢輔臣贊》。

三國楊洪，蜀郡太守，諸葛亮常資以事，清忠凝亮，憂公如家。

杜撫，受業於薛漢，定《韓詩章句》。歸鄉里教授，沉静樂道，動必以禮。作《詩題約義通》[三八]，學者傳之，曰《杜君注》。

張翼，綱之曾孫。蜀建興間，以討劉胄功，進都亭侯、征西大將軍，後死鍾會之難。子微，篤志好學，纍官廣陵太守。

李密，上《陳情表》，後爲漢中太守。

宋呂陶，舉進士，應熙寧制科。時王安石改新法，陶對策，枚數其過，忤安石意，出知彭州。哲宗即位，除殿中侍御史，上疏論蔡確、韓縝、章惇負國，皆罷去。官至集賢殿學士。

唐重，大觀中進士，纍官起居舍人。重言：『開邊之禍，起於童貫，宜誅貫以謝天下。』後知京兆府，兼經略制置使。金將圍城，固守踰月，城陷，白戰中流矢死。初，重知度不可支，以書别其父克臣，曰：『忠孝不兩立，義不苟生以辱吾父。』克臣[三九]曰：『汝能以身殉國，吾含笑入地矣。』

明時，王用才舉進士，授寧府長史。宸濠潛蓄異謀，用才匡救以正，誓死不從。逮獄者纍月，終不屈，竟憂憤而死。事聞，贈太常少卿。

成都人費密，字此度。少遇獻逆之亂，竄身西域不毛之地。已乃泝漢江，下吴楚，居淮南老焉。常寓泰州，太守知其賢，爲除徭役。後往蘇門，謁孫鍾元，稱弟子。著《鹿峰集》。密，跛足。

嚴可，眉人，國士也。聞山谷僦居敘南，徒步往訪焉。相與抵掌談笑，及論列古今是非成敗，愈久不厭。臨别，山谷手書座右一銘以贈之。俾歸，以遺子椿。椿雖少聞，骨格亦不凡也。

陳希亮，青神人，方山子慥之父也。幼孤好學，其兄始治息錢，希亮悉召逋家，焚其券。舉天聖中進士，歷知數州，纍官太常少卿，以才干剛直名。四子：忱，度支郎中；恪，滑州推官；恂，大理寺丞；慥，有隱名。孫，去非，官至參知政事。

楊跡，少有文名，嘗謁黄庭堅，論學術邪正，自是學有指歸。時用王安石新法，屏出孔安國訓注。跡笑曰：『吾不能强束縛進身。』棄去。子旻，城固主簿；晃，監石羊鎮酒税。

杜莘老，甫十三世孫，纍官殿中侍御史，後以直顯謨閣，知遂寧府。嘗嘆曰：『臺諫當論天下第一事，若有所畏，姑論其次，是欺其心不敬其君者也。』及任言責，極言無隱，衆所指目者，悉擊去之，聲振一時，都人稱骨鯁者，必曰杜殿院云。

楊汝明，舉進士，爲成都府推宫。吴曦叛，不受逆儔之招。及曦平，宣諭使吴獵以聞召補官，纍遷工部尚書。

楊大全，乾道中進士，調温尉，召監登聞鼓院。時光宗久不省重華宫，大全爲書萬言以諫，時稱忠直。寧宗時，纍言司農寺丞。會御史虚位，有力薦大全者，屬一往見。大全笑謝，決不往。明日遂乞外知全州。

楊泰之[四〇]，字叔正，瀘州尉，知嚴道縣，通判嘉州，後知富順、果州，皆有異政。寶慶間召對，謂：『今以直言求人，而以直言罪之，使天下士以言爲戒，恐士氣益消，漸成衰世之風。』理宗奇其對，遷大理少卿，出知重慶府，主鴻禧觀，卒。

楊棟，汝明從子，紹定進士第一，爲宗正少卿。進對，理宗曰：『止是正心修身之説乎？』棟對曰：『臣所學三十年，止此一説。用之事爲，至爲簡易。』後屢官禮部尚書、參知政事。以資政殿大學士奉祠，卒。棟之學本諸周、程，負海内重望，所著有《崇道集》《平舟文集》[四一]。

楊文仲，棟從子，邃於《春秋》。淳祐間入太學，兩試皆第一。寶祐初登進士，纍官太常丞兼崇政殿説書，每以積誠感動帝意，官至工部侍郎兼國子祭酒。後知泉州，卒。有《見山文集》。

明余祥任户部郎中[四二]，歷官廉介，篤於故舊。奔一喪，負篋過眉，人飲以酒，即於篋傍瀝地者三，主人訝之。曰：『此吾友骸骨，吾負歸，欲葬其鄉耳。』好義如此。後以子子俊貴顯，贈都御史。

楊榮，性孝友剛方，爲政興利除害，復逋逃者七百餘户。時有虎夜入城傷人，榮禱於城隍祠，虎死廟前。平生不避艱險，未嘗附勢取寵，歷官參政。

余寰，弘治間進士，授户部主事，有能名，識大體。語及邊務，輒能道其山川險阻，慨然有用世志。後以督餉功遷員外郎，進階奉訓大夫。

余承勛，進士，以翰林修撰。嘉靖間，議大禮被杖。復爲錦衣。百户王邦奇假以建言邊情，誣奏兵部主事楊惇，惇子與勛友善，亦罣誣被逮。後復職還家，著書三巖山中四十餘年。撫按共十餘薦，不起。與楊慎爲騷雅友。今三巖深處猶有方池道院云。

楊内翰繪云[四三]：『莊遵以《易》傳揚雄，雄傳侯芭[四四]，自芭以下，世不絶傳。至沛周傳郟，郟傳樂安任奉古，古傳廣凱，凱傳繪。』所著《索蘊》乃其學也。

韓嬰詩數傳至淮陽，薛漢爲千乘太守，坐事下獄死。弟子犍爲杜撫定《韓詩章句》。建初中，爲公車令，卒官。其所作《詩題約義通》，學者傳之曰『杜君德』。撫授會稽趙燁，燁舉有道。時又有閬中令、巴郡楊仁亦習《韓詩》，爲作章句。

《齊詩》，轅固生數傳後有蜀郡任廣漢。景鸞以明習《齊詩》，教授著書。

蜀人王晃，爲舉子《詩》義左之左之，君子宜之而悟針法規矩。可得其法，不可得其巧，舍規矩，則無所求其巧矣。法在人，故必學。巧在己，故必悟。今人學書而擬其點畫，已失其法，況其巧乎！

易家有蜀才，顔推曰：『范長生自稱蜀才，則蜀人也。』（《景文筆記》）。

衛元嵩，少不事家産，潛心至道，明陰陽曆數，時人鮮知之。獻策後周，賜爵持節蜀郡公。武帝尊禮，不敢臣之，著《元包易》。瑩在什方縣東偏，有傳在《北史》。宋政和年間，知什方縣事楊楫序其略云：『妙用所寄，奇字爲多，大率類揚雄《準易》，非深於道者不能知』，云云。考《北史》，元嵩附藝術强練傳，尾文不及三行，衹好言將來事。不信釋教，以爲江左寶志之流，著書不及《易》。

李鼎祚，資州人，仕唐爲秘閣學士，著《周易集解》，以經學稱於時。嘗進《平湖論》，預察胡人判亡日期，無爽毫髪，象數精深，蓋如此。然其解經多避唐諱，又取序卦冠於各卦之首。所引有子夏、孟喜、焦貢、京房、馬融、荀爽、鄭玄、劉表、何宴、宋衷、虞翻、陸績[四五]、干寶[四六]、王肅、王弼、姚信、王廙、張璠、向秀、王凱沖、侯果、蜀才[四七]、翟玄、韓康伯、劉巘、何妥[四八]、崔憬、沈驎士、崔覲、盧士、伏曼容、孔穎達，凡三十二家。又引《九家易》《乾鑿度》諸説，義有未詳，乃加增削，綜其義例，蓋宗鄭玄學云。其自序略曰：『臣少慕玄風，遊心墳籍。歷觀炎漢，迄今巨唐。擇群賢之遺言，議三聖之幽賾。集虞翻、荀爽三十餘家，刊嗣輔之野文[四九]，補康成之逸象。各列名例，共契玄宗。先儒有所未詳，然後輒加添削。每至章句，僉例發揮，俾童蒙之流一覽而悟，達觀之士得意忘言。當仁既不讓於師，論道豈漸於前哲[五〇]？至如卦爻彖象理涉重玄，經注文言書之不盡，别撰索隱。錯綜根萌，音義兩存，詳之明矣。凡成一十八卷，以貽同好[五一]。冀將來君子，無所疑焉[五二]。』秘書省著作郎李鼎祚序。

唐《列傳》及省志並無其人，俟之。

張行成，宋臨邛人，序《元包易》云：『揚子雲太玄其法，本於易緯卦氣圖。衛先生云：「包其法合於火株林，皆革其誣俗而歸諸雅正者也。」卦氣圖以六十卦爲主，一爻爲一策，所謂乾坤之策三百六十，當期之日，其於繫辭則序卦之義也。主於運行之用者，天而地之數，故爲天地之大數也，火株林以八卦爲主，四陰對四陽，所謂天地定位山澤，通氣雷風相薄，水火不相射，其繫辭，則説卦之義也。主於生物之用者，地而物之數，故爲人、物之小數也。卦氣圖之用，出於孟喜章句。火株林之用，祖於京房易。末流之弊，雜亂於星官曆翁，其事失之誣，其詞失之俗。故二君以其法爲善而歸之雅也。太玄易始於寅，義祖連山；元包義首於坤，義祖歸藏。由是三易，世皆有書矣。唐蘇源明作《元包傳》，李江爲之注，徒言其理未達其數云云。其卷次，太陰第一、太陽第二、少陰第三、少陽第四、仲陰第五、仲陽第六、孟陰第七、孟陽第八、運蓍第九、説源第十，紹興庚辰五月序。』

魏鶴山曰：『吾向觀張先生行成文饒，頗得易數之詳，有《變通》《經世》《述衍》《翼玄》《通靈》等凡七書，而大意謂：「理者，太虛之實義；而數者，太虛之定分。未形之初[五三]，因理而有數，因數而有象[五四]；既形之後，因象以推數，因數以知理。今不可論理而遺數也。」其書惜不傳，今亦罕知其人矣。』

李處士，名諶[五五]，蜀人，學識精博，嘗講五經，善誘誨，人問無所隱。四十餘年，以束修自給。

每講《春秋》，嘗云：『孔聖見周德下衰，諸侯强盛，雖有典禮而不能舉，有賞罰而不得行，因是筆削魯史，上遵周公之制，下明將來之法，以褒貶而代賞罰[五六]，俾夫善人知勸而淫人知懼也。左丘明，魯國史官，受經於孔子，恐七十弟子各生異端，失其大旨，遂以諸國簡牘，博[五七]采衆記而作傳焉。其傳忽先經以始事，忽後經以終義，忽依經以辨理，忽錯經以合異，廣記備言，以成一家之通體爾。杜征南不思孔子修經，與《詩》《書》《周易》爲等列，丘明之傳與司馬、班固爲等列，豈合將經之年與傳之年相附，參而貫之，令學者素無資稟，縱意自裁，但務聲律，罔知古道，將周、孔之聖賢，班、馬之文章，皆不由茲製作，靡得而達焉。然皇王帝霸之道，興亡治亂之體，其可聞乎？遂引證當時，以《左傳》文爲《春秋》數人。休復屢見，失其旨歸，如處士之言者[五八]，倘能《春秋》自爲經，《左氏》自爲傳，則不迷於後生矣。』

校勘記

[一]『議』，《程史》作『識』。
[二]『趨』，《程史》作『趣』。
[三]『行』，《程史》作『磧』。
[四]『還』，《程史》作『來』。
[五]『崖』，《程史》作『岸』。

［六］「會」，《程史》作「此」。
［七］「犄」，《程史》作「掎」。
［八］「聞」，《程史》作「門」。
［九］「天生」，《程史》作「天王」。
［一〇］「保」，《程史》作「飽」。
［一一］「暗」，《程史》作「諳」。
［一二］「泊」，《程史》作「洎」。
［一三］「知者含是愚者蔌」，《程史》作「智者舍是愚者蔽」。
［一四］「志」，《程史》作「赤」。
［一五］「飛」，《程史》作「蜚」。
［一六］「虜尸蔽江一千里」，《程史》作「距黍直射六百步，虜尸蔽江一千里」。
［一七］「大」，《程史》作「太」。
［一八］「萬金制勝將平戎」，《程史》作「萬全制陳將平戎」。
［一九］「欵」，《程史》作「款」。
［二〇］「胡笳曲」，底本作「胡茄曲」，今據《邵氏聞見後録》改。
［二一］「杖」，底本作「林」，今據乾隆補修本及《邵氏聞見後録》改。
［二二］「蓬州」，底本作「達州」，今據《東坡志林》改。
［二三］「樞密」，底本作「樞蜜」，今據乾隆補修本改。
［二四］「撓」，底本作「抗」，今據《茅亭客話》改。
［二五］「刃」，底本作「刀」，今據《茅亭客話》改。

〔二六〕『劾』，底本作『刻』，今據《桯史》改。
〔二七〕『往』，底本作『性』，今據《桯史》改。
〔二八〕『卜』，底本作『人』，今據乾隆補修本改。
〔二九〕『鸜鵒』，底本作『鼠』，今據《桯史》改。
〔三〇〕『省試』，底本作『都試』，今據《老學庵筆記》改。
〔三一〕『伯渾』，底本作『伯甫』，今據《老學庵筆記》改。
〔三二〕『長嘯卻胡騎』，底本原脱『卻』字，今據《邵氏聞見録》補。
〔三三〕『外』，底本作『材』，今據《邵氏聞見録》改。
〔三四〕『卞』，底本作『下』，今據乾隆補修本改。
〔三五〕『口』，底本作『中』，今據《蜀中廣記》及《〔雍正〕四川通志》改。
〔三六〕『戲指』，底本作『指戲』，今據《蜀中廣記》及《〔雍正〕四川通志》改。
〔三七〕『劾』，底本作『刻』，今據《惜抱軒筆記》改。
〔三八〕『詩題約義通』，底本『題』後原有一衍字『文』，今據《後漢書》《蜀中廣記》删。
〔三九〕『克臣』，底本作『堯臣』，今據《蜀中廣記》《續資治通鑑》改。
〔四〇〕『楊泰之』，底本作『楊秦之』，今據《宋史》及《蜀中廣記》改。
〔四一〕『平舟文集』，底本作『平丹文集』，今據《宋史》及《〔雍正〕四川通志》改。
〔四二〕『佘祥』，底本作『李祥』，今據《〔雍正〕四川通志》改。
〔四三〕『繪』，底本作『會』，今據《佩文韻府》改。
〔四四〕『侯芭』，底本作『侯苴』，今據《佩文韻府》改。
〔四五〕『陸績』，底本作『陸續』，今據《周易集解》改。

〔四六〕「干寶」，底本作「于寶」，今據《周易集解》改。
〔四七〕「蜀才」，底本原脱「才」字，今據《周易集解》改。
〔四八〕「何妥」，底本作「何安」，今據《周易集解》改。
〔四九〕「嗣輔」，《經義考》作「輔嗣」。
〔五〇〕「前哲」，底本作「賢哲」，今據《經義考》改。
〔五一〕「貽」，底本作「昭」，今據《經義考》改。
〔五二〕「疑」，底本作「短」，今據《經義考》改。
〔五三〕「初」，底本作「先」，今據《宋元學案》改。
〔五四〕「因數而有象」，底本原脱此句，今據《宋元學案》補。
〔五五〕「諶」，底本作「堪」，今據乾隆補修本及《茅亭客話》改。
〔五六〕「賞」，底本作「實」，今據《茅亭客话》改。
〔五七〕「博采」，底本原脱「博」字，今據《茅亭客话》補。
〔五八〕此句底本原脱「休復屢見」四字，「如處士之」後原脱「言者」兩字，今據《茅亭客話》補。

卷十三

人物

唐末張霄遠，眉山人也。見老人授竹弓一、鐵彈三，質錢三百千，而張無靳色。老人曰：『吾彈能避疫癘，宜寶而用之。』後再見，老人遂授以度世法。熟視，舉首見其目中各有兩瞳子。後往白鶴山垂釣，西湖峰上有異人曰：『此乃四目老人，翁君之師也，尚不記授竹弓、鐵彈時耶？』張大悟。

蘇老泉先生里居，未爲世知，雷簡夫太簡爲雅州，獨知之，以書薦之韓忠獻、張文定、歐文忠，皆有味乎其言也。簡夫，長安人，其文亦奇，史自有傳。《上韓忠獻書》[一]：『昨年在長安，纍獲奏記，入蜀來，路遠頗如踈愈，恭惟恩照，恕其如此[二]，不審均逸名都，寢食何似。簡夫向年自與尹師魯別[三]，不幸其至死不復相見，故居常恨，以謂天下後生無復可與議論當世事者，不意得郡荒陋，極在西南，而東距眉州尚數百里。一日，眉人蘇洵攜文數篇，不遠相訪。讀其《洪範論》，知有王佐才；《史論》得遷史筆[四]，《權書》十篇，譏時之弊；《審勢》《審敵》《審備》三篇[五]，皇皇有憂天下心。嗚呼！師魯不再生，孰與洵抗耶？簡夫自念無以發洵之跡，遽告之曰：「如子之文，異日當求知於韓公，然後決不埋没矣。」洵年踰四十，寡言笑，淳謹好禮，不妄交遊，亦舉茂才，不中，今已無意。張益州安道，薦爲成都學官，未報。今春二子入都，謀就秋試，幸其東去，簡夫約其暇日，令自袖所業，求見節下，願加獎進[六]，則斯人斯文，不爲不遇也。』《上張文定書》：『簡夫近見眉州蘇洵著文字，其間如《洪範論》，真王佐才也。《史論》，真良史才。豈惟西南之秀，乃天下之奇才耳。令人欲麋珠虀芝，躬執匕箸，飫其腹中，恐他饋傷。且不稱其愛護如此，但怪其不以所業投明公，問其然，後云：「洵已出張公門下矣。又辱張公薦，欲使代黄柬爲郡學官。洵思，遂出張公之門，亦不辭矣。」簡夫喜其説。竊計明公引洵之意，不止一學官，洵望明公之意，亦不祇一學官，第各有所待也。又聞明公之薦，纍月不下，朝廷重以例檢，執政者靳之，不得達。雖明公重言之，亦恐一上未報，豈可使若人年將五十，遲遲途路間耶？昔蕭昕薦張鎬云：「用之則帝王師，不用則幽谷一叟耳。」願明公薦洵之狀，至於再，至於三，得其請而後已，庶爲洵進用之權也。』《上歐陽內翰書》：『伏見眉人蘇洵，年逾四十，嘗著《六經》《洪範》等篇十論，爲後世計。張益州一見其文，嘆曰：「司馬遷死矣，非子，吾誰與？」簡夫亦謂之：「生，王佐才也。」嗚呼！起洵於貧賤中，簡夫不能也，然責之亦不簡夫也。若知洵不以告人，則簡夫爲有罪矣。用是不敢固其初心，敢以洵聞左右。恭惟執事。職在翰林，以文章忠義爲天下師，洵之窮達，宜在執事。向者洵與執事不相聞，則天下不以是責執事。今也，讀簡夫之書，既達於前，而洵又將東見執事於京師，今而後，天下將以洵責執事矣。』

布衣窮巷得一知己，感激涕零，死生鏤骨。雷公三書，纏綿委折，推獎盡力，不令老泉刻日騰達，心不甘休。閲《老泉集》，只《答雷公不應召》一書，外此無聞。即子瞻、子由亦止於歐、韓、張三公拳拳，生平無一字及簡夫，似絶不知有其人者。勢位、富厚，蓋可忽乎哉？載《邵博見聞録》書，節去未全。

附：老泉答雷簡夫書

『承諭朝廷將有召命，且教以東行應詔。自笑恐不足以當，遂以病辭，不果行。計太簡亦已知之。僕已老矣，固非求仕者，亦非固不求仕者。自以閒居田野之中，魚稻蔬筍之資，足以養生自樂，俯仰世俗之間，竊觀當世之太平。其文章議論，亦可以自足於一時。何苦以衰病之身，委曲以就有司之權衡，以自取輕笑哉！然此可爲簡夫道，難爲流俗人言也。』後洵卒，其子軾辭銀絹，求贈官，贈光禄寺丞，與歐文忠之志『天子聞而哀之』[七]。

附：歐文公輓老泉詩

布衣馳譽入京都，丹旐俄驚返舊閭。諸老誰能先賈誼，君王猶未識相如。三年弟子行喪禮，千兩鄉人會葬車。我獨空齋挂塵榻，遺編時閲子雲書。

眉山蘇洵，少不喜學，幾壯猶不知書。年二十七，始發憤讀書，舉進士，又舉茂才，皆不中。曰：『未足爲吾學也。』閉户詩書五六年，乃大究《六經》百家書説。嘉祐初，偕二子軾、轍至京師。歐陽文忠公獻其書於朝，士大夫争持其文。二子舉進士，皆在高等。於是，父子名動京師。而蘇氏文章擅天下，目其文曰『三蘇』，蓋洵爲老蘇，軾爲大蘇，轍爲小蘇也。

蘇洵嘗南遊入虔，與贛人鍾棐交。洵不喜飲酒，每爲設醴。其後軾、轍過虔，必造訪。又與棐子志仁、志行、志遠敦通家之好。

老泉布衣時，未有名。長安人雷太簡者，乃薦於韓魏公、歐陽文忠公、張文定公，詞甚切至，文亦高雅，今蜀人多傳其本，而東坡、穎濱二公獨無一語及太簡者。老泉集中，與太簡往來亦止《辭召試》一書耳。如與太簡《請納拜書》，蜀人至今傳之，集亦不載。初疑偶然耳，久之，又得老蘇所作《太簡墓銘》，亦不載其中，乃知編集時有意删去，不知其意果何在也？

遠景樓，州守黎錞建，坡作記。見文集有景蘇樓，守司農少卿陳華領餉過眉，爲蘇氏父子建。又嘉祐閣，有李龍眠畫三蘇像，元至元間，郡守張淇刻坡和陶詩。又四賢堂，宋時繪蘇氏父子及孫忭於内。又起文堂在環湖上，宋時爲東坡建，邵博刻銘其上。又觀蓮亭，坡自建，中有碑刻坡小像，反轍與黄庭堅贊。又有百坡亭，亦宋時建，取坡詩『散爲百東坡』之句。又華藏寺有東坡讀書臺。

三峰寺亦有坡讀書處。又披風榭，宋建中繪坡像。又丹稜總崗山中有東坡塲，云坡嘗憩此。又成都西門外有東坡橋。

東坡既遷黄州[八]，京師盛傳白日仙去。神宗聞之，對左丞蒲宗孟嘆惜久之。故東坡謝表有云：『疾病連年，人皆相傳爲已死。饑寒併日，臣亦自厭其餘生。』宗孟，蜀人。

東坡帥揚州[九]，曾旼罷州學教授，經真州，見呂惠卿，問：『軾何如人？』旼曰：『聰明人也。』惠卿怒曰：『堯聰明，舜聰明，大禹之聰明耶？』旼曰：『雖非三者，是亦聰明也。』惠卿曰：『軾學何人？』旼曰：『學孟子。』惠卿益怒，起曰：『何言之不倫也？』旼曰：『孟子以「民爲貴，社稷次之」，以此知蘇公學孟子也。』惠卿默然。

殿帥姚某性饕餮，每得東坡手帖，輒换得羊肉數斤，故坡公謔云：『傳語本官今日斷屠。』其時有『蘇文熟，啖羊肉』之諺。宋時京官日支羊肉錢，故云。

章惇子厚爲商州推官，子瞻爲鳳翔幕簽，因差試官開院同途，小酌山寺，聞報有虎，二人酒狂，同勒馬往觀。去虎數十步，馬驚不前。子瞻乃轉去，子厚獨鞭馬向前，取銅鑼於石上戛響，虎遂驚竄。謂子瞻曰：『子定不如我。』

程建用、楊堯咨，皆眉人。東坡幼時同子由俱在學舍中，值大雨，聯句六言。程云：『庭松偃蹇如蓋。』楊即云：『夏雨淒涼似秋。』坡云：『有客高吟擁鼻。』子由云：『無人共吃饅頭。』坐皆絶倒。矮道士李伯祥，眉人，好爲詩，詩格亦不甚高，往往有奇語，如『夜過修竹寺，醉打老僧門』之句，皆可愛也。東坡尚幼，伯祥一見，嘆曰：『此郎君真貴人也！』

東坡云：『歲行盡矣，風雪凄然。紙窗竹屋，燈火青熒。時於此中，得少佳趣。』[一〇]此一段風味，雖三公不易。

秦少章云：『東坡言觀書之樂，夜常以三鼓爲率，雖大醉歸，亦必披展至倦而寢。然自詔獄後，不復觀一字矣。每賦詠及著撰所思故實，雖目前爛熟事，必令人檢視而後出。』

東坡嘗謂劉景文曰：『某生平無快意事，惟作文，意之所到，則筆力曲折，無不盡意。自謂世間樂事無踰此者。』

東坡跋云：『吾兄子明，舊能飲酒，至二十蕉葉乃稍醉。與之同遊者，蟆頤山佚老道士，歌謳而飲，方是時，其豪氣逸韻，豈知天地之大，秋毫之小耶？不見十五年，乃以刑名政事，著聞於蜀，非復昔日之子明也。侄安節自蜀來，云子明飲酒不過三蕉葉。吾少年望見酒盞而醉，今亦能三蕉葉矣。』老道士，東坡從叔蘇慎言也，有孫汝楫登進士第。

東坡自海外歸毘陵，病暑，著小冠，披半臂，坐船中。夾運河岸，千萬人隨觀之。東坡顧坐客曰：『莫看殺軾！』其爲人愛慕如此。

東坡先生言：世傳王氏《玄經》、薛氏《傳》、關子明《易傳》《李衛公對問》，皆阮逸著撰。

嘗以草示奉常公也。非獨此，世傳《龍城記》載六丁取易説事，《樹萱録》載杜少陵、李太白諸人賦詩事，詩體一律。而《龍城記》乃王銍性之所爲，《樹萱》則劉燾無言自撰也。至於書刻亦然，小字《樂毅論》實王著。所書李太白醉草，則葛叔忱戲欺其婦公者，山谷道人嘗言之矣。逸後爲仇家告其『立泰山石，枯上林柳』[一一]之句，編竄以死，豈有陰遣？奉常公，即老泉也。

王介甫與蘇子瞻初無嫌隙，呂惠卿忌子瞻才高，輒間之。神宗欲以子瞻同修起居注，介甫難之。又意子瞻文士，不曉吏事，故用爲開封府推官以困之。子瞻益論事無諱，擬廷試策，上萬言書，論時政甚危，介甫滋不悦。子瞻外補官。中丞李定，介甫客也。不服母喪，子瞻惡其人。因朱壽昌棄官求母歸，子瞻美之，有云：『感君離合我酸心，此事今無古或聞。』暗貶定也。定以爲恨，劾子瞻作詩訕謗[一二]。子瞻自知湖州，下御史獄，欲殺之。神宗但貶散官，黄州安置。移汝州，過金陵，見介甫甚歡。子瞻曰：『某欲有所言。』介甫色動，意辨前日事也。子瞻曰：『某所言者，天下事也。大兵大獄，漢、唐滅亡之兆。祖宗以仁厚治天下，正欲革此。今西方用兵，連年不解，東南數起大獄，公獨無一言以救之乎？』介甫舉兩手以示子瞻曰：『二事皆惠卿啓之，某在外安敢言！』子瞻曰：『固也，然在朝則言，在外則不言，事君之常禮耳。上之所待公曰非常禮，公所以事上者豈可以常禮乎？』介甫厲聲曰：『某須説。』又曰：『出自安石口，入在子瞻耳。』蓋介甫嘗爲惠卿發其『無使上知』私書，畏其語洩也。又語子瞻曰：『人須知行一不義，殺一不辜，得天下弗爲，乃可。』

子瞻戲曰：『今之君子減半年磨勘，雖殺人亦爲之。』介甫笑而不言。先是，獄中作詩，寄子由云：『與君世世爲兄弟，更結來生未斷因。』或上聞之，爲之悽然。

李定自鞫東坡獄，勢不可向。一日，於崇政殿門外語同列曰：『蘇軾，奇才也。』俱不敢對。又曰：『軾前二三十年所作詩文，引援經史，隨問即答，無一字之差，真天下奇才也。』嘆息久之。蓋世之公論，雖仇怨不可奪也。

劉器之與東坡元祐同朝，東坡勇於爲義，或失之過，器之必約以典故。東坡至發怒曰：『何處把上曳得一「劉正言」來，知得許多故典。』或以告器之，則曰：『子瞻固所畏也，若恃其才，欲變亂典常，則不可。』又，朝中有語云：『閩蜀同風，腹中有虫。』以二字各從虫也。東坡在廣坐作色曰：『書稱「立賢無方」，何得乃爾！』器之曰：『某初不聞其語，然「立賢無方」，須是賢者乃可，若中人以下，多繫土地風俗，安得不爲越土習風俗所移？』東坡默然。至元符末，東坡、器之各歸自嶺海，相遇道，始交歡。器之語人云：『斂浮華豪習盡去，非昔日子瞻也。』東坡亦云：『器之，真鐵石人也！』

古北口一寺中有石刻〔一三〕，蘇頴濱詩云：『亂山環合疑無路，小徑縈回長傍溪。彷彿夢中尋蜀道，興州東谷鳳州西。』蓋公元祐時奉使契丹所題，而遼人刻石者。

蘇轍安置雷州，宰相章惇下令不許占官舍，遂僦居民房。惇又以爲强奪民居，下州追治。及惇謫雷州，問舍於民，民曰[一四]：『前蘇公來，爲章丞相幾破我家，今不可也。』

績溪有翠眉亭，前二小山對出，宛然如眉也。蘇轍作令時，愛其幽勝，往往賦詩於此。去後邑人刻詩壁間，摹子由像懸之亭。

蘇子瞻泛愛天下士，無賢不肖歡如也。嘗言：『自上可以陪玉皇大帝，下可以陪卑院乞兒。』子由晦默少許可，嘗戒子瞻擇交。子瞻曰：『吾眼前見天下無一個不好人。』此乃一病。子由監筠州酒税，子瞻嘗就見之，子由戒以口舌之禍。乃餞之郊外，不交一談，惟指口以示之。

蘇叔黨無諂事梁師成事

靖康中，蘇叔黨以真定倅赴官，次河北，爲賊所脅，叔黨語賊曰：『若知世有蘇内翰乎？吾即其子也。肯隨若求活草間耶？』通夕痛飲。翌日視之，卒矣。王明清《揮麈後録》載之。而晁以道志其墓，稱其暴疾，卒鎮陽。繹其文，可云孝子，合而觀之，不愧其父矣。考東坡先生以徽宗建中靖國元年辛巳，卒於常州。先生既卒，而蔡京由尚書左丞進左右僕射，蔡卞旋知樞密院事。自崇寧元年迄於四年，籍黨人榜朝堂，定上書人上、中、下六邪等，責逐責降，而又編管子弟，不許到闕。一刻石於端禮門，再刻石於諸州，三刻石於文德殿門。帝既親之京，復自書頒之天下。是時，叔黨潛身救過之不給，寧有富貴利達之念萌於中哉？惟因梁師成自言爲東坡出子，常訴於裕陵，曰：

『先臣何罪？禁誦其文章，滅其尺牘。』於是，先生遺文、手蹟始稍稍復出。叔黨之不忍顯絶師成者，此也。然黨禁初弛，後雖得入京師，借詼諧以玩世，未嘗薰染，以道所云『嘻笑謔浪，節概存焉』是已。乃毁之者，謂叔黨諂事師成，自居乾兒。夫師成既以東坡爲父，稱曰先臣，則必以昆弟遇叔黨，豈有業爲兄弟，而又降爲乾兒之理？此助洛攻蜀者謗之，貝錦南箕，尚論者不可不白其冤也。

元祐貶呂惠卿，蘇軾草其制曰：『惠卿以斗筲之才，穿窬之智，諂事宰輔，同升廟堂。樂禍貪功，好兵喜殺。以聚斂爲仁義，以法律爲詩書。首建青苗，次行助役。均輸之政，自同商賈。手實之禍，下及雞豚。苟可蠹國害民，率皆振臂稱首。先皇帝求賢如不及，從善如轉圜。始以堯舜之仁，姑試伯鯀。終焉孔子之聖，不信宰予。尚寬兩觀之誅，簿示三苗之竄。』天下傳誦稱快焉。

蘇軾謫授黃州團練副使，及移汝州安置。省弟轍〔一五〕，由九江至筠州。先一夕，洞山僧雲庵、壽聖僧聰惠，皆夢同轍迎五祖戒禪師。其後軾至，寓居廣福寺，因額其堂曰『同夢』，地曰『坡山』，渡曰『來蘇』，皆以軾得名。

蘇軾初黜，請移陽羨，詔許之。嘗托故人邵氏以百緡置宅。軾至，聞老嫗哭甚哀，問故，曰：『吾居第相傳百年，一旦轉售，是以悲耳。』叩其居即邵所置者。遂焚券，不索其值。

蘇軾謫汝州，特愛郟縣形勝似蜀，故名峨眉。後卒常州，子邁卜葬於此，遵治命也。

蘇軾安置儋州，至僦官舍，有司謂不可，遂買地築室，儋人運石畚土助之。日與子過讀書自娱，時負大瓢，行歌田畝間。有饁婦年七十，謂曰：『內翰昔日榮貴，一場春夢耶！』軾大然之，因呼爲春夢婆。儋州黎子雲昆弟貧而好學，所居多林木水竹。軾嘗造訪，或值雨，從農家笠，着屐道上[一六]，小兒隨行調笑。子雲弟兄執禮甚謹，因題其別墅曰『載酒堂』。

蘇軾謫惠州時，有詩云：『爲報先生春睡足，道人輕撞五更鐘。』傳至京師，章惇笑曰：『蘇子瞻尚爾快活耶！』復貶昌化。

蘇軾知杭州，歲值饑疫，力請減價糶常平倉，奏給度僧牒易米助賑。日遣吏督醫四出治病，全活者以萬計。民有逋稅若干不償者，軾呼至詢之，云：『家以製扇爲業，遇天寒，所製不售，非故負之也。』軾曰：『姑取扇來。』遂據案作草書及枯木、竹石，須臾就二十餘柄。其人纔出府門，而好事者爭以千錢取一扇，因得盡償所逋。一郡稱嘆，至有泣下者。

東坡云：『養貓以捕鼠，不可以無鼠而養不捕之貓；蓄犬以防奸，不可以無奸而蓄不吠之犬。』余謂不捕猶可也，不捕鼠而捕雞則甚矣；不吠猶可也，不吠盜而吠主則甚矣。疾視正人，必欲盡擊去之，非捕雞乎？委心權要，使天下孤立，非吠主乎？

眉山蟆頤山，有老翁泉。葉石林云：『東坡晚亦號老泉居士。』《墨莊漫録》云：『蘇黄門薨於許，王定國作挽詞云：「徒泣巴山路，空悲蜀道程。弟兄仁達意，千古各垂名。」注云：「公與東坡常泊巴江，夜雨，相約伴還蜀，竟不果歸。今東坡葬汝，公歸眉。王祥有言，歸葬仁也，留葬達也。」』又少公自作《潁濱遺老傳》云：『先君之葬，在眉州之東，昔嘗約附於其廬，雖遠，不忍負也。』又《卜居賦序》云：『昔先君相彭眉之間，指其庚壬曰：「此爾兄弟之居也。」今子瞻不幸，已藏郟山。予年七十有三，異日當蹈前約。昔貢少翁爲御史大夫，年八十有一，家居琅琊，一子年十二，自憂不得歸葬，元帝哀之，許以王命辦護其喪。譙允南年七十二[一七]，終洛陽，家在巴蜀，遺令其子輕棺以歸。今予廢棄久矣，少翁之寵，非敢望。而允南舊事，或可庶幾？』其賦云：『諸子送我，歷井捫天，庶幾百年，歸掃故阡。』按：長公葬汝州郟城縣鈞臺鄉上瑞里嵩陽峨眉山，少公祔焉。今《河南志》並載二公墓，而《四川志》止載老蘇，不及少公。定國公之詩，《遺老傳》《卜居賦》之語，豈不果耶？

蘇氏兄弟生平大節，在於臨死生利害而不可奪。其厚於報知己，勇於疾非類，則歷熙、豐、祐、聖之變如一日。而後世之以文詞知二蘇者末也。

蘇叔黨

宋人議蘇過叔黨附梁師成，師成妻死[一八]，爲服緦麻云云，顧略其大節。袁伯長《清容集》有跋叔黨《竹石牧牛圖》云：『小坡竹石，綽有父風，後倅定武，罵賊不屈，死之。其氣節不墜，光於前人矣。』事詳《揮麈録》。劉後村跋小米畫云：『叔黨之才，百倍元暉。元暉至侍從，叔黨死小官，命也夫！』《揮麈録》又載叔黨，政和中，召入禁中畫窠石[一九]，而終不遇。

蘇舜欽，易簡孫。少負才望，豪放不羈，好飲。在外舅杜公祁家，每夕讀書，以一斗爲率。公密覘之，讀至張良擊秦皇，撫掌曰：『惜乎不中！』引一大白。公笑曰：『有如此下酒物，一斗不足多也。』

青神陳希亮，字公弼，天資剛正人也。嘉祐中，知鳳翔府。東坡初制科，簽書判官事，吏呼蘇賢良。公弼怒曰：『府判官何賢良也？』杖其吏不顧，或謁人不得見。故東坡《客次假寐》詩：『雖無性命憂，且復忍斯須。』又《九日獨不與府宴登真興寺閣》詩：『憶弟恨如雲不散，望鄉心似雨難開。』其不堪如此。又《東坡詩案》云，任鳳翔府簽書日，爲中元節不過知府廳，罰銅八斤，亦公弼案也。東坡作《齋醮禱祈》諸小文，公弼必塗墨改定，數往返。至爲公弼作《陵虛臺記》曰：『東則秦穆公祈年、槖泉，南則漢武長楊、五柞，北則隋之仁壽、唐之九成，計一時之盛，宏傑詭麗，堅固而不可動者，豈特百倍於臺而已哉！然數世之後，欲求其仿佛，破瓦頽垣，無復存者，既已化爲禾黍荆棘、坵墟隴畝矣，而況於此臺哉？或者欲以夸世而自足，過矣。』公弼覽之，笑曰：『吾視蘇明允猶子也，某猶孫子也。平日故不以辭色假之者，以其少年暴得大名，懼夫[二〇]滿而不勝也，乃不吾樂耶？』不易一字，亟命刻之石。後公弼受他州饋酒，從贓坐，沮辱抑欝抵於死。或云，歐陽公恨公弼有曲折東坡，不但望公弼相遇之薄也。公弼慥季常，居黄州之歧亭，慕朱家、郭解之爲人，閭里之俠多歸之。元豐初，東坡謫黄州，執政疑公弼廢死由東坡，委於季常甘心焉。然東坡、季常相得甚歡，故東坡特爲公弼作傳，至比之汲黯，曰：『軾官鳳翔，實從公二年。方是時[二一]，年少氣盛，愚不更事，屢與公争議，至形於顏色，已而悔之。』崔德符戲語曰：『果如元豐執政之疑，東坡之悔，豈釋氏懺悔之悔乎？』

公弼所見未嘗不是聲色俱厲，雖脂韋少年亦覺難堪，况才氣如東坡乎？然受酒罰銅，非苞苴暮夜可比，竟坐贓沮辱以死，甚矣！剛正之不容於衆也。

邊鎬爲謝靈運後身，故小字康樂。范純夫爲鄧仲華後身，故名祖禹。張平子後身爲蔡伯喈，鄒陽後身爲蘇東坡。何薳《春渚紀聞》記曰：『薳一日謁冰華丈於煙雨堂，偶誦人祭東坡先生文「降鄒陽於十三世，天豈偶然[二二]，繼孟軻於五百年，吾無間也」之句。冰華笑曰：「此老夫所爲者。」因請鄒陽事。冰華云：「元祐初，劉貢父夢至一官府，案間文軸甚多，偶取一軸展視云：在宋爲蘇某，逆數而上十三世，云在西漢鄒陽。蓋如黃帝時爲火師，周爲柱下史，只一老聃也。」』又如王吉夢、司馬相如係蟛蜞脱生，故文章横行一世。別載東坡、山谷同見清長老，語坡前身爲五祖戒和尚，山谷前身是一女子。

冰華，錢濟明字，東坡友也。

朱文公跋《東坡與林子中帖》：淳熙辛丑冬乙酉，觀此於衢州浮石舟中。時浙東飢甚，予以使事被旨入奏，三復其言，尤深感嘆。當撫刻諸石，以示當世之君子。《與趙德麟字說》：神宗皇帝稽古立法，以教宗子，此萬世之大慮也。蘇公發明其意，以字德麟，所以望之，豈淺淺哉？今趙君善希能得此帖而藏之珍之，則亦有意於此矣。尚其勉旃，毋徒玩其文藻而已。《楊深父家東坡帖》：深文頃嘗示予以東坡公與其先世往来手書二紙，予已識其後矣。今又得盡覽其餘，益知二公相與之歡，始終不替，而又足以見人心公論所在之，不可以刑禍屈也。因復識之，以申前說，使世之簡賢附勢者知所愧云。東坡《剛說》：蘇文忠公爲孫君介夫作《剛說》，其所以發明孫君之爲人者，至矣。然『剛』之所以近『仁』，爲其不詘於欲，而能有以全其心之德，不待見於人而後可知，然後可知也。寧都主簿鄭載德得遺蹟於君家，將摹刻而置之學宮，間以示余。因爲識其左，以告觀者，使勉夫剛，而益求其所以爲仁之方云。《東坡書李杜諸公詩》：東坡此卷，考其印章，乃紹興御府所藏，不知何故流落人間。捧玩再三，不勝敬嘆。但其所寫李白《行路難》，闕其中間八句，道子胥、屈原、陸機、李斯事者，此老不應有所遺忘，意其刪去，必當有說。《老翁井詩》在老蘇《送蜀僧去塵》之前，必非他人之作。然不見於《嘉祐集》，亦不省其何說也。彼欲井中老翁，改顔易服，不使人知，而後篇遂有『嫌瘦』『廢彈』之嘆，何耶？然其言怨而不怒，獨百世以俟後賢而不惑，則其用意亦遠矣哉！丁丑，觀汪季路所藏，而識其後云。《祭范蜀公文》：汪季路所藏蘇文忠《祭范忠文公文稿》，丁巳十月己卯，朱熹觀於考亭溪居。[二三]《東坡帖》：筆力雄健，不能居人後，故其臨帖，物色牝牡，不復可以形似較量，而其英風逸韻，高視古人，未知孰爲先後也。《成都講堂畫像》一帖[二四]，蓋屢見之，故是右軍得意之筆，豈公亦適有會心與！己未三月八日，觀永福寺所藏墨蹟，嘆賞不置，因識其左方。《張以道家藏東坡枯木怪石》：蘇公此紙，出於一時滑稽，談笑之餘，初不經意，而其傲風霆，閲古今之氣，猶足以想見其人也。以道東西南北，未嘗寧居，而能挾此以俱，寶玩無斁，此意已不凡矣；且不以示王公貴人，而獨以誇於畸人逐客，則又不可曉者。雲谷老人因覽爲識。《陳光澤家藏東坡竹石》：東坡老人英秀後凋之操，堅確不移之姿，竹君石友，庶幾似之。百世之下，觀此畫者，尚可想見也。《周司令所藏東坡帖》：蘇公翰墨，爲世寶藏，故流俗多僞作者。余家有其與德叟先輩書兩紙，詞意超然，筆勢飛動，觀者尚或疑之，余亦不能辨也。今觀作肅所藏，源流有自，而二公賞識又如此，其亦可以無疑矣。尾後俱有年月，朱某書。

紫陽翻程門舊案，直詆東坡爲未敗露之王安石。觀其所跋諸帖，又極意推服當日云云。或門人輩過甚，未可知。不然家藏蘇墨，匿怨友人，曾大賢而出此耶。

《長水日抄》云：東坡翰墨，在崇寧、大觀間悉令焚毁。及宣和間，上自内府搜訪，一紙至直萬錢。而梁師成以三百千取《英州石橋銘》，譚稹以五萬錢輟『月林堂』榜書三字。至幽人釋子，寸紙尺幅，皆重購歸之。觀此，則坡公著作書翰，不至南渡後，而始貴重矣。

梁師成自詭東坡子，與高俅皆嬖倖擅權。蘇叔黨卒以小官終，亦可以知其賢矣。然二人不忘蘇氏，每子弟入都，問卹甚厚。是時，二蘇黨禁方嚴，李公麟遇蘇氏子弟至，以扇障面而過之。坡族孫元老《上時相啓》，念與黨人偶同高祖等語。此輩愧俅、師成多矣。

新城王阮亭曰：『東坡居士在儋耳作《十八大阿羅漢頌》，予最愛其二頌。《第九尊者》：「飯食已畢，襆鉢而坐。童子茗供，發籥吹火。我作佛事，淵乎妙哉。空山無人，水流花開。」《第十六尊者》云：「盆花浮紅，篆煙繚青。無問無答，如意自横。點瑟既希，昭琴不鼓。此間有曲，可歌可舞。」此頌真契拈花微笑之妙者。又一頌《第十五尊者》云：「薪水井臼，老矣不能。摧伏魔君，不戰而勝。」得非自寓之詞耶？』

蘇子由官齊州，有西湖諸詩。《環波亭》云：『過盡緑荷橋斷處，忽逢朱檻水中央。』又《寄濟南太守李公擇》云：『岱陰皆平田，濟南附山麓。山窮水泉見，發越徧溪谷。下田滿粳稻[二五]，秋成比禾菽。分流遶塗巷，暖氣蒸草木[二六]。池塘浸餘潤[二七]，菱欠亦云足。』又云：『不知西垣下[二八]，滉漾千畝緑。仰見鷗鷺翻，俯親龜魚浴。』

晁以道作《蘇叔黨過墓志》云：先生帥定武，謫知英州，繼貶惠州，遷儋耳，漸徙廉州、永州，遡乎萬死不測之險，獨叔黨侍先生以往來飲食服用。凡生理晝夜寒暑之所歷者，一身百爲，而不知其難。翁板則兒築之，翁樵則兒薪之，翁賦詩著書，則更端起拜之，爲能須臾樂乎先生者也。其初至海上也，爲文一篇曰《志隱》，效於先生前，先生覽之曰：『吾可以安於島夷矣。』先生因欲爲《廣志隱》，[二九]得以極窮通得喪之理。嘗命叔黨作《孔子弟子别傳》[三〇]，則固有以處其子矣。先生未至永州，稍遷仕版，居陽羨，不幸疾不起，叔黨弟兄葬先生於汝州郟城縣之小峨眉山，遂家潁昌。偶從湖陰，營水竹數畝，名之曰小斜川，自號斜川居士。時一至京師，自得於醒，醒而徜徉一世之外，所遇者與談，靡不傾盡造次，大笑謔浪間節概存焉，而若世未嘗有小人也。宣和五年乙未，以暴疾卒鎮陽行道中，年五十有二。悲夫！諸葛孔明不得申所志，而躬耕南陽，卒亦崎嶇。巴蜀幸而有子曰瞻[三一]，可以肆所志而無邦家以容，瞻則赴魏軍而死耳。叔夜之志氣尤異，而不得一席以全其軀，而子紹身血亦何益於邦家？古之父子有如此忠孝兩全而可恨者，天乎不壽。叔黨於盛世一振發之耶，叔父欒城公每稱其孝，以訓宗族，云云。此文略盡叔黨生平梗概，惜有闕，方節録之[三二]。

丙子歲，過金陵訪房師楊知白先生家，其嗣弘鐸持叔黨《斜川集》二本示余，此近日絶無者。時因舟泊城下，匆匆别去，未得抄出爲恨。伊亦許余録寄，恐成畫餅。

南麾退翁，蘇文公之兄也，持正不撓，終於利州路提點刑獄。子孫多賢且繼踵科級，其五葉曰叔平者，自號松菊老圃，有子曰公誠，字叔明。以禮自牧，爲族黨歸重，嘗賦《陶然堂》以自述。魏了翁曰：『余歸自靖，叔明訪余山居，言論風旨，斂浮歸實，進退未已。嗚呼！世家摇落不振，邦國之恥也。』叔明尚敬懋之。

蘇過侍坡翁至儋耳[三三]，父子相對，如霜松、雪竹[三四]，堅勁不摇，而作詩結字乃爾，潤麗其表順裏方者乎？

宣和中，蘇叔黨遊京師，寓居景德寺僧房[三五]，忽見快行家者同一轎至，傳旨宣召[三六]，亟令登車。叔黨不知所以，然不敢拒。纔入則以物障其前，不見路，頂上以小涼傘蔽之。二人肩之，其疾如飛。約行十餘里，抵一修廊，内侍一人自上而下引之，升一小殿中。上已先坐，披黄背子，頂青玉冠。宫女環侍，莫知其數。勿敢仰窺，始知崇高莫大之居。時當六月，積冰如山[三七]，噴香若霧，寒不可忍，俯仰之間，不可名狀。起居畢，上喻云：『聞卿是蘇軾之子，善畫窠石。適有素壁，欲煩一揮。非有他故也。』[三八]黨再拜承命，然後落筆，須臾而成。主起身縱觀，賞嘆再三。命宫人奉賜醇酒一鍾，錫賚極渥。拜謝而下，復循廊間，登小輿而出，亦不知經從所歷何地。但歸如夢，復如痴也。

校勘記

[一]『上韓忠獻書』，底本原脱『書』字，今據《邵氏聞見後録》補。
[二]『恕』，底本作『怒』，今據乾隆補修本及《邵氏聞見後録》改。
[三]『向年』，底本作『上年』，今據《邵氏聞見後録》改。
[四]『遷史筆』，底本作『史遷筆』，今據《邵氏聞見後録》改。
[五]『《審勢》《審敵》《審備》三篇』，底本脱『審勢』及『三篇』，今據《邵氏聞見後録》補。
[六]『願』，底本作『順』，今據《邵氏聞見後録》改。

［七］此句《邵氏聞見後録》作「《英宗實録》：「蘇洵卒，其子軾辭所賜銀絹，求贈官，故贈洵光禄寺丞」，与歐陽公之《志》「天子聞而哀之，特贈光禄寺丞」不同。」

［八］「黄州」，《邵氏聞見後録》作「黄岡」。

［九］「揚州」，底本作「陽州」，今據乾隆補修本改。

［一〇］此句《宋稗類鈔》作「歲行盡矣，風雨凄然。紙窗竹屋，燈青熒熒。時於此間，得少佳趣」。

［一一］「太山石枯上林柳」前原脱「立」字，今據《邵氏聞見後録》補。

［一二］「劾」底本作「刻」，今據《邵氏聞見録》改。

［一三］「有」，底本作「右」，今據《池北偶談》改。

［一四］「民曰」，《蜀故》諸本皆脱「曰」字，今據《宋史》補。

［一五］「省」，底本作「少」，今據乾隆補修本改。

［一六］「屐」，底本作「履」，今據乾隆補修本改。

［一七］「七十二」，底本原脱「七」字，今據《池北偶談》補。

［一八］「師成妻死」，底本原脱「師成」二字，今據《池北偶談》補。

［一九］「召入禁中晝窠石」，底本原脱「召入禁中」四字，今據《池北偶談》補。

［二〇］「夫」，底本作「未」，今據乾隆補修本及《邵氏聞見後録》改。

［二一］「方是時」，底本原脱「時」，今據《邵氏聞見後録》補。

［二二］「天」，底本作「夫」，今據《春渚紀聞》改。

［二三］「朱熹」，底本作「郊」，今據《晦庵題跋》改。

［二四］「《成都講堂畫像》」，底本原脱「堂」字，今據《晦庵題跋》補。

［二五］「粳」，底本作「稉」，今據《欒城集》改。

〔二六〕『分流遶塗巷，暖氣蒸草木』，底本原脱此句，今據《欒城集》補。
〔二七〕『池塘』，底本原脱『溏』字，今據《欒城集》補。
〔二八〕『垣』，底本作『城』，今據《欒城集》改。
〔二九〕『廣志隱』，底本原脱『隱』字，今據《居易録》改。
〔三〇〕『《孔子弟子別傳》』，底本作『《孔門弟子列傳》』，今據《宋史》及《居易録》改。
〔三一〕『瞻』，底本原脱此字，今據《居易録》補。
〔三二〕『方』，《居易録》作『文』。
〔三三〕『蘇過』，底本作『蘇邁』，今據《佩文韻府》改。
〔三四〕『雪竹』，底本作『雲竹』，今據乾隆補修本改。
〔三五〕『景德寺』，底本作『景泰寺』，今據《宋稗類鈔》改。
〔三六〕『宣召』，底本作『宣名』，今據《宋稗類鈔》改。
〔三七〕『積冰』，底本作『積水』，今據《宋稗類鈔》改。
〔三八〕『欲煩一揮』，底本作『欲煩一掃』，今據《宋稗類鈔》改。

卷十四

人物

五代楊義方，眉州人，仕蜀，舉進士。長於詩，自以才過羅隱，嘗有《春詩》云：『海邊紅日半離水，天外暖風輕到花。』又《上王處回詩》：『兩聲鞭自禁中出，一簇人從天上來。』

後唐張不立嘗爲詩曰：『朝廷不用憂巴俗，稱霸何曾是蜀人。』以爲名言。至本朝張次公序《蜀檮杌》，天覺《送凌戡歸蜀》，大抵亦皆爲蜀人辨數者也。忠義固臣子之常分，知不知，庸何恤？而蜀人之大節表表在人，亦豈狂徒者之所能溷？三子者之撰，亦不洪矣。故不若東溪《辨蜀都賦》，蓋不專爲蜀辨，將以發左思抑蜀黜吴、借魏誚晉之罪[一]，真有功於名教也。士之生蜀者，其自今宜知所愛重，毋使後人辨今，猶今辨昔焉[二]。

杜少陵、劉夢得自夔州後，頓異前作。世皆言文人流落不偶，乃刻意著自述，而不知巫峽峻峰激流之勢，有以助之也。山谷自戎徙黔，身行夔路，故詞章翰墨日益超妙。

宣和之初，何㮚、文縝丞相爲中書舍人，道君以御畫雙鵲賜之[三]。諸公賦詩，韓駒子蒼待制時爲校書郎[四]，賦詩二章曰：『君王妙畫出神機，弱羽爭巢並占時。想見春風鳷鵲觀，一雙飛上萬年枝。』『舍人簪筆上蓬山，輦路春風從駕還。天上飛來雙鳥鵲，爲傳春色到人間。』

陳文惠堯佐以使相致仕，年八十[五]，有詩云：『青雲岐路遊將徧，白髮光陰得最多。』構亭，號佚老[六]，後歸政者往往多效之。公喜堆墨書，深自矜負，號前無古人，後無來者。遊長佛寺題名，從者誤測硯污鞋。公性急，遂窒筆於其鼻，客笑失聲。若皇甫湜撻其子，不暇取杖，遂齕臂血流也。善爲四句詩，在江湖有詩云：『平波渺渺煙蒼蒼，菰蒲纔熟楊柳黃[七]。扁舟繫岸不忍去，秋風斜日鱸魚鄉。』年六十餘，纔爲知制誥，其後，遂至真宰使相致仕。又有詩云：『雨網蛛絲斷，風枝鳥夢搖[八]。詩家零落景，采石合如樵。』

蜀人石翼[九]，黄魯直黔中時從遊最久[一〇]。嘗言見魯直自矜詩一聯云：『人得交遊是風月，天開圖畫即江山。』以爲晚年最得意，每舉以教人，而終不能成篇，蓋不欲以常語雜之也。

范景仁鎮，喜爲詩，年六十三致仕。一朝思鄉里，遂徑行入蜀。故人李才元大臨知梓州，景仁枉道過之。歸至成都，日與鄉人樂飲，散財於親舊之貧者。遂遊峨眉、青城山，下巫峽，出荆門，凡期歲乃還京師。得詩凡二百五篇，其一聯云：『不學鄉人跨驷馬，未饒吾祖泛扁舟。』此二事[一一]，他人所不能用也。

《後山詩話》云：『元祐初，起范蜀公於家〔一二〕，固辭。其表云：「六十三而致仕，固不待年。七十九而造朝，豈云知禮？」』

嘉祐中，有劉諷都官，簡州人，亦年六十三致仕，夫婦徙居賴山。景仁有詩送之云：『移家尚恐青山淺，隱几惟知白日長。』〔一三〕時有朱公綽送諷詩云：『疏草焚來應見史〔一四〕，橐金散盡只留書。』皆爲時人所傳頌。

自唐以來，試進士詩，號省題。近年能詩者，亦時有佳句。蜀人楊謂《宣室受釐》落句云：『願前明主席，一問洛陽人。』謂有詩名，《題驪山》云：『行人問宮殿，耕者得珠璣。』最爲警策。謂，梓州進士，天聖八年省試《蒲車詩》云：『草不驚皇轍，山能護帝輿。』是歲，以策用清問字下第。景祐元年，賦此詩及第，未幾卒。

余昔聞蜀人有魯三江者，號稱能詩，士大夫多宗之。今觀閬州鮮長江詩，不甚愧之也。昔方士袁天綱見閬州錦屏山，題其石曰：『此山磨滅，英靈乃絶。』然予在中朝，惟聞陳文忠公世家出才士，嘗疑山水之秀，乃獨鍾於陳氏耶？其沉淪草萊，困頓州縣，抱才器而與麋鹿共盡者，可勝道哉？今觀其鮮長江之才，所謂困頓州縣者也。鮮氏以閬中爲族姓，其散漫於兩蜀者，皆以閬中爲祖。今問鮮氏所自出，皆不能自言。或云出於鮮于〔一五〕，後去『于』而爲『鮮』。以余考之，非是蜀李壽時司徒鮮明，用事專廢，立其鮮氏之祖與！

南充人李竹，精天文數學，不爲舉子，業兄迫之入場，草畢不謄真，監臨重其名，命房考謄之，既中。有『草幅偏能中李竹，藻文何自落孫山』之句。性嗜酒，不官不娶，著《發明天文證謬》等書。

安磐，字松溪，嘉定州人。與升庵先生爲友，弘、嘉間，爲都給事中，有直聲。詩最高唱，凌雲寺石壁刻有四絶，録其二，云：『青衣江上水溶溶，隔岸遥聞戒夜鐘。暫借竹牀聽梵放，月華初到第三峰。』又：『林竹斑斑日上遲，鳥啼花暝暮春時。青衣不是蒼梧野，卻有峨眉望九疑。』凌雲九峰〔一六〕，枕青衣江之東；而蛾嵋三山〔一七〕，正直其西。至其地，方知詩之妙。新城王漁洋稱其風神絶世。

魏野，蜀人，隱居不仕，以詩著名。卜居陝州東門之外〔一八〕，有《陝州平陸縣詩》云：『寒食花藏縣，重陽菊遶灣。一聲離岸櫓，數點别州山。』〔一九〕最爲驚句。所居頗瀟洒，當世顯人多與之遊，寇忠愍猶愛之。嘗有《贈忠愍》詩云：『好向上天辭富貴，卻來平地作神仙。』後忠愍鎮北都，召野置門下。北都有妓女，美色而舉言生硬，士人謂之生張八。因府會，忠愍令乞詩於野，野贈詩云：『君爲北道生張八，我是西州熟魏三〔二〇〕。莫怪樽前無笑語，半生半熟未相諳。』後野死，其子閑亦有清名。

文及翁，蜀人，號本心。《文信國與及翁侍郎書》云：『某久曠起居，遞中連得誨帖，仰佩至愛。邸報狀間屢見丐祠，尊性樂在簡淡，急流勇退，仙風道骨人也。但老文學爲諸儒典型，真侍從爲朝路風采，上必不聽去耳。舍弟璧來拜，辱以家人進之，得與教誨玉成，實受尊賜。其向在湘，承命問一路書籍，後某去之怱怱，諸州來者不齊，今約見存可二百册。贛書爲一萬九千三百餘板，亦已陸續印背，容一日專兵賫申。某治郡以來，書生迂闊之説，頗有效驗。祖母六月生日，集城中内外老人，自七十一至九十六，爲男女一千三百九十名，犒衈有差，老者既踴躍，而少者始皆知以老爲貴，禮遜興行，詞訟希省。又風雨以時，早禾甚稔，晚稻亦可望，縣民皆樂業，無持挺爲盜如夙昔者，稍宜曠瘝，皆尊誨所逮，宗老去國後，今寄居何處，想甚清健。恥堂先生居霅川，近況如何？批示幸甚。遇郵拜書，不宣備。』

本心，癸丑榜眼，來廬陵省其叔可則，信國先生時年十八，邑校簾試，全篇論題曰『中道狂狷，鄉愿如何』，冠榜，遂通譜焉。本心後參政。高恥堂名斯得，亦蜀人。

趙日起，字月山，蜀人，集英殿修撰，知太平州。文信國與書云：『某去年待罪闕下，幸甚。得一再交書，幅巾獨樂。近在吴門，入秋，正擬專介，候猿鶴起居。會去國不果，黄强立自竹所來，相見於六和塔下。遠蒙寄聲，多謝故人厚意。自是入山愈深，杜門掃軌，無復南雁足矣。璧弟學製新昌，新年見告，二月遣人詣門牆通問，輒寄所思，寫之竹筒，既行，伏睹除目，欣審内班撰，領權東藩。一札起家，千乘載道，恭惟驩慶。執事青天白日之質。望之知爲正人。千軍萬馬之胸，識者推爲豪傑。六合悠悠，風塵滿目，所謂江左夷吾，公其人也。偃薄起伏，如神龍天馬不可羈勒，牛渚天門，一瞬萬里，亦足以發其中之所存矣。天下事方有賴於公，時來爲之，孰知能禦，其夙昔荷相知，出人一等，以此不敢自菲薄。一别十年，浮雲進退，何足爲達者道。而學不加長，每每自憐。

久不見叔度，鄙吝固宜。今得聞一言，三日後刮目，未知於吴下蒙何如也？過新昌便，意其介尚或未行，輒附賀狀，並寫戀繆萬分之一，相望泬寥，臨紙馳溯。』

再書：『風雪殘年中，使者以饋歲至，嘗草草拜狀，竟未得知果達籤房與否？過年百二十日，是間何限顛倒，毛穎輩不任事，姑寄一嘆。比審放纜長江，休鞍磐谷。執事自宦遊以來，揚歷中外，曾無一日得從五畝花竹之樂。金山鷗鷺，甫此尋盟，如負者之息其肩，行者之休於樹。一時瀟灑，比軒冕束縛，瞠乎遠矣！浮雲滿山，任其往來，太虚真體，皎然萬古。某歸來兩年，處積毁撼震之餘，差幸天者之小定。自有溪山，足以遊釣，漫不聞其他。有詩云：「日日騎馬來山中，歸來明月長在地。但願山人一百年，一年三百餘番醉。」欲知近況，此其凡矣。念人間清福，莫如一閒。幸而吾二人，皆可以自適。獨相去遠絶，無從合併。江東暮雲，長長在眼，輒專人奉問潭府居處之概。即辰夏氣方深，恭惟静養淳和，坐消熱惱，神明護持，式衍方來川至之福，臨紙耿耿。

日起，《宋史》未見列傳。觀信國兩書，前推爲江左夷吾，天下事方有賴於公，後極交綈綢繆之至，或亦賢豪間者耶，不然信國不與之友矣。

魏了翁跋其尊人墓志銘。丹稜彭百川始欲以紹熙之元葬其親於墓之左。其宗人洋川通守亘嘗爲之銘。尋牽於陰陽拘畏之説，乃改卜。逮嘉定之二年十二月壬午，蔡始良日月既與銘牾，俾余識其末。嗚乎！自義理不兢，封竁大事乃盡操之巫史，鴻生學士豈無尚論，古制：習聞儒先者而人所共疑。稍獨異，則紛然，以爲是闊於人情，往往以緩者爲審，速者爲簡。彭君之葬，自庚戌至今，一爲所悚動，至二十年亦以不敢獨異耳。彭君飭身嗜學，卒老布衣。百川之通贍，當有卒其志者。

家鉉翁則堂，眉州人，宋末爲樞密。賈餘慶賣宋，令學士草降詔，俾天下州郡歸附之。又各州付一省劄，鉉翁不肯署劄上。程鵬飛作色，欲縛之。則堂云：『中書省無縛執政之理。』歸私廳以待執。北竟不敢誰何！時文信國在北，以忠義孤立，聞其事，以自狀賦詩云：『山河四塞盡甌金，藝祖高宗實鑒臨。一日盡將輸敵手，何人賣國獨甘心。中書堂帖下諸城，摇首庭中號獨清。此後方知樞密事，從今北地轉相驚。』先是，鉉翁同丞相吴堅、賈餘慶等奉表北廷，號祈請使。賈賣國，餘聽賈，惟鉉翁非願從者。意見北主或可語，欲陳説爲趙家存一脈，故引決所未忍也。時文信亦陷在虜中，俱有詩詠。則堂詩云：『廷諍堂堂負直聲，飄零沙漠若爲情。程嬰存趙真公志，賴有忠良壯此行。』

李文簡燾，丹稜人也。邑有山曰龍鶴[二二]，文簡讀書其上，命曰巽巖，因以自號，士大夫至今以爲稱。嘗自爲記曰：『子真子三卜居，乃得此山，向東南，面西北，其位爲巽，爲乾。蓋處已非乾健無以立，應物非巽順無以行。《易》六十四卦，仲尼掇其九而三陳之，起乎履，止乎巽，此講學之序也[二三]。語曰：「可與共學，未可與適道；可與適道，未可與立；可與立，未可與權。」夫人各有所履，善惡分焉。惟能謙，可與共學，惟能復，可與適道。知所適而無以自立，則莫能久，故取諸恒，使久於道，或損之，或益之。至於困而不改，若井未始，隨邑而遷，則所以自立者成矣。雖然，吉凶禍福，横發逆起，有不可知，將合於道，其惟權乎！然非巽則權亦不可行，學而至於巽，乃可與權，此聖賢事業也。』文簡，字仁父，一字子真[一三]，作記時，年二十四。

唐庚字子西，丹稜人，曾云：『東坡先生赴定武時，過京師，館於城外一園子中[一四]。余時十八，謁之。問近觀甚？對以方讀《晉書》。猝問其中有甚亭子名，茫然失對。始悟前輩觀書，用意如此。』

新城王阮亭云：『唐子西《眉山集》二十四卷。詩賦十卷，雜文十二卷，三國雜事二卷。紹興二十一年，朝奉郎鄭康佐刊於惠州，有鄭摠、呂榮義、康优及庚弟、庚子文若序，徐渤興公鈔自何楷元子家藏本，渤有序。』唐自説云：『詩最難事也！吾於他文不至蹇澀，惟作詩甚苦，悲吟累日，始能成篇』，云云。唐生三蘇之鄉，又前後與東坡貶惠州，而集中無一字及之，蓋庚起家爲張商英所薦，其貶惠州，亦商英連染，視韓子蒼異趨，宜其不爲眉山之徒與。

宦京時，於琉璃廠地攤内偶得子西先生《眉山集》，一套四本，縹緗卷帙，工整雅膩，文人手録。其中詩文目次正如新城所云，卻無徐渤一篇及自説作詩數語，想沿轉抄襲遺去者。乾隆八年癸亥正月初八日事。

唐文若，字立方，子西先生子也，爲九江郡守。九江自梁太清始奠湓口[一五]，湓口，漢灌嬰所築也，灌井在焉。城負江面山，形勝盤據[二六]，三方阻水，頗難攻取。曹翰討胡[二七]，則踰年不下。或獻計於翰曰：『城形爲上水龜，非腹脅不可攻。』從之，果得城。其所由入，在北闉新倉後。郡治之前，對康廬，有峰曰『雙劍』。曹翰盡屠其城，李成等寇城，亦入郛殘其民，取陰陽家說，意謂劍峰所致，立方闢譙樓前地，築爲二城，夾樓矗其上，謂之『匣樓』，曰『匣實藏劍』。有日者過其下[二八]，曰：『是利其民而不利於守。』立方聞之，不以爲意，居一年，果卒官[二九]。

周益公必大跋子西帖後：文若一字仲懿，晚號道庵，紹興五年進士。守九江日，適虜騎犯舒，立方參用兵備禦，整暇方督匠刻《東坡集》。人賴以安，性既寡和，遇所喜，形跡都忘，生平不言人過，雖有恨，亦嘗容之，嘗曰：『觀人以初見爲度，往往十得六七。』子輅，字德輿，亦能文，進《德壽宮慶古賦》。後省第入甲等。乾道中，由大理司直出判漢州。淳熙十三年，各提轄貨物，高宗上仙獻嘖議，謂合稱祖破禮官之説。又及巷市七日事，孝宗下其議。會御史洪翰林邁議稱，祖非是洪，家居待罪。孝宗曰：『議禮如聚訟，何嫌異同？』於是，禮官並疏略失言，給事中亦罷，輅復通判隆州府。益於立同僚，最相友善。

丹稜劉氏籍元祐黨人中，魏了翁跋云：『崇寧定元祐爲奸黨，第元符上書人爲邪等，以附元祐之末，且奸黨之名，人所甚惡，而子孫矜以爲榮，作史者又以奸魁、邪上爲最榮。然則謂隨夷溷，謂蹻蹠廉，千數百年間用事之臣，蓋一轍也。書以貽劉東巽識諸炎、興詔旨之末。』

杜莘老起莘，青神人。自蜀入朝，不以家行。高宗聞其清修獨處，甚愛之。一日因德對，褒諭曰：『聞卿出局，即蒲團、紙帳，如一行腳僧，真難及也。』起莘頓首謝。未幾，擢爲諫官。張真甫戲曰：『吾蜀人如劉韶美、馮圜仲及僕〔三〇〕，皆無妻妾，塊然一獨處，與君等耳。君獨以此見知得擢拔，何也？當撾登聞鼓訴之。』相語大笑而罷。

宋彦祥，彭山人，好爲詩。魏鶴山曰：『彦祥前年過我，袖出八詩，有《擊壤集》中氣脈。今又求余友肩吾書之，索余題詩造平淡，此豈易得？第擇理容，有聖門所未到者。知「檢點精時管甚人人」，與「事事安排要侶渠」，更當商酌。』

任希夷，眉人，題陳洎亞之詩云：『如彼流泉以有源，陳家詩律自專門。後山得法因鹽鐵，不減唐時杜審言。』亞之，師仲、師道之祖也。又有文忠、文定二蘇公，孫莘老，李堉皆跋其後。

繁知一，巫山人，贈白樂天詩云：『忠州刺史今才子，行過巫山必有詩。爲報高唐神女道，速排雲雨候清辭。』

唐末，蜀州青城縣味江山人唐求，至性純慤，篤好雅道，放曠疏逸，幾於方外之士也。每入市，騎一青牛，至暮，醺酣而歸。非其類不與之交。或吟或詠，有所得，則將稿撚爲丸，内於大瓢中。二十餘年，莫知其數。其贈送寄別之詩，布於人口。暮年，因卧病，索瓢，致於江中曰：『斯文苟不沉没於水，後之人得者，方知我苦心耳。』漂至新渠江口，有識者曰：『唐山人詩瓢也。』探得之，已遭漂潤損壞，十得其二三，凡三十餘篇行於世。《題鄭處士隱居》云：『聞説最清曠，及來愁已空。數點石泉雨，一溪霜葉風。業在有山處，道成無事中。酌盡一樽酒，病夫顔亦紅。』《贈行如上人》云：『不知名利苦，念佛老岷淹。補衲雲千片，香焚篆一窠。戀山人事少，憐客道心多。日日齋鐘後，高懸濾水羅。』《青城山范賢觀》云：『數里緣山不厭難，爲尋真訣問黄冠。苔鋪翠點仙橋滑，松織香梢古道寒。晝傍緑溪鋤嫩玉[三一]，夜開紅灶撚新丹。鐘聲已斷泉聲在，風動揺花月滿壇[三二]。』《贈僧》云：『曾聞半偈雪山中，貝葉翻時理盡通。般若常添持戒力，藥叉誰筭念經功。雲間曉月應難染[三三]，海上孤舟自任風。長説滿庭花色好，一枝紅是一枝空。』夫草澤間有隱逸得志者，以經籍自娱，詩酒怡情，不耀文彩，不揚姓名，其趨附苟且得無愧赧唐山人乎！

陸惟忠，字子厚，眉山人，好丹藥，通術數，能詩，蕭然有出塵之姿，久客江南，無知之者。

陳子昂初入京，不爲人知。有賣胡琴者[三四]，價百萬。豪貴傳視，無辨者。子昂突出，謂左右曰：『輦千緡市之。』衆驚問，答曰：『予善此樂。』曰：『可得聞乎？』[三五]曰：『明日可集宣陽里。』如期偕往，酒餚畢具，置胡琴於前。食畢，捧琴語曰：『蜀人陳子昂，有文百軸，馳走京轂，碌碌塵土，不爲人知。此樂，賤工之役，豈宜留心？』碎而擊之，以其文軸徧贈會者。一日之内，聲華溢都。

唐大中初，綿州魏城縣人王助，舉進士，有奇文，蜀自陳子昂、李白後，繼之者乃此侯也。嘗撰魏城縣道觀碑，詞華典贍。於時薛逢牧綿州，見而賞之，狀其文類王勃也。

楊升庵先生在滇，有張半谷含輩從遊，時謂『楊門六學士』，以比黃、秦、晁、張諸人。半谷即愈光，餘則楊弘山士雲、王純庵廷表[三六]、胡在軒廷祿、李中溪元陽、唐池南錡，又有吴高河懋爲七子，以擬廖明略。升庵謂『七子文藻，皆在滇南，一時盛事』是也。按朱日藩《射陂集·人日草堂詩》云：『升庵先生在滇陽，以畫像寄余白下，揭於寓齋，日夕虔奉，如在函丈。嘉靖己未人日，西域金大輿[三七]、東海何良俊、吴門文伯仁、黃姬水、郭第、秣陵盛時泰、顧應祥，相約過余，觴之齋中[三八]。齋南向，先生像在壁間，諸子不敢背之坐，各東西席，如侍側之禮。比邱圓闊餉中泠泉，覓得睹羨貢茶一角，烹茶爲供，以宣甌注之，焚沉水於鑪，作禮畢，就坐。皆嘆曰：「幸甚！今日乃得覩升庵先生。」文子曰[三九]：「今日之會奇矣，余當作《人日草堂圖》以寄先生。」余欣然拊掌，因拈「人日題詩寄草堂，遥憐故人思故鄉」之句，作八鬮，散諸子，請各賦一篇，並寄先生，見吾輩萬里馳仰之懷。越二日，文子圖成。又二日，諸子詩次第成，余乃爲之引云。嘉靖己未[四〇]，先生七十二，以是年六月卒於永昌。詩畫郵致之時，先生已不及見矣。』按先生集有《己未六月病中訣張唐三君》詩，所謂「魑魅禦客八千里，羲皇上人四十年」[四一]是也。當時，先生流離顛沛，遠在天末，而遠近爲人企慕如此。東坡惜身歿南荒，不及玉局生還耳。彼讒人者遺臭萬年，豈止與煙草同腐哉！

先生客滇南，遊其門者，自六學士外，又有隱士董難。難字西羽，泰和人，常輯轉注古音，著《韻譜》。《滇志》列《隱傳》，曾見其《題王局寺》一詩，極佳。録『杜鵑枝上聲可憐，杜鵑聲裏雨如煙。萋萋滿目芳草碧，杳杳一髮青山懸。忽悲麥秀客遊次，卻憶楝風花信前。惆悵池塘緑陰樹，驚心一曲南薰弦。』風格宛似升庵。《樂府紀聞》曰：『成都楊慎所著書百餘種，號爲博洽。金華胡應麟嫌其熟於稗史，不嫻於正史，作筆叢以駁之。』然楊輯《百琲明珠》《詞林萬選》，王弇州亦謂之『詞家功臣』也。因辨禮謫戍瀘州，暇紅粉面，作雙丫髻插花，諸妓捧觴以行，了不爲怍。有以書規之者，答云：『文有仗景生情，詩或托物起興。如崔廷相臨陣[四二]，則召田僧拓爲壯士歌。宋子京修史，使麗竪燃椽燭，吴元中起草，令遠山磨隃麋，是或一道也。豈能執鞭古人，聊以耗壯心，遣餘年耳。知我者不可以不聞此言，不知我者不可以不聞此言。』

楊升庵幼時，作《擬古戰場文》，有『青樓斷紅粉之魂[四三]，白日照蒼苔之骨。』爲父所賞。一日，石齋同弟觀畫，問曰：『景之美者，人曰似畫；畫之佳者，人曰似真[四四]。孰爲正？』升庵曰：『會心山水真如畫，妙手丹青畫似真。夢覺難分列禦寇，影形相贈晉詩人。』

楊廷和七歲時，父月夜宴客。一客云：『有一更矣。』一客云：『半夜矣。』一客云：『五更有一半矣。』時公在坐側。客出對云：『一夜五更半夜五更之半。』公對云：『三秋八月中秋八月之中。』後十二舉於鄉，十九登進士，歷官少師。

楊石齋當國日，一弟爲京卿[四五]，一弟爲方面，諸子姓布列中外甚衆。子慎復舉進士第一人，賀者畢至，公顰蹙曰：『君知爲傀儡者乎？方奏伎時，次第陳舉，至曲終，必盡出之場。此亦吾曲終時也，何賀爲？』公以議禮不合去。慎謫戍滇南，而僉事恂以殺人抵大辟，家聲頓衰。

楊升庵《序廣漢周受庵詩》曰：『吾蜀詩始，萌芽蠶叢，有《日月》二章，蜀著《龍歸》三曲，逮《風》有江沱，即潛沱之域；《頌》稱清穆，乃吉甫之詩。』漢興司馬相如中葉擅名，四海爲雋。唐則陳子昂海内文宗，李太白古今詩聖。降而劉灣、雍陶、符載、李遠、唐求、范咸之徒，振其末響。蘇文公，宋代詩祖。唐庚、韓駒、巽巖、後溪、魯交、李石、文丹淵、喻三嵎、襲其殘芳。則虞道園弟兄、鄧文原父子，不隕其掞藻。皇明嘉州楊孟載、青城王汝玉、成都袁可潛、徐遵晦、富順晏振之、宜賓年君倫、長寧侯汝弼、嘉州安公石、程以道，卓然名家。往年，慎修《全省藝文志》，載之不能盡也。

唐子西曰：『五經已後，有一司馬子長，三百五篇之後，有一杜子美，天生此兩人以翼斯文之統也。故作文當學龍門，作詩當學少陵，二書爲根本，則趨向正而可以進退百家矣。』

康定間，益州書生張俞，嘗獻書朝庭。然不喜仕進，隱青城山白雲溪。時樞密田況守成都，與詩曰：『深慚蜀太守，不及梨芝人。』

雍州李洞，避朱泚之亂，入蜀隱於安岳大雲山中，鑿石爲洞，讀《易》其中。嘗師事賈島。

耆儒贊《張果老倒騎驢圖》曰：『舉世多少人，誰似這老漢？不是倒騎驢，凡事回頭看。』

《益部耆舊傳》：『廣漢有老翁，釣於涪水，自號涪翁。』後《郭玉傳》亦然。山谷謫涪州，因用此爲號。

譙定，字天授，其學得於蜀曩氏夷族[四六]。袁溉，字道潔，其學得於富順監賣香薛翁。程子寓，青城箍桶翁，乃知《未濟》『三陽失位』，爲男窮之義。又渡涪江，舟將危，正襟端坐，人問之，曰：『心存誠敬爾。』有一樵夫同舟登岸，乃問伊川曰：『公是達後如此，舍後如此？』伊川欲與之言，已去而不可追矣。

《靈池縣圖經》云：『朱桃椎者，隱士也，以武德元年，於蜀縣白女村居焉。草服素冠，晦名匿位，織履自給，口無二價。後居棟平山白馬溪大盤石，山石色如冰素，平易如砥，可坐十人。石側有一樹，垂陰布護於其上，當暑熾之月，兹焉如秋，桃椎休偃於是焉。有好古之士，多於兹遊，朱公或斲輪以爲資。前長史李厚德，後長史高士廉，或招以弓旌，或遺以尺牘，並笑傲不答。太子少保河東薛公稷，初爲彭山令，聞其風而説之，乃作《茅茨賦》以贈焉。洎解印還京，假途就謁，其室已虛矣。但遺踪宛然，訪於鄉里，朱公或出或處，或隱或顯，蓋得道。薛公題讚於其壁，而還長安。復數年，鄉人時見朱公，而竟不知所在，其所隱之石，今亦不見，巨木之下，惟石洞存焉。近年石洞長亦閉塞，後宰邑好事者，刻賦爲碣，立於洞門官道之側。然鄉邑祈請焚香禱祝者，頗有靈應，自非得道證品，孰能與於此乎？』

嚴遵，臨邛人，賣卜成都。有富人羅沖，餽以車馬衣食，卻之曰：『益我資者損我神，生我名者殺我身。』謂之名言。揚雄少從之學，嘆曰：『風聲足以激貪勵俗，近古之逸民也。』讚云：『先生知足，離居盤桓。口無二價，食惟一餐。築石爲上，卷葉爲冠。斲輪之妙，齊扁同歡。』

邛州天慶觀，有陳希夷石刻云：『因奉攀縣尹尚書水南小酌回，特叩松扃謁高公。茶話移時，偶書二十八字。道門弟子圖南上。』詩云：『我謂浮榮真是幻〔四七〕，醉來捨轡謁高公。因聆玄論冥冥理〔四八〕，轉覺塵寰一夢中。』末書『太歲丁酉』，蓋蜀孟昶時，當晉天福中也。天慶本唐天師觀，後有文與可跋云：『高公者，此觀都威儀何昌一也。希夷從之學鎖鼻法。』（《老學庵筆記》）五代唐帝謂史虛白曰『真處士』。『風月主人』，蜀歐陽彬也。『皂江漁翁』，蜀張立也。

校勘記

〔一〕『借魏諛晉』，底本作『僭諛晉』，今據《鶴山全集》改。
〔二〕『後人』，底本原脱『人』字，今據《鶴山全集》補。
〔三〕『畫』，底本作『書』，今據《彥周詩話》改。

[四]『待制』，底本作『侍制』，今據《彦周詩話》改。
[五]『年八十』，底本原脱『年』，今據《中山詩話》補。
[六]『構』，底本作『搆』，今據《中山詩話》改。
[七]『楊柳』，底本作『楊梅』，今據《温公續詩話》改。
[八]『摇』，底本作『颺』，今據《温公續詩話》改。
[九]『蜀人石翼』，底本作『蜀任君翼』，今據《石林詩話》改。
[一〇]『從遊』，底本原脱『遊』字，今據《石林詩話》補。
[一一]『此二事』，底本作原脱『此』字，今據《温公續詩話》補。
[一二]『范蜀公』，底本原脱『范蜀』二字，今據《後山詩話》補。
[一三]『几』，底本作『凡』，今據乾隆補修本及《温公續詩話》改。
[一四]『應』，底本作『羞』，今據《温公續詩話》改。
[一五]『鮮于』，底本原脱『于』，今據《蜀中廣記》補。
[一六]『凌雲』，底本作『雲凌』，今據《池北偶談》改。
[一七]『蛾嵋』，底本原脱『蛾』字，今據《池北偶談》補。
[一八]『陜州』，底本作『陜西』，今據《宋稗類鈔》改。
[一九]『州山』，底本作『江山』，今據《宋稗類鈔》改。
[二〇]『我是西州』，底本作『是我西川』，今據《宋稗類鈔》改。
[二一]『龍鶴』，底本作『龍鴇』，今據《桯史》改。
[二二]『講學』，底本作『謀學』，今據《桯史》改。
[二三]『文簡字仁父，一字子真』，底本作『文簡字仁甫，一字子二』，今據乾隆補修本《桯史》改。

[二四]「園子」，底本作「亭子」，今據《春渚紀聞》改。

[二五]「太清」，底本作「大清」，今據《程史》改。

[二六]「據」，底本作「路」，今據《程史》改。

[二七]「曹翰討胡」，底本原脱「討」字，今據《程史》補。

[二八]「曰者」，底本作「日」，今據《程史》改。

[二九]「果卒官」，底本原脱「官」字，今據《程史》補。

[三〇]「馮圜仲」，底本作「馮圜中」，今據《老學庵筆記》《劍南詩稿》改。

[三一]「溪」，《茅亭客話》作「畦」。

[三二]「摇」，《茅亭客話》作「瑶」。

[三三]「間」，《茅亭客話》作「開」。

[三四]「賣胡琴者」，底本原脱「者」字，今據《蜀中廣記》補。

[三五]「可得聞乎」，底本作「可聞人乎」。

[三六]「廷表」，底本原脱「表」字，今據《居易録》改。

[三七]「西域」，底本作「西城」，今據乾隆補修本改。

[三八]「觴」，底本作「處」，今據《居易録》改。

[三九]「文子」，底本作「學」，今據《居易録》改。

[四〇]「己未」，《居易録》作「乙未」。

[四一]「上人」，底本作「以上」，今據《升庵集》改。

[四二]「臨陣」，底本作「歸陣」，今據乾隆補修本及《古今詞話》改。

[四三]「紅粉」，底本作「紅紛」，今據乾隆補修本及《[雍正]四川通志》改。

〔四四〕『人曰似真』，底本原脱『人曰』，今據《〔雍正〕四川通志》補。
〔四五〕『京卿』，底本作『京鄉』，今據乾隆補修本改。
〔四六〕『曩』，底本作『襄』，今據《升庵集》改。
〔四七〕『浮榮』，底本作『浮雲』，今據《老學庵筆記》改。
〔四八〕『聆』，底本作『淪』，今據《老學庵筆記》改。

卷十五

人物

杨太博，資州人也。年十六，廬父母墓三年，有神燈照墓，猛虎馴伏，有白兔之異。蜀相王公上聞，降敕獎，表其門閭。

資州人陰玄之，少習五經，尤精左史。父殁，廬墓，六時臨哭，常有溪龍山虎助其號聲，久之，亦有鬼神助哭。每夜常有二燈來照墓前，至明乃息。又丁母憂，廬墓凡六年，草庵破壞，終不再葺，處於土穴中。每患冷氣腰腳，聲音嘶嗄，而誦不倦。每謂人曰：『干名求進，非爲己身。吾二親俱殁，禄不及養，何用名焉？』竟不應舉，貧苦終身，八十餘年而卒。

勾龍弘道，居梓潼山下，偃武亭南。廬墓於官路之東，年逾八十，髮長丈餘。父母二墳，各生紫芝一莖，高六七寸，馴伏猛獸，以爲常焉。廣明辛丑歲，僖宗幸蜀，親幸其第，坐於庭中巨石上。弘道尋作亭子，覆護其石。乙巳年，駕回，又臨幸之，頒賜錢帛衣物甚多，來往皆爲之。駕駐劍州，詔復其租賦三年，仍賜旌表。

支漸，蜀之資陽人。母喪，廬於墓，青蛇、素狸繞其傍，皓烏、皬雀集於體。《檮杌》載，蓬池人程宗雅母疾，泣竹林，得冬筍。則泣筍不止孟宗也。

黄瓚，富順人，字公瑾。年十二，其祖病，渴思螺湯。時天寒水凍，家人徧求弗得。瓚往田中，於冰下得螺四十枚，持歸，作湯以進，祖病愈。瓚後歷任中外，致政而歸，築室錫溪以奉母。母歿，廬墓，芝草生於塋域。少傅夏元吉、國子祭酒胡儼皆作詩美之。

楊蔭，射洪人。甫七歲，妖賊蔡百貫攻城，士民盡逃。蔭隨八旬祖母，依城不去。賊至，問故，答以祖母老不能行。賊嘉其孝，遂不毁城中房屋。事聞，建坊旌表。

隗叔通，僰人也，性至孝。母每病，食必須江水。水難汲，一旦水中石出，便於汲水。至今尚在江中，號『孝子石』。

杜孝，巴郡人。母嗜魚膾，杜役於成都，買魚盛以竹筒，投之江，祝曰：『願母得此作膾。』婦出汲，忽見竹筒浮至，異而取之，見二魚，曰：『夫所寄也。』熟以進姑，聞者嘆其孝感。

達州民某兄弟二人，甚友愛，弟未授室而他出，其兄賣身得十二金，爲聘婦。弟歸娶，知兄賣身事，乃相持而泣。遣其婦往母家，取原金爲兄贖身。湖南流民二人某某知其事，尾之，中途擊婦死而攫其金。忽迅雷大震，擊二人，立斃其屍，羅跪於婦之門，手中持十二金。頃之婦復甦，歸至其家，則二人者已先跪門外。婦語其故，兄弟鄰里及州人來觀者如堵，莫不嘆異，以爲孝友强暴之報施不爽如此。

合州李實號虚庵，由進士以都給事中加侍郎職。當英宗北狩，舉朝無敢往者，實獨以單騎入敵營，面折也先，得見英宗。帝喜曰：『在此逾年，始見卿至。』時實賦有『重整衣冠拜上皇，備聞聖語重悽涼』之句。生平有瞻智，風力雄辨，而忠義震懾敵，敵無不屈服。自實此行，復漸議迎駕。論者『回鑾之功，不在李賢而在實』云。

宜賓范珠，字介庵，成化丙辰進士，浙江道御史。嘉靖初，議大禮，諸臣廷諫欲刑以錫蛇，珠解衣裸體自糾錫蛇，伏諫曰：『陛下若納臣言則天下治；不納則亂。』上怒，欲加刑，忽風雨暴至，雷擊錫蛇，獲免。上嘉其直，賜對聯曰：『柏府霜操真御史，黄堂直正古諸侯。』又賜金瓜一對，稱爲鐵面御史。

胡子昭，大足人。任榮縣學訓導，升翰林院檢討，歷刑部侍郎。建文初，充纂修官。文皇渡江，與方孝孺同死。臨刑賦詩云：『兩間正氣歸泉壤，一點丹心在帝鄉。』嘉靖中，立祠祀之。胡子義，子昭之弟也，膺辟薦，分教威遠，歷山東僉事。聞兄死節，棄官避世，隱於丹稜縣民家。蜀王知而憐之。生子二，各年數歲，乃曰：『天不絶胡氏，二子當免於難。』遂棄去，不知所終。有《懷鄉詩》曰：『一區廢宅棠山下，半畝方塘夕照中。鄉國匪遥身自遠，乾坤雖大足難容。』

苟惠，通江人，剛烈有胆略。正德間，鄢藍賊起，惠率兵羅狪軍爲犄角以擊之，賊破，退走龍潭，惠從間道衝殺，賊溺死水中，水爲之不流。復與賊戰於松樹埡，殺傷甚多，會日暮，賊伏兵出，惠力戰而死。官録其子策良，策良方廬墓，賊擒之去，亦不屈死。

苟溥者，苟惠族弟也，素負勇略，膂力兼人。鄢藍賊陷城，煙熖蔽天。溥帥鋭卒五百人，合兵進擊，賊敗於三花頂，兵聲大振。又敗於龍潭，屍骸枕藉山谷。後數百賊潛入溥家，短兵相接戰於門，身被數十劍，父子兄弟同時戰死者三十五人。

鄒公瑾，江津人。洪武時，以明經薦任本縣教諭，遷監察御史。建文遜國，死之。

劉養貞，大邑人，由進士歷湖廣漢陽府推官，升部署郎。闖賊犯都，懷宗之難，貞爲持服，早暮悲泣，如喪考妣，食貧邸舍，以賣卜爲生。人呼劉孝子。病卒於燕京。

邛州劉道貞，字墨仙，天啓辛酉舉於鄉。張獻忠據成都，貞走沉黎，激厲士漢，同曹勛等舉兵，敗賊於小關山。後以憂鬱病卒於黎城。户部范文光輓詞云：『討仇終有恨，學佛竟無成。』聞者莫不傷悼。

合州鄒汝愚，時讀書龍泉庵，掃樹葉繼膏火。成化丙午，領解郡人聚觀，馬上口占曰：『龍泉庵上苦書生，偶竊三巴第一名。世上許多難處事，鄉人何用太相驚。』後先以庶吉士劾奏萬安、劉吉、尹直，皆免。劉吉百計圖陷，因謀誣湯鼐事，並逮先生獄，謫廣東石城吏目，其《寫懷詩》：『朝野方傳英主事，安危寧係小臣身。銀由鐵壁雖難動，玉色金聲本易親。人到白頭都是盡，事垂青史定誰真。夢中不識身猶繫，又逐東風入紫宸。』被貶，《辭朝》詩云：『雲韶聲静拜彤墀，轉覺嬋媛不自持。罪大故應誅兩觀，網疏猶得竄三危。盡披肝胆知何日，望見衣裳正此時。但願太平無一事，孤臣萬死更何悲。』宋儒後，接道脈之傳者，於明得理學名臣十四人，化中智居一焉。

彭乾，永川人，舉孝廉，令平涼莊浪縣。會歲歉，民乏食，賦役繁重，道殣相望。流賊一斗穀、王老虎等蟻聚蜂屯。平涼無堅城，所向皆破。乾以崇禎五年，由間道馳至，備器械，選材勇，謀食謀守，身親督率。俄而賊大至，圍攻一晝夜，見城内有備即散去。去而復來，雲梯銃弩，百道俱廢，公隨機應敵，如出慣習，鼓勵壯勇登陴死守，令婦女負石掘土以供填飛擊之用，直至四十七日，而賊始撤去，莊浪得全。自此以後，習公守備之法，賊屢至不能破。公解圍後，以勞瘁成疾而卒，百姓哀之。時以國家多事，不得上請。民爲立祠於關帝廟側，春秋祀之，至今猶然。予過其地，進謁，因記之。

獻賊自荆州上峽攻陷重慶，蜀撫都御史陳士奇、重慶太守王行儉、巴縣令王錫，同日罵賊被磔死。酆都林明儁作《三忠傳》，巴人立三忠祠祀之。

明尚書王公德完，字希泉，廣安州人。萬曆庚子時，山東馮琢庵琦、南充黄慎軒輝同侍皇長子日講。退謂王公曰：『今日皇長子閎言母后憂危狀，殆不自保。』馮又曰：『今日之計，母后安則皇長子安，而天下安，否則危矣！須得一人拼性命説破，庶有濟乎？』王公慷慨起曰：『此言官責。公詞臣，無可言。然某言之必死，老母弱子，以累慎軒矣。』疏入，神宗大怒，下詔獄究問主使之人。當是時，馮公自分不免。王公備任慘毒，但云道路喧傳，高皇使。語不及他。拜杖謫歸。天啓中，起廢籍，至尚書。公在獄中家書及馮、黄二公手札敬録於此。家書云：『十月二十八日，男上中宫本。蓋中宫危則皇長子危，長子危則宗廟社稷危，此回天機括，曲突徙薪上策。男赤心爲國，奮不顧身，冒昧陳言，致皇上震怒，拏送鎮撫司考訊。人臣盡忠報國，獨立敢言，誰爲主使。皇上初震雷霆，計且不測。幸賴二祖列宗在天之靈，皇上夢一金甲神人，持鞭而撻，宫殿摇動，因此上心驚懼，男遂免於廷杖[一]，止繫鎮撫司中，出則無期也。各衙門三上疏救，皆不報。男思人臣爲宗廟社稷，即死亦可不朽。矧仗我祖宗父母積德累仁[二]，今得不死，非聖主恩深，焉能再造耶！萬里長途，兩位老母，暮年聞此信息，驚皇憂慮，恐致成病，則不孝之罪無所容於天地間矣。』馮公云：『千古綱常，萬年宗社，係兄此舉。蓋向來所言，止及國本，而兄所言者，事之本也。烈心奇節，與鄒爾瞻等，而所關比爾瞻更大。國史野史，大書特書，不一書矣。雷霆之下，笞箠慘並，百僚悸心，千夫隕涕，寄九死於九關，幸而不死[三]，社稷實式靈之[四]。既逆隆旨，干天譴，士之處此，當以忠智相兼。有身在無忘主恩，有舌在無談國事，事在身外，身在世外[五]，鷗波萍跡，足寄此生。柴車就道，形踪宜晦，即遇故舊，一夫一馬，亦勿受之。貂璫滿途，百凡寧過慎耶。行矣足下，相與淺而意則深，業已成千秋之事，爲千秋之人，事事須與此舉相稱。合龍逢[六]、黄綺爲一人，乃爲全盛。若異日出而肩大任，建大業，則在天不在我。然聊以兄之出處卜之也，勿煩作報書，有所欲言，他日覓便相聞可耳。」黄書略云：『臣罪當誅兮天王聖明[七]，此語至當，真見古人之心。譬如父母反目，泣諫不從，大杖而走，豈須臾忘怨慕哉！常存此心，自不見直言得罪有毫髮之可矜負也。天下人公共大事，被兄一肩擔盡，所關至大，而弟所言[八]，欲百尺竿頭更進一步，蓋責賢者，愛不能已耳。』

韓國士，瀘州衛人，以勛裔爲諸生。蔺賊逼城垂陷[九]，守者開門降。國士義不肯屈，囑妻朱氏三人、女二人皆縊死。乃題句於外壁曰：『不貪倖生，不污賊刃，闔室同歸，甘於一燼。』題畢，燬其室，身赴烈焰死。

傅生，納谿學生。蔺賊起[一〇]，生聞悲泣數日，具酒食與親鄰永訣。因題『目不睹君親之難耳，不聞僭逆之聲，四肢願付清流，一心可質上帝』之語於扇頭，以弱孫使僕負之逃。舉家乘舟，自沉江中。後表其閭，曰：『一門節義。』

梁道濟，龍安府庠生，同妻楊氏避亂山中，賊執之，使跽。道濟駡曰：『我讀聖賢書，豈爲賊屈膝耶？』欲犯其妻，妻亦駡曰：『我爲名家女，士人妻，爾速殺我，隨夫地下，於願足矣！』賊怒，縛剮之。至死，夫妻駡聲不絕。

姚氏，蓬州人。永樂靖難時，聚闔門男婦，置酒哭祭建文，痛飲，皆縊死。鄉里積屍焚，爲棺長二丈許，大窖藏焉。太守不敢顯旌，惟題其碣曰『姚氏一門之墓』，在城南紅土坡。

汪光翰，字文卿，婺源人。幼涉書史，知大義。崇禎末，景陵胡恒，官川南道，光翰爲幕客。恒駐節邛州，逆獻陷成都，分兵狥邛，恒命光翰出調兵，並檄寧越守備楊起泰將兵援邛，未至而城陷。恒與其子士驊戰死，闔門百口皆遇害，惟士驊妻朱氏洎幼子峨生得脱匿民間，隨士驊母舅陳君美者轉徙滎經。降賊武大定駐嘉州，聞朱有殊色，劫致，朱務面毁容以免，堅操撫孤。光翰間關彝猓中，得朱氏母子所在，事之甚謹。值劍南大饑，斗米十金，光翰不避刀俎，多方保護之，母子得全。自是或服賈，或課蒙，或爲僧，稍獲贏餘，以給饘粥，二十年不倦。朱教子極嚴，峨生亦讀書自奮，能文章。蜀平，峽路通，汪乃躬送朱氏母子歸景陵。楚蜀人莫不高朱氏之節，誦光翰之義，以爲忠臣孝子之報云。是時，從胡公死義者，有夫人樊氏、成氏，士驊妾周氏，僕京兒、孥來，婢二女，凡七八人。又有鍾之綬者，字楷士，亦景陵人，從胡入蜀，遊峨眉，遂不歸。聞胡公父子殉義，乃自瓦山至滎經，與光翰同撫孤兒八年，所入滇，至昆陽死。

孫昭遠，建炎初，遷河南尹、西京留守，收集散亡爲義兵，以拒金人。後金人來攻，昭遠戰不利。其下欲擁之南還，昭遠怒，遂遇害。元祐進士。

孫忭，嘉祐中，爲御史中丞。内侍王守中建節，忭奏罷之。張貴妃卒，追册命爲后，忭力争止之。

楊孟容，治平間，預濮議不合。熙寧間，議新法又不合。元祐中，乞致仕，哲宗書『清節』二字賜之。

谷年七十，徒步訪二蘇於嶺海，至新州病死。轍哭之失聲曰：『谷於朋友之義，無愧高恭[一一]。惜不遇襄子，而前遇韓存寶，後遇予兄弟也。』

任伯雨，以雍丘縣擢右正言[一二]。首擊章惇，章入上，貶惇雷州[一三]。繼論蔡卞六事，居半歲[一四]，所上一百八疏，曾布惡之，出知虢州。黨事作，削籍。

王當，東坡以賢良方正薦，建對慷慨，不避權貴。蔡京知成都，舉爲學官，不赴。後見京入相，遂不復仕。

家愿，紹聖初舉進士。廷問力詆元祐之政，愿答策，惟以守元祐已行者爲言。元符間詔論時政凡萬言，後入黨。初，蘇轍讀愿策，謂『異日當以直道聞』，果驗。

楊椿，纍任憲節，甚有風績，以不附秦檜[一五]，罷政家居。

任盡言，秦檜死，推湯鵬舉待御史。盡言以啓賀曰：『以三尺之童，連冠兩科之士。老牛舐犢，溺愛誰先？野烏爲鸞，欺君孰甚？』

家大酉，愿曾孫。舉進士，授昭化主簿。吳曦叛蜀，大酉不受逆儔之招。被召用，纍官工部侍郎。與宰相史嵩之不合，罷去。大酉屢起屢仆，不變所守。

蘇元老，坡從孫，舉進士，官太常。時禁元祐學術，坡在黨籍，元老亦罷提點。明道公嘆曰：『昔顏子附驥尾而名亦顯，元老以世家坐累，豈不榮哉！』

史次秦，舉進士，爲大安教授。吴曦之叛，招次秦甚急。次秦以石灰、桐油塗目，用生附子傅之，比至目腫，母命家許以訃聞。後仕至合州太守。

家鉉翁，宋末人，舉進士，纍官端明殿學士、僉書樞密院事。元兵至，奉表祈請，被執。聞理宗亡，日夕哭泣不食飲。元世祖高其節，敬授以官，不受，後教授河間。每語及宋興亡之跡，輒流涕太息。成宗即位，放還，賜以金帛，不受。

張景賢，明人，豪爽喜談兵。時洞庭寇甚熾，公爲海防禦，與戰於狼山，大捷。世廟賜金帛，連擢至右僉都御史，以未通時相得謗。閑作詩文、書法，俱絶妙一時。又能望氣。常行至江邊，得奇石，手製炮百餘，人争寶焉。藏古畫、書法，皆有品題。

李仁甫疾，上遣給事中宇文價傳上意，燾因叩时事，勉以忠蓋。又聞四川乞減酒課額，猶手劄贊廟堂行之。病革，口占遺表，望上師藝祖，則昭陵。忠耿之性，至死不改如此。

秦檜盛時，嘗遣人諭意，欲得燾一通問，即召用之。燾惡其誤國擅權，訖不與見，坐此偃蹇州縣垂二十年。

元祐眉山黨籍，不獨東坡兄弟也。有王宿與同郡李由頤、程之才、楊明、家愿、杨恂、蘇千鈞、賈勉中、史彭年、孫曾、家度、史欽、家德基、家幹、劉剛、楊貫、張繻、史勵節、家移中、家寧、史勤、李故、成彪、史書言、費昜，共二十五人，俱以元符上書入黨籍，又有劉渤上書辨宣仁之誣，及司馬光之枉用范純仁，蘇轍退章惇、蔡卞、呂惠卿、蔡京等，亦坐黨籍。

梓潼山人李堯夫謁蜀相李昊，昊戲曰：『何名之背時也？』堯夫厲色曰：『甘作堯時夫，不樂蜀中相。』因是爲昊所擯。

張雲爲補闕，自比朱雲。景潤澄曰：『昔朱雲請上方斬馬劍，今上方只有割雞刀，卿與用乎？』雲曰：『雞刀雖小，亦足以屠群狗。』

何煥，閬中人，纍官御史大夫，以風節著，賜其里曰『柏臺』。

李平，字正方，爲都護。陳震曰：『正方腹有鱗甲，但不可犯耳！』

費禕，昭化人。魏軍次興平，禕督師往禦。光禄大夫來敏至，禕送别，就求圖棋。於时羽檄交馳，嚴駕已趣，禕從容對奕，無厭倦意，敏曰：『聊試卿耳！信自可人，必能辨賊。』

陳堯咨有惡馬不可騎。一日入廐，不見，問之，牧人曰：『已賣與他人矣。』陳曰：『我既誤買，可復誤人耶？』急取馬歸而還其值。

孫文懿公抃，眉州人。少時家貧，欲典田赴試京師，自經縣判狀，尉李昭言戲之曰：『似君人物求試京師者有幾？』文懿以第三登第，後判審官院。李昭言者赴調，見公恐甚，意公不忘前日之言也。公特差昭言知眉州。又云常聚徒榮州，貧甚，得束修之物持歸，爲一村鎮鎮將悉稅之[一六]。至公任監左藏庫[一七]，鎮將部州絹綱至，見公愧懼。公慰誨之[一八]，以黄金一兩贈其歸。其盛德如此。後參知政事。

蜀郡張寛，字叔文，漢武帝時爲侍中。從祀甘泉，渭橋有一女子，浴於渭水，乳長七尺。上怪其異，遣問之，女曰：『帝後第七車者知我。』所來時，寛在七車，對曰：『天星，主祭者，齊戒不潔，則女人見。』

《太平廣記》：諸葛武侯時，有蒲元者，治術同歐冶、風胡，常爲孔明鑄刀劍，言：『蜀惟江水爽烈，及涪水皆不任淬刀劍。』或以涪水雜江水，元輒能辨之。

世俗命强記者曰張松。按《蜀紀·劉禪紀》注：楊修以所撰兵書示張松，飲宴間一看便暗誦之，即此也。

歐陽彬爲嘉州刺史，喜曰：『青山緑水爲二千石，作詩飲酒爲風月主人。』

陳文惠將終前一日，自爲墓志曰：『宋有潁州先生堯佐，字希道，號知餘子[一九]。年八十不爲夭，官一品不爲賤，老而納禄不爲辱，三者粗備，歸息於先秦國大夫[二〇]、仲兄丞相棲神之域，吾何恨哉。』

唐子西事

王新城又曰：『余讀唐庚集，薄其爲人。王弱生曰：「唐子西議論文章皆蘇氏緒論，顧以黨禁方嚴，而子西又附張商英以進。其著作多不及蘇氏，止《題巢元修》及之，大致譏貶。《上蔡司空書》論當世文學之士，止言尹師魯、王深甫，其趨時如此。然亦何救於貶謫哉！」此論與余若合符節，正所謂三代直道也。』後輩不輸心，前達多由忌才，即作意負氣，同鄉、同里，抑又甚爲今古一揆，可爲浩歎。新城薄子西似矣，然集中尚有聞東坡貶惠州詩一首，至推爲天人。而《巢元修傳》亦未見大致譏貶。余意子西不出蘇門，坐在不肖，落秦、晁諸公後耳。不然，其子文若，當虜騎犯城，方督匠刻《東坡集》，豈父子異尚乎？然子西以博士累謫，張商英以進，概可知矣。論人者，未可輕也。趙秋谷與新城同鄉、同時，新城名重，秋谷不免曲折。子西此論，及前只記自説作詩數語，新城或者有味乎，其言之也。

周公謹《齊東野語》，丹稜李璧、季永〔二二〕，文名一時，而律賦非其長。鄉人侯某者，以能賦稱，因資之以潤筆。庚戌科二李得主司暗號，所書卷不以示侯，侯疑必有謂。將出門，侯故留，李先出。侯至納卷處，扣吏以二李卷子，欲借一觀，以小金牌與之。吏取以示，則詩頸聯皆曰：『日射紅鸞扇，風清白獸樽。』侯即於己卷改用之。既而皆中選。二李謝主師，問：『此二語，惟以授昆仲，何爲又以語人？』李恍然不知所以。他日，微有所聞，終身與侯不協。二李皆文簡子也。

校勘記

〔一〕「於」字前原脱「免」，今據《池北偶談》補。
〔二〕「剢」字後原脱「仗」字，今據《池北偶談》補。
〔三〕「而」字前原脱「幸」字，今據《池北偶談》補。
〔四〕「實式靈之」，底本作「實憑之」，今據《池北偶談》改。
〔五〕「外」，底本作「中」，今據《池北偶談》改。
〔六〕「合」，《池北偶談》卷六譚獻二作「令」。
〔七〕「聖明」，底本作「明圣」，今據《池北偶談》改。
〔八〕「弟」，底本作「第」，今據乾隆補修本及《池北偶談》改。
〔九〕「藺」，底本作「闖」，今據《〔雍正〕四川通志》改。
〔一〇〕「藺」，底本作「闖」，今據《〔雍正〕四川通志》改。
〔一一〕「高恭」，底本作「高光」，今據《〔雍正〕四川通志》及《欒城集》改。
〔一二〕「雍丘」，底本作「雍上」，今據《宋史新编》改。
〔一三〕「雷州」，底本作「處州」，今據《宋史新编》改。
〔一四〕「半歲」，底本作「八歲」，今據《宋史新编》改。
〔一五〕「秦檜」，底本作「秦禬」，今據乾隆補修本《明一統志》《萬姓統譜》等改。
〔一六〕「爲一村鎮」後原脱「鎮將」二字，今據《邵氏聞見録》補。
〔一七〕「至公任監左藏藏」後原脱「庫」字，今據《邵氏聞見録》補。
〔一八〕「悔」，《邵氏聞見録》卷第八作「謝」。

〔一九〕『知餘子』，底本作『智餘子』，今據《宋史》《文獻通考》《澠水燕談録》等改。
〔二〇〕『大夫』，底本作『太夫人』，今據《澠水燕談録》改。
〔二一〕『季永』，底本作『李永』，今據《齊東野語》改。

卷十六

列女　女子

桀伐岷山，岷山獻其女曰琬，曰琰。桀愛之，斲其名於苕華玉，苕是琬，華是琰[一]。

卓文君有《白頭吟》：『皚如山上雪，皎若雲間月。聞君有兩意，故來相訣絶。生平共城中，何嘗斗酒會。今日斗酒會，明日溝水頭。蹀躞御溝上，溝水東西流。郭東亦有樵，郭西亦有樵。兩樵相推與，無親爲誰驕。淒淒復淒淒，嫁娶不須啼。願得一心人，白首不相離。』又『竹竿何嫋嫋，魚尾何簁簁？男兒重意氣，何用錢刀爲？齕如馬噉萁，川上高士嬉。今日相對樂，延年萬歲期。』

卓氏《司馬相如誄》：『嗟嗟夫子兮亶通儒，少好學兮綜群書。縱横劍技兮英敏有譽，尚慕往哲兮更名相如。落魄遠遊兮賦子虚，畢爾壯志兮駟馬高車。憶昔初好兮雍容孔都，憐才仰德兮琴心兩娱。永托爲妃兮不恥當壚，生平淺促兮命也難扶。長夜思君兮形影孤，步中庭兮霜草枯。雁鳴哀哀兮吾將安如，仰天太息兮抑鬱不舒。訴此悽惻兮疇忍听予[二]，泉穴可從兮願捐其軀。』

《王嬌紅記懷》：『情緣心曲兩難忘，夢隔巫山蝶思荒。春思懶隨花片薄，愁懷偏勝柳絲長。金鬆瘦削腸堪斷，珠淚闌珊意倍傷。人自蕭條春自好，少年空爾惜流芳。』又《送別》：『臨別殷勤詩語長，云云去後早還鄉。小樓記取梅花約，目斷江山幾夕陽。』遂寧黄琦女《詠文君》：『臨邛重客蜀相如[三]，被服容冶人間都。上宮煙娥笑迎客，繡屏六曲紅氍毹。霰珠穿簾洞房晚，歌倚瑶琴半羞懶。天寒日暮可奈何，掛客冠纓玉釵冷。』

《詠鶯鶯》：『春風户外花蕭蕭，緑窗繡屏阿母嬌。白玉郎君恃恩力，尊前心醉雙翠翹。西廂月冷濛花霧，落霞淩亂墻東樹。此夜靈犀已暗通，玉環寄恨人何處。』[四]

宜賓人尹幼榮《病愁詩》：『瘦日無光照窗白，枯樹杈枒霜似雪。長天雲凍野爲愁，寒鳥亦自求其穴。我今病苦在何鄉，終日狂風辣塵揚。病裏思家無一夢，獨坐書帷近佛香。寂寞長安萬里目，風煙渺渺斷人腸。』

又編目中所見花木爲句：『風輕曉日融，溟漠柳煙中。杏老含霜白，桃新照水紅。横窗修竹影，斜壁海棠空。樓外一天雪，梨花千樹叢。』

浣花夫人任正一紀略

冀國，姓任，本漢上小家女。任媪常禱於神祠，夢神人以大珠，覺而有娠，明年四月十九日而生女。稍長，奉釋氏教甚謹。有僧過其家，瘡疥滿體，衣服垢敝，見者心惡，獨女敬事之。一日，僧持衣從以求浣，女忻然濯之溪邊。每一漂衣，蓮花輒應手而出。里人驚異，求僧，已不知所往，因識其處爲百花潭。會崔寧節度西川，微服行民間，見女心悦之，賂其家，納以爲妾。寧妻死，遂爲繼室。纍封至冀國。既貴，每生日，必來置酒其家，艤船江上，訪漂衣故處，徘徊終日。後人因之，歲以爲常。且即寺之東廡，作堂祠之。余得之傳聞如此[五]。因按《唐書》，大曆中，崔寧自蜀入朝，留其弟寬守。楊子琳自瀘州襲之，寬力戰屈。寧妻任素驍勇，出家財募士得千人，設部隊自將以進。子琳懼，引去，蜀賴以全。止以姓見，初不載其封冀國，及爲何許人，其嘗捍大寇以功得封，史家略而不書。尚或有之，至其家世，實不知其所據。杜子美詩曰百花潭北莊，又曰百花潭水即滄浪，其來久矣，非由冀國而得名也。吾意蜀人不忘冀國之功，歲即祠致禮焉，因相與朋聚爲樂，非有爲僧浣衣之異也。而或者因百花潭之名附會，其説誇誕，不足憑矣。

四一居士《浣溪志敘》

傳浣溪者謂始於唐冀國夫人任氏。氏微時，奉佛濯衲衣，蓮花隨手散，因名其溪。其説頗誕，崔寧與杜子美同時，氏本寧妾，事或有之，子美焉得無言。『黄家四娘花滿溪』何以獨入篇什？溪之得名浣花也，由來舊矣，此不待辨而明矣。浣花溪之有草堂也，自杜子美始。子美播遷入蜀，裴冕爲之築室，覆茅成堂。先客秦川時，曾卜西枝草堂，未成。譜内可據注杜者，引孔稚珪草堂之靈句實之，又引李贊皇《益州草堂寺記》：『牽合隨心，子美何人？裴公卜築而取寺額以名其居，可乎？』寺之後草堂，而借此名也，此又不待辨矣。二説均不可以不志。夫事不習耳目，彼傳者且囂囂矣，固無怪其然。就今日考之，其地清江一曲，其岸花木紛披，安知古果異於今？而或當年值春夏間，落英瀠波，溪女盥濯，花手相搏，錫以嘉名，踵事者因而移之冀國，神其説，於維摩不可知，不然任正一碑記《遊浣花溪》者，何以必在孟夏中耶？其據亦何足深求，而要其間曠倏適，陰幽靄杳，曲徑藏湍，澄泓如鑑，鷺鷗浮而蕩漾〔六〕，村舍繞以盤旋，籠竹和煙榿林礙日，千秋風物，如接目前，則雅士騷人留連而棲憩，天或不能無所待，而傳雖谷變星移，大雅中歇，斯境絶不類人間也。工部草堂之必築於是也，奚疑抑又何關於寺？余嘗有言，著書易，取材難，聚訟不多，操觚者無以歸一。是前人囂囂，後人之資也。閲何子希顔《浣花溪志》，窮流溯源，一本諸家而自出機杼，酌古準今，刊訛存實，俾其事信而可徵，則亦地經子美而靈，貽此風雅師資，藉於好學深思之士，以集其成志傳矣。劍山、虞山他説存而不論，可也。即余云云，猶未免於贅。

貞　烈

玄宗擢李白爲翰林供俸，以高力士譖，危居匡廬，坐永王璘事，長流夜郎。會赦，還依族人當塗令李陽冰，卒葬青山麓。元和末，觀察使范傳正訪白後，惟二孫女，爲民家妻。傳正欲改適士族，曰：『孤窮失身，命也。』不願更醮。

白氏，許州人，蘇宗之母，潁濱五世孫婦也。年二十餘即寡，外家迎歸，竊議改醮。白氏微聞之，牽裾徑歸，曰：『我爲蘇學士家婦，乃失身乎？』於宅東爲祭室[七]，畫兩先生像。圖黄州龍川故事於壁，香火嚴潔，躬自灑掃。金天興元年，許州被兵，白拜辭兩先生曰：『兒子往京師，老婦死無恨。』即自縊於室，年七十餘。見《金史·列女傳》。

永川胡天坤女，未及笄，爲帥勛妻。值其姑妒且淫，因與所私楊起謀辱胡氏，不從，投身城南帥家灘死。事聞，坐姑與起如律。氏未表時，宋御史賢按部至永州，夢一女子垂髮衣濕，訴於前。明日，閲卷乃知氏冤。檄邑令幸佑賢，備禮營葬，爲文祭之。時大旱，入夜雷雨大作，人以爲感應之神。有詩以紀之：『夜半雷轟地欲掀，霎時風雨滿郊原。始知東海三年旱，只爲區區孝婦冤。』

木蘭，保寧女子，韓氏。六朝時，代父征戍，十年而歸，不受封爵，故杜牧有《題木蘭廟》詩云：『彎弓征戰作男兒，夢裏曾經與畫眉。幾度思歸還把酒，拂雲堆上祝明妃。』元末，保寧有韓氏女，年十七，避亂，爲男子服，混處民間。既而被虜，居兵伍，人莫知其爲女子。從明玉珍兵掠雲南，遇其叔，贖之，歸成都，稱爲韓貞女。

西充女子代父從征，以功授都尉，歷官數載而歸。嫂見其腰軀肥大，疑而嘲之。女乃置酒，邀親里會飲，刲腹以示無他。人皆敬而哀之，葬順慶鳳了山。今翁仲猶存，名都尉冢。

貞節

甲午五月，天兵克益郡。至八月，賊支進猶據嘉州，宿崇儀翰領兵討之。軍次洪雅，有卒掠一蠻婦，有姿色，置於軍幕之下，欲逼之，云自有伉儷。交臂疊膝，俯地而坐。卒大怒，嚇以斷頭剖心，終不屈。堅辭强暴，拒之轉甚，三日不食，竟不能犯。主帥聞而憫之，使送還家。

陳氏，內江省祭吴良貴妻，年十五，隨良貴爲史於建始。以其夫無子，爲娶妾生子。甫三歲，夫卒於成都。氏負兒扶櫬歸葬。有欲奪其志，不利於孤兒者，以兒寄母家，力耕茹苦，垂二十年。病且革，爲兒娶婦，拜牀下，猶强起訓戒，明日遂卒。聞者傷之，弔以詩，有『孤子懷中迎死父，寡妻河上接亡夫』。又，『一語辭新婦，三十守孤兒』，讀者酸鼻。

壼德

楊子拒妻，劉懿女也，有四男二女。長子元琮，常出飲，還舍，其母十日不許見。元琮因諸弟謝過，母數責之，曰：『夫飲酒不至沉湎，禮也。汝乃荒耽於酒，慢而無禮，自倡敗首，何以帥先諸弟耶？』

蘇軾母程氏，博通經史，課三子甚嚴。嘗讀《范滂傳》，慨然太息。軾請曰：『軾若爲滂，夫人許之否？』程曰：『吾獨不能爲滂母耶？』

陳堯咨母馮氏。堯咨爲荆南守，秩滿歸，母問曰：『爾典名藩，有何異政？』對曰：『州當孔道，過客以兒善射，莫不嘆服。』母曰：『忠孝輔國，爾父之訓也。爾不能以善化民，顧專卒伍一夫之技，豈父訓哉？』因擊以杖，墜其金魚。

義女

犍爲叔先泥和，其女名雄。永建三年，泥和爲縣功曹。縣長趙祉遣泥和拜檄，謁巴郡太守。以十日乘船，於城湍墜水死，屍喪不得。雄哀慟號咷[八]，命不圖存，告弟賢及夫人，令勤覓父屍，若求不得，吾欲自沉覓之。時雄年二十七，有子男貢，年五歲；貫，年三歲。乃各繡香囊一枚，盛以金珠環，預嬰二子。哀號之聲，不絶於口，昆族私憂。至十二月十五日，父喪不得。雄乘小船於父墮處，哭泣數聲，竟自投水中，旋流没底。見夢告弟云：『至二十一日，與父俱出。』至期，如夢，與父相持，並浮出江。縣長表言郡，太守蕭高登，承上尚書，乃遣户曹掾爲雄立碑，圖象其形，令知至孝。

唐有張員者，娶僰道黄氏名帛。一日，員渡江，舟覆，帛求夫屍不得，遂自沉。越十四日，帛乃抱夫屍出灘下，顔色如玉。

邛州劉道貞，妻王氏。貞棄家往黎州，起義兵擊獻賊，氏避難山中。後貞子暌度領兵來復邛州，與賊大戰，賊識之，遂拿道貞家屬。氏姑媳至，罵賊不屈。賊斷其舌，斬之，置其屍於南門外。暌度妻馮氏，詩甚清婉，有《春日即事》云：『閑步小橋東，黄鶯處處逢。梨花風雨後，人在緑楊中。』

詞女

蜀尚書侯繼圖，本儒士。一日秋風四起，偶倚於大慈寺樓，有桐葉飄然而墜。上有詩云：『拭翠斂雙蛾，爲鬱心中事。搦管下庭除，書作相思字。此字不書石，此字不書紙。書向秋葉上，願逐秋風起。天下有心人，盡解相思死。天下負心人，不識相思意。有心與負心，不知落何地。』後貯小帖，凡五六年，旋與任氏爲婚。嘗諷此詩，任氏曰：『此是妾書葉詩也，何得公處？』曰：『向於大慈寺樓上得之，今日聘卿，非偶然也。』以今書較之，與葉上無異。

成都女郎張窈窕，上任事者詩云：『昨日買衣裳，今朝賣衣裳。衣裳都賣盡，羞見嫁時箱。有賣愁應緩，無時心轉傷。故園戎馬隔，何處是蠶桑。』

女狀元黄崇嘏，臨邛人。作詩上蜀相庠，庠首薦之。屢攝府縣，吏事精敏，胥徒畏服。庠欲妻以女，辭之曰：『一從拾翠碧江湄，困守蓬茅但賦詩。自服藍衫居郡掾，永抛鸞鏡畫蛾眉。立身卓爾青松操，挺志鏗然白璧姿。幕府若容爲坦腹，願天速變作男兒。』庠大驚，具述本末，乃嫁之。《傳奇》有《女狀元春桃記》，蓋黄事也。

陸放翁之蜀，宿驛中，見題壁云：『玉階蟋蟀鬧清夜，金井梧桐辭故枝。一枕凄涼眠不得，呼燈起作感秋詩。』詢之，則驛卒女，遂納爲妾。半載，竟因夫人妒，逐之。女作詞云：『衹知眉上愁，不識愁來路。窗外有芭蕉，陣陣黄昏雨。曉起理殘妝，整頓教愁去。不合畫春山，依舊留愁住。』

楊升庵夫人答升庵詩云：『雁飛曾不到衡陽，錦字何由寄永昌[九]。三春花柳妾薄命，六詔風煙君斷腸。曰歸曰歸嗟歲暮，其雨其雨怨朝陽。相聞空有刀環約，何日金雞下夜郎。』

臨邛劉睽度之妻馮氏，其贈峨山尼衲索扇詩云《家居峨眉頂》：『碧空影峨眉，翠色落萬頃。横被水墨圖，奇趣遥可領。明月映長江，孤燈隨隻影。千古雪中人，六月骨應冷。』又，《送楊夫人入秦省親》云：『遥憶華山雪正飛，梅迎瑞色送春暉。無情岐路馬蹄健，有意陽關雁影稀。九轉腸回思故國，十年心苦捲征衣。重逢得慰嚴親望，班彩相隨自委蛇。』

蜀潘某有婢妾解愁，姓趙氏，其母夢蕊而生，頗國色，善爲文。

宮妃

徐匡璋納女於昶，拜貴妃，别號花蕊夫人。不足似擬其色，似花蕊翾輕也。又升號慧妃，以號如其性也。王師下蜀，太祖聞其名，命别護送[一〇]。途中作詞自解曰：『初離蜀道心將碎，離恨綿綿。春日如年[一一]，馬上時時聞杜鵑。三千宮女皆花貌[一二]，妾最嬋娟。此去朝天，只恐君王寵愛偏。』陳無己以夫人姓曹，誤也。

徐畊生，成都人，生二女皆國色，教之爲詩，有藻思。王建入蜀，聞之，納於後房，生衍。及衍嗣，位尊太后、太妃。同衍禱青城山，各有唱和詩刻石。

花蕊夫人

花蕊夫人，蜀王建妾也，後號『小徐妃』者。大徐生王衍，而小徐妃其女弟。在王衍時，二徐坐遊燕污亂亡其國。莊宗平蜀後，二徐隨王衍歸中國，半途遭害焉。及孟氏再有蜀，傳至昶，則又有一花蕊夫人，作宮詞者是也。國朝降西蜀，而花蕊夫人又隨昶歸中國。昶至且十日，召花蕊夫人入宮中，而昶遂死。昌陵後亦惑之。嘗造毒，屢爲患，不能遂。太宗在晉邸時，數諫昌陵，而未克去。一日，從上獵苑中，夫人在側，晋邸方調弓矢引滿，擬走獸，忽回射花蕊夫人，一箭而死。始所傳多僞，不知蜀有兩花蕊夫人，皆亡國，且殺其身。費氏，蜀之青城人，以才色入蜀宮，後主嬖之，號花蕊夫人，效王建作宮詞百首。國亡，入備後宮。太祖聞之，召使陳詩。誦其《國亡詩》云：『君王城上竪降旗，妾在深宮那得知？十四萬人齊解甲，更無一個是男兒。』太祖悦。蓋蜀兵十四萬，而王師數萬耳。

孟昶母李氏，初隨昶至京師，太祖數命肩輿入宮，謂之曰：『母自愛，無戚戚懷鄉土，異日當送歸。』李氏曰：『使妾安往？』太祖曰：『歸蜀耳。』李氏曰：『妾家本太原，倘得歸老并土，妾之願也。』時晉陽未平，太宗聞其言，大喜曰：『俟平劉鈞，即如母願。』因厚加賜賚。及昶卒，不哭，以酒酹地曰：『汝不能死社稷，貪生以至今日。吾所以忍死者，以汝在耳。今汝死，吾何生爲？』因不食數日，卒。蜀王宗衍幸鳳州，州將某妻嚴氏有美色，衍愛幸之，賜以妝鏡，作銘曰：『煉形神冶，瑩質良工[一三]，當眉寫翠，對臉敷紅，如珠出匣，似月停空，綺窗繡幌，俱涵影中。』

韋莊寓蜀，有愛姬，姿色豔麗，詞翰精絶。蜀王建聞之，託以教內人，奪去。莊追念悒怏，作《謁金門》詞云：『空相憶，無計得傳消息。隔斷桃源人不識，采雲何處覓。新睡覺來無力，不忍把伊書跡。滿院落花春寂寂，斷腸芳草碧。』姬得詞，不食死。

《五代軼事》曰：蜀宫人李玉簫者，愛唱王衍宫詞『月華如水浸宫殿，有酒不醉真癡人』。後有以詩紀之者。『雲散江城玉漏遥[一四]，月華浮動可憐宵。停歌不飲將何待，試問當年李玉簫。』

韓琮，舍人，事蜀王衍，爲五鬼之一。《楊枝》二首，特見推於時，詞云：『梁苑隋堤事已空，萬條猶舞舊春風。那堪更想千年後，惟見楊花入漢宫。枝鬬纖腰葉鬬眉，春來無處不如絲[一五]。灞陵原上多離别，少有長條拂地垂。』

徐順聖太后《題青城山丈人觀》詩

早與元妃慕至元，同躋靈嶽訪真仙。當時信有壺中景，今日親來洞裏天。儀仗影交寥廓外，金絲聲揭翠微巔。惟慚未致華胥理，徒卜升平萬萬年。

聖太妃詩

獲陪翠輦喜殊常，同陟仙壇豈厭長。不羨乘鸞入煙霧，此中便是五雲鄉。

太后《題丈人觀先帝容》云：聖帝歸梧埜，躬來謁聖顔。旋登三徑路，似陟九嶷山。日照晴嵐迫，雲横積翠間。期修封禪禮，方俟再躋攀。

太妃詩

共謁御容儀，還同在禁闈。笙歌喧玉殿，彩仗耀金徽。清淚沾羅袂，紅霞拂繡衣。九嶷山水遠，無路繼湘妃。

太后《題聖像》詩

千尋緑嶂夾流溪，登眺因知海嶽低。瀑布迸春青石碎，輪茵横翦翠峰齊。步粘苔蘚龍橋滑，日閉煙羅鳥徑迷。莫道穹天無路到[一六]，此山便是碧雲梯。

太妃詩

登尋丹壑到玄都，接日紅霞照座隅。即向周回巖上看，似看曾進畫圖無。

太后《題金華宫》詩

再到金華頂，玄都訪道回。雲披分景像，黛鎖顯樓臺。雨滌前山净，風吹去路開。翠屏夾流水，何必羨蓬萊。

太妃詩

碧煙紅霧撲人衣，露宿粘苔石徑危。風巧解吹松上曲，蝶嬌頻採臉邊脂。同尋僻徑思携手，暗指遥山學畫眉。好把身心清净處，角冠霞帔事希夷[一七]。

太后《題丹景山至德寺》

周回雲水遊丹景，回輦真城眺上方。晴日曉升金晃耀，寒泉夜落玉丁當。松梢月轉禽棲影，柏徑風牽麝食香。虔煤六銖宜禱祝，惟期聖祚保遐昌。

太妃詩

丹景山頭宿梵宮，玉軒金輅駐遥空。軍持無水注寒碧[一八]，蘭若有花開晚紅。武士盡排青障下，內人皆在講筵中。我家弟子傳王業，積善終期四海同。

太后《題彭州陽平宮》詩

尋真遊勝境，巡禮到陽平。水遠波瀾碧，山高氣象清。殿嚴孫氏貌，碑暗係師名。夜月登壇醮，松風森磬聲。

太妃詩

雲浮翠輦廟陽平，真似驂鸞太上清。風起半崖聞虎嘯，雨來當面見龍行。晚尋水澗聽松韻，夜上星壇看月明。長恐前身居此境，玉皇教向錦城生。

太后《題潼川三學山坐夜看聖燈》詩

虔禱遊靈境，元妃夙志同。玉香焚静夜，銀燭炫遼空。泉激雲根月，鐘敲檜杪風。印金標聖跡，飛石顯神功。滿望天涯極，臨西日腳紅。猿來齋石上，僧集講筵中。頓覺超三界，渾疑證六通。願成修偃事，社稷保延洪。

太妃詩

聖燈千萬炬，旋向碧雲生。細雨濕不暗，好風吹更明。磬敲金地響，僧唱梵天聲。若説無心法，此光如有情。

太后《題天回驛》詩

因尋靈境散幽情，千里江山暫得行。即恨煙光看未足，卻驅金翠入龜城。

太妃詩

翠驛紅亭近玉京，夢魂猶自戀青城。比來出看江山景，儘被江山看出行。

孟蜀時，花蕊夫人號能詩，而世不傳。王平父因治館中廢書，得一軸八九十首，而存者纔三十餘篇，大約似王建句。若『廚船進食簇時新，列坐無非侍從臣。日午殿頭宣索鱠[一九]，隔花呼喚打魚人。』『月頭支給買花錢，滿殿宫娥近數千。遇着唱名都不語，含羞急過御牀前。』

女將

石柱司女將軍秦良玉，勤王召見，賜綵幣羊酒，御詩旌之曰：『蜀錦征袍手製成，桃花馬上請長纓。世間不少奇男子，誰肯沙場萬里行？』良玉蓄健兒名來狩者，精善鳥銃，百發不失一。方秦師抵渝，隔江望見張黄蓋者，循女墻坐，遽命彈之，狩應，一發中執蓋者，並仆其坐。既復，潛渡，依城仰擊，連中數人。城中出鐵騎衝突，兵多覆溺。秦悔失狩，謂：『即千金，吾不可與易也。』亡何附船柁歸，身面中數鎗，然不死。秦以自食金匕箸食之，仍犒以白鏐一錠。

妓女

元和中，成都樂妓薛濤者，字宏度[二〇]，善篇章，足辭辯，營妓中之尤物也。元微之素聞其名，未嘗識面。初授監察御史，奉使西蜀，與濤相見，微之矜持筆硯，濤走筆，作《四友贊》，其略曰：『磨潤色先生之腹，濡藏鋒都尉之頭[二一]。引書媒而黯黯，入文畝以休休。』微之驚服。及微之入京，濤歸浣花。浣花之人，多造十色彩牋。於是，濤别模新樣小幅松花紙，多用題詩，因寄獻元公百餘幅。元於松箋上寄贈一篇曰：『錦江滑膩峨嵋秀，幻出文君及薛濤。言語巧偷鸚鵡舌，文章分得鳳凰毛。紛紛詞客皆停筆，箇箇郎君欲夢刀。别後相思隔煙水，菖蒲花發五雲高。』薛濤好種菖蒲，故有是句。

灼灼，錦城妓也，善柘《枝舞》，能歌《水調》。御史裴質與之善。裴召還，灼灼每遣人以軟綃聚红泪爲寄。

薛濤

薛濤，字洪度，本良家子，八歲即能曉音律。其父一日坐庭中，指井梧曰：『庭除一古桐，聳幹入雲中。』濤應聲曰：『枝迎南北鳥，葉送往來風。』後父鄖因官寓蜀而卒，母居孀。及笄，以詩聞外，又能掃眉塗粉，與士族不侔，客有竊與之燕語者。时中令韋皋鎮蜀，召令侍酒賦詩。因入樂籍中，令議以校書郎奏請，護軍曰『不可』，遂止。濤出入幕府，自皋至李德裕，凡歷十一鎮，皆以受知。名士元微之、白居易輩酬唱頗多。暮年着女冠服，屏居浣花溪，有詩五百首。胡僧贈以詩曰：『萬里樓臺女校書，琵琶花裏閉門居。掃眉才子知多少，領取春風總不如。』濤因連帥怒而遠之，乃作《十離詩》以獻，謂《犬離主》《筆離手》《馬離廄》《鸚鵡離籠》《燕離巢》《珠離掌》《魚離池》《鷹離架》《竹離亭》《鏡離臺》。遂復喜焉。

補婢妾

閬中參軍黄涉婢曰笑春紅，死，涉念之，淚洒犀簾，至皆損壞。

校勘記

〔一〕『琰』，底本均作『某』，今據《史記》及《竹書紀年》改。

〔二〕『听予』，底本作『棄子』，今據《西漢文紀》及《堯山堂外紀》改。

〔三〕『蜀』，底本作『買』，今據《蜀中廣記》改。

〔四〕『西廂月泠濛花霧，落霞凌亂墻東。此夜靈犀已暗通，玉環寄恨人何處。』底本作『西窗月泠濛花霧，落霰亂摇墻外樹。此夜靈犀已暗通，王環寄恨人何處。』今據《古本西廂記》改。

〔五〕『余得之』，《〔雍正〕四川通志》卷四十一《藝文》作『且即寺之東廡，作堂祠之。余自爲兒時得』。

［六］『浮』，乾隆補修本作『争』，今據《池北偶談》改。
［七］『祭室』，底本作『登室』，今據《搜神記》及《廣博物志》改。
［八］『號咷』，底本作『號跳』，今據乾隆補修本及［雍正］《雲南通志》改。
［九］『錦』，底本作『鏡』，今據《能改齋漫録》改。
［一〇］『護』後原脱『送』字，今據《能改齋漫録》及《蜀中廣記》改。
［一一］『年』，底本作『煙』，今據《能改齋漫録》及《蜀中廣記》改。
［一二］『花貎』，底本作『芳樹』，今據《能改齋漫録》及《蜀中廣記》改。
［一三］『煉形神冶，瑩質良工』，底本作『煉形形冶，榮質良工』，今據《蜀中廣記》及《升庵集》改。
［一四］『漏』，底本作『滿』，今據乾隆補修本及《古今詞話》改
［一五］『如』，底本作『能』，今據乾隆補修本及《全唐詩》改。
［一六］『到』，底本作『至』，今據乾隆補修本及《全唐詩》改。
［一七］『好把身心清静處，角冠霞被事希夷』，底本作『好把身心清净處，角冠霞帔事希夷』，今據《全唐詩》及《蜀中廣記》改。
［一八］『持』，底本作『廚』，今據補修本及《全唐詩》改。
［一九］『鱠』，底本作『膾』，今據《中山詩話》及《全唐詩》改。
［二〇］『宏度』，一説作『洪度』。
［二一］『磨潤色先生之腹，濡藏鋒都尉之頭』，『潤』前原脱『磨』字，『藏』前原脱『濡』字，今據《堯山堂外紀》《清異録》補。

卷十七

著作

《三國志》六十五卷。晁氏曰：『晉陳壽撰。魏四紀、二十六列傳，蜀十五列傳，吴二十列傳。宋文帝嫌其略，命裴松之補注。壽書高簡有法，如不言曹操本生，而載夏侯惇及淵於諸曹之傳，則見嵩本夏侯氏之子也。高貴鄉公書卒，而載司馬昭之奏，則見公之不得其死也。他皆類此。但以魏爲紀，而稱漢、吴曰傳，又改漢曰蜀，世頗譏其失。至於謂其銜諸葛孔明髡父而爲貶辭，求丁氏之米不獲，不立儀、廙傳之類，亦未必然也。』

《華陽國志》十二卷[二]。晁氏曰：『晉常璩撰。華陽，梁州地也。記漢以來巴蜀人物。』呂微仲跋云：『漢至晉初四百載間，士女可書四百人，亦可謂盛矣。復自晉至周顯德僅七百載，而史所紀者無幾人。忠魂義骨，與塵埃同殁，何可勝數？豈不重可嘆哉！』

司馬相如將獻賦，未知所爲。夢一黄衣翁謂之曰：『可爲《大人賦》。』遂作《大人賦》，言神仙之事以獻，賜錦四匹。

相如爲《上林》《子虚》賦，意思蕭散，不復與外事相關，控引天地，錯總古今，忽然如睡，煥然而興，幾百日而後成。其友人盛覽，字長通，牂牱名士，嘗問以作賦，相如曰：『合綦組以成文，列錦繡而爲質，一經一緯，一宫一商，此賦之跡也。賦家之心，包括宇宙，總覽人物，斯乃得之於内，而不可傳覽。』乃作《合組歌》《列錦賦》而退，終身不敢言作賦之心矣。

司馬長卿賦，時人皆稱典而麗，雖詩人之作，不能加也。揚子雲曰：『長卿賦似不從人間來，其神化所至耶！』子雲學相如爲賦而未逮，故雅服焉。

長安有慶虬之，亦善爲賦，嘗爲《清思賦》，時人不知貴也，乃托以相如所作，遂大重見於世。

枚皋文章敏疾，長卿制作淹遲，皆盡一時之譽。而長卿首尾温麗，枚皋時有累句，故知疾行無善跡矣。揚子雲曰：『軍旅之際，戎馬之間，飛書馳檄，用枚皋；廊廟之下，朝廷之中，高文典册，用相如。』

揚雄讀書，有人語之曰：『無爲目苦，玄故難傳。』忽然不見。雄著《太玄經》，夢吐鳳凰，集《玄》之上，頃而滅。

揚子雲撰《法言》，蜀人齎錢十萬，願載一名。子雲不聽，以富人無義，正如圈中之鹿，欄中之牛，豈可妄載？

《方言》十三卷。《崇文總目》：漢揚雄撰，晉郭璞注。陳氏曰：『首題《輶軒使者絶代語》，末載《答劉歆書》，具詳著書本末，其略云：「天下上計孝廉及内郡衛卒會者，雄常抱三尺弱翰，齎素油四尺，以問其異語，歸即以鉛摘次之於槧。」[二]葛洪《西京雜記》言子雲好事，常懷鉛題槧，從諸記吏，訪殊方絶域四方之語。』以爲裨補《輶軒》所載，亦洪意也。

《二十四箴》一卷。陳氏曰[三]：『揚雄撰。今廣所刊本，校集中無《司空》《尚書》《博士》《太常》四箴。集中所有，皆據《古文苑》。而此四箴，或云崔駰，或云崔子玉，疑不能明也。』

《揚子雲集》五卷。晁氏曰：『漢揚雄子雲也。』古無雄字，皇朝譚愈好雄文，患其散在篇籍，離而不屬，因綴繹之四十餘篇。陳氏曰：『大抵皆録《漢書》及《古文苑》所載。』以備一家之作，充藏書之數而已。

或問揚雄爲賦，雄曰：『讀千首賦，乃能爲之。』

《老子指歸》十三卷。晁氏曰：『漢嚴遵君平撰，谷神子注。其章句頗與諸本不同。按：《唐志》有嚴遵《指歸》四十卷，馮廓注《指歸》十三卷[四]。此本卷數與廓注同，其題谷神子而不顯姓名，疑即廓也。』[五]

《長短經》十卷，總六十三篇。唐梓州郪縣草莽臣趙蕤撰。其文亦《申鑒》《論衡》之流。蕤自序云：『大旨在乎寧固根蒂，革易時弊，興亡治亂。』具載諸篇。此書流傳絶少，徐健庵過任城，得之市中，蓋宋刻也。按：楊天惠《彰明逸事》云：『潼江趙蕤，任俠有氣，善爲縱橫學，著書號《長短經》。』《北夢瑣言》云：『蕤，梓州鹽亭人，博學韜鈐，長於經世。』夫婦俱有隱操，不應辟召。論王伯機權正變之術。第十卷載陰謀家，本缺，今存者六十四篇。

《咸通庚寅解圍録》一卷。陳氏曰：『唐成都少尹張雲景之撰[六]，言南詔圍城捍禦事』。

《蜀記》一卷。陳氏曰：『唐鄭暐撰。雜記蜀事、人物、古跡、寺觀之屬。未詳何人。』

《西南備邊録》十三卷。巽崖李氏曰：『唐李德裕撰。今特存第一卷。』

《薛濤集》一卷。晁氏曰：『唐薛濤，字洪度，西川樂妓，工爲詩，當時人多與酬贈。武元衡奏校書郎。太和中卒。』李肇云：『樂妓而工詩者，濤亦文妖也。』陳氏曰：『號薛校書，世傳奏授，恐無是理，殆一時州鎮褒借爲戲，如今世白帖借補之類耶。濤得年最長，至近八十。』

《産寶》二卷[七]。晁氏曰：『唐昝殷撰。殷，蜀人。大中初，白敏中守成都，其家有因免乳死者，訪問名醫，或以殷對。敏中迎之，殷集備驗方藥三百七十八首以獻。其後周頲又作三論附於前。』

《盧延讓詩》一卷。晁氏曰：『僞蜀盧延讓，子善也[八]，范陽人。唐光化九年進士，郎陵雷滿辟，滿敗，歸王建。及僭號，授水部員外郎，纍遷給事中，卒官，終刑部侍郎。延讓師薛能，詩不尚奇巧，人多誚其淺俗，獨吴融以其絶不蹈襲，大奇之。』

《張蠙詩》一卷。晁氏曰：『僞蜀張蠙，字象文，清河人。唐乾寧中進士，爲校書郎、櫟陽尉、犀浦令。王建開國[九]，拜膳部員外郎，後爲金堂令。王衍與徐后遊大悲寺，見壁間書「墻頭細雨垂纖草，水面回風聚落花」，愛之。問之，知蟦句，給劄，令以詩進。蟦以二百首獻。衍頗重之，將召爲知制誥，來光嗣以其輕傲，止賜白金而已。蟦生而穎秀，幼能爲詩，作《登單于臺》，有「白日地中出，黄河天外來」之句，爲世所稱。』

《春秋名號歸一圖》二卷。《崇文總目》：『僞蜀馮繼先撰[一〇]，以《春秋》官謚名字，裒附初名之左。』晁氏曰：『左氏所書人，但不稱其名，或字，或號，或爵、謚，多互見，學者苦之。繼先皆取以繫之名下』云[一一]。

《左氏傳引帖新義》。《崇文總目》：『僞蜀進士蹇遵品撰，擬唐[一二]禮部試進士帖經舊式，覈經具對。』

《石經左氏傳》三十卷。晁氏曰：『不題所書人姓氏，亦無年月。按文不闕唐諱及國朝諱，而闕「祥」字，當是孟知祥僭位後刊石也。』

《易軌》一卷[一三]。晁氏曰：『僞蜀蒲乾貫撰，專言流演，其序云：「可以知否泰之原，察延促之數。」蓋數學也。』

《石經禮記》。晁氏曰：『僞蜀張紹文所書。不載年月，經文不闕唐諱，當是孟知祥僭位之後也。』

《石經公羊傳》十二卷。晁氏曰：『《藝文志》云：「僞蜀刻《五經》，備注傳，爲世所稱。」

以此言觀之，不應無《公》《穀》，豈初有之，後散毀耶？』

《石經論語》十卷。晁氏曰：『僞蜀張德釗書[一四]。闕唐諱，立石當在孟知祥未叛之前。其文脱兩字，誤一字，又《述而》第七「舉一隅」下有「而示之」三字，「三人行必有我師焉」上又有「我」字，《衛靈公》第十五「敬其事而後其食」作「後食其禄」，與李鶚本不同者，此也。』

《石經周禮》十二卷。晁氏曰：『僞蜀孫朋古書，以監本是正其注[一五]，或羨或脱，不同至千數。』

《爾雅音略》三卷。晁氏曰：『僞蜀毋昭裔傳。《爾雅》舊有釋智騫及陸元朗釋文[一六]，昭裔以一字有兩音或三音，後生疑於呼讀，今釋其文義最明者爲定。』[一七]

《蜀爾雅》三卷。陳氏曰：『不著撰人名氏。《館閣書目》，按李邯鄲云：「唐李商隱採蜀語爲之。」當必有據。』

《牛嶠歌詩》三卷。晁氏曰[一八]：『僞蜀牛嶠，字延峰，隴西人。唐相僧孺之後。博學有文，以歌詩著名。乾符五年進士。王建鎮西川，辟判官。及開國，拜給事中，卒。集本三十卷。自序：「慕李長吉所爲歌詩，輒效之。」』

嶠，字松卿，乾符中進士。事蜀，爲給事中。其《楊柳枝》《望江南》諸曲爲古今盛稱。

《三十家注老子》八卷[一九]。晁氏曰：『唐蜀郡[二〇]岷山道士張君相，集河上公、嚴遵、王弼、何晏、郭象、鍾會、孫登、羊祜、羅什、盧裕、劉仁會、顧歡、陶隱居、松靈仙人、裴處恩[二一]、杜弼、

《節解》、張憑、張嗣、臧玄静、大孟、小孟、竇略、宋文明、褚糅、劉進喜、蔡子晃〔一二二〕、成玄英、車惠弼等注。君相稱三十家，而列其名止二十有九，蓋君相自以爲一家言，並數之耳。君相，不知何時人，而謂成玄英爲皇朝道士，則唐天寶後人也。』

《浣花集》五卷。晁氏曰：『僞蜀韋莊，字端己。仕王建，至吏部侍郎、平章事。集乃其弟藹所編，以所居即杜甫草堂舊址，故名。僞史稱莊有集二十卷，今止存此。』

牛希濟，牛嶠兄子，仕蜀王衍爲中丞。同光三年降唐，唐主令蜀舊臣王鍇等賦詩。希濟作一律云：『滿朝文武欲朝天，不覺鄰師犯塞煙。唐主再懸新日月，國王還卻舊山川。非關將相扶持拙，自是君臣數盡年。古往今來亦如此，幾時歡笑幾潸然。』唐主曰：『希濟不忘忠孝也。』賜緞百。

《煙花集》五卷。陳氏曰：『蜀後主王衍集豔詩二百篇，且爲之序。』

梓州李珣有詩名，其先波斯人，事蜀主衍。妹爲衍昭儀，亦能詞，有『鴛鴦瓦上忽然聲』句。珣，秀才，預賓貢，國亡不仕，有憾慨之音。周草窗曰：『李珣輩俱蜀人，各製《南鄉子》數首，以志風土，竹枝體也。』

《入洛記》一卷。晁氏曰：『蜀王仁裕撰。仁裕隨王衍降〔一二三〕入洛陽，記往返途中事，並其所著詩賦。』〔一二四〕

《前蜀記事》二卷。陳氏曰：『僞蜀學士毛文錫撰。廣明庚子〔一二五〕，盡天福甲子，凡二十五年。

文錫，唐太僕卿龜範之子。十四登進士第，入蜀，仕建至判樞密院，隨衍入洛而卒。』

《茶譜》一卷。晁氏曰：『僞蜀毛文錫撰。記茶故事。其後附以唐人詩文。』

毛文錫以詞名，不及震熙。葉石林曰：『毛詞以質直爲情致，殊不知流於率露，致令諸人之評庸陋者，必曰：「此乃仿毛文錫之《贊》，成功而不及者乎？」』逮覽其全集，而詠巫山一段雲，其細心微誼，直造蓬萊頂上。

《道德經疏義節解》上、下各二卷[二六]。《崇文總目》：『僞蜀喬諷撰。諷仕僞蜀爲諫議大夫[二七]、知制誥。奉詔以唐明皇注疏，杜光庭義綴其要，附以己意解釋之。』

《王氏神仙傳》四卷。晁氏曰：『蜀杜光庭纂。光庭集王氏男真女仙五十五人，以諂王建。又有王虛中續纂三十人，附其後。』《道教靈驗記》二十卷。陳氏曰：『蜀道士杜光庭撰。』

《青城山記》一卷。晁氏曰：僞蜀道士杜光庭賓聖撰。集蜀山、若水在青城者，悉本道家方士之言。

范處士名德照，蜀人也，不知所修之道，著《通宗論》《契真刊謬論》[二八]、《金液還丹論》。僞蜀主頻召，問道稱旨，頗優禮之。處士談論，多及物情，以鑒戒爲先。蜀人每中元，多生五穀，俗謂之盆草，盛以供佛。初至時，介意觸禁，謂嘗有雷護之。既中元後，即棄之糞土。處士太息云云。

《續事始》五卷。晁氏曰：『僞蜀馮鑑、廣孝孫所著。』

《修文要訣》一卷。晁氏曰：『僞蜀馮鑑撰。雜論爲文體式，評其謬誤，以訓初學』云。

《蜀高祖實録》三十卷。晁氏曰：『僞蜀李昊撰。高祖者，孟知祥也。昊相知祥子昶時被命撰。起唐咸通甲午，終於僞明德元年甲午，凡六十一年。』

《鑑誡録》十卷[二九]。晁氏曰：『後蜀何光遠撰。何字輝夫，東海人。唐證中纂輯唐以來君臣事跡可爲世鑒者。前有劉曦度序。李獻臣云：「不知何時人。」考之不詳也。』[三〇]

《後蜀記事》二卷[三一]。陳氏曰：『直史館太常博士董淳撰。惟記孟昶事。』

《蜀桂堂編事》二十卷。晁氏曰：『僞蜀楊九齡撰。雜記孟氏廣政中舉試事，載詩、賦、策題及知舉登科人姓氏，且云：「科舉起於隋開皇前，陋者謂唐太宗時，非也。」』

《芙蓉集》曰歐陽炯首敘《花間集》者。每言『愁苦之音易好，歡愉之語難工』。其詞大抵婉約輕和，不難强作愁思者也。

歐陽炯事孟蜀後主時，號五鬼之一。曾約同僚納涼於寺，寺僧可朋作《耘田鼓歌》以刺之，遂撤。炯始作《三字令》。歐陽彬作《生查子》者，其弟也。

《花間集》十卷[三二]。陳氏曰：『蜀歐陽炯作序，稱衛尉少卿字弘基者所集，未詳何人。其詞自温飛卿而下十八人，凡五百首，此近世倚聲填詞之祖也。』

《花蕊夫人詩》一卷。晁氏曰：『僞蜀孟昶愛姬，青城費氏女。幼能屬文，長於詩，宮詞尤有思致。

蜀平，以俘輸織室。後有罪，賜死。』

《才調集》十卷。陳氏曰：『後蜀韋谷集唐人詩。』

《鮮于伯圭集》一卷[三三]。晁氏曰：鮮于伯圭名懷，閬中人。文章爲一時之冠，纍舉不第。嘗作《握愁詞》，時人稱之。李宗諤贈詩云：『漢殿無人薦揚子，滿朝空誦握愁詞。』後與宗諤同年第四人登科。趙普判秦州，辟爲觀察推官[三四]，卒。

田錫字表聖，與胡旦、何士宗齊名。太平興國三年進士第，歷相臺、桐廬、淮陽[三五]、海陵四郡守，知制誥，終於諫議大夫。范仲淹、司馬光讀其書，皆稱其直諫。蘇軾亦以比賈誼云。所作有《咸平集》。陳氏曰：『首卷有奏議十二篇[三六]，即東坡所序。端平初，南充游似[三七]景仁爲成都漕，奏言「朝廷宜褒表之以示勸」。博士徐清叟議謚曰獻翼。今漢嘉田氏子孫，不知存亡，而文集板之在州者，亦燬於兵燼矣。』東坡《奏議序》曰：「嗚呼！田公古之遺直也。」云云。

《愚丘集》[三八]，陳文惠公作也。晁氏曰[三九]：『陳堯佐字希元，閬州人[四〇]。端拱初進士，後以太子太師致仕。年八十二卒。號知餘子，謚文惠。堯佐屬詞尚古，不牽世用，喜爲二韻詩，辭調清警[四一]，可人雋永。集皆自有序。』

晁氏曰：『皇朝何剡[四二]，字聖從，成都人。仁廟朝爲御史、諫官，擢天章閣待制。熙寧中，以尚書右丞致仕。歷漢[四三]、梓、永興、河南四帥守。天資好學，殆廢寢食。爲詩章簡重淳淡[四四]，有孟東野之風。其仕臺諫時，知無不言，頗有直聲。鮮于子駿志其墓。集有李邦直序。』所作《盧江文集》二十卷，《刀筆》五卷，《奏議》二十卷。

《范蜀公集》。汪玉山序：『按蜀公《墓志》云：「文集一百卷，《諫垣集》十卷，《内制集》二十卷，《外制集》十卷，《樂書》三卷。」公，成都人也。應辰守成都凡三年，求公文集，搜訪殆徧，來者不一，而竟無全書。蓋公之没，距今八十年矣。竊意歲月愈久，則雖此不全之書，亦或未易得也。於是以意類次爲六十二卷，曰《樂議》，曰《使北録》，不見於《墓志》，亦恐其初文集未必載也。而《樂議》或特出於世俗所裒輯，今皆存之。又以《諫疏》《内制》《外制》《正書》《樂書》附之，通爲一百二十卷。《正書》所得止一卷，今分爲二。司馬温公論《正書》，其間有『云舜無焚廩浚井』之事，而今之《正書》無此語，豈亦非全書耶？』

《白雲集》三十卷，張少愚作也。晁氏曰：『張愈字少愚。幼通悟，於書無不該貫。朝廷嘗以校書郎召，表乞授其父[四五]，隱於岷山之白雲溪，凡六被徵召，皆不起。爲文有西漢風，嘗賦《洛陽懷古》，蘇子美見而嘆曰：「優遊感諷，意不可盡，吾不能也！」』

文與可《丹淵集》四十卷。晁氏曰：『文同，字與可，蜀人。進士高第。以文學名，操韻高潔，畫筆尤妙。仕至太常博士、集賢校理。元豐初，出守吴興，至宛丘驛，忽留不行，沐浴衣冠，正坐而逝。』東坡謂與可有四絶：詩一、楚詞二、草書三、畫四。世少知者，惟予一見識其妙處。又有詩云：『斯人定何人，遊戲得自在。詩鳴草聖餘，兼入竹三昧。』他日觀其飛白，復恨知與可之不盡也。司馬温公稱其襟韻瀟洒，如晴雲秋月，塵埃不到。其爲人可知矣。

《陳司諫集》兩卷。晁氏曰：『陳祐字純益，仙井監人。登進士第。建中靖國初，爲臺諫，與龔夬、任伯雨、江公望協力彈擊紹聖奸臣。蔡京用事，廢斥而没。』

《楊元素集》四十卷。晁氏曰：『楊繪字元素，漢州綿竹人。幼警敏，讀書一過輒誦〔四六〕，至老不忘。皇祐初，擢進士第二人。纍擢翰林學士。沈存中爲三司使，暴其所薦王永年事，因貶官。終於天章閣待制、知杭州。嘗居無爲山，號無爲子。爲文立就。』

《范太史集》五十五卷。陳氏曰：翰林學士成都范祖禹淳夫撰。《朱子語録》曰：『范淳夫，文字純粹，下一箇字，便是合當下一箇字，東坡所以服他。東坡輕視文字，不將爲事，做時，祇胡亂寫去。又曰：四六語佳，莫如范淳夫。』

《前溪集》五卷。劉巨濟撰也。晁氏曰：『劉涇字巨濟，蜀人。』終於太學博士，爲文奇怪。

《西漢發揮》。晁氏曰：『劉涇巨濟撰。』

李元應《跨鼇集》五十卷。晁氏曰：『李新字元應，仙井監人。早登進士第。劉涇嘗薦於蘇子瞻，令賦墨竹，口占一絶立就。坐元符末上書，奪官，謫置遂州，流落終身。』跨鼇，仙井山之名也。

《張無盡集》二十二卷〔四七〕。晁氏曰：『張商英字天覺。登第，調官陝路。章淳察訪巴蜀，風采傾動西南峽中。部使者憂之，日夕謀所以待之之禮曲盡，因求辯博之士，以備燕談。或以天覺姓名告，因檄召至夔州。惇既至，杯酒間，果以人材爲問，部使者即言之，惇令召入。天覺不冠服峨巾，長揖徑就坐左。惇負氣敢大言[四八]，天覺輒吐言壓之。惇大喜，歸而薦於朝，由是召用。元祐中，爲開封推官，出使河東。紹聖初，擢御史。大觀四年，長星見，蔡京罷相，乃拜右僕射。盡反京之政，召用元祐遷客，天下翕然歸重，期年去位。靖康初，遂與司馬溫公、范文正公同日降制，加贈官爵。賜謚文忠。』

《宇文肅愍公文集》。贈開府儀同三司宇文虛中撰。後溪劉氏序略曰：『公羈絶域者十五年，而朝廷悉發其家人北去，後四年，父子謀覺而闔門被禍矣。公弟兄早以才奮，皆致位二府，公之文章，又最見稱於當世。余讀其爲館職時所與開封尹論事書而壯之。使充是書以往，足以追古人而並駕。公既亟見用於尚文之日，潤色太平，黻藻休烈，則其所謂繫一時所遇而作，非公之欲充而不已者也。故公《答曾晦之書》云：「僕長而遊太學，爲科舉所使，及得一官，又屢爲應制代言之文，皆非得已而爲者。去歲得罪，杜門於此，閑取篋中書史，臥而讀之，日盡數卷，及知古人之未嘗爲文也。惟無意於文，而遇事乃言，則其優遊舒泰，奮迅豪蕩，蓋無適而不可。昔嘗謂西漢制詔，妙絶於元、成間，而章疏奏對，至谷子雲而工極無以復加矣，迨今思之則不然。惟高帝立長沙王、令諸吏善遇高爵及省試、舉賢等詔，呂后、孝文賜《匈奴單于書》，楚王信以下上尊號[四九]，相國何等議天子所服，此等數篇卓然渾成，非司馬相如、王褒輩冥搜巧繪所能至也。」』

《杜起莘文集》，殿中侍御史杜莘老起莘撰。後溪劉氏曰：『公學術之正，文辭之典，氣節之剛，與王公龜齡大略相似，而公奮起孤遠爲尤難。余嘗得公奏疏而讀之，其言五穀藥石也。公卒四十餘年，余守眉陽，又得公他文閱之，嘆曰：「善哉！窮之言[五〇]，達之行也。」今年又得公經論千餘篇，信乎公之學得於孟子者與。世益降，士之爲文益浮。噫！無復斯文也已。』

《陵陽集》五十卷。陳氏曰：『中書舍人仙井韓子駒蒼撰。自幼能詩[五一]，黄太史稱其超軼絶塵[五二]，蘇公定以比儲光羲。遊太學不第，政和初獻書召試出身，後入西掖。坐蘇氏鄉黨曲學罷。』[五三]

《梯雲集》二十五卷。陳氏曰：『中書舍人資州趙莊叔撰。辛未大魁。有氣節。四十一歲卒。』

《方舟集》五十卷《後集》二十卷。陳氏曰：『資陽李石知幾撰。石有盛名於蜀。少嘗客蘇符尚書家。紹興末爲學官，乾道中爲郎，歷麾節，皆以論罷。趙丞相雄，其鄉人也，素不善石，石以是晚益困，其自序云：「宋魋、魯倉今猶古也。」』

《兼山集》四十卷。陳氏曰：『端明殿學士劍門黄裳文叔撰。在嘉邸最久，備盡忠益，甲寅御極，未及大用，病不能朝，士論惜之。』

《王巖集》一卷。陳氏曰：『王巖撰。集中有《春日感懷上勝白郎中》[五四]，蓋亦國初人。又有《聖駕親征河東》及有「甲午避寇，全家欲下荆南」之語，則是李順亂蜀之歲。巖蓋蜀人也耶？』

《漁舟集》五卷[五五]。陳氏曰：『處士成都郭震希聲撰。自稱汾陽山人。李畋爲作集敘。淳化四年忽作詩曰：「朝出東門遊，東門好春色。青青原上草，莫放征馬食。」詣闕獻書，言蜀利病。未幾，順賊已作矣。』

《綸言集》三十一卷[五六]。陳氏曰：『宇文粹中、虚中兄弟所編集。』

《春秋三傳分國紀事本末》。夾江勾龍傅明甫撰。後溪劉氏序略曰：『勾龍君傅習詳考，又分國而紀之。』自東周而下，大國、次國特出，小國、滅國附見。不獨紀其事與其文，而兼著其義，凡采其説者數十家。君蓋嗜古專經之士，確乎其能自信者也。

鶴山《周禮折衷》二卷。陳氏曰：『樞密臨邛魏了翁華甫之門人税與權所録。條例經文，附以傳注。鶴山或時有所發明，止於《天官》，餘未及。凡二卷。』

《經世紀年》二卷。陳氏曰：『侍講廣漢張栻敬夫撰。用《皇極經世譜》編，有所發明則著之。其言邵氏以數推知去外丙、仲壬之年，乃合於《尚書》成湯既没太甲元年之説。』

《南軒論語説》十卷、《孟子説》十七卷。陳氏曰：『侍講廣漢張栻敬夫撰。』[五七]

《通鑑論篤》。陳氏曰：『廣漢張栻敬夫撰。取《通鑑》中言論之精確者，表而出之。多或全篇，少至一二語，去取甚嚴，可以見前輩讀書眼力之高。』

張無垢《孟子解》十四卷。

《唐鑑》二十卷。晁氏曰：『范祖禹淳夫撰。淳夫爲温公《通鑑》局編修官十五年，分掌唐史，以其所自得者，著成此書。取武后臨朝二十一年繫之中宗，其言曰：「此《春秋》公在乾侯之義也，雖得罪於君子，有所不辭。」觀此，則知淳夫之從公，決非苟同者。凡三百六篇。』

《范子功集》五十卷。晁氏曰：『范百禄字子功，鎮之侄也。終於中書侍郎。』

《仁皇訓典》六卷[五八]。陳氏曰：『翰林侍講范祖禹撰。元祐八年，經筵所上。凡三百十七條，大略亦用「寶訓」體。』

《外史檮杌》十卷。晁氏曰：『張唐英次公撰。稱王建、孟知祥父子四世八十年，比之公孫述輩，最爲久遠。其間善惡，有可爲世戒者，路振之書未備。治平中成此書[五九]，以補其遺。凡《五代史》及皇朝日曆所書皆略之。温公修《通鑑》，搜羅小説殆徧，未嘗取此書，蓋多差舛，如光大至二年之類是也。』

《神宗實録考異》二百卷。史官成都范沖元長，與監備趙鼎等撰。

《太宗實録》，李燾云：『世傳太祖自陳橋推戴，馬上約束諸將，本太宗聖意，前録無太宗叩馬之語，乃後録所增也。』然則燾亦嘗見舊録也耶？

《西陲泰定録》九十卷。陳氏曰：李心傳撰。記吴曦叛逆以及削平本末，起嘉泰辛酉，迄嘉定辛未，爲三十七卷。其後蜀事益多，又增修至辛巳之冬，通爲九十卷。例頗用太史《年表》例，並記國家大政令、防邊大節目。首尾二十年。

《樂善録》十卷。陳氏曰：『蜀人李昌齡伯崇撰。以《南中勸戒録》增廣之，多因果報應之事。』

《虞雍公奏議》。丞相虞允文撰。後溪劉氏序略曰：『余讀雍國忠肅虞公奏議二百二十有七篇，而慨然有感。世但知采石之戰，以七千卒卻虜兵四十萬，其功甚偉，然忌者猶曰「適然」。豈知公於紹興辛巳之前，已因論對，奏虜必叛盟，兵必分五道，正兵必出淮西，奇兵必出海道，宜令良將勁卒備此二境。其先事之識，已絶出乎衆人之表矣。及虜叛盟，上令從臣集議，公獨言虜兵必出兩淮。丞相善其言而未果行，及遣公勞師采石，事已大壞。公以書生收合亡卒，激勵諸將，施於置倉猝之際，而破虜於俄頃之間。嗚呼！非胸中素所蓄積忠誠，足以動天地，感人心，而作士氣，未易成此偉績也。而曰「適然」，可乎？自昔狃勝者，必忽其餘憂，公又令設備於瓜州，其他區畫，悉各精密而不苟，虜遂遁去，乃徐從車駕還行都，皆歷歷見於奏疏也。余竊妄論本朝多議論[六〇]，少成功，雖盛時猶然。況積習消靡之餘，夫人皆喜逸惡勞，圖安而畏危。中興以來，前有張魏公，後有虞雍公，爲國家任其勞，當其危者也。彼不稍愧焉，而又忍短毁之乎？』

《職官記》一卷。陳氏曰：『大理寺少卿蜀人張績季長撰。專載新舊遷轉之異，亦以寄録爲未然也。』[六一]

《建炎以來繫年要録》[六二]二百卷。陳氏曰：『工部侍郎李心傳微之撰[六三]。蓋與李巽巖《長編》

相續[六四]，亦嘗自隆興後相繼爲之。會蜀亂散失，不可復得。』《建炎以來朝野雜記》甲乙集，共四十卷。陳氏曰：『李心傳撰。上自帝系、帝德、朝政、國典，下及見聞瑣碎，皆録之。蓋南渡以来，野史之最詳者。』《續成都古今集記》二十二卷。陳氏曰：『知府事王剛中居正撰。紹興三十年，余嘗手寫《洛陽名園記》[六五]，而題其後曰：「晉王右軍聞成都府有漢時講堂，秦時城池[六六]、門屋、樓觀，慨然遠想，欲一遊目。其《與周益州帖》，蓋數致意焉。」近時吕太史有感於宗少文卧遊之語，凡昔人紀載人境之勝，録爲一編。其奉祠亳社也，自以爲譙、沛真源，恍然在目，而兖之太極、嵩之崇福、華之雲臺，皆將卧遊之。噫嘻！弧矢四方之志，高人達士之懷，古今一也。顧南北分裂，蜀在境内雖遠，患不往耳，往則至矣。亳、兖、嵩、華，視蜀猶邇封也，欲往其可得乎？然則太史之情，其可悲也已！余近得此記，手寫一通，與《東京記》《長安》《河南志》《夢華録》諸書並藏，而時自覽焉，是亦卧遊之意云爾。於是歲在己丑[六七]，蜀故無恙也。後七年而有虜禍，秦、漢故跡焚蕩無遺。今其可見者，惟此二記耳。而板本不可復得矣。嗚呼，悲夫！』

歐陽公《什方陳氏榮鄉亭記》曰[六八]：『什方之吏特不喜儒，必擢辱中傷之。民既素饒，樂鄉里，不急禄仕，又苦吏之爲，故未嘗有儒其業與服以遊者。甚好學者，不過專一經，工歌詩，優遊自養，爲鄉丈人而已。逮陳君巖夫始爲進士，然亦未嘗敢儒衣冠謁縣門[六九]，出入閭巷必鄉其服。已而州下天子詔書，索鄉舉秀才，巖夫始改服詣門應詔，吏方相驚。既州試之，送禮部，中丙科以歸省其父，曰：「噫！吾始惡進士之病，已而不知其可爲榮也。」乃築亭以旌之。』

《西南邊備志》十二卷。陳氏曰：『嘉州進士鄧嘉猷撰[七〇]。紹興末，犍爲有蠻擾邊。初，莫知其何種族也。已而有能别識其爲虚恨蠻者。時屬邊久無事，既去而朝廷憂之，詔諸司經度[七一]。嘉猷取秦、漢以來迄於本朝，凡史傳所載蠻事，皆著於編，時乾道中也。其爲《志》九，爲《圖》一。』

《諸葛武侯傳》一卷。陳氏曰：『侍講張栻傳。以陳壽作史私且陋，裒集他傳及裴松之所注爲此傳，而削去《管樂自許》一則。朱晦翁以爲不然。』

《嘉祐名臣傳》五卷。張唐英撰。

《廉吏傳》十卷。陳氏曰：『成都費樞伯樞撰[七二]。自春秋至唐[七三]，凡百十有四人。宣和乙巳爲序。』

《錦里耆舊傳》八卷。陳氏曰：『前應靈縣令平陽勾延慶昌裔撰。開寶三年，秘書丞劉蔚知榮州，得此傳。其詞蕪穢，請延慶修之，改曰《成都理亂記》。天成之後，别加編次。起咸通九載，迄乾德四年，百餘年蜀事，大略具矣。《續傳》蜀人張緒所撰。起乾德乙丑，迄祥符己酉[七四]，自平蜀之後，朝廷命令、官僚姓名及政事因革，以至李順、王均、劉旴作亂之跡，皆略載之。知新繁太常博士張約爲之序。』

《天保正名論》。陳氏曰：『龍昌期撰。其學迂僻[七五]，專非周公，妄人也。』

《泣岐書》。陳氏曰：『蜀人龍昌期撰[七六]，稱「上昭文相公」。有後序[七七]，言求薦進之意。』

《倪文節言行録》三卷，《遺奏志狀碑銘謚議》一卷。陳氏曰：『户部郎中倪祖常子武輯其父尚書遺事。《行狀》，錫山蔣重珍良貴撰；《碑銘》，臨邛魏了翁華甫撰。』

《地理指掌圖》一卷。陳氏曰：『蜀人税安禮撰。元符中欲上之朝，未及而卒。書肆所刊，皆不著名氏，亦頗闕不備。此蜀本有涪右任慥序，言之頗詳。』

《北夢瑣言》二十卷。晁氏曰：『荆南孫光憲撰。光憲[七八]，蜀人，從陽玭、元證遊，多聞唐世賢哲言行，因纂輯之，且附以五代十國事。取《傳》「田於江南之夢」，自以爲高氏從事，在荆江之北，故命編』云[七九]。陳氏曰：『光憲仕荆南高從誨，爲黄州刺史，三世在幕府。後隨繼沖入朝，有薦於太祖者，將用爲學士，未及而卒。光憲自號葆光子。』

《蠶書》二卷。陳氏曰：『孫光憲撰。光憲事跡見小説類。』

《古今服飾儀》一卷。陳氏曰：『題蜀人樊建。紹興癸酉序[八〇]。』

《糖霜譜》一卷。陳氏曰：『遂寧王灼晦叔撰。言四方所産，遂寧爲冠。灼自號爲頤堂。』

《文選雙字類要》三卷。陳氏曰：蘇易簡撰。摘取雙字，以類編集。

蘇明允《嘉祐集》十五卷。

《麗情集》二十卷。晁氏曰：『張君房唐英編古今情感事。』

《信書》二卷。[八一] 巽巖李氏曰：『文軫撰[八二]。軫，綿州巴西縣人。登元豐二年進士第[八三]，爲朝散大夫以老。』

《燕語考異》十卷。陳氏曰：『成都宇文紹奕撰。舊聞汪玉山嘗駁燕語之誤，而未之見也。』

費著撰《蜀杜氏族譜》云：『杜翊世以死節，顯其世祖。』甫來蜀，依嚴武家青神者，實宗文裔世孫準。皇祐五年第進士，宰綿竹以卒。子翊世徙成都，紹聖元年，第進士，官至朝議大夫，通判懷德軍，靖康元年死節，特贈正議大夫，命官其後十人。五子慥、忱以賞得官，孫逸老、俊老，廷曾孫光祖、大臨，以忠義遺澤得官，今猶稱忠義。杜云著此説，不知何據？坡詩有云：『聞道華陽版籍中，至今猶有南城杜。』則子美有後於蜀，其信然耶。

《花間集》曰：『孫光憲，字葆光，蜀之資州人。爲荆南高從誨記室，後官秘書。兵戈之際，以金帛購書數萬卷。[八四] 著《北夢瑣言》，又有《橘》《蓉湖》諸集。』

徐鉉、徐鍇、郭恕先，三人信其博也。鍇爲《説文》[八五]，恕先作《汗簡佩鐫》，時蜀有林氏，作《小説》，然狹於徐、郭。

廣漢趙燮，作有《語孟説》。潼川柳申錫，作《太極》諸書。自一歲、一月、一日、一身，皆有圖説，至於九疇會極，中央立極，中星合極，復分畫而附益之。又作《三陽圖説》十卷，以探羲文孔氏之秘，而上、下經六十四卦爲二圖，以釋其義。

《國史樂律志》四卷。南充陳文憲公于陛爲史官撰。文憲在内閣，請開史館，未幾去位，館亦罷。惟此志及葉文忠《臺山四裔志》、焦修撰《澹園經籍志》僅存。

《杜工部詩集》三十六卷。陳氏曰：『蜀人郭知達所集九家注。』世有稱東坡《杜詩故事》者，隨事造文，一一牽合，而皆不言其所自出。且其辭氣首末出一口，蓋妄人依托以欺亂流俗者，書坊輒勦入《集注》中，殊敗人意。此本獨削去之，福清曾噩子肅刻板五羊漕司，字大直考，最爲善本。

《岷山百境詩》一卷。晁氏以爲王寀字道輔作。遣詞屬意，清麗絶人。自號南陔居士〔八六〕。宣和中，以狂譎誅。然不知何處人也。

宋《陳亞之詩》一卷，僅二十五首。二蘇及眉山李埴皆跋其後。又嘉定丙子眉山任希夷題詩云：『如彼流泉必有源，陳家詩律自專門。後山得法因鹽鐵，不減唐時杜審言。』亞之，師道、師仲之祖也。

《澗上丈人詩》二十卷。晁氏曰：『陳恬，字叔易，堯叟裔孫也。博學有高志〔八七〕，不從選舉，躬耕陽翟，與鮮于綽、崔鶠齊名，號陽城三士。又與晁以道同卜隱居於嵩山。大觀中，召赴闕〔八八〕，除校書郎。以道寄詩戲之曰：「處士何人爲作牙，暫攜猿鶴到京華。故山巖壑應惆悵，六六峰前止一家。」未幾，致仕還山。建炎初，再召，避地桂嶺，卒，年七十四。澗上丈人，其自號也。詩句豪健，嘗作《古別離》，紀靖康之難，一時傳誦之。筆札清勁，與人尺牘，主皆藏去，以爲寶云。』

李俊明字公昂，寶慶進士，資州人，有《文溪集》。其送郡守有『腳陽春難駐』，知名於時，蓋送王子文詞也。

《烏臺詩話》十三卷。陳氏曰：『蜀人朋九萬録東坡下御史獄公案，附以初舉發章疏及謫官後表章、書啓、詩詞等。』

顧夐，蜀通正初爲内直小臣，命作《亡命山澤賦》，有『到處不生草』句，一時傳笑。後官太尉，小詞特工。

張震字東父，蜀人，孝宗朝諫官也。花庵録其詞爲富貴人語。

花庵詞客曰：『李石號方州，蜀人。』有《續博物志》，詞亦風致。草堂選其夏夜，有『煙林踈踈人悄悄』，贈妓有『瘦玉倚香愁黛翠』句。

花庵詞客曰：『邛州盧祖皋，字申之，蒲江樂府甚工，字字可入律呂。蜀人毛熙震，官秘書監，其集止二十餘調，中多新警而不爲猥薄者也。』

《梅敦詞話》曰：『沉水熨香年似日，暮雲垂帳夏如秋』，正伯書舟之佳句也。

《范蜀公樂書》一卷。晁氏曰：『景仁論樂宗房庶，蜀人，潛心四十餘年，出私財鑄樂器。元祐中上之。』

宋祁[八九]、田況薦益州進士房庶曉音，祁上其《樂書補忘》三卷，召詣闕。庶自言『嘗得古本《漢志》，云：「度起於黄鍾之長，以子穀秬黍中者，一黍之起[九〇]，積一千二百黍之廣，度之九十分，黄鍾之長，一爲一分。」今文脱「之起積一千二百黍」八字，故自前世以來，累黍爲尺以製律[九一]，是律生於尺，尺非起於黄鍾也。且《漢志》云『一爲一分』者，蓋九十分之一，後儒以一黍爲一分，其法非是。當以秬黍中者一千二百實管中，黍盡，得九十分，黄鍾之長，九寸加以爲尺，則律定矣。』直秘閣范鎮是之。

徽宗崇寧三年正月，方士魏漢津言：『禹以聲爲律，以身爲度。用左手中指三節三寸，謂之臣指，裁爲商音之管；又用第五指三寸，謂之物指，裁爲羽聲之管。第二指爲民、爲角，大指爲事、爲徵，民與事，君臣治之，以物養之，故不用爲裁管之法。得三指合之爲九寸，即黄鍾之律定矣。黄鍾定，餘律從而生焉。又中指之徑圍乃容盛也，則度、量、權、衡皆自是出而合矣。』又曰：『有太聲，有少聲。太者，清聲，陽也，天道也；少者，濁聲，陰也，地道也；中聲，人道也。宜用第三指爲法。先鑄九鼎，諸鍾均絃裁管爲一代樂。』從之。

《指南方》二卷。陳氏曰：『蜀人史堪載之撰。』凡三十一門，各有論。

《參同契分章通真義》三卷、《明鏡圖訣》一卷[九二]。陳氏曰：真一子彭曉秀川撰。蜀永康人也。《參同契》因《易》以言養生。後世言修煉者祖之。序稱廣政丁未以《參同契》分十九章而爲之注[九三]，且爲圖八環，謂之《明鏡圖》。曩在麻姑山傳録。其末有《秀川傳》。汪綱會稽所刻本，其前題祠部員外郎彭曉，蓋據秘閣本云爾。麻姑本附傳亦言仕蜀爲此官。

晁氏曰：『李格非之女，幼有才藻名。先嫁趙明誠，其舅正夫相徽宗朝，李氏嘗獻詩曰：「炙手可熱亦可寒」[九四]。然無檢操，後適張汝舟，不終晚節。流落江湖間，以卒。』李易安也，有集十二卷[九五]。

《民士編》一十九卷。晁氏曰：『皇朝陳充撰。充，成都人。雍熙中，擢甲科，仕至刑部郎中。知祥符六年貢舉。卒年七十。詞學典贍，性曠達，善談謔[九六]，澹於榮利[九七]，自號中庸子。「民士」云者，蓋其已仕未仕前後所著文也。嘗以唐牛僧孺《善惡無餘論》爲害教，著書反之，國史稱焉。今集載其論兩篇。』

《嘉祐名臣傳》五卷。晁氏曰：『張唐英傳仁宗朝賢臣五十餘人。』王氏《揮麈録》曰：『唐英，天覺同胞兄，仕至殿中侍御史，嘗述《仁宗政要》上於朝。』所謂《嘉祐名臣傳》，特《政要》中一門耳。

《紀聞談》三卷。陳氏曰：『蜀潘遠撰。』所記隋、唐遺事。

校勘記

［一］此处云『《華陽國志》十二卷』，然《直齋書録解題》作：『《華陽國志》二十卷，晉散騎常侍蜀郡常

璩道將撰。』《宋史・藝文志》[二]：『常璩《華陽國志》十卷。』《宋史・藝文志》[三]：『常璩《華陽國志》十二卷。』《文獻通考》：『《華陽國志》十二卷。』關於《華陽國志》的卷數，如上所列，諸書記載多爲十二卷。即卷一《巴志》，卷二《漢中志》，卷三《蜀志》，卷四《南中志》，卷五《公孫述劉二牧志》，卷六《劉先主志》，卷七《劉後主志》，卷八《大同志》，卷九《李特雄期壽勢志》，卷十《先賢志》，卷十一《後賢志》，卷十二《序志》。卷十一下附録《益梁寧三州先漢以來士女目録》。《直齋書録解題》作『二十卷』，倒文誤也。《新唐志》作『十三卷』，《四庫提要》疑其爲傳寫致誤。然錢謙益《絳雲樓書目》所録常璩《華陽國志》亦十三卷，莫友芝《郘亭知見傳本書目》：『《華陽國志》十二卷附録一卷，晉常璩撰。』《四庫提要》此書亦稱『十二卷附録一卷』。或許十三卷乃獨立附録之《士女目録》爲一卷，合正文十二卷爲十三卷。《舊唐志》作『三卷』。

〔二〕『雄常抱三尺弱翰，齎油素四尺，以問其異語，歸即以鉛摘次之於槧』一句有脱文，『常』前原脱『雄』字，『摘』前原脱『鉛』字，今據《直齋書録解題》補。

〔三〕『陳氏』，底本爲『晁氏』。因後文出自《直齋書録解題》，故改爲『陳氏』。

〔四〕『馮廓注《指歸》十三卷』，『馮廓注』三字後原脱『《指歸》十三卷』五字，今據《郡齋讀書志》補。

〔五〕『此本卷數與廓注同，其題谷神子而不顯姓名，疑即廓也』，底本作『谷神子疑即廓也』，今據《郡齋讀書志》改。

〔六〕『成都』，底本作『城都』，今據《直齋書録解題》改。

〔七〕『《産寶》』，底本作『《寶産》』，今據《郡齋讀書志》改。

〔八〕『子善』，底本作『字善』，今據《郡齋讀書志》改。

〔九〕『王建』，『建』前原脱『王』字，今據《郡齋讀書志》補。

〔一〇〕『馮繼先』，底本作『馮繼元』，今據《郡齋讀書志》改。

［一一］「繼先」，底本作「繼元」，今據《郡齋讀書志》改。
［一二］「擬」後原脱「唐」字，今據《崇文總目》補。
［一三］「易軌」，底本作「易執」，今據《郡齋讀書志》及《崇文總目》改。
［一四］「張德釗」，底本作「張德鈞」，今據《郡齋讀書志》改。
［一五］「以監本是」後原脱「正其注」三字，今據《郡齋讀書志》補。
［一六］「陸元朗」，底本作「陸朗」，今據《郡齋讀書志》改。
［一七］「今」，底本作「及」，今據《郡齋讀書志》改。
［一八］「晁氏」，底本作「陳氏」，今據乾隆補修本及《郡齋讀書志》改。
［一九］「八卷」，底本作「八十卷」，今據《郡齋讀書志》改。
［二〇］「蜀郡」，「蜀」後原脱「郡」字，今據《郡齋讀書志》補。
［二一］「裴處恩」，底本作「裴處思」，今據《郡齋讀書志》改。
［二二］「蔡子晃」，底本作「蔡子晁」，今據《郡齋讀書志》改。
［二三］「仁裕隨王衍」後原脱「降」字，今據《郡齋讀書志》補。
［二四］「記往返途中事並其所著詩」後原脱「賦」字，今據《郡齋讀書志》補。
［二五］「廣」，底本作「唐」，今據《直齋書録解題》改。
［二六］「《道德經疏義節解》」，底本作「《道德疏節解》」，今據《崇文總目》改。
［二七］「仕僞蜀爲諫議大夫」前原脱「諷」字，今據《崇文總目》補。
［二八］「刊」，底本作「刻」，今據《茅亭客話》改。
［二九］「誡」，底本作「戒」，今據《直齋書録解題》改。
［三〇］「詳」，底本作「得」，今據《直齋書録解題》改。

〔三一〕「二卷」，底本作「十卷」，今據《直齋書録解題》改。

〔三二〕「《花間集》」，底本作「《竹澗集》」，今據《直齋書録解題》改。

〔三三〕「《鮮于伯圭集》」，底本作「《鮮于伯圭》」，今據《直齋書録解題》改。

〔三四〕「觀察推官」，底本作「觀察」，今據《直齋書録解題》改。

〔三五〕「淮陽」，底本作「淮揚」，今據《郡齋讀書志》改。

〔三六〕「十二篇」，底本作「十三篇」，今據《直齋書録解題》改。

〔三七〕「游似」，底本作「游侶」，今據《直齋書録解題》改。

〔三八〕「《愚丘集》」，底本作「《愚丘公集》」，今據《郡齋讀書志》改。

〔三九〕「晁氏」，底本作「陳氏」，今據《郡齋讀書志》改。

〔四〇〕「閬州」，底本作「閬中」，今據《郡齋讀書志》改。

〔四一〕「辭調」，底本作「詞」，今據《郡齋讀書志》改。

〔四二〕「皇朝」，底本作「宋朝」，今據《郡齋讀書志》改。

〔四三〕「漢」下原有「興」字，今據《郡齋讀書志》刪。

〔四四〕「詩章」，原脱「章」字，今據《郡齋讀書志》補。

〔四五〕「父」，底本作「友」，今據《郡齋讀書志》改。

〔四六〕「一過」，底本作「過目」，今據《郡齋讀書志》改。

〔四七〕「二十二卷」，底本作「三十二卷」，今據《郡齋讀書志》改。

〔四八〕「敢」，底本作「放」，今據《郡齋讀書志》改。

〔四九〕「信以下上尊號」前原無「楚王」二字，今據《蜀中廣記》補。

〔五〇〕「窮」，底本作「家」，今據《文獻通考》改。

〔五一〕「詩」，底本作「文」，今據《直齋書録解題》改。
〔五二〕「塵」，底本作「群」，今據《直齋書録解題》改。
〔五三〕「鄉」，底本作「之」，今據《直齋書録解題》改。
〔五四〕「《春日感懷上勝白郎中》」，「春」後原脱「日」字，今據《直齋書録解題》補。
〔五五〕「五卷」，底本作「二卷」，今據《直齋書録解題》改。
〔五六〕「《綸言集》」，底本作「《論定集》」，今據《直齋書録解題》改。
〔五七〕「敬夫」，底本作「欽夫」，今據《直齋書録解題》改。
〔五八〕「《仁皇訓典》」，底本作「《仁皇典型》」，今據《直齋書録解題》改。
〔五九〕「治平」後原脱「中」字，今據《郡齋讀書志》補。
〔六〇〕「竊」，底本作「切」，今據《文獻通考》改。
〔六一〕「録」，底本作「然」，今據《直齋書録解題》改。
〔六二〕「要録」，底本作「要記」，今據《直齋書録解題》改。
〔六三〕「撰」，底本作「傳」，今據《直齋書録解題》改。
〔六四〕「李巽巖」，底本作「李巽崖」，今據《直齋書録解題》改。
〔六五〕「手寫」，底本作「覽」，今據《直齋書録解題》改。
〔六六〕「秦」後原脱「時」字，今據《直齋書録解題》補。
〔六七〕「己丑」，《直齋書録解題》作「己時」。
〔六八〕「什方」後原脱「陳氏」二字，今據《文獻通考》補。
〔六九〕「敢」，底本作「放」，今據《文獻通考》改。
〔七〇〕「嘉州」，底本作「嘉定」，今據《直齋書録解題》改。

[七一]「諸司」，底本作「有司」，今據《直齋書録解題》改。

[七二]「費樞伯樞」，底本作「費樞伯」，今據《直齋書録解題》改。

[七三]「自春秋至唐」，底本作「自秦至唐」，今據《直齋書録解題》改。

[七四]「起咸通九載，迄乾德四年，百餘年蜀事，大略具矣。《續傳》蜀人張緒所譔。起乾德乙丑，迄祥符己酉」，底本有脱文，原爲「起咸通九載，迄乾德乙丑，迄祥符己酉」，今據《直齋書録解題》補。

[七五]「迂僻」，底本作「迂避」，今據《直齋書録解題》改。

[七六]「龍昌期」後原脱「撰」字，今據《直齋書録解題》補。

[七七]「序」，底本作「敘」，今據《直齋書録解題》改。

[七八]「憲」前原脱「光」字，今據《直齋書録解題》補。

[七九]「編」，底本作「篇」，今據《文獻通考》改。

[八〇]「紹興癸酉」，底本作「詔癸丙」，今據《直齋書録解題》改。

[八一]「二卷」，《文獻通考》作「三卷」。

[八二]「撰」，底本作「傳」，今據《文獻通考》改。

[八三]「二年」，《文獻通考》作「三年」。

[八四]「購」，底本作「搆」，今據《古今詞話》改。

[八五]「説文」，《宋景文公筆記》作「説文繫傳」。

[八六]「陔」，底本作「陜」，今據《郡齋讀書志》改。

[八七]「有」前原脱「博學」二字，今據《郡齋讀書志》補。

[八八]「赴」前原脱「召」字，今據《郡齋讀書志》補。

[八九]「宋祁」，底本作「宋初」，今據《宋史》改。

[九〇]『黍之起』前原脱『一』字，今據《宋史》改。
[九一]『累黍爲尺』，底本爲『累亦爲人』，今據《宋史》改。
[九二]『明鏡圖訣』，『圖』後原脱『訣』字，今據《直齋書録解題》補。
[九三]『廣政』，『廣』後原脱『政』字，今據《直齋書録解題》補。
[九四]『亦』，《郡齋讀書志》作『心』。
[九五]『十二卷』，底本作『二十卷』，今據《郡齋讀書志》改。
[九六]『善』，底本作『喜』，今據《郡齋讀書志》改。
[九七]『澮』，底本作『淡』，今據《郡齋讀書志》改。

卷十八

著作

《馮允南集》十卷。晁氏曰：『馮山字允南，安岳人，宋左丞相澥之父[二]。鄧綰爲中丞，薦爲臺官，力辭不就，士論稱之。又集三十卷，簡池劉光祖德修、梧谿何惠固叔堅序。詩文各十五卷，今鈔本止詩十二卷，餘皆缺。』山，蜀人，生當北宋全盛時，與文湖州、鮮于子駿遊，而無一語及眉山父子兄弟。澥則蔡京、錢遹黨，嘗奏罷李忠定安撫，力排鄒道鄉、楊龜山，請廢元祐太后，以污張邦昌僞命奪志，蓋小人之尤也。四月望後一日，奉旨祈雨，齋宿靈祐寺禪房，頗有花水小雨，復止，盤山蒼然。偶閱此集，頗有佳勝，五言《古西縣道中》云：『漢水引我行，梁山邀我坐。山水已清絶，春容碧相和。下馬取酒飲，梅飄酒中墮。日落醉不去，青茸草間卧。』《郊外》云：『解巾卧柔碧。』《送王審言秘校潞州法曹》云：『上黨緑青冥，勁氣西北隅。黄河天際來，草木冬前枯。』七言古《采樵行》《俠少行》，張王具體，《黔江》《八陣磧》二篇最佳。又《題鮮于秀才所居》云：『群峰背影猿鳥啼，二江門前鷗鷺飛。雅聞君居頗奇絶，長恨不到情依依。仙翁落柘少拘檢，解舞石上凌清暉。投冠整袂或雲起，塵土一踏何時歸。』詩有子瞻風氣。五言律詩《上范蜀公二十韻》説盡蜀公平生。《春閑》云：『春聲蜂遶屋，晴意鳥臨窗。新霽雲曉日，輕雲放林花。』《倒水沉瞿塘峽二十四韻》寫夔州山川，字字逼肖，不身歷其地者，不知也。『起雲勝絶瞿塘險，西陵古地形巴江。』《深洞穴》：『蜀主舊門庭，王氣吞三峽。神功出五丁，繼云衆流趨。灔澦遠意會，滄溟顧盼疑。』《無地幽陰似有靈》：『白鹽懸日月，黑石鼓雷霆。鑱鑿餘痕在，高深巨勢停。魚龍憑險怪，煙霧鎖沉冥。念昔窮探索，嘗言駭觀聽。波濤真激箭，舟楫劇奔星。』殆欲頡頏老杜七言律詩《和周正儒遊蠶叢》云：『抹緑郊原逢雨後，殘妝桃李覺春深。』《宿雲亭》云：『亭榭寂爲閑處所，溪山清帶古風流。』《劍州東園》云：『援琴故故彈流水，隱几蕭蕭聽竹枝。』《送李杞赴闕》云：『千番蜀屑供詠稿，一過秦川照錦衣。』《重陽寄文與可》云：『黄菊縱逢佳節好，清歡不似去年多。』《山路梅花》云：『傳聞山下數株梅，不免車帷暫一開。試向林稍親手折，早知春意逼人來。何妨歸路參差見，更遣東風次第催。莫作尋常花蕊看，江南音信隔年回。』風趣盎然。昔人所云『清空一氣如畫』者也。五古有謝人惠《兖墨詩》，蓋兖州，宋時製墨有名。徽，是時世罕知之。詩云：『故人山東來，遺我數丸墨。拙丸大如指，盥手重拂拭。濃磨向日看，古瓦增潤澤。經屑不見紙，清光隱深黑。書云舊所秘，聞今已難得。庭珪死已久，至寶世罕識。御府從近存（疑有誤），人問萬金直。兖州擅高價，比歙固少抑。古松亦將盡，神奇漸衰息。文章不見貴，筆硯豈可擲。牢落況此君，雖清淡無色。憐君情好古，投贈兼以臆。世事持此觀，噫嗟共冥默。』

《三蘇年表》三卷。陳氏曰：『右奉議郎孫汝聽撰。汝聽當是蜀人，敘蜀甚詳。』

《陵陽集》二十四卷。元初，牟巘獻之著詩有盛名。宋時坡、谷門風，題跋亦如之，雜文皆典實詳雅。其《九日》詩序云：『陶公再爲建威將軍劉裕幕府也，忽棄去，屈爲彭澤令[二]。未幾，又棄去。裕是時已有異志，劉穆之寧死不與九錫事[三]。王弘自江北來，首以此事風朝廷[四]，裕遂移晉祚。而弘爲吏部尚書，爲江州刺史，遂被心腹之寄。既來江州，柴桑近在境内，於陶公時惓惓焉，豈非内懷前愧，欲拔高人勝士以自湔拔耶[五]？陶公未易致，則使人中路具酒食，候其出，醉而要之，庶幾一見，斯已甚迫，則亦可以見。我胸懷本趣固有在，豈端爲一王弘哉？適乘籃輿，足以自返。其視華軒爲何物，而弘欲以此榮其歸，此又可一笑也，云云。此論發前人所未發。詩五言亦佳，不具録。獻之，蜀陵陽人。清惠存齋於寓吴興所與遊，好者如劉會孟戴帥，初仁近周公瑾、趙子昂兄弟，皆一時名盛，可以知其人已。』

夾江有李燾[六]，以學術文章受之於子瞻，爲少師。師所著有《濟南集》二十卷，《師友談記》一卷，子瞻與一時四學士所談論也。燾李方叔，存疑，俟考。

洛下閎，閬中人。武帝時徵金馬門待詔。收造《太初曆》。

魏了翁，起居舍人，以論事忤史彌遠，謫靖州，築鶴山書院，杜門六載，著《五經要略》。

《采石瓜洲斃敵記》一卷。紀虞雍公事，雍門人潼川蹇駒撰。

《太平治跡統類》七十三卷。宋眉山彭百川叔融撰。略用袁樞《通鑑本末》條例爲《前集》四十卷[七]，中興後事爲《後集》三十三卷[八]。見陳振孫《書録解題》、趙希弁《讀書附志》。此前集尚有譌闕，乃秣陵焦氏本。

刻書咸云始於後唐明宗，於《池北偶談》已備考群説，適讀《揮麈餘話》云：『毋丘儉貧賤時，借《文選》於交遊間，有難色。發憤：「異日若貴，當板鏤之，遺學者。」後仕蜀，爲宰相，遂踐其言。印行書籍，創見於此，事載陶岳《五代史補》。』唐平蜀，明宗命太學博士李諤書《五經》，仿其製作，刊板於國子監。監中印書之始。今盛行於天下，蜀中爲最。明清家有諤書印本《五經》，後題長興二年。予考常熟毛氏刻《五代史補》無此條，吴太史任臣《十國春秋》，蜀毋昭裔傳請主鏤板印《九經》，又令門人勾中正、孫逢吉書《文選》《初學記》《白氏六帖》，刻板行之。録誤昭裔爲毋丘儉耳。

《諫議集》三卷[九]。晁氏曰：『皇朝鮮于侁，字子駿，閬中人，景祐中登進士乙科。神宗初上書，上愛其文，以爲不減王陶。元祐中，仕至諫議大夫。侁治經術有法，論著多出新意。晚年爲詩與楚詞尤精，世以爲有屈、宋風。族妷之武[一〇]，編次有序。』東坡曰：鮮于子駿《九誦》，友屈、宋於千載，上《堯祠》《舜祠》二章，氣高格高，東漢以來鮮及。

石林葉氏曰：『晁无咎嘗云，頃以諸生見鮮于諫議子駿，教之爲文，曰：文章但取簡易和緩，不必奇險。如《詩》言「維北有斗，不可以挹酒漿」，此豈不甚平？後人因之乃曰「援北斗兮酌酒漿」，一變雖奇，以北斗爲酌，無已夸乎其甚者？遂有言「天上揭取北斗柄」，辭至於此，則已弊矣。』極以其言爲然。子駿在前輩詩文亦高古，初世未有爲騷者，自子駿興，文與可發之後，遂有相繼得其味者也。

《蒲左丞集》十卷。晁氏曰：『皇朝蒲宗孟，字傳正，閬中新井人。皇祐五年進士，曾公亮薦除館職。神宗謂宰相曰：「宗孟有史才。」乃同修國史。入爲翰林學士，除尚書左丞。卒，年六十六。爲人酷暴奢侈，蘇子瞻嘗規之云：「一曰慈，二曰儉。」世以爲中其膏肓之疾。』

《華陽集》一百卷。晁氏曰：『皇朝王珪，字禹玉[一一]，其先成都人[一二]，故號「華陽」。』

《韓子蒼集》三卷。晁氏曰：『皇朝韩駒，字子蒼[一三]，仙井人。政和初，詣闕上書，特命以官，纍擢中書舍人，權直學士院。王甫嘗命子蒼詠其家藏《太乙真人圖》[一四]，詩盛傳一世。宣和間，獨以能詩稱之。』後村劉氏曰：『子蒼，蜀人，學出蘇氏，與豫章不相接。呂公强之入派，子蒼殊不樂。磨淬剪截之功，終身改竄不已。寫寄人數年而追取更易一兩字者，故所作雖少而善。』

黎氏《春秋經解》十二卷。晁氏曰：『皇朝黎錞希聲撰。』錞，蜀人，歐陽公之客。名其書爲《經解》者，言以《經》解《經》也。其後又爲《統論》附焉。

《春秋得法志例論》三十卷。晁氏曰：『皇朝馮正符所撰。』陳氏曰：『遂寧馮正符信道，蜀州晉原主簿。其父堯民希元爲鄉先生。正符三上禮部不第，教授梓、遂學十年，著書及《詩》《易》《論語解》。蜀守何郯首以其《春秋論》上之。熙寧末，中丞鄧綰薦之，得召試，賜同進士出身，王安石亦待之厚。其書首辨王魯、素王之説，及杜預三體五例、何休三科九旨之怪妄穿鑿。皆正論也。』

《馮氏春秋通解》十二卷[一五]。晁氏曰：『皇朝馮山允南撰。普州人。澥之父也。』

《繹聖傳》十二卷。晁氏曰：『皇朝任伯雨德翁所撰，解經不甚通。』[一六]

《唐書辨證》二十卷，一名《糾謬》[一七]。晁氏曰：『皇朝吴縝字廷珍，成都人[一八]，仕至郡守。數新書初修之時，其失有八類，其舛誤二十門，凡四百餘事。縝不能屬文，多誤有詆訶。如《新唐書·張九齡傳》云[一九]：武惠妃陷太子瑛，遣宫奴告之曰[二〇]：「廢必有興，公爲援[二一]，宰相可常處。」九齡奏之，故卒九齡相而太子無患。縝以爲時九齡已相而太子竟以廢死，以爲新書似實而虚。按史之文謂終九齡在相位日，太子得不廢也，豈謂卒以九齡爲相，太子終無患乎？初名《糾謬》，其後改云《辨證》，實一書也。』

《五代史纂誤》五卷《雜録》一卷。晁氏曰：『吴鎮撰。凡二百餘事，皆歐陽永叔《新五代史》抵牾舛訛也。』按《通鑑考異證》，歐陽史差誤，如『莊宗還三矢事』之類甚衆，今此書皆不及之，特證其字之脱錯而已。又，善本未必皆然。

《皇朝事類樞要》二百五十卷。陳氏曰：『蜀人張和卿編集。爲一百五十門。蓋舉子答策之具也。』

《馭臣鑒古》二十卷。晁氏曰：皇朝鄧綰撰[二二]。元豐中爲中丞，獻之朝。未幾，坐操心頗僻，賦性奸回，論事薦人，不循職守，貶。綰，成都雙流人。

《仁宗政要》四十卷。張唐英撰。

《蜀鑑》十卷，起秦人取南鄭、秦人伐蜀，迄西南夷本末[二三]，有文子嘉熙丁酉跋云：『與資中郭充蹈居仁共爲此編。』又有姚咨嘉靖丙寅跋云：『是編予得之羅浮外史顧玄緯氏，顧得之兵侍鄞范東明翁，翁又得之章丘李中麓吏部[二四]，輾轉假録，越二十餘年，予始得手鈔，凡六踰月乃畢。夙興夜寐，無論寒暑，蓋不知老之將至。』是書予壬子入蜀時，購之不可得，康熙癸亥，乃借之朱簡討錫鬯。

《歸田録》十卷。晁氏曰：『皇朝李佃撰。』佃，蜀人，張詠客也。與范鎮友善，熙寧中，致仕歸，與賓客門人燕談忘倦，門人請編録之，又名《該聞録》。《書録解題》十卷。又有《雜詩》十二篇繫於後。

《益州名畫録》三卷。晁氏曰：『皇朝黄休復纂。唐乾符初至宋乾德歲[二五]。休復在蜀中，目擊圖畫之精者五十八人[二六]，品以四格』[二七]。

《國史對韻》十二卷。晁氏曰：『皇朝范鎮撰。吴仲庶嘗稱景仁憫諸後學雖涉書傳，而問以今代典故，則懵然不知。乃自太祖開基，迄於仁宗朝，摭取事實可爲規矩鑒戒者，用韻編次之』，即此書也。

《搢紳脞説》二十卷[二八]。晁氏曰：『皇朝張唐英君房撰。』君房博學，通釋老，善著書，如《名臣傳》《蜀檮杌》《雲笈七籤》，行於世者，毋慮數百卷。此書亦詳寔。

《東齋記》十卷。晁氏曰：『皇朝范鎮景仁元豐中撰[二九]。序言：「既謝事，日於東齋燕坐，追憶在朝時交遊言語，與夫俚俗傳記[三〇]，因纂集成一編。」[三一]崇、觀間，以其及國朝故事，禁之。』

《成都古今記》三十卷。晁氏曰：『皇朝趙抃編。抃自慶曆至熙寧凡四入蜀，知蜀事爲詳，摭其故實，以類相從，分百餘門。時熙寧七年。』

《嘉州志》二卷。晁氏曰：『皇朝呂昌明[三二]。以《嘉州圖經》增廣之。』

《梁益志》十卷。晁氏曰：『皇朝任弁撰。天禧中，遊宦於成都，以《蜀記》數家，其言皆無據[三三]，乃引書傳，刊正其謬，自爲序。』

《峨眉山志》三卷[三四]。晁氏曰：『皇朝張開撰。峨眉，山名也。隋開皇十三年以名其邑，奇勝冠三巴[三五]。郡守呂勤命開考圖經及傳記、石刻，綴輯成書，析爲十四門。宋白、吳中復詩文附於後。』

《三國人物論》三卷。晁氏曰：『皇朝楊祐甫撰。楊，蜀人。』

《蜀三神祠碑文》五卷。晁氏曰：『皇朝井虔編。任四川漕日，裒梓潼、灌口、射洪三神祠碑文板記，成此書。』

《茅亭客話》。晁氏曰：『皇朝黄休復撰。茅亭，其所居也。暇日，賓客話言及虚無變化、謡俗卜筮，雖異端而合道，旨屬勸懲者，皆録之。』陳氏曰：『其所記多蜀事，别以《成都名畫記》。蓋蜀人也。』

《楊天隱詩》十卷。晁氏曰：『皇朝楊恬，字天隱，潼川人。』

《通玄秘要悟真篇》一卷。晁氏曰：『皇朝張用成撰。用成，字平叔，天台人。熙寧中，隨陸師閔入蜀，授道於隱者，因成律詩八十一首。』陳氏曰：『天台張伯端[三六]，一名用成。熙寧中遇異人於成都，所著五七言詩及《西江月》百篇。有葉士表、袁公輔者，各爲注，凡五卷。』

章氏《太元經注》十四卷《疏》三十卷。晁氏曰：『皇朝章詧撰。』嘉祐中，成都帥蔣堂獻其書於朝，詔書褒寵[三八]，賜號沖退處士。《實録》：『詧，字隱之，雙流人，通經術，善屬文，性恬淡，屏居林泉，以養生治氣爲事。』

無盡居士注《素書》一卷。晁氏曰：『皇朝張商英注。英稱《素書》凡六卷。按《漢書》黄石公圯上授子房，世人多以《三略》爲是，蓋誤也。晉亂，有盜發子房冢，玉枕中獲此書。商英之言，世未有信之者。』

《劉巨濟注老子》二卷。晁氏曰：『皇朝劉涇巨濟，蜀人[三九]。篤志於學，文詞奇偉。早登子瞻之門，晚受知蔡京，除學博士[四一]。』

《張隨注參同契》三卷。晁氏曰：『皇朝張隨，皇祐中居青城山，注魏伯陽之書，列數十圖於後[四二]。』

虞山詩：『揮毫對客曹能始，簾閣焚香尹子求。』子求，名伸，蜀宜賓人。死獻賊之亂。時有胡生約之者，携先生詩集避兵芒部。胡死，集流落一彝生家。久之，敘州士人某客遊其地，一日，與論先生詩，彝生摇手曰：『浪得名耳。』出其集，塗抹幾徧，士人遂召取以歸。

劉涇，簡州人。爲文務奇怪話，好進取，多爲人排斥，屢躓不伸。李心傳，井研人，撰《建炎以來朝野雜記》甲集二十卷，乙集二十卷，編首有國史院劄子。行下隆州，宣取此書，於宋南渡後朝章國故，大綱、細目燦然，悉備史家巨擘也。

眉山著作

家勤國著《春秋新義》。又因諸賢矯枉過直，作築室，作《室喻》。二蘇敬嘆之。

家鉉翁《春秋集傳詳説》三十卷，亦崑山徐氏刻本，有鉉翁自序。高郵龔璛跋云：『至正丙子，宋亡。以則堂先生歸，置諸瀛洲，卒成此書。自瀛寄宣，託於其友肅齋潘公從大藏之參定。乙丑，宣學鋟梓，凡三十卷，綱領十篇，一原春秋託始，二推明行夏時之意，三辨五始，四評三傳，五明王霸，六以經正例。按鉉翁，祖大西，名列朱文公黨籍。大西，曾祖愿明，父勤國，與二蘇爲同門友，嘗憤王安石廢《春秋》，著《春秋新義》，蓋家學云。』

王氏《春秋列國諸臣傳》共六十三卷[四四]。晁氏曰：『皇朝王當撰。當，眉山人。嘗爲《列國諸臣傳》，效司馬遷《史記》，凡一百三十有四人，十萬餘言。今又釋《春秋》，真可謂有志矣。』陳氏曰：『諸贊論議純正，文辭簡古，於經傳多所發明。』

王當富於經學，著《春秋列國名賢傳》五十卷，有《易》《春秋》，多得聖人之旨。

《東坡易傳》十一卷。晁氏曰：『東坡自言其學出於父洵，且謂卦不可爻別而觀之。』其論卦，必先求其所齊之端，則六爻之義，未有不貫者，未嘗鑿而通之也。

《東坡論語解》十卷、潁濱《論語拾遺》。晁氏曰：『子瞻爲《論語解》，後子由以其說之未妥者，辨正之。』

蘇子瞻《東坡前集》四十卷《後集》二十卷《奏議》十五卷《内制》十卷《外制》三卷《和陶集》四卷《應詔集》十卷。陳氏曰：『杭、蜀本同，但杭本無《應詔集》。』

《東坡詞》二卷。山谷曰：『居士詞橫放傑出，自是曲子縛不住者。』《後山詩話》：『子瞻以詩爲詞[四五]，如教坊雷大使之舞，雖極天下之工[四六]，要非本色。』

《東坡詩話》二卷。晁氏曰：『雜書有及詩者，好事者因集之，成二卷。』

《東坡廣成子解》一卷。晁氏曰：『軾取《莊子》中[四七]「黃帝問道於廣成子」一章，爲之解。』

東坡撰《張安道墓誌》：『安道家貧無書，從人借三史，旬日輒歸之，曰：「得其詳矣。」』

《東坡別集》四十六卷。陳氏曰：『坡之曾孫給事嶠季真刊家集於建安。』大略與杭本同。蓋杭本當坡公無恙時已行於世矣。麻沙書坊又有《大全集》，兼載《志林》《雜説》之類，亦雜以潁濱及小坡之文，且間有訛僞勦入者。有張某爲吉州，取建安本所遺盡刊之[四八]，而不加考訂，中載《應詔》《策論》，蓋建安本無《應詔集》也。

《古史》六十卷。晁氏曰：『皇朝蘇轍子由撰。其序曰：「太史始易編年之法爲紀、傳、世家，記五帝以來，然不得聖人之意。余因遷之舊，始伏羲，訖秦始皇，爲七本紀、十六世家、三十七列傳，謂之古史，追録聖賢之遺意，以示後世。」《國史》譏蘇氏之學皆權謀變詐。今觀此書，蓋不然，則知子由晚節，爲學益精深。』云。

潁濱《春秋集傳》十二卷。晁氏曰：『蘇轍子由撰。』大意以世人多師孫復，不復信史，故盡棄二《傳》，全以《左氏》爲本。

潁濱《孟子解》。陳氏曰：『其少年時所作，凡二十四章。』

《龍川略志》六卷《龍川別志》四卷。晁氏曰：『蘇轍元符二年夏，居循州，杜門閉目，追憶平昔[五〇]，使其子遠書之於紙，凡四十七事。其秋，復記四十七事。龍川，循州地名。』

《蘇子由注老子》二卷。晁氏曰：『子由謫官筠州，頗與學浮屠者遊[五一]，而有所得焉，於是解《老子》。』

《蘇文定公遺言》，蘇轍子由撰。周平園序略曰：『文定公晚居許昌，造深矣。避禍謝客，縱有門人，亦罕與言。其聞緒論者，子孫而止耳。然諸子宦遊，惟長孫將作監丞仲滋諱籀，年十有四，才識卓然，侍左右者九年，記遺言百餘條，未嘗增損一語。既老，以授其子郎中君詡，郎中復以授其子道州史君森。予嘗與道州同僚，故請顯其後。』云云。

蘇過著《孔門弟子别傳》。

《斜川集》十卷。陳氏曰：『通直郎蘇過叔黨撰。世號小坡。坐黨家不得仕進，終於通判中山府。晁以道誌墓，稱其純孝。給事中嶠，其孫也。』

《九峰集》四十卷。陳氏曰：『太常少卿眉山蘇元老在廷撰。東坡從孫也。坡在海上，嘗有書往來。其罷奉常歸潁昌，正坐元祐邪等。未幾遂卒，年四十七。』

蘇子由《欒城集前集》五十卷《後集》二十四卷《第三集》十卷《應詔集》二十卷。

《春秋分記》九十卷。陳氏曰：『邛州教授眉山程公説伯剛撰。以《春秋》經傳仿司馬遷書，爲《年表》《世譜》《曆》《天文》《五行》《地理》《禮樂》《征伐》《官制》諸書。自周、魯而下，及諸小國、夷狄皆彙次之。時有所論發明，成一家之學。公説積學苦志，早年登科，值逆曦亂，憂憤以死，年才三十七。弟兄三人，皆以科第進。中書舍人公許［五四］，其季也。』

史守道著《博齋集》《春秋會》等書。

《通鑑釋文》三十卷。陳氏曰：『左宣議郎眉山史炤可見撰，馮時行爲之序。』今考之公休之書，大略而加詳焉。蓋因其舊而附益之也。

《續通鑑長編》一百六十八卷。陳氏曰：『禮部侍郎眉山李燾仁父撰［五五］。長編云者，司馬温公之爲《通鑑》也，先命其屬叢目，既成，乃修長編，然後删之以成書。唐長編六百卷［五六］，今通鑑惟八十卷耳。燾所上表自言未可謂之「通鑑」，止可謂之「長編」，故其書雖繁蕪而不嫌也。其卷雖如此，而册數至餘三百［五七］，蓋逐卷又自分子卷或至十餘。』陳氏又曰：『《續長編通鑑舉要》大略皆温公舊規也。』

《文獻通考》云：『先公曰：「李文簡公本朝《長編》，自紹興、隆興、乾道、淳熙，節次上進，收拾舊事，垂四十年。是《長編》一百六十八年之書，以四十年而成。」』

水心葉氏曰：『李氏《續長編通鑑》，《春秋》之後纔有此書。自史法壞、譜牒絶，百家異傳與《詩》《書》《春秋》並行。而漢至五季，事多在記後，史官常狼狽收拾，僅能成編。嗚呼！其何以信天下也。《通鑑》雖幸復古，然由千有餘歲之後，追戰國、秦、漢之前則遠矣，疑詞誤説流於人心久矣。方將鈎索質驗，貫殊析同，力誠勞而勢難一矣。及公據變復之會，乘歲月之存，斷自本朝，凡實録、正史、文書，無不是正，就一律也；而又家録、野記，旁互參審，毫髮不使遁逸，邪正心跡，隨卷較然。夫孔子之所以正時月日必取於《春秋》者，近而其書具也，今惟《續通鑑》爲然耳。故余謂：「《春秋》之後，纔有此書。」信之所聚也。雖然，公終不敢自成書，第使至約出於至詳，至簡成於至繁，以待後人而已。』

《李文簡公集》一百二十卷。敷文閣學士、丹稜李壽仁甫撰。《水心集》序曰：『自有文字以來，名世數十，大抵以筆勢縱放，凌厲馳騁爲極功。風霆怒而江河流，六驥調而八音和，春輝秋明而海澄嶽静也，高者自能，餘則勉而效之矣。雖然，此韓愈所謂下逮《莊》《騷》，其上無是也[五八]。觀公大篇詳而正，短語簡而法，初未嘗藻黼琢鏤，以媚俗爲意。會點之瑟方希，化人之酒欲清，又非以聲色臭味自怡悦也。獨於古文墜學，堂上之議，起虞造周，如挈裘振領焉[五九]，固遺其下而獨至其上者與！蜀自三蘇死，公父子弟兄後起，兼方合流以就家學，綜練古今名世之際，有補於世。天下傳以繼蘇氏』云。

《中興十三處戰功録》一卷。參政眉山李壁季章撰。中興以來，禦寇立功，惟此十三處，編爲一書，所謂『司勛藏其貳』者也。開禧乙丑，北事將作，其書成。

李壁，燾子，歷仕至參知政事。有詩文論以其文章伯仲葉水心，詩詞輩行陸放翁。晚遷於撫州郡峨峰書院，聚書藏於閣。有《臨汝閑書》十五卷。

紹興二十九年，李燾爲幹辦公事。燾以司馬光《百官表》未有繼者[六〇]，乃徧求正史、實録，旁採家集、野史，增廣門類。起建隆，迄靖康，合新舊官制而成書。其後，《續資治通鑑長編》蓋始於此。至是，四川制置使王剛中建之。燾續《百官表》九十卷，詔給札録付史館。爲人博學剛正，張浚、張燾咸器重之。

《東都事略》一百五十卷。陳氏曰：『承議郎知龍州眉山王偁季平撰。其書紀、傳、附録略具體，但無志耳。附録用五代史例也[六一]。淳熙中上其書，得直秘閣。其所紀太簡略，未得爲全善[六二]。』

王賞，當之弟，作有《玉臺集》。

王箴著《史漢論贊》。

史經博學能文，其《思子臺賦》，上援秦始皇，下逮晉惠，反覆哀切，有補於世。

《孫文懿集》三十卷。晁氏曰：『皇朝孫忭字夢得[六三]，眉山人。六世祖長孺喜藏書，貯以樓，蜀人號「書樓孫家」[六四]。天聖中進士甲科，纍遷知制誥、翰林學士承旨，後參知政事。謚文懿。』

《小醜集》十二卷，《續集》三卷。陳氏曰：『直秘閣眉山任盡言元受撰。元符諫官任伯雨之孫，紹興從臣申先之子。乙卯甲科[六五]，仕爲太常寺主簿，終於閩憲。』楊誠齋序，謂其詩文孤峭而有風稜，雄健而有英骨，忠慨而有義氣。『蓋將與唐之貞元、元和，本朝之慶曆、元祐諸公並轡而先，終非近世陳陳相因，纍累隨行之作也。』

《義林》一卷。陳氏曰：『眉山程敦厚子山撰。其上世東坡外家也。子山爲人凶險，附秦檜至右史，後復得罪，謫知安遠縣以没。』[六六]

《劍南須知》十卷。巽崖李氏曰：『宋如愚撰。如愚，眉山人。』

《唐三百家文粹》四百卷。眉山成叔陽編，後溪劉氏序曰：『往時有《唐文粹》百卷，姚鉉之所銓纂，已倍於古，今眉山成君乃增益之至三百家，爲四百卷。嗚呼！何其多也！文之多者，可以察治；言之富者，可以觀德。眉多藏書，叔陽所以盡力乎其間，豈徒然哉！叔陽薦於鄉，既成此書，乞余序之。』

《唐子西文集》十卷。晁氏曰：『唐庚字子西，眉山人。登進士第。早受知於張天覺，天覺爲相，擢京畿提舉常平，且欲用爲諫官。天覺去位後，言者謂子西嘗宣言，有一網打盡之語，貶惠州。大觀五年，會赦北歸。』陳氏曰：『張商英拜相，子西作内前行，坐貶惠州，歸蜀而卒。其文長於議論，所著《名治》《存舊》《正友》《議賞》諸論，皆精確。』雁湖李氏曰：『唐子西文采風流，人謂之小東坡。』

《注荆公集》十五卷[六七]。陳氏曰：『參政眉山李壁季章撰。謫居臨川時所作[六八]。助之者曾極景建。魏鶴山作序。』

《三謝詩》一卷。陳氏曰：『集謝靈運、惠連、玄暉詩。不知何人集。《中興書目》云：唐庚子西。』

《書丹詞》一卷。陳氏曰：『眉山程垓正伯撰。王偁季平爲作序。』

《字通》一卷。陳氏曰：『彭山李從周肩吾撰。』

程垓，東坡中表之戚也[六九]，盛以詞名，獨尚書尤公以爲正伯之文過於詞。

僞蜀時，孫光憲、毛熙震、李珣有《後庭花》曲，皆賦後主故事。不著宮調，而調各四句，似令也。

楊升庵謫滇中，《寄夫人》詞云：『費長房縮不盡相思地，女媧氏補不完離恨天。淚珠與銅壺並滴，愁腸與蘭焰同煎。愁和悶，經歲年年。』

周密曰：『余嘗聞李雙溪獻可云：「昔李仁甫爲《長編》，作木廚十枚，每廚作抽替匣二十枚，每替以甲子誌之，凡本年之事，有所聞必歸此匣，分日月先後次第之，井然有條，真可爲法也。」』

李珣事王宗衍，詞名《瓊瑤集》。其妹事衍，爲昭儀，亦饒辭藻，有『鴛鴦枕上忽然聲』，誤入《花蕊夫人集》。

蜀府藏書

藏書之富，敝鄉之成都，莫比蜀府。成王喜讀書，宮中爲石樓數十間，藏書數億萬卷，日抄寫者數百人。自繪《孔子圖》於樓上，日臨之以肅其較書者。布政司銅板纍代之遺，非今之世間物。新都、南充、内江、富順、巴渝諸處，無不以藏書相尚。經賊之慘，蜀之書盡矣。

范文光《内江遊草》

《柳塘詞話》曰：『鄒程村語余云：「范仲先輩續《花間集》，皆畫舫青樓之詞。自作小敘，原非不及情者，今得博採之，以誌前代風流，且以當《東京夢華録》也。」』

陳壽《進〈諸葛亮集〉表》

臣壽言：亮少有逸群之才、英霸之器，身長八尺，容貌甚偉，時人異焉。遭漢末擾亂，隨叔父玄避難荆州。躬耕於野，不求聞達。時左將軍劉備以亮有殊量，乃三顧亮於草廬之中。亮深謂備雄姿傑出，遂解帶書誠[七〇]，厚相結納。及魏武帝南征荆州，劉琮舉州委質，而備失勢衆寡，無立錐之地。亮時年二十七，乃建奇策，身使孫權，求援吴會。權既宿服仰備，又器亮奇雅，甚敬重之，即遣兵三萬人以助備。備得用與武帝交戰，大破其軍，乘勝克捷，江南悉平。後備又西取益州。益州既定，以亮爲軍師。將軍備稱尊號，拜亮爲丞相，録尚書事。及備殂殁，嗣子幼弱，事無鉅細，亮皆專之。於是外連東吴，内平南越，立法施度，整理戎旅，工械技巧，物究其極，科教嚴明，賞罰必信，無惡不懲，無善不顯，至於吏不容奸，人懷自勵，道不拾遺，强不侵弱，風化肅然也。當此之時，亮之素志，進欲龍驤虎視，包括四海，退欲跨陵邊疆，震蕩宇內。又自以無身之日，則未有蹈涉中原，抗衡上國者，是以用兵不戢，屢耀其武。然亮才，於治戎爲長，奇謀爲短，理民之幹，優於將略。而所與對敵，或值人傑，加衆寡不侔，攻守異體，故雖連年動衆，未能有克。昔蕭何薦韓信，管仲薦王子城父，皆忖己之長，未能兼有也。亮之器能政理，亦蕭、管之亞匹也，而時之名將無城父、韓信，故功業陵遲，大義不及耶？蓋天命有歸，不可以智力爭也。青龍二年春，亮帥衆出武功，分兵屯田，因爲久駐之基。其秋病卒，黎庶追思，以爲口實。至今梁、益之民，咨述亮者，言猶在耳，雖甘棠之詠召公，鄭人之歌子産，足以遠譬也。孟軻有云：『以佚道使民，雖勞不怨；以生道殺民，雖死不忿。』信矣！論者或怪亮文彩不豔，而過於丁寧周至。臣愚以爲咎繇大賢也，周公聖人也，考之《尚書》，咎繇之謨略而雅，周公之誥煩而悉。何則？咎繇與舜、禹共談，周公與群下矢誓故也。亮所與言，盡衆人凡士，故其文指不得及遠也。然其聲教遺言，皆經事綜物，公誠之心，形於文墨，足以知其人之意理，而有補於當世。伏惟陛下邁蹤古聖，蕩然無忌，雖敵國誹謗之言，咸肆其辭而無所革諱，所以明大道之通也。

典干繼魏，不得不以魏繼漢，繼漢而曰三國。國非天下，三非一統，陽與而陰奪也。將略非優，誠爲曲筆當年巾幗受辱者，何人欲蓋而彌彰也。寫諸葛氣韻神悠，似揚非揚，似抑非抑，立人朝廷，表故國軍師，身分筆墨，至此化矣。人多以報怨議之，何也？若崔浩修史，直指蜀漢爲尉佗，真所謂病狂喪心者[七二]。

校勘記

[一] 此句《郡齋讀書志》作「右皇朝馮山字允南，普州人」。《居易録》作「安岳馮山字允南，宋左丞澥之父。」

[二] 「爲彭澤令」前原脱「屈」字，今據《陵陽集》補。

[三] 「劉穆之寧死不與九錫」後原脱「事」字，今據《陵陽集》補。

[四] 「事」，底本作「議」，今據《陵陽集》改。

[五] 「拔」，底本作「祓」，今據《陵陽集》改。

[六] 「李廌」，底本作「李薦」，據《郡齋讀書志》及《直齋書録解題》改。

[七] 「條例」後底本原脱「爲」字，今據《直齋書録解題》補。

[八] 「中興」後原脱「後事爲」三字，今據《直齋書録解題》補。

[九] 「《諫議集》」，《郡齋讀書志》作「《鮮于諫議集》」。

[一〇] 「族姝之武」，底本爲「族姓之式」，今據《郡齋讀書志》改。

[一一] 「皇朝王珪」後原脱「字」，今據《郡齋讀書志》補。

[一二] 「其先成都」後原脱「人」字，今據《郡齋讀書志》補。

[一三] 「韓駒，字子蒼」，底本作「韓子蒼」，今據《郡齋讀書志》改。

[一四] 「王甫」，底本作「王介甫」，今據《郡齋讀書志》改。

[一五] 「通解」，底本作「經解」，今據《郡齋讀書志》改。

［一六］「皇朝任伯雨德翁所撰，解經不甚通」，底本作「皇朝任伯雨撰。經解不甚通例」，今據《郡齋讀書志》改。

［一七］「《糾謬》」，底本作「《經謬》」，今據《郡齋讀書志》改。

［一八］「成都人」，底本作「城都人」，今據乾隆補修本及《郡齋讀書志》改。

［一九］「如」，底本作「爲」，今據《郡齋讀書志》改。

［二〇］「宮」，底本作「告」，今據《郡齋讀書志》改。

［二一］「爲」，底本作「這」，今據乾隆補修本和《郡齋讀書志》改。

［二二］「撰」，底本作「繏」，今據乾隆補修本改。

［二三］「夷本末」，底本作「生本末」，今據《池北偶談》改。

［二四］「李中麓」，底本作「李中麗」，今據《池北偶談》改。

［二五］「唐乾」後原脱「符」字，今據《郡齋讀書志》改。

［二六］「目擊」，底本作「自繫」，今據《郡齋讀書志》改。

［二七］「以四格」前原脱「品」字，今據《郡齋讀書志》改。

［二八］「脞」，底本作「脫」，今據《郡齋讀書志》改。

［二九］「元豐中撰」，底本作「撰元豐中」，今據《郡齋讀書志》改。

［三〇］「俚」，底本作「巴」，今據乾隆補修本及《郡齋讀書志》改。

［三一］「一編」，底本作「篇」，今據《郡齋讀書志》改。

［三二］「皇朝呂昌明」，底本作「皇朝賈昌期」，今據《郡齋讀書志》改。

［三三］「其言皆無據」，《郡齋讀書志》卷第八作「無所據依」。

［三四］「《峨眉山志》」，《郡齋讀書志》卷八作「《峨眉志》」。

［三五］「巴」，《郡齋讀書志》卷八作「蜀」。

[三六]「天台張伯端」，《直齋書録解題》卷十二作「天台張伯端平叔撰」。
[三八]「褒寵」，《郡齋讀書志》卷十作「寵獎」。
[三九]「皇朝劉涇巨濟，蜀人」，《郡齋讀書志》卷十一作「皇朝劉涇巨濟注。涇，蜀人」。
[四二]「除學」，《郡齋讀書志》卷十一作「太學」。
[四三]「列數十圖於後」，《郡齋讀書志》卷十六作「列十數圖於其後」。
[四四]「六十三卷」，《郡齋讀書志》卷第三、《直齋書録解題》卷三均作「五十一卷」。
[四五]「子瞻」，底本作「東坡」，今據《後山詩話》改。
[四六]「之工」，底本作「至工」，今據《後山詩話》改。
[四七]「取」前原脱「軾」字，今據《直齋書録解題》補。
[四八]「盡」，底本作「書」，今據《直齋書録解題》改。
[五〇]「憶」，底本作「惟」，今據《郡齋讀書志》改。
[五一]「頗與學浮屠」後原脱「者」字，今據《郡齋讀書志》補。
[五四]「公許」，底本作「許」，今據《直齋書録解題》改。
[五五]「李燾仁父」，底本作「李仁甫」，今據《直齋書録解題》改。
[五六]「六百卷」，底本作「六十卷」，今據《直齋書録解題》改。
[五七]「册」，底本作「删」，今據《直齋書録解題》改。
[五八]「是」，底本作「足」，今據《文獻通考》改。
[五九]「挈」，底本作「絜」，今據《文獻通考》改。
[六〇]「百官表」，底本作「年表」，今據《續資治通鑑》改。
[六一]「例」，底本作「何」，今據《直齋書録解題》改。

〔六二〕『善』，底本作『書』，今據《直齋書録解題》改。
〔六三〕『皇朝』，底本作『宋朝』，今據《直齋書録解題》改。
〔六四〕『孫家』前原脱『蜀人號書樓』五字，今據《直齋書録解題》補。
〔六五〕『甲科』前原脱『乙卯』二字，今據《直齋書録解題》補。
〔六六〕『後復得罪，謫知安遠縣以没』，底本作『後坐謫死』，今據《直齋書録解題》改。
〔六七〕『注荆公集』，底本作『注荆公詩』，今據《直齋書録解題》改。
〔六八〕『臨川』，底本作『臨邛』，今據《直齋書録解題》改。
〔六九〕『表』，底本作『青』，今據乾隆補修本改。
〔七〇〕『書』，乾隆補修本作『寫』。
〔七一〕『病狂喪心』，乾隆補修本作『病心喪狂』。

卷十九

物産

宋祁《益部方物贊》：『益爲西南一都會，左阻劍門，右負夷番，内坦夷數百里，環以長江，裹以復岑[一]，川陸盛氣[二]，礙而不得東，回薄蜿蜒，還負一方，爲珍木、爲怪草、爲鳥、魚、芋、稻之饒，日暘雨雨，嘘和吐妍，層出雜見，不可勝狀。殆岷精緼靈，示完富瓌璚於兹壤也。嘉祐建元之明年，予來領州，得東陽沈立所録劍南方物二十八種，按名索實，尚未之盡。故徧詢西人，又益數十物，列而圖之，物爲之贊。圖視狀，贊言生之所以然，更名《益部方物略記》。凡東方所無，及有而自異，皆取之，冀禆風土聚丘之遺云。』[三]

海椶。大抵椶類。然不皮而幹，葉叢於杪，至秋乃實，似楝子。今城中有四株。杜《海椶行》：

理緻幹堅，風雨不能撼』云。

椶皆褫皮，此獨自幹。攢葉於顛，纛首披散。秋華而實，其植則罕。

楠。蜀地最宜者。其生童童，若幢蓋然，枝葉不相礙。茂葉美陰，人多植之。樹甚端偉，葉經歲不凋，至春陳新相換。有花實似母丁香云。

在土所宜，亭擢而上。枝枝相避，葉葉相讓。繁陰可庇[四]，美幹斯仰。

榿。亦蜀所宜。民家蒔之，不三年，材可倍常。人多薪之[五]。疾種亟取，里人以爲利。杜子美有《覓榿栽》詩。

厥植易安，數歲輒林。民賴其用，實代其薪。不棟不櫟，亦被斧斤。

竹柏。生峨眉山中。葉繁長而籜似竹[六]，然其幹大抵類柏而亭直。

葉與竹類，緻理如柏。以狀得名，亭亭修直。

海芋。生不高四五尺，葉似芋而有幹。根皮不可食。方家號『隔河仙』，云可用變金，或云能止瘧。

木幹芋葉，擁腫盤戾[七]。農經弗載，不用治厲。

紅豆。花白色，實若大紅豆，以似得名。葉如冬青。蜀人以爲果飣[八]。

葉圓以澤，素花春敷。子生莢間，纍纍綴珠[九]。

紫竹。蜀諸山中尤多，園池亦種爲玩。然生二年色乃變，三年而紫。

竹生二歲，色乃變紫。伐幹以用，西南之美。

慈竹。性叢産[一〇]，根不外引，其密間不容笴。筍生夏秋，閱歲餘，枝葉乃茂。別有數種，節間容八九寸者，曰籠竹。一尺者曰苦竹。弱稍垂地者，曰釣絲竹[一一]。或取節修膚緻者，用爲簟笠。

根不他引，是得慈名。中實外堅，筍不時萌。末或下垂，苒弱緣縈[一二]。

椶竹。亦叢産，葉似椶，有刺，徑不三寸。或曰桃竹，未得其詳。

葉椶身竹，族生不蔓。有皮無枝，實中而幹。

方竹。方者，差也。

竹箇皆圓，此獨方形。厚倍於竅，緗節稜。圓衆方寡。取貴缺[一三]。

柑。生果、渠、嘉等州，結實埒於江南[一四]，味亦差薄云。

碧葉素葩，厥包之珍。丹裏既披，香液飴津。

赤鸇芋。蜀芋多種，鸇芋爲最美，俗號赤鸇頭芋，但子不繁衍，形長而圓。又有蠻芋，亦美，其形則圓，子繁衍，人多蒔之。最下爲槫果芋[一五]。槫，接也，言可接果山中，人多食之，惟野芋人不食。本草六[一六]，青芋、白芋、紫芋、真芋[一七]、蓮禪芋、野芋。

芋種不一，鸇芋則貴。民儲於田，可用終歲。

緑葡萄。北方葡萄熟則色紫，今色正緑云。

西南所宜，柔蔓紛衍。縹穗緑實，其甘可薦。

天師栗。生青城山中，他處無有也。似栗，味美，惟獨房爲異，久食已風攣。

栗類尤衆，此特殊味。專蓬若橡，託神以貴。

天僊果。樹高八九尺，無花，其葉似荔枝而小，子如櫻桃，纍纍綴枝間，六七月熟，味至甘。有子孫枝，不花而實。薄言采之，味埒蜂蜜。

隈支。生邛州山谷中。樹高丈餘，枝修弱，花白，實似荔枝，肉黄膚甘，味可食，大若爵卵。挺幹既修，結花兹白。戟外澤中[一八]，甘可以食。

錦被堆花。出彭州，其色似薔薇，有刺，不可玩。俗謂薔薇爲錦被堆花，故以枝别他牡丹，詳見牡丹花下。

花蹴芬傪，叢刺於梗，不可把玩，豔以妍整。

錦帶花[一九]。蜀山處處有，長蔓柔纖，花葉間側，如藻帶然[二〇]，因象作名。花開者形似飛鳥，故里人亦號曰『鬢邊嬌』。

苒苒其條[二一]，若不自持，緑葉丹英，蔓衍紛垂。

石蟬花。始生，其苕森擢[二二]，長一三尺，葉如菖蒲，紫萼五出，與蟬甚類，緑黄相間[二三]，蜀人因名之。又白者號玉蟬花。

有苕穎然，有萼敷然，取其肖象，莫類於蟬。

長生草。山陰蕨地多有之。修莖茸葉，色似檜柏而澤，經冬不凋損，故號長生。

色與柏類，苒苒其莖。冬不甚黃，故謂長生。
瑞草。蜀人多種之庭檻，蔓延，長三四尺，珍而愛之，故謂之瑞草。
翠蔓紺茗，回繚可喜。蒔之庭堂，珍以爲瑞。
紅蕉花。於芭蕉蓋自一種。葉小，其花鮮明可喜。蜀人語深紅者，謂之蕉紅，蓋仿其殷麗云。
蕉無中幹，花産葉間。緑葉外敷，絳質凝殷。
重葉海棠。海棠大抵數種，又皆小異，惟其盛者則重葩疊萼可喜，非有定種也。始濃稍淺，爛若錦章。北方所植，率枝强花瘠[二四]，殊不可玩，故蜀之海棠誠爲天下第一云[二五]。
修柯柔蔓，濃淺繁總。盛則重花，不常厥種。
月季花。此花即東方所謂四季花者，翠蔓紅花。蜀少霜雪，此花得終歲。一十二月，月輒一開。
花亘四時，月一披秀。寒暑不改，似固常守。
佛豆。粒甚大而堅，農夫不甚種，惟圃人以爲利，以鹽漬食之，小兒所嗜。
豐粒茂苗，豆別一類。秋種春斂，農不常蒔。
添色拒霜花。生彭、漢、蜀州。花常多葉，始開色白，明日稍紅，又明日則若桃花然。
自濃而淡，花則常態。今顧反之，亦反之怪。
黃荼蘼。蜀荼蘼多白，黃者時時有之，但香減於白花。

人清尚奇，賤白貴黄。厥英略同，實寡於香。

艾子。艾木大抵茱萸類也。實正緑，味辛，蜀人每進羹臛，以一二粒投之，少選，香滿盂醆。或曰作爲膏尤良。按揚雄《蜀都賦》當作蔱。蔱、艾同字云。

緑實若萸，味辛香苾。投粒羹臛，椒桂之匹。

鴛鴦草。春葉晚生，其稚花在葉中，兩兩相向，如飛鳥對翔。

翠花對生，甚似匹鳥，逼而觀之，勢若偕矯。

仙人縚。生大山中，與苔同種，但巖陰石隈，多鮮翠[二六]。長二三尺，叢垂若縚。或言深谷有長丈餘者。

附陽而生，垂若文縚。大概苔類，土石所交。

娛美人草。蜀中傳虞美人草，予以『虞』作『娛』，意其草柔纖，爲歌氣所動，故其葉至小者或動摇，美人以爲娛樂耳。

翠莖纖柔，稚葉相當。逼而歌之，或合或張。

羞寒花。蜀地處處有之，不爲人所愛。依莖綴花，蔽葉自隱。俗曰羞天花，予易爲羞寒花。按《本草》名曰鬼目[二七]。

冒寒而茂，莖修葉廣。附莖作花，葉蔽其上。以其自蔽，若有羞狀。

瑞聖花。出青城山中，幹不條，高者乃尋丈。花率秋開，四出，與桃花類然數。十跗共爲一花，繁密若綴，先後相繼而開，九閲月未萎也。蜀人號豐瑞花，故程相國琳爲益之年，繪圖以聞，更號瑞聖花。然有數種，其小者號寶仙[二八]，淺紅者爲醉太平，白者名玉真。成都人競移蒔園中，以爲尤玩云。

衆跗聚英，爛若一房。有守繪圖，厥名乃章。繁而不豔，是異衆芳。

七寶花。條葉，大抵玉蟬花類也，其生叢蔚，花紫質蔚云[二九]。

擢穎挺挺，盛夏則榮，丹紫合英，以寶見名。

旗節花。條條華碧，皆層層而擢正，類使所持節然，故以名。見《益州圖經》。

擢條亭亭，層層紫丹。狀若使節，方圖實刊。

娑羅花。生峨眉山中，類枇杷。數葩合房，春開，葉在表，花在中。或言根不可移，故俗人不得爲玩。

聚葩共房，葉附華外。根不得徙，見偉斯世[三〇]。

木蓮花。生峨眉山中諸谷。狀若芙蓉，香亦類之。木幹，花夏開，枝條茂蔚，不爲園圃所蒔。

葩秀木顛，狀若芙蕖。不實而榮，馥馥其敷。

鵜毛玉鳳花。本至卑纖，蓬如釵股。秋開，不花而鬊狀似禽，故曰鳳。色白，故曰玉。以其分至輕，故曰鵜毛。

華而無采，狀類翔鳳。么質毛輕，翩欲飛動。

蒟。出渝、瀘、威、茂等州，即漢唐蒙所得者。葉如玉瓜，厚而澤。實如桑椹，緣木而蔓。子熟時外黑中白，長三四寸。以密藏而食之，辛香能温五藏。或用作醬，善和食味。或言即南方所謂浮留藤，取葉合檳榔食之。

蔓附木生，實若椹纍。或曰浮留，南人謂之，和以爲醬，五味皆宜。

真珠菜。戎、瀘等州有之。生水中石上，翠縷纖蔓，若貫珠，蜀人以蜜熬食之。或以醯煮，可行數千里不腐也。

植根水中，端若串珠。皿而瀹之，可代蔬茹[三一]。

朝日蓮。花色或黄或白，葉浮水上，翠厚而澤，形如菱花差大。開則隨日所在，日入輒斂，而藏於葉下，若葵藿傾太陽之狀。

素花碧葉，浮秀波面。日中則向，日入還斂。

蟬花。二川山林中皆有之。蟬之不蜕者，至秋則花其頭，長一二寸，黄碧色，治小兒瘈瘲，又能忌瘧。

蟬不能蜕[三二]，委於林下。花生厥首，兹謂物化。

燖麻。自劍以南，在在有之。或觸其葉，如蜂螫人，以溺灌之即解。莖有刺，葉似花，葉或青或紫，善治風腫，按杜詩當作『蕁』。

葉能螫人，有花無實，冒冬弗悴，可以袪疾。

水硫黄。出資、榮州山硐中[三三]。秋潦已收，里人布茅水上，流沫擁聚，取而熬之，復投於水，則成。號真珠黄[三四]。以淺黄色者爲上，其用次海舶所來者[三五]。

厥生在石，水蕩其液。觸梗凝體，品亞南舶。

附子。生綿州彰明縣者最良。有一子重及一兩者。花色紫。《本草》言：『附子無正種，附烏頭而生。』然則與烏頭、天雄共一物耳。陶弘景以天雄、烏頭、附子皆出建平，謂之三建，唐人非之。以綿、龍二州所生者爲良，今則爲彰明者佳。

附堇而生[三六]，翠莖紫蕤。生蜀者良，三建則非。

石瓜。生峨眉山中。樹端挺，葉肥滑如冬青，甚似桑。花色淺黄，實長不圓，殼解而子見。以其形似瓜，里人名之。煮爲液，黄，善能治痹。

脩幹澤葉[三七]，結實如綴。膚解核零，可用治痹。

芎。蜀中處處有之。葉爲蘼蕪，《楚詞》謂江蘺者。根爲芎，似雀腦者善。成都九月九日藥市，芎與大黄如積，香溢於廛。大若胡桃者不可用。人多蒔於園檻，葉落時，可用作羹。葉不萎，以蜀少寒也。今醫家最貴川芎、川大黄云。

柔葉美根，冬不隕零。采而掇之，可糝於羹。

大黄。蜀大山中多有之，尤爲東方所貴。苗根皆長盈二尺。《本草》言之尤詳。藥市所見大者，治之爲枕，紫地錦文。唐人以爲産蜀者，性和厚沉深，可以治病。形似牛舌堅緻者善。蜀生藥尚多，如巴之豆[三八]，峽之椒，梓之厚朴，尚數十輩。

葉大莖赤[三九]，根若巨皿。治疾則多，方家所詺（音暝）。

餘甘子。生戎、瀘等州山。樹大葉細，似槐[四〇]，實若李而小。咀之，前澀後歆歆有味，故號爲餘甘。核有稜，或六或七，解硫黄毒，即《本草》所謂庵摩勒者。

黄葩翠葉，圓實而澤。咀久還甘，或號庵勒。

金星草。生峨眉、青城山。葉似萱草，其背有點，雙行相偶，黄澤類金星，人號金星草。亦云金釧草，皆以肖似取之。今醫家以傅疽瘡，甚良。

長葉叢生，背點星布。高毉近識，傅疽可愈。

桐花鳳。二月桐花始開，是鳥翺翔其間，丹碧成文，纖觜珍尾，仰露以飲，至花落輒去。蜀人珍之，號爲鳳。或爲人捕置樊間，飲以蜜漿，哺以炊粟，可以閱歲。蜀士以繪扇，唐李衛公嘗爲賦。

校勘記

〔一〕『岑』，底本作『峰』，今據《蜀中廣記》改。

〔二〕『川』，底本作『山』，今據《蜀中廣記》改。

[三]「遺」，底本作「一」，今據《蜀中廣記》改。

[四]「庇」，底本作「庥」，今據《益部方物略記》改。

[五]「薪之」前原脱「人多」兩字，今據《益部方物略記》補。

[六]「籜」，底本作「澤」，今據《益部方物略記》改。

[七]「踵」，底本作「腫」，今據《益部方物略記》改。

[八]「飣」，底本作「釘」，今據《益部方物略記》改。

[九]「綴珠」，底本作「珠珠」，乾隆補修本作「如珠」，今據《益部方物略記》改。

[一〇]「産」，底本作「生」，今據《益部方物略記》改。

[一一]「弱稍垂地者曰釣絲竹」，底本作「弱植垂地者曰鈎絲竹」，今據《益部方物略記》改。

[一二]「緣」，底本作「絲」，今據《益部方物略記》改。

[一三]此句，《益部方物略記》作「方竹。圓衆方寡，取貴方者，差小。竹箇皆圓，此獨方形，厚倍於竅，細節稜稜。」

[一四]「埒」，底本作「等」，今據乾隆補修本及《益部方物略記》改。

[一五]「赤鸛頭芋」，底本作「赤鸛芋頭」「槫果芋」，底本作「博果于」，今據《益部方物略記》改。

[一六]此句，《益部方物略記》作「本草有六種」。

[一七]「真」，底本作「蒖」，今據乾隆補修本及《益部方物略記》改。

[一八]「戟」，底本作「乾」，今據乾隆補修本及《益部方物略記》改。

[一九]「錦」，底本作「綿」，今據《益部方物略記》改。

[二〇]「葉」，底本作「蕚」，今據《益部方物略記》改。

[二一]「條」，底本作「修」，今據乾隆補修本及《益部方物略記》改。

［二二］「苕」，底本作「絛」，今據《益部方物略記》改。
［二三］「緑黄相間」，乾隆補修本作「緑黄相廂」，《益部方物略記》作「緑鬫相側」。
［二四］「花」，底本作「宇」，今據《益部方物略記》改。
［二五］「天下第一」，《益部方物略記》作「天下之奇豔」。
［二六］「巖」，底本作「宕」，今據《益部方物略記》改。
［二七］「易」，底本作「意」，今據《益部方物略記》改。「鬼目」，疑作「鬼臼」。
［二八］「其」，底本作「若」，今據《益部方物略記》改。
［二九］「質蔚」，底本作「色絳」，今據《益部方物略記》改。
［三〇］「偉」，底本作「傳」，今據《益部方物略記》改。
［三一］「可代蔬茹」，底本作「可以代蔬」，今據《益部方物略記》改。
［三二］「蜕」，底本作「退」，今據《益部方物略記》改。
［三三］「碉」，底本作「間」，今據《益部方物略記》改。
［三四］「號」，底本作「别」，今據《益部方物略記》改。
［三五］「來」，底本作「采」，今據《益部方物略記》改。
［三六］「附堇」，底本作「俯種」，今據《益部方物略記》改。
［三七］「脩幹」，底本作「絛絛」，今據《益部方物略記》改。
［三八］「巴之豆」，《益部方物略記》作「川之巴豆」。
［三九］「赤」，底本作「青」，今據《益部方物略記》改。
［四〇］「似」，底本作「以」，今據《益部方物略記》改。

卷二十

物產

金花之露，俗曰鳳類。綠羽纖爪，藻背翠尾。花落則隱，以是見貴。

紅桐觜。出永康軍山谷中。絳體若赭，惟羽差黑，人亦畜之，然不能久也。

絳體剛啄，孱黑於衿。因網就羈，亦馴厥心。

荏雀。每歲荏且熟，是則群至食其實。性好鬬，人捕之，裒錢使決勝負，閭里嘈觀，至一雀直數千錢，官司惡民贅聚〔一〕，每下符禁叱之。

緇綠厠采〔二〕，喜荏充膈，奮頸陪顋，矜健於咮〔三〕，里人裒貲，以佐其鬬。

護花鳥。青城、峨眉往往有之。至春則鳴，其音若云『無偷花果』，彷彿人言云。

茜首黑裳，黃鮫其羽。厥鳴嚶嚶，若禁若護。名而不情，盜者猶懼。

百舌鳥。出蜀中山谷間，毛采翠碧，蜀人多畜之。一云翠碧鳥，善效他禽語，凡數十種，非東方所謂反舌無聲者。往往亦矜鬬，至死不解。然捕者告罕，故惜之，不使極其擊云。

緑衣紺尾，一啼百囀。可樊而畜，爲世嘉玩。

狨。威、茂等州，南詔夷多有之，大小正類猿，惟毛爲異。朝制：内外省以上官，乘馬者得以狨爲藉。武官則内客省使〔四〕、宣徽使乃得用。

狀實猿類，體被金毳。皮以藉焉〔五〕，中國之貴。

龍羊。出吐蕃及茂、威州。形似蓄羊而大，其角繚繚〔六〕，重八九兩，黑質而白文。工以爲帶跨，其用亂犀。

羊質而大，角繚於首，以角之珍，軀殘獵手。

玃。出邛蜀間。與猿猱無異，但性不躁動，肌質豐腴，蜀人炮蒸以爲美味。

玃與猿猱，同類異種。彼美豐肌，登俎見用。

魶魚。出西山溪谷及雅江。狀似鯢，有足〔七〕，能緣木，其聲如兒啼。蜀人養之。

有足如鯢，大首長尾。其啼如嬰，緣木弗墜。

嘉魚。丙穴在興州，有大丙小丙山，魚出石穴中。今雅州亦有之。蜀人甚珍其味，左思所謂『嘉魚出於丙穴中』。

二丙之穴，厥産嘉魚。鯉質鱒鱗，爲味珍腴。

鮇魚。出蜀江。背鱗黑而膚理似玉。蜀人以爲膾，味美。比鯽則大，膚縷玉瑩。以膾諸庖，無異雋永。

黑頭魚。形若鱓[八]，長者及尺。出嘉州。歲二月則至，惟郭璞臺前有之。里人欲怪其説，則言璞著書臺，魚吞其墨，故首黑者。

黑首白腹，修體短頟。春則群泳，促罟斯獲。

沙緑魚。魚之細者。生隈瀨中，狀若鰌，大不五寸，美味，蜀人珍之。

長不數寸，有駮其文。淺瀨曲隈，唯泳而群[九]。

石鼈魚。狀似鮍魤而小，上春時出石間，庖人取爲奇味。

觚鱗幺質，本不登俎。以味見録，雖細猶捕。

金蟲。出利州山中。蜂體緑色，光若金。里人取以佐婦釵鐶之飾云。

蟲質甚微，翠體金光。取而橋之[一〇]，參飾釵梁。

黄庭堅《緑菜贊》：[一一]

蔡蒙之下，彼江一曲。有茹生之，可以爲蔌。蛙蠙之衣，采采盈匊。吉蠲銑澤，不溷沙礫。芼以辛鹹，宜酒宜餗。在吴則紫，在蜀則緑。其臭味同，遠故不録。誰其發之，班我旨蓄。維女博士，史君炎玉。宋紹興甲戌，知縣徐閎中跋云：『山谷老人《緑菜贊》，刻石於盧山縣廟，不記歲祀典刑，儼存贊。末有「史君炎玉」之句，讀者多所未喻，蓋指言眉陽望族史氏女名琰者[一二]。琰字炎玉，髫丱資穎嗜學，蘋蘩綫纊，一不經意，志業專確，迺博古，善績文[一三]。雅安張士儀諱閶少卿，出守眉陽，聞其才且賢，納爲冢嗣子履諱祺之婦。炎玉之歸子履，性素沖淡，不事鉛飾，服浣濯之衣，日遊心於編簡翰墨。平生臨覽之勝，燕笑之適[一四]，與子履詩詞酬唱，格調閑雅，久而盈篋，手自敘次，目曰《和鳴集》。善用秃筆，字體莊勁。少卿愛重之，殊不責以中饋之職。厥後，少卿幼子介卿諱祉[一五]，擢進士第，調眉之青神尉。是時山谷老人謫居涪城，遡流見介卿，誦親親之好。蓋少卿之室，江南黄按察諱廉之女弟，於山谷老人姑輩也。炎玉配子履，實其親表，因騰書致緑菜爲信。山谷珍其品，以贊謝之，有云：「班我旨蓄，維女博士，史君炎玉」，猶古女校書之褒云。盧山楊與權諱巽，先生年垂八十，炎玉宅相也。大觀間以行藝爲郡學正。每休沐，以甥禮侍見，相與窮日論文，且評課試近題，淵源端緒，不減謝媪解圍之辯。傳播諸生，咸推仰焉。與權謂其才美秀，嘗見許於文章宗匠，慮寖久湮沈無聞，詳其本末，屬閎中記敘載石，勉從其請。』

蜀葵。可緝以爲布，枯時燒作灰，藏火，火久不滅。花有重臺者。

忠州鳴玉溪邊有花如蓮，葉如桂。當時亦無有識者。白樂天詩云：『如拆芙蓉栽旱地，似抛芍藥掛高枝。雲埋水隔無人識[一六]，惟有南賓太守知。』

簡州北三十里，桃花最多，因名小桃源。大水相接，放目無極，爲西州絶景。

宋天聖中，益州獻異花，似桃而四出。上異之，目爲瑞聖草。

慶符縣南石門山，其林薄，中多蘭。有春蘭、秋蘭、夏蘭、雪蘭、鳳尾蘭、素蘭、石蘭、竹蘭。一名蘭山。

蜀中有火燒蘭。以火將葉燒去，然後開花，故名。雖幽香而秃不文矣。

宋景文公祁[一七]帥蜀，彭州守朱君綽[一八]，始取楊氏園花十品以獻公。公在蜀四年，每按名往取，彭州送花遂爲故事。此十品中猶愛錦被堆，嘗爲之賦。

蜀中有花名賽蘭香。花小如金粟，特馥烈，戴之髮髻，香聞十步，經月不散。曾少岷爲余言，此花之香，冠於萬卉，但名不佳。余按佛經，伊蘭即此花也，西域以之供佛。

蜀有紅梔子花。六出。子美詩：『梔子比衆木，人間誠未多。於身色有用，與道氣俱和。紅取風霜實，青看雨露柯。無情移得汝，貴在映江波[一九]』。孟知祥嘗召百官於芳林園賞之。

蜀中花木之美者有海棠焉。其木極堅而多節，其枝柔密而修暢[二〇]，其葉類杜，大者縹緑色，小者淺紫色。其花五出，初極紅[二一]，如胭脂點點然，及開則漸成結暈，至落則宿粧淡粉矣[二二]。其蔕長寸餘，淡紫色，於葉間或三萼，或五萼，爲叢而生。其蕊如金粟，蕊中有鬚三，如紫絲。

銅梁縣巴嶽山有木蓮樹。高五六丈，葉如梗楠，花如菡萏。出山則不植。周濂溪詩云：『枝懸縞帶垂金彈，瓣落蒼苔墜玉杯。』

錢舜舉《折枝牡丹》一卷，有蜀郡桑門公實悟光題云[一二三]：『三月江南媚景天，姚黄魏紫鬭争妍。那知十丈將軍樹，卻在青城古洞前。』自注云：『青城山丈人觀前牡丹二株，一高十丈，名大將軍；一高五丈，名小將軍。明洪武庚寅春正月，青城山有牡丹，樹高十丈，花甲一周始作花。永樂中，適當花開，蜀獻王遣使視之，取花以回。』

成都有换色芙蓉。開時，顔色日數變易，日初出作澹紅色，日中猩紅，日晡純白。

嘉定有名花『鵝毛玉鳳』。花如剪絨，狀似茉莉，大如椀，香亦類之。

成都灌縣牡丹坪，高樹蔽天。宋范大成詩云：『千丈牡丹如錦蓋，人間姚魏敢争先』。牡丹，在中州爲第一，在蜀天彭爲第二。天彭三邑皆有花，惟城西沙橋上下，花尤超絶。狀元紅之下有胭脂樓者，重臺疊萼，狀如樓觀。又有鹿胎紅者，花色紅，微帶黄，上有白點如鹿胎[一二四]，極化工之妙，皆奇品也。故彭門有小洛陽之稱，即今所謂花街子是也。

蘭山，在棘道縣，有春秋蘭、崇蘭、鳳尾蘭、竹葉石蘭諸名。春蘭，花生葉之下。崇蘭，花在葉之上，花白，生石稜間，土人呼爲雪蘭。

《遊宦紀聞》[一二五]云：『天下菊花皆向秋日開發甲，惟蜀漢中有五月菊，花朵肥豔，迥别常品。』

龍爪。花色殷紅，秋日開林薄間，甚豔。又有蟲，其聲清越，如擊磬然。王阮亭有絶句云：『稻熟田家雨又風，枝枝龍爪出林紅。數聲清磬不知處，山子晚啼黄葉中。』《遊宦紀聞》載永福古讖云：

『龍爪花紅，狀元西東』。後石壁松上生龍爪瑞花，其年蕭國梁魁天下，次舉黄定臚傳復第一，距花生處東西各三十五里，想即此花。山中樵夫習見，不知其爲可貴也。

黄蜀葵。韓渥賦有云[二六]：『蕚緑華未見楊羲[二七]，冠簪披駿。杜蘭香喜逢張碩，巾帔飄揚[二八]。動人妖冶，馥鼻生香。十里鵠雛，浪得名於太液。三秋菊蕊，虚長價於柴桑。送日微困，迎風待翔。蝶翅堪憎，蜂鬚可妒。懊恨張京兆，惟將桂炷沾眉。悵望齊東昏，卻把金蓮襯步。騷人易老，絶色多愁。映葉似擎歌扇，偎蘭若墜妝樓。扳條立處，林鳥應笑於後棲。欹枕看時，梁燕或聞乎長歎。』

木

馬湖山出花楠木。有葡萄紋者，有山水人物紋者，天巧奇絶，然不易得。

黎州德昌衛出沙木板。有陽山者名沈村，陰山者名吴村，陽山者爲上，其皮厚而軟。用以作枕，能避蚤虱。騾一頭可負一塊，有最上者兩騾方可負一塊。本地價不甚貴，但路險難出耳。

會川衛産木，火煅不化。土人取以爲燈心，既燼復故，名不灰木。土人取以織布，曰火浣布。

《史記·西南彝傳》云：『蜀出蒟醬，枸音矩，一名蒟。緣木而生。其子如桑椹，熟時正青，長二三寸，以蜜藏而食之[二九]。辛香温，調五臟。土人以之作醬。』

《蜀都賦》云『交讓所植』。注：『交讓，木名。兩樹對生，一樹枯則一樹生，如是歲更，終不俱生俱枯也。』出岷山，在安都縣。即今柟樹也。

成都國寧觀有古楠四，皆千歲木也。枝擾雲漢，聲挾風雨，入地不知幾百尺，而陰之所庇，車且百兩。正晝，日不穿漏。夏五六月，暑氣不至，凜如九秋。成都固多壽木，而莫與四楠比者。有石刻立廡下〔三〇〕，云是仙人蘧君手植，今湮没無跡矣。

西蜀石門山有樹名曰桄榔。皮裏出屑如麵，用作餅，食之與麵相似，因謂之桄榔麵焉。《蜀志記》曰：『莎樹出麵，一樹出一石，正白而味似檳榔。出興古。』

《蜀記》曰：『扶留，根大如箸，視之似柳根。』又有蛤名古賁，生水中，燒以爲灰，曰牡蠣粉。先以檳榔着口中，又取扶留藤，長一寸，古賁灰少許，同嚼之，出胸中惡氣。《異物志》曰：『古賁灰，牡蠣灰也。』與扶留、檳榔三物合食，然後善。扶留藤，似木防已〔三一〕，扶留、檳榔所生相去遠，爲物甚異而成，俗曰『檳榔扶留，可以忘憂』。

吴郡臨江半岸崩，出一石鼓，槌之無聲。武帝以問張華，華曰：『取蜀中桐材，刻爲魚形，扣之則鳴矣。』於是如其言，果聲聞數里。

北方多石炭，南方多木炭，而蜀又有竹炭〔三二〕，燒巨竹爲之。易燃，無煙，耐火，亦奇物。邛州出鐵，烹鍊利於竹炭，皆用牛車載以入城。予親見之。

成都府署有木槿一株，治癖最效。所謂川槿，惟此爲最。梅守厭索之者衆，以湯澆之，遂枯。

自劍州以南，盡梓潼縣界，古柏千株皆大數十圍，形狀詭異。有一株根裂爲三，巨石負之，如贔屭之狀。又有一根而三四幹者，高皆入雲，蜀道奇觀者，是正德中劍州守植。

蜀有木名『榿』者，其華可愛。王守溪一日問蜀士曰：『榿木，《韻書》音「楷」，而王荆公則曰音「欹」，當何從？』士曰：『當從「欹」，庶人皆識之[三三]。』因舉荆公詩曰『濯錦江邊木有榿，野園封植佇華滋。地偏幸免桓魋伐，歲晚還同庾信移[三四]』。守溪悦服。

萬曆丙申，乾清、坤寧二宫災。丁酉，皇極、建極、中極三殿災。採木於蜀，任是役者，先移檄州縣，委丞倅督工徒入山斬木，置大河中，候瀑漲乃出，集於涪州。閲二十三年，費帑百萬，委官幕役疲死、杖死、客死，禁於圄、羈於旅、行乞於市，前後相望，卒無一木入選。朱燮元赴涪州木廠，同里老之能度材者，用司空所下程式簡料之。五日而得異材若干，次材若干。視部文來數，已多一千七百餘章矣。因盡釋諸纍囚七十餘人。

竹

潼川府，江心蟠石上生桃竹，可爲杖。《竹譜》云：『竹性中皆空，此竹獨實如木。』杜工部詩『江心蟠石生桃竹，蒼波噴浸尺度足。斬根削皮如紫玉』即此。

嘉定另産一種竹，每月生筍，名曰『月竹』。按：此竹不獨嘉定，處處有之，但不成材耳，惟筍鮮美可食。

馬湖府産大節竹。一曰『羅漢竹』。可以爲杖。亦不獨馬湖有之[三五]。笻竹杖。蜀中無之，乃出徼外蠻峒[三六]。蠻人持至瀘敘間賣之，一枝纔四五錢。以堅潤細瘦、九節而直者爲上品。

予昔使蜀，過重慶，登塗山，其西北曰縉雲山。山上有相思寺，生竹形如桃釵，名相思竹。寺有伽葉尊者手跡。

杜公《送韋郎歸成都》：『爲問南鄰竹，抽梢今過墻。』[三七]蜀中慈竹。六七月間有新篔。每月生筍，可以供蔬餐，味甚美。晉惠帝元康二年，巴西郡界竹生花，結實如麥，外皮青，中赤白，味甚甘。對青竹。半青色，半紫色，掩映可觀。出成都。

鳥

昔有人飲於成都謝家，其女窺而悦之，其人聞子規啼，辭去。女恨甚，後聞子規啼，則怔忡若豹鳴也。使侍女以竹杖驅之，曰：『豹汝尚敢至此啼乎！』故名子規爲謝豹。子美《玄都壇歌》[三八]：『子規夜啼山竹裂，王母晝下雲旗翻。』或以爲瑶池金母，非也。陳彥和言：『頃在宣和間掌禽苑，四方所貢珍禽，不可殫述。蜀中貢一種鳥，狀如燕，色紺翠，尾甚多而長。飛則尾開，梟梟如兩旗，名曰王母。』則子美所言此鳥。

李德裕《畫桐花鳳扇賦序》云：『成都夾岷江磯岸，多植紫桐。每至暮春，有靈禽五色，小於玄鳥，來集桐花，以飲朝露。及花落，則煙飛雨散，不知所往。』有名工繪於素扇，予戲作小賦其上，略曰：『續茲鳥於珍箑，動涼風於羅薦，發長袂之清香，掩短歌之孤囀。』劉績《霏雪録》云：『即東坡詞所謂緑毛么鳳，俗名倒掛者。』李之儀有《阮郎歸》一詞，自注云：『此鳥十二月來。一名收香倒掛。又名探花使。性極馴，好集美人釵上，宴客終席不去。人愛之無所害，尤爲異也。』唐僧隱巒《桐花鳳》詩[三九]：『五色毛衣比鳳雛，深叢花裏正如無[四〇]。美人買得偏憐惜，移向金釵重幾銖。』

《月令》『鶪始鳴』，鶪，即伯勞也。《左傳》謂之伯趙，《樂府》謂之百勞，今不識爲何鳥。按《禽經注》云：『伯勞飛不能翺翔，直刺而已。形似鸜鵒而喙黑。』《易林》曰：『鶪必單棲[四一]，鴽必四飛。此鳥好隻飛，未嘗雙，性亦能搏擊，鷹集於林，則盤旋鳴聒，俟鷹飛輒擊之。』俗呼爲鳳凰阜隸，言百鳥畏之也。蜀中名爲鴐鵞。滇中名鐵鸚歌。又名榨油郎，五更輒鳴不止，至曙乃息。

夔峽間有子母鵲。比常鵲差大。雌雄未嘗稍離，虞者必雙得之，閉雌於籠中，縱雄出食，食飽輒歸。縱雌亦然。若雙縱，則徑去不復返矣。

鸜鴿不善營巢，取鵲巢居之。蜀謂之拙鳥。

『山和尚』『雨道士』皆鳥名。多産嘉州。

敘州府有能言鳥。一日夷人買去，鳥曰：『我漢禽，不入夷地。』俗呼爲『秦吉了』。

獸

張吾瑾，字鶴洲，四川金堂人。順治乙未進士，官行人。嘗乘一羸[四二]，甚愛之。康熙甲辰，鶴洲以科場事下刑部，饘粥不繼，乃以羸抵逋於人。一日過市，酸嘶悲鳴，墮其新主[四三]，而逸歸張邸。稍近之，輒啼齧不已。王考功爲賦《義羸行》。嗚呼！此羸勝華歆、賈充、褚淵、六臣之徒多矣。

劍州永歸、葭萌、劍門、益昌界嘉陵江側，有婦人年五十已來，自稱十八姨。往往來民家，不飲不食，每教諭人『但作好事，莫爲負理[四四]。居家和順，孝行爲上。若爲惡事者，我常令貓兒三五個，巡檢汝來。』語畢遂去，或奄忽不見。每歲約三五度有人遇之。民間知其是虎所化也，皆敬而懼之。

吉陽治在涪州南，泝黔江三十里得之。有像設，古碑猶存，物業甚多，人莫敢犯。涪州裨將藺庭雍妹[四五]，因過化中，盜取常住物，因即迷路。數日之內，身變爲虎，其前足之上，銀纏金釧，宛然猶存。每見鄉人，隔樹與語云：『我盜化中之物，變身如此。』求見其母，託人爲言之。母畏之，不敢往。虎往來郭外，經年即去。

宋乾德以前，劍州間虎豹尤甚。白衛嶺、石筒溪，虎名『披鬃子』，地號『税人場』。綿漢間白楊林，虎名『裂號子』。嘉州牛頭山有子母虎。陵州鐵爐山有青豹子。彭蜀近山鎮縣，暴獸成群，居民、行旅共苦之。

蜀山中有大牛，重數千斤，名爲㸌牛。晉太興元年，此牛出上庸郡，人弩射殺，得肉三十八擔。即《爾雅》所謂『夔』也。

寧番衛産『雪裏眠』，蓋狐貉之類也。其皮可以禦寒。

竹鼦。大如貓，灰黑色，善食竹根。烹食味殊，其皮亦可製衣褥。

成都出小駟。以其便於山行，號爲蜀馬。即『果下騮』也。

巴賨出小駟。其最駛駿者，名夾山馬。

松藩出六角羊。土人云：『羊與鹿交，故多角。』

物

宋淳化中，羅江縣貢桃花犬。常循於御榻前，太宗不豫，犬亦不食。及升遐，號呼涕泣，以致疲瘠，見者隕涕。參政李至作《桃花犬歌》以寄錢若水[四六]，末句云：『白麟赤雁且無書，願君書此儆浮俗。』

正德辛巳，有夫婦以弄猴爲衣食者十年矣，寓於嘉州之白塔山。主者死，葬於塔之左，猴日夜哀號。其婦更招一丐者爲夫，猴舉手揶揄之。婦弄猴使作伎，猴伏地不起[四七]，鞭之輒奮叫。入夜，走主者之墓，跪土悲號，七日而死。

桓温入蜀，至三峽中，部伍有得猿子者，其母緣岸哀號，行百餘里不去。遂跳入船上，至便即絶。破視其腹中，腸皆寸斷。

義鼠，形如鼠，短尾。每行遞相咬尾[四八]，三五爲群，驚之則散。俗云見者當有吉兆。成都有之。

劍南人之采猓㺅者，獲一猓㺅，數十猓㺅可盡得。以猓㺅性仁，不忍傷類，見被獲者，聚族而啼，雖殺之終不去。噫！此乃獸之狀、人之心也。

蜀有墨猿，通體黝黑。常於樹上騰跳，足不履地，獵者不能獲。又有謳猿，其聲如謳。

蜀中西南高山之上，有物與猴相類，長七尺，能作人行，善走逐人，名曰『猳國』，一名『馬化』，或曰『玃猨』[四九]。伺道行婦女有美者[五〇]，輒盜取將去，人不得知。若有行人經過其旁，皆以長繩相引，以故不免。此物能別男女氣臭，故取女，男不取也。若取人女，則爲家室，其無子者，終身不得還。十年之後，形皆類之，意亦迷惑，不復思歸。若有子者，輒抱送還其家，產子皆如人形。

有不養者，其母輒死，故俱怕之，無敢不養。及長，與人不異，皆以楊爲姓。故今蜀中西南夷多姓楊，率是猳國、馬化之子孫也。

角端，産瓦屋山。不傷人，惟食虎豹。山僧恒養之，以資衛護。按《中華古今注》：『渠搜國獻鼩犬，能飛，食虎豹。』

貔貅，産峨眉，自木皮殿以上，林木間有之。形類犬，黄質白章，龐贅遲鈍[五二]，見人不驚，群犬常侮之。其聲似念陀佛，非猛獸也。按《毛詩陸疏》云：『貔似虎，或曰似熊。一名執夷。一名白狐。遼東人謂之「白羆」，與此差異。』

蜀有小犬，類蟹班，名曰『韃犬』。虎豹皆畏之。每遇醉人，輒終夜坐護周圍，施溺以衛之。虎聞溺，遠避不敢近，溺一濺，毛肉爛矣。

峨眉山虎狼，皆近人煙，深山轉絶。故往遊者不畏幽邃。

龍類

癸酉年，犀浦界田中有小龍。一皆青色，剖爲兩片，旬日臭敗，尋亦失去。

摩訶池大廳西面，亦有龍井，甚靈，人不可犯。

成都書臺坊武侯宅南，乘煙觀内古井中，有魚長六七寸。往往游於井上，水必騰涌。相傳井有龍。

蜀庚午歲，金州刺史王宗郎奏：『洵陽縣洵水畔青煙廟，數日廟上煙雲昏晦，晝夜奏樂。忽一旦，水波騰躍，有群龍出於水上，行入漢江。大者數丈，小者丈餘，或黄，或黑，或赤，或白，或青，有如驢馬牛羊之形。大小五十，壘壘相次，行入漢江[五二]，卻回廟所，往復數里，或隱或見，三日乃止。』

柳子華，唐朝爲成都令。一旦方午，有車騎犢車，前後女騎導從[五三]徑入廳事，使一介告柳云：『龍女且來矣』。俄而下車，左右扶衛升階，與子華相見，云：『宿命與君子爲匹偶。』因止，命酒樂，極歡而去。自是往復爲常，遠近咸知之。子華罷秩，不知所之，俗云：『入龙宫得水仙矣。』柳孫君慶，乾符中爲節度押衙、青城鎮遏使。頗好善，常以藥石救貧民之疾[五四]。每自躬親，撫視健卒民庶孳孳焉。勤恪奉公，推誠及物，爲時人所重。有一珠，大如球子[五五]，云是其祖所留，數世傳寶矣。照物形狀，毛髪形色，一一備足，但皆倒立耳。是時，晉源賊帥韓珠，攻陷青城及諸草市。柳爲都鎮，領所部將士救陶壩鎮，爲賊所圍。健卒三十輩與柳戰數百人，兵力不均。將陷敵，猶有步卒十餘人，擁柳突圍，不果，爲賊所害。遠近知者，莫不痛惜。

介虫

民有於蜀江之上獲巨鱉者，大於常，尺餘，其裙朱色。鍋中煮之，經宿遊戲自若。又加火一日，水涸而鱉不死。舉家驚惧，以爲龍類也，乃投於江中，浮泛而去，不復見矣。

蜀丁卯年，會昌廟城壕岸側穴中，龜生四龜，各二三寸。上有金書王字、大吉字。

乾德元年己卯七月十五日庚辰[五六]，降誕廣圣節，堋口鎮將[五七]王彦徽，於羅真人宫内得白龜以獻。

武成三年庚午六月五日癸亥[五八]，廣漢太守孟彦暉奏，西湖有金龜，徑寸，游於荷葉之上。畫圖以聞。

元嘉初，益州刺史遣三人入山伐樵。路迷，見一龜大如車輪，四足各攝一小龜而行，又有百餘黄龜從其後。三人叩頭請示出路，龜乃伸頭，若有意爲。因共隨逐，即得出路。一人無[五九]故取小龜，割以爲臛。食之，須臾暴死，惟不啖者無恙。

富順神龜山下有湖，常見大龜出，小龜從之，不可勝數。山背有讀易洞，里人李晛讀《易》於其中。

嘉定凌雲寺出白蟹。亦出祝融峰泉中。

太平縣山谷間有蛇，無目，長尺餘，身短而肥，尾有針。吐絲草上，人物觸之即逸出相齧，被齧者負痛立斃。或有持竹杖，先擊草而行，觸絲亦出，齧其杖，人即棄杖便得無恙。倘棄之稍遲，毒即從杖入手，腕指隨腫。山下居民亦有善治此毒者，但不暇覓耳，行人苟中其毒，即於未腫處用繩紮緊，隨以刀自劙其皮肉，出黑血，去腐肉，或間有得生者。蜀呼曰老蛇。或云即虺。

宋夏應辰爲潭州書局時，有温江縣申本處蛇一條，長百餘丈，神光炤三百餘步，口吐香。薰灼二十餘里，殺啖人畜無數。差甲士二千人收捕，爲其掉尾捲去五百人。命天師法力治之，方戮死，骨如山。

乾符中，神仙驛有巨蛇。黑色，高三十餘丈。諸小蛇如椽如柱，如十石五石甕者數百頭，隨之自东向西，群隊行旅。自辰時以前見之，至酉時方盡，不知其長幾里也。將盡，有一小兒執紅旗立於蛇尾之上，跳躍鼓舞而過。是歲，山南[六〇]節度使楊守亮敗。

劍、利間有蛇[六一]，長三丈，其大如甕，小者亦如柱焉。兔頭蛇身，項下白色，欲害人也。出自山上，輪轉而下，以噬行旅，必穴其腋而飲血焉。其名曰『坂鼻』，每於穴中藏，微露其鼻而鳴聲若牛吼，聞數里地，爲之震業焉。民有冬燒田者，或燒殺之，但多脂耳。

郫縣有民於南郭渠邊得一小蛇，長尺餘。刳剔五臟，盤而串置煙火之上，焙之。數日民家孩子數歲，忽偏身腫赤，皮膚炮破，呻吟痛楚異常，因自語曰：『汝家無故殺我，刳剔腸膚，置於火上。且令汝兒知此痛苦。』民家聞之驚異，輒取蛇拔去劄竹，以水灑之，焚香祈謝，送於舊所。良久，蜿蜒而去，兒亦尋愈。

團蛇出仁懷山谷中，形類牛糞，傷人立死。

黄蓮蛇。亦食黄蓮。五色相間，長不逾尺。土人采而臈，云頗有用處。

有人遊瞿塘峽。時冬月，草木枯落，野火燎其峰巒，連山跨谷，紅焰燭天。忽聞巖崖輷然有聲[六二]，駐足伺之，見一物圓如大囷，墮於平地。近視之，乃一蛇也。遂剖而驗之，蛇吞一鹿在於腹内，野火燒燃，墮於山下。所謂巴蛇吞象，信乎有之。

校勘記

[一]『賛聚』，底本作『貲聚』，今據《益部方物略記》改。
[二]『厠』，底本作『肆』，今據《益部方物略記》改。
[三]『味』，底本作『味』，今據《益部方物略記》改。
[四]『則』，底本作『財』，今據《益部方物略記》改。
[五]『焉』，底本作『馬』，今據《益部方物略記》改。
[六]『繚繚』，底本作『繚上』，今據《益部方物略記》改。
[七]『有』下原脱『足』字，據《益部方物略記》補。
[八]『鱓』，底本作『鱓』，今據《益部方物略記》改。
[九]『泳』，底本作『沫』，今據《益部方物略記》改。
[一〇]『橋』，底本作『材』，今據乾隆補修本及《益部方物略記》改。
[一一]『菜』，底本作『葉』，今據《全蜀藝文志》改。

［一二］「史氏女名」後原脱「琰」字，今據《全蜀藝文志》補。
［一三］「文」，底本作「安」，今據《全蜀藝文志》改。
［一四］「燕笑」，底本作「談笑」，今據《全蜀藝文志》改。
［一五］「諱」，底本作「詳」，今據《全蜀藝文志》改。
［一六］「水」，底本作「世」，今據《蜀中廣記》改。
［一七］「宋景文」後原脱「公祁」字，今據《全蜀藝文志》補。
［一八］「朱君綽」，底本作「朱君綽」，今據《全蜀藝文志》改。
［一九］「映」，底本作「峡」，今據《蜀中廣記》改。
［二〇］「修」，底本作「條」，今據《蜀中廣記》改。
［二一］「初極」後原脱「紅」字，今據《蜀中廣記》補。
［二二］「粉」，底本作「粧」，今據《蜀中廣記》改。
［二三］「公」，底本作「幺」，今據《池北偶談》改。
［二四］「鹿」，底本作「花」，今據《蜀中廣記》改。
［二五］「《宦遊紀聞》」，底本誤，當作「《遊宦紀聞》」。
［二六］「韓渥」，疑作「韓偓」。
［二七］「未」，底本作「木」，今據《堅瓠集》改。
［二八］「帔」，底本作「玻」，今據《堅瓠集》改。
［二九］「食」，底本作「時」，今據《華陽國志》改。
［三〇］「有」，底本作「右」，今據《蜀中廣記》改。
［三一］「木防已」，底本作「木防以」，今據《太平御览》改。

［三二］『而』，底本作『西』，今據《老學庵筆記》改。
［三三］『識』，底本作『荆』，今據《太史升庵文集》改。
［三四］『歲晚』，底本作『晚歲』，今據《太史升庵文集》改。
［三五］『亦』，底本作『一』，今據乾隆補修本改。
［三六］『乃出徼外蠻峒』，底本作『出乃徼外蠻洞』，今據《老學庵筆記》改。
［三七］此句疑作『爲問南溪竹，抽梢合過牆』。
［三八］『元都』，底本作『元郡』，今據《四川通志》改。
［三九］『隱戀』，底本作『隱蠻』，今據《蜀中廣記》改。
［四〇］此句《蜀中廣記》作『深藏花裏只如無』。
［四一］『單』，底本作『草』，今據《太史升庵文集》改。
［四二］『羸』，底本作『羸』，今據《池北偶談》改。
［四三］『墮其新主』，底本作『隨其新生』，今據《池北偶談》改。
［四四］『莫爲負理』，《録異記》作『莫違負神理』。
［四五］『藺庭雍』，底本作『藺廷雍』，今據《録異記》改。
［四六］『錢若水』，底本作『李若水』，今據《蜀中廣記》改。
［四七］『伏』，底本作『仗』，今據《虞初新志》改。
［四八］『咬』，底本作『叫』，今據《太平廣記》改。
［四九］『曰』，底本作『人』，今據《太平廣記》改。
［五〇］『伺』，底本作『同』，今據《太平廣記》改。
［五一］『龐』，底本作『瀧』，今據《隴蜀余聞》改。

〔五二〕『漢江』，底本作『江漢』，今據《録異記》改。
〔五三〕『前後女騎導』後原脱『從』字，今據《録異記》補。
〔五四〕『石』，底本作『市』，今據《録異記》改。
〔五五〕『球』，底本作『珠』，今據《録異記》改。
〔五六〕『乾德』，底本作『乾年』，今據《録異記》改。
〔五七〕『堋口鎮將』後原衍『五』字，今據《録異記》删。
〔五八〕『武成』，底本作『武城』，今據《録異記》改。
〔五九〕『一人』後原脱『無』字，今據《蜀中廣記》補。
〔六〇〕『山』後原脱『南』字，今據《録異記》補。
〔六一〕『間』，底本作『門』，今據《録異記》改。
〔六二〕『鞫』，底本作『鞠』，今據《堅瓠集》改。

卷二十一

神異

漢扶嘉，生一女幽居。一日遊於溪畔，恍惚有孕，年餘産一物，無手足眼目形象。嘉怒，劈爲九段，投之溪中，化爲九龍。嘉異之，示雲安人不得於溪中取魚。嘉臨終有記云：『三牛對馬嶺，不出貴人出鹽井。』没後，其女示人以井脈處所，掘開遂得鹽井。時民共立嘉爲井王，至今爲雲安井神。封爲昭利廣濟王，又封九龍爲龍王，今爲九井之神。

廣明二年，僖宗幸蜀。神有陰兵助順，見形於桔柏津。帝幸其廟，解劍贈神，封濟順王，廟在劍州。

唐明皇幸蜀，過白衛嶺，見玄元皇帝騎白衛而下，示取禄山之兆，遂封神曰『白衛公』。嶺在昭化縣。

唐明皇至劍門[一]，山神見形迎駕，稱姓李氏。後陟武擔東臺，遠望祥雲紫氣，盤結空界，問左右曰：『此何處？』對曰：『石城』，乃悟山神扈衛之意，改雲頂爲慈雲焉。

岷山神。馬首龍身。祠用雄雞，瘞用黍，則風雨可致。

夏后啓之臣曰血塗，是司神於巴。巴人訟，血塗之所，衣有血者執之。

神有金花娘子。俗傳姜維之妹，歿而爲神。雅州諸處居民奉之甚虔，廟食無替，伯約弗若之矣。

二郎神，李冰之子也。蜀中祀之，謂之川主。按《名宦志》：『上古禹治洪水，西南經界未盡。迨秦昭王時，蜀刺史李冰行至湔山，見水爲民患，乃作三石人以鎮江水，五石牛以壓海眼，十石犀以壓海怪。遣子二郎董治其事，因地勢而利導之，先鑿離堆山，以避沫水之害，三十六江以次而沛其流。由是，西南數十州縣，高者可種，低者可耕，沃野千里，號爲陸海。』一日，循視水道至廣漢郡，遊石亭江而上，故有『馬沿河』之名。至後城山，遇羽衣徐謂李公曰：『公之德澤入民深矣。公之名注天府久矣。上帝有命來迎。』遂升天而去。今祠嶺之西，即後城。事聞，敕封『昭應公』，至漢時加封『大安王』，以其大安蜀民也。元至順元年，更封『聖德寬裕英惠王』。其子二郎神封爲『英烈昭惠靈顯仁祐王』。而平武縣玉虛觀有宋御製封二郎神碑，今見存可考。

廣濟王廟，即冰祠也。僞蜀封『大安王』。又封『應聖靈威王』。宋開寶五年，詔修廟。七年，改號『廣濟王』。歲一祀。雍正五年，敕封李冰『敷澤興濟通祐王』，子二郎神封『承績廣惠英顯王』。

英顯王廟在劍州，即梓潼神張亞子，仕晉戰没，人爲立廟。唐玄宗西狩，追命左丞。僖宗入蜀，封『濟順王』。咸平中，王均爲亂，官軍進討，忽有人登梯衝指賊大呼曰：『梓潼神遣我來。九月二十日城陷，爾輩悉當夷滅。』射之，倏不見。及期，果克城。招討使雷有終以聞，詔改王號，修飾祠宇，仍令少府造衣冠、法物、祭器。

靈濟公廟在梓州射洪縣白崖山下。唐中書舍人陸弼貶涪州刺史，卒，葬山側，土人立廟，水旱禱之必應。僞蜀封『洪濟王』。大中祥符六年，詔封公號。

神宗元豐三年，詔加號蜀州青城山丈人觀九天丈人爲『儲福定命真君』。

佛像

漢州開元寺有菩薩像。自頂及焰光坐趺[二]，都是一段青石，潔膩可愛，雕琢極工，高數尺。會昌毁寺時，佛像多遭摧折刓缺，惟此不傷絲毫。及再立寺，僧振古實而置放西廊。先是，匠人得此石，異之。虔心鐫刻，殆忘飧寢。有美女常器食給之，其人運思在像，都無邪思。久之，息而妄心生，女乃不至，飢渴既逼，兼毒厲匝體，遂悟是天女。因焚香叩首，悔謝切至，女復來。其病立瘥，而像即成。亦嘗有記録，因毁寺，失其傳焉。

神異

興國七年，嘉州通判王衮奏：『往峨眉山提點白水寺，忽見光相寺西南瓦屋山上皆變金色，有丈六金身。次日，有羅漢二尊空中行坐，入紫色雲中。』

三峽中石壁千萬，飛鳥懸猿不可及之處，有洞穴累棺槨，或大或小，歷歷可數。峽中謂之『仙人棺』。按《隋唐嘉話》：『將軍王果於峽口崖側，見一棺將墜，遷之平處，得銘曰：「後三百年水漂我，欲墜不墜逢王果。」』亦異哉。

五丁力士遺劍於梓潼縣之龍潭巖，時發寶光。

玄宗幸蜀，至利州桔柏渡，有一白魚來御舟而過。

蜀朝庚午夏，大雨。岷江泛漲，將壞京江。灌口堰上夜聞呼譟之聲，若有千百人，列炬無數，大風暴雨，如火影不滅。及明，大堰移數百丈，水入新津江[三]，李冰祠中所立旗幟皆濕。導江令黃璟及鎮靜軍同奏其事。是時，新津、嘉、眉水害猶多，而京江不加溢焉。

鄭君雄爲遂州刺史。一日晚，忽見兵士旗隊，若數千人，在水東壖內屯駐。旍幟轡幕，人物喧闐，與軍行無異。不敢探報，莫知其由，但是州內警備突來而已。未曉，差人密探之，大軍已行，只三五人在後。探者問之，答曰：『江瀆神也。數年，州府不安，移在峽內。今遠近安矣，卻歸川中。』差人視之，有下營及火幕蹤跡，一一可驗。

遂州東岸唐村，云古有一人，寬衣大袖，著古冠幘，立道左，與村人語曰：『我鍾離大王也。舊有廟在下流十餘里，因水摧壞，今形像泝流而上，即將至矣。汝可於此爲我立廟。』村人詣江視，得一木人，長數尺，遂於所見處立廟，號『唐村神』。至今水旱禱祈，無不徵驗。或云始見似道流。

廣安州北十里，井中有一石龜。傳冬夏能自轉其首，所向之方，歲必豐稔。

成都朱善存家，世寶一劍。每生神芝，則天下清晏。如安史、黄巢之亂，劍皆吐黑煙屬天，不差毫釐。

康熙中，夔州參將路棋觀魚腹八陣圖，笑曰：『此石磧耳，有何靈異？』遂練兵於中，甫放炮操演，陰雲四合，白波茫茫，儼有千萬兵戈之聲擁簇而來，卒盡昏倒。路急焚香，禱祝請罪。俄而天清日朗，依然在石磧中，其神異如此。

近有盜，發蜀先主墓。穿穴，盜數人齊見兩人張燈對棋，侍衛十餘。盜驚懼拜謝。一人顧曰：『爾飲乎？』乃各飲以一杯，兼乞與玉帶數條，命速出。盜至外，口已漆矣，帶乃巨蛇也。視其穴，已如舊矣。

成都至真觀道士黎元興，龍朔年中，於學射山欲創造觀宇。夜夢神人，引升高山大殿之中，謁見中央黄老君，身長數丈，髭鬚皎白，戴金鳳冠，著雲霞衣，侍衛十餘人。顧謂元興曰：『吾近有材木，可以構此觀，無煩憂也。』如此再夢數日，有人於萬歲池中，乘舟取魚，或見水色清澈，池底大木極多，以告元興。元興令人取之，得烏楊木千餘段，至有長百尺者，以用起觀。作黄老君殿，依夢中塑之。又製三尊殿[四]，講堂齋壇，房廊門宇，木皆足用。

永平四年甲戌，利州刺史王承賞奏，深渡西入山二十里，道長山楊謨洞在峭壁之中〔五〕，上下懸險，人所不到。洞中原有神仙，或三人，或五人，服飾黄紫，往往出見。是時所見人數稍多。詔道門威儀、凝真大師、默鑒先生任可言，内大德施昭訓，齎青詞御香〔六〕，與内使楊知淑，同往醮謝。又復出見如初，詔改景谷縣爲金仙縣，道長山爲玄都山，楊謨洞爲紫霞洞，仍封玄都山主者爲玉清公，置紫霞觀，以旌其事。縣令李鏞，賜緋魚袋正授。

嘉州夾江令、檢校工部尚書朱播，嘗居官得疾，四肢不能運用，舉體沉重，每轉側皆須人扶升，以爲風發，藥餌攻之未效。忽眼痛且腫，晝夜煩楚。又數日，俄而渴作，嗜水及湯飲，石斗之量。又數日，心狂憒憒，若有所睹，奈其沈頓不能運動，不然亦將披髮裸走矣。旬日之中，四疾相屬，風露之危，期在旦夕矣。既晝夜不寢，疲倦之極，忽如睡不睡，見七仙人列坐在前，纔長五六寸，衣帔冠服，眉目髭髮，歷歷分明。五人相倚而坐，二人兩畔横坐。播心自思之：『正坐即可，横坐如何？』忽聞側畔空中有人應曰：『即爲仙人，無所不可，何怪横坐？』聞訖，亦不見所語之人，七仙人亦復不見。自此常覺有人爲握搦手足，拍背膊，所疾漸損。其日所嗜冷水湯飲，漸減一半。如是三五日，便能主持公事，祇對賓客。所疾全愈，因畫北斗七星真人供養焉〔七〕。

韋昉夜泊涪陵江，忽遇龍女遣騎迎入宫。後昉登第，知簡州。龍女復遣書邀至，敕昉充北海水仙。

祥符中，蜀有二舉人同硯席。既得舉，貧甚，干索傍郡以辦行。將迫歲，始離鄉里。懼引保後時，窮日夜以行。至劍門張亞子廟，號『英顯王』，其靈響震三川，過者必禱焉。二子過廟已昏[八]，晚大風雪，苦寒不可夜行。遂禱於神，各占其得失，且祈夢爲信，草就廟廡下，席地而寢。入夜，風雪轉甚，忽見廟中燈燭如晝，殺俎甚盛，人物紛然往來。俄傳導自遠而至，聲振四山，皆嶽瀆貴神也。既就席，賓主勸酬如世人。二子大懼，已無可奈何，潛起伏暗處觀焉。酒行，忽一神曰：『帝命吾儕作來歲狀元賦，當議題。』一神曰：『當以鑄鼎象物爲題。』既而諸神皆一韻，且各删潤雕改，商確又久之，逐畢。復爲誦之曰：『當召作狀元魂魄授之。』二子默喜，私相謂曰：『此正爲吾二人發。』迨將曉，見神各起致别，傳呼出廟而去，視廟中寂然如故。二子素聰警，各書記其賦，亟寫於書帙後，無一字忘。相與拜賜，鼓舞而去，倍道而行，笑語欣然，惟恐富貴之逼身也。至京，適將引保就試。過省，益志氣洋洋，半驗矣。至御試，二子坐東西廊。題出，果鑄鼎象物賦，韻腳盡同。東廊者下筆思廟中所書，懵然一字不能上口。間關過西廊問之，西廊者望見東來者曰：『御題驗矣，我乃不能記，欲起問子，幸無隱也。』東廊者曰：『我正欲問子。』於是二子交相怒曰：『臨利害之際，乃見平生，且此神賜而獨私以自用，天其福爾耶？』各憤怒不得意，草草信筆而出。及唱名，二子皆被黜，狀元乃徐奭也。既見印賣賦，二子市觀，比廟中所記者，無一字異，兩相嘆息，始悟凡得失皆有假手者，遂皆罷筆入山，不復事筆硯。恨不能記其名姓云。

巫山神女廟，其像坐帳中，秘不可觀。馮沆學士之幼子[九]，美秀如玉。年十五，隨沆知夔州。

日戲郡圃，必拍手呼鹿，鹿至則騎之，人以爲異。後改蜀郡，過巫山廟，其子輒搴帷，見神女目動。歸時頭痛，三日而卒。

長壽縣五里不語灘，張桓侯廟在焉。世傳過者不語，語則風起浪駭，折柁危檣，往往有沉溺之患。遂寧張公鵬翮以吏部尚書子告祭祖，至此灘，舟子稟之，文端曰：『彼偏安將軍，吾爲天朝吏部，何畏焉。』挽船直上。行二十里許，忽旋風僕舟，舟隨吹轉直下，頃刻復至灘中。文端急攝衣冠，焚香禱祝。祝畢，須臾回風送至故處，始服其靈異。

盧閎侃自蜀歸，舟至李渡，士人熊士升請爲作『英祐侯廟』碑文。夜宿舟中，夢侯來謝，携手指山間古琴曰：『此琴非高人莫與，子寶之。』次早，携一板登岸，行三里許，一老嫗看乳鴨數十，而薄板橫泥中，爲鴨上下者，即琴也。以板易之。歸視，中有『盧氏家寶』四字，乃增以金徽玉軫，朱絃繡囊。按：琴譜有盧氏琴，爲希世之珍，今子孫猶世奉爲寶焉。

康熙中，有盜數人發李文簡公墓，棺具尚完。啓之，紗帽朱袍、象笏玉帶，眉鬚皓白，凜然如生。盜利其有，不顧竟取衣帶及金銀殉器以去，衣出悉成灰矣。是夜，群盜同夢公命卒械至府中，厲聲呵責，各鞭百餘。未幾，俱嘔血死。

嘉靖中，建乾清宮，遣少司馬馮清求大材於蜀地〔一〇〕。有孔明廟，見柏，謂無出其右，定爲首選〔一一〕，用斧削去其皮，硃書第一號字。俄聚千百人砍伐，忽群鴉無數，飛繞鳴噪，啄人面目。藩臬諸君皆力諫，遂止。命削去硃書，深入膚理，點畫燦然。

異人

李特，字玄休，廩君之後。昔武落鍾離山崩，有石穴二所，一赤如丹，一黑如漆。有人出於赤穴者[一二]，名務相，姓巴氏。有出於黑漆穴者，凡四姓，皡氏、樊氏、柏氏、鄭氏。五姓出皆争爲長，於是務相約以劍刺穴，能著者爲廩君。四姓莫著[一三]，而務相之劍懸焉。又以土爲船，雕畫之而浮於水中，曰：『若其船浮者，爲廩君。』務相船又獨浮，於是遂稱廩君，乘其土船，將其徒卒，當夷水而下，至於鹽陽。鹽陽水神女子止廩君曰：『此魚鹽所有，地又廣大，與君俱生，可止無行。』廩君曰：『我當爲君[一四]，求廩地，不能止也。』鹽神夜從廩君宿，旦輒去爲飛虫，諸神皆從其飛，蔽日晝昏。廩君欲殺之，不可别；又不知天地東西。如此者十日，廩君以青縷遺鹽神，曰：『嬰此即宜之，與汝俱生。不宜將去汝。』鹽神受而嬰之。廩君於碭石上，望有青縷者，跪而射之，射中鹽神。鹽神死，群神與俱飛者皆去，天乃開玄[一五]。廩君復乘土船，下及夷城，石岸曲，泉水亦曲，望之如穴狀。廩君嘆曰：『我新從穴中出，今又入此，奈何？』岸即爲崩，廣三丈餘，而階相承[一六]，廩君登之。岸上有平石，長五尺，方一丈。廩君休其上，投策計筭，皆著石焉。因立城其旁而居之。其後種類遂繁。秦併天下，以爲黔中郡[一七]，薄賦斂之，歲出錢四十萬。巴人呼賦爲賨，因謂之賨人焉。

仙家

《彭幼朔傳》云：『近有入青城山，見老人跨白鹿曰：「我三國徐庶也。」此與蜀人費經虞所言同，特終南、青城異地耳。』

峨眉山有二孫思邈。一唐初人。一宋人，與張乖崖善。見《山志》第十八卷。

葛洪。唐人詩『洞裏真人葛稚川』，稚川今在洪雅、夾江兩邑之間，溪闊十餘丈。昔洪爲勾漏令，後入蜀取雄黄，於武都山得之，色如雞冠，喜曰：『吾丹成矣。』因至洪雅與夾江之山，存神養氣，道成仙去，隱跡尚在，地名稚川溪，今土人呼爲川溪。

龐居士。夾江南安鎮，西南山中有龐坡洞，世傳龐居士於此一家仙去，遺蹟尚存。或曰居士龐德公，即龐靖侯統叔，携妻子採藥，不知後隱於此。或曰唐龐藴，亦楚襄州人，曾參馬祖禪，所謂『一口吸盡西江水』者，夫婦入蜀，隱於川溪口洞中。莫知誰屬。

眉山張霄遠，寓居邛之崇真觀。常持竹弓鐵彈，向空中打，人問之，曰：『打天上孤辰寡宿耳。』人有求嗣者，禱之輒應，又以籙符救世病苦，由是人争奉之。居數年，忽一日書符於壁，如四目老翁狀，符就落筆，隱身不見。至今城内鋤犁掘土者，常得其彈子，上有紅點，堅實異常，相傳女子佩之生子。

觀中有石鐫遺像云。

張三丰，不知何許人。洪武中入蜀，僑寓環衛姜指揮家。寒暑惟一箬笠，笠甚大，雖小户出入不礙[一八]。繫鐵綫條，極工緻，朝夕居一盤石上。嘗取梅枝，插土即生[一九]，花皆下垂，故成都昔年猶遺『照水梅[二〇]』種焉。永樂中，遊内江，寓明玉[二一]道人家，詭云龐姓，微示以異，常履極險不墜，涉水無少濡。而玉善符咒，多奇驗，欲以授龐。龐笑曰：『我以道奉公，公以法授我耶？』乃作《道法會同疏》一通畀之。居歲餘，胡濙物色之，遂同玉見胡，後不知所終。或曰天目人，名君實，字元一，居陜西寶雞縣。洪武末召見，異之，賜以玉。後至成都寓青羊宫，月餘，入鶴鳴山修煉。山有石鶴，鳴則有人成仙，三丰在山，石鶴復鳴，人咸警異。居半載，往來於峨眉山中，入天谷洞不出，年已三百餘歲矣，後不知其跡。至邛州，寓開元寺中，與僧廣海善，臨行贈詩云：『深入浮屠斷世情，奢摩他行恰相應。天花隱隱呈微瑞[二二]，風葉琅琅詠大乘。密室晝閒雲作蓋，空亭夜静月爲燈。魂消影散無何有，到此誰能見老僧。』留草履一雙、沉香三片而去。後海以詩及二物進文皇，賜玉環於佛袈裟焉[二三]。

孫文懿公，與彭山進士宋籌同赴舉。至華陰，大雪。天未明，過華山下，有碑堠云『毛女峰』者，見一老姥坐堠下，鬢如雪而無寒色。時道上未有行者，不知所從來，雪中亦無足跡。公與宋相去數百步，宋先過之，亦怪其異而莫之顧，公獨留連與語，有數百錢掛鞍，盡與之。既追及宋，道其事，宋悔，復還求之，已無所見。是歲，公及第，而宋老死無成。

邵博《見聞後録》：『程致仲爲余言：「近歲，《雲齋小書》出丹稜李道達遇妖女事，不妄。致仲親見鴛鸞出入雲氣中，黄色衣，奇麗奪目，非人間之物，蓋妖所服，留以遺達者。又歌曲多仙語，尚《小書》失載云。」』

陳曙。蜀人[二四]，嘗舉進士。唐末，遁於湖廣蘄州山中。室内惟一榻，素書數卷，與蛇虎雜居，雨雪滿堂亦自若，數十年顔鬢不改。後徙鄂渚，不知所終。見《黄州志》。

仙

南岷山在西充，山有九井十三峰，漢何岷隱處[二五]。隋程太虚修煉於此，大隱絶粒，有二虎侍左右，九井十三峰皆其修煉之所。一夕大風雨，砌下得碧玉印。居人每乞符祈年，印以授之，輒獲豐稔。唐元和解體，遷神玄宫，容貌不變。

綿州羅江縣羅公山，真人羅公遠舊盧。太平興國四年，有人乘車往來山中，石上有新轍跡，深三尺餘，石盡五色。知州种士衡緣跡至洞中，聞雞犬聲。

成都高僧誦《法華經》有功，忽一山僕至寺，言：『先生晨請師誦經，在藥市奉候。』至則煙巒中横一溪山閣，乃其居也。僕曰：『先生請師且誦經。』誦至《寶塔品》，先生野服杖藜，默揖爇香[二六]，聽罷遂入，不復出。齋以籐盤竹箸，秫飯一盂，杞菊數甌，食訖，施襯一鍰。僕送至路口，中途問僕曰：『先生何姓？』曰：『姓孫。』曰：『何名？』僕於僧掌中書『思邈』二字。僧大駭，欲再往，僕遽失之。視襯資，乃金錢一百，皆良金也。

成都乞兒嚴七師，幽陋凡賤，塗垢臭穢不可近。言語無度，往往應於未兆。居西市悲田坊[二七]，常有帖衙俳兒千滿川[二八]、白迦、葉珪、張美、張翱等五人爲火。七師遇於途，各與十五文，勤勤若相別爲贈之意。後數日，監軍院宴，滿川等爲戲，以求衣糧。少師李相怒，各杖十五，遞出界。凡四五年間，人争施與，每得錢帛，悉用修觀，語人曰：『寺何足修。』方知折寺之兆也。後失所在。

葛仙山[二九]在彭縣。上有崇真觀，在濛陽鎮北。二十四化之第伍化也，葛仙翁[三〇]璝、楊仙翁升賢得道於此。按：《成都記》韋皋夢神人謂曰：『異日富貴，無忘葛璝。』後尹成都，再夢，乃復新觀宇。皋爲記。

葛由者，蜀之羌人也。周成王時，刻木爲羊賣之。一日，乘木羊入蜀，蜀中王侯賓客追上綏山，隨之者皆得仙術。《列仙傳》：『又山多桃，諺曰：「得綏山一桃，雖不得仙，亦足以豪。」』按：山即今二峨山。一云即大蓬山，在蓬州。

宋劉儀鳳詩有『但見臉如花，不知心似鐵』之句，蓋爲女冠范志玄作也。志玄栖静於合州純陽山中，時任安爲使，雅慕之，訂期而往。志玄化爲男子，騰空而去，追之不及。

夏季李八百，蜀人也。初居筠陽之五龍崗，歷夏商周八百歲。一云動則行八百里，時人因號『李八百』。周穆王時居金堂山，號『紫陽真君』。

王望，字子濛。開元初，嘗與玄宗遇，俗傳晉時人。旦跨白驢入長安市，暮復回。

黄牛山。山在巴州北。今名北龕。

石甕磧在涪州。太守吴侯嘗遊磧上，遇一女瀕去，解玉環付廂吏曰：『爲我謝使君。異日當歷顯任，子孫復守此州。』言訖不見。

瞿君［三三］，字鵲子，後漢犍爲人。入峨眉山四十年，得仙，乘白龍還家，於平崗治白日上升。

漢翟法言。雲陽人。詣棲霞宫，采藥得道，能召灘神。

唐時，蒲江縣主簿好道。忽一日，遇白玉蟾，引入長秋山，仙去。

宋寶祐時，有二仙女遊於龍安小溪山。人驟遇之，冉冉升雲而去，異香杳靄。至今名其地爲『仙女鋪』。

宿山圖，隴西人也。采藥於峨眉之隴寧山，服而羽化。

唐王積薪從明皇幸蜀，宿一村，遇婦姑奕棋，蓋仙女也。積薪往看之，姑曰：『是子可教以常勢耳。』積薪自是以奕鳴。

落魄仙，張姓，嘗賣鼠藥於瀘。王昌遇者，市歸，鼠食皆飛去。後復至道中，呼王生爲『易玄子』，取馬送生。至家，馬即化龍入潭矣。

劉珍，隋末居合江之安樂山。忽取丹經、鍾磬，封於石室中曰：『六十年當有明君取之。』自以火化。唐高宗果遣使者，取丹經、鍾磬以進。詔即山中建一延真觀，扁乃御筆也。

姓張，嘗賣鼠藥於梓州。獄吏王昌，市藥以歸，鼠食之皆飛去。後昌入瀘，又遇之。乃易其藥，餌之，呼昌爲『易玄子』，授以道術。取馬送昌歸，至家，馬化龍入潭。昌後遂仙去。見《一統志》。又，賣鼠藥，《野人閑話》云李客。《一統志》所載較此本原委似更詳，悉附録於此。

校勘記

［一］『唐明皇』，底本作『唐明王』，今據《蜀中廣記》改。

［二］『自頂及焰光坐趺』，底本作『自頂兩焰光坐趺』，今據《因話録》改。

［三］『入』，底本作『如』，今據乾隆補修本及《録異記》改。

［四］『尊』，底本作『號』，今據《録異記》改。

［五］『道長山楊謨洞』，底本作『道場山羊模洞』，今據《録異記》改。

［六］『青詞』，底本作『青祠』，今據《録異記》改。

［七］『畫』，底本作『盡』，今據《蜀中廣記》改。

［八］『已』，底本作『以』，今據《宋裨類鈔》改。
［九］『馮沆』，底本作『馮沅』，今據《孫公談圃》改。
［一〇］『遺少司馬』後原脱『馮』字，今據《遊梁雜鈔》補。
［一一］『首』，底本作『道』，今據《遊梁雜鈔》改。
［一二］『赤』，底本作『石』，今據《録異記》改。
［一三］『莫』，底本作『皆』，今據《録異記》改。
［一四］『我』，底本作『俄』，今據乾隆補修本及《録異記》改。
［一五］『開玄』前原脱『天乃』兩字，今據《録異記》補。
［一六］『而』，底本作『兩』，今據《録異記》改。
［一七］『黔中郡』前原脱『爲』字，今據《録異記》補。
［一八］『雖』，底本作『即』，今據《四川通志》改。
［一九］『土』，底本作『上』，今據《四川通志》改。
［二〇］『照水梅』，底本作『在水梅』，今據乾隆補修本及《四川通志》改。
［二一］『明道』兩字間原脱『玉』字，今據《四川通志》改。
［二二］『呈』，底本作『星』，今據《四川通志》改。
［二三］『於』，疑作『與』。
［二四］『蜀』，底本作『署』，今據《南唐書》改。
［二五］『漢』，底本作『漠』，今據《蜀中廣記》改。
［二六］『默』，底本作『嘿』，今據《湘山野録》改。
［二七］『悲』，底本作『卑』，今據《酉陽雜俎》改。

〔二八〕『俳兒』，底本作『排兒』，今據《酉陽雜俎》改。
〔二九〕『葛仙』後原脱『山』字，今據《蜀中廣記》補。
〔三〇〕『葛仙』後原脱『翁』字，今據《蜀中廣記》補。
〔三一〕『瞿君』，底本作『瞿居』，今據《蜀中廣記》改。

卷二十二

神異　仙道

孫思邈嘗隱終南山。與宣律和尚相接，每往來互參宗旨[一]。時大旱，西域僧請於昆明池結壇祈雨。詔有司備香燈，凡七日，縮水數尺。忽有老人夜詣宣律求救，曰：『弟子昆明池龍也。無雨久，匪由弟子。胡僧利弟子腦，將爲藥，欺天子言祈雨。命在旦夕，乞和尚法力加護。』宣公辭曰[二]：『貧道持律而已，可求孫先生。』老人因至石室求救，孫謂曰：『我知昆明龍宮有仙方三百。爾傳與予，予將救汝。』老人曰：『此方上帝不許妄傳。今急矣，固無所吝。』有頃，捧方而至，孫曰：『爾第還，無慮胡僧也。』自是池水忽漲，數日溢岸，胡僧羞恚而死。孫復着方三十[三]卷，每卷入一方，人不得曉。及卒後，時有人見之。及玄宗幸蜀，夢孫思邈乞武都雄黃。乃命中使齎十斤，送於峨眉頂上。中使上山未半，見一人幅巾被褐，鬚鬢皓白，二童青衣丸髻，夾侍立屏風側。手指大磐石曰：『可致藥於此。上有表録上皇帝。』使視石上朱書百餘字，遂録之，隨寫隨滅，寫畢上無復字矣。須臾白氣漫起，因忽不見。

蜀有道士陽狂，俗號爲『灰袋』，翟天師晚年弟子也。翟每戒其徒：『勿欺此人，吾不及之。』常大雪中，衣布褐，入青城山，暮投蘭若，求僧寄宿。僧曰：『貧僧一衲而已，天寒如此，恐不能相活。』但言：『容一牀足矣。』至夜半，雪深風起，僧慮道者已死，就視之。去牀數尺，氣蒸如炊，流汗袒寢，僧知其異人。未明，不辭而去。多住村落，每住不逾信宿〔四〕。曾病口瘡，不食數月，狀若將死。人素神之，因爲設道場。齋散忽起，就謂衆人曰：『試窺口中有何物也？』乃張口如箕，五臟悉露。同類驚異，乃作禮問之，唯曰：『此足惡，此足惡。』後不知所終。蜀郡郭采真尊師説。

翟天師，名乾祐。峽中人。長六尺餘，每揖人手過胸前。卧常虛枕。晚年言將來事，無不驗。常入夔州市，大言曰：『今夕當有八人過此，可善待之。』人不之悟。其夜火焚數百家，八人乃火字也。每入山，虎群隨之。曾於江岸與弟子數十玩月，或曰：『此中竟何有？』翟笑曰：『可隨吾指觀。』弟子中兩人見月，視半天樓殿金闕滿焉，數息間不復見。

成都楊道人，本坊正也。嗜酒無行，屢遭杖罰。嘗於肆市遇異人，丰采秀聳。楊日與之飲，幾所得悉爲飲費。久之，異人曰：『能從我遊乎？然子有妻子之累，如何？』楊曰：『棄此直易耳。』歸則手書與妻訣，仍尋配嫁之，一子數歲，以予人。他日，復遇異人，曰：『累已遣矣。』異人曰：『誠然。當隨我所之。』楊敬諾，復痛飲酒壚，日暮乃相將出城。是夜月明如晝，異人前行，相去常百步。初如行十餘里，乃下路，望大山林蔚茂處，漸行草莽中。又數里，楊覺履地甚濕，繼而水没足，乃大聲呼曰：『迷路入水矣。』異人曰：『第前，無苦也。』復前，水浸深，又行一二里，則没膝及股，而異人平地也。乃解衣深涉，水及腹，俄及胸臆，楊猶遂不已，則水已承頤，乃復大呼，以水深不可進。異人嘆曰：『惜哉！子未可往也。』恍惚間如夢覺，乃身在城濠橋上。異人亦在其傍，即於橋下取一小鐵鐺，及腰間解一皮篋，贈之曰：『子緣未至。』乃長揖而去。追之數百步，忽不見。楊自是發狂，乍悲乍喜，語言無倫，如病心人。往往預言人休咎，學道者從之寖多。每月八日，輒施貧丐者。自府治之前分坐通衢兩邊，直抵城門，楊以鐺煮粥，令其徒舁以自隨，躬以杓盛粥給丐者。仍於皮篋中取錢與之，人二十文。丐者率數百人，而所給常足。李修撰任四川都漕，治所在成都，常邀相見，敬待之。子弟輩與之狎，或戲匿其篋，楊索之不得而去。度明當施貧，乃來求取甚力。既得，欣然置腰間，以手撫之，錢已滿矣。身衣敝衲，或贈以新衣，即服之，顧視喜笑，仍收其故衲，或求之不與。明日視之，敝衲如故，新衣隨即施於貧者。一日謁李，時方獨坐後圃之舫齋〔五〕，楊視左右無人曰：『吾餉使君一物。』即作嘔噦之狀，鼻涕涎沫交下，吐出一物，以掌承之，明徹如水。命李吞之，李有難色，遲疑間，楊復自吞之，跳入齋前池水中，大呼殺人數聲。李命左右扶去。不數月而李卒。又有寇先生者，有道之士，李亦招接之。一日，寇自山居詣城謁，李適出赴府會，子弟請坐書室。寇忽問曰：『運使每赴公會，宅廚亦破食料否？』子弟曰：『然。』寇曰：

『某來特報一事。近至冥府，視運使食簿無幾，宜極裁節。』弟子初不知信，未幾而李果卒。是時，復有席先生者，不知其何許人，亦莫詳其姓氏。蓬頭垢面，以一席裹身，伏於官道之側。以食與之，即伸首取食必盡。數日不與食，亦不饑。所處不復移徙，未嘗見其溲便。蓋亦異人也。

綿州昌明縣豆圌山，真人豆子明修道之所也。西接長崗，猶通車馬，東臨峭壁，陡絶一隅。自西壁至峰，石筍如圌，兩崖中斷，相去百餘丈，躋攀險絶，人所不到。其頂有天尊古宮，不知所製年月。古仙曾笮繩橋，以通登覽，而絚笮朽絶，已積歲年。里中有言曰：『欲知修續者，腳下自生毛。』如此相傳久矣。咸通中，有道士毛意歡，山下居人，幼而爲道，常持五千言。著敝布褐，日於市誦經乞酒，醉而登山，攀援峭險，以絶道爲橋焉。山頂多松樹，以繩繫之，横亘中頂，有板緣於繩上，士女善者隨而度焉，行及其半，動摇將墜，而其底不測，莫敢俯視。數年繩橋壞，無復緝者。咸通壬辰歲，與賓客醮山，於西峰展禮。時毛師他遊，人有謂令曰：『此峰之側有小徑抱崖，纔通人跡，無所攀援。意歡常遊此而去，逾旬而出。』令疑其隱在穴中，座内有廣陵郭頭陀者，令請由此而往探求之。頭陀隨去，久之回，驚眙不能語。久而後言曰：『此徑約三十餘丈。然到一穴，口纔三五尺，下去平地，猶數百尺。穴内可坐十餘人，中有巨木櫃，緘鎖極固，意歡所之之。其家一妻一女而已，疑其得道者。』意歡每多持燈椀度繩橋，山側居人視之以爲常。山多毒蛇猛虎，意歡夜歸亦無所畏。常有二鴉，客將至，鴉必飛鳴。意歡整飾賓階坐榻，未畢，客果至矣。

葛洪《枕中書》云：『鬼谷先生爲太玄師，治青城山。』又：『嚴君平，今治在峨眉山。』又云：『吴越及梁益，風氣清貞，故多仙人。』是以成都之境、丹陽之域〔六〕、會稽之東南，天路所衝，善宜修尚也。

樵陽子。姓雷，名化緣，大足縣人也。初生時，有僧乞食於門，母遂名之爲化緣。生二歲，父母相繼死，育於安縣民陳和家。十餘歲，陳夫婦亦相繼死，展轉寄養於灌縣之青城山下童老家，童老家赤貧，無以自食。化緣衣破腹空，寒色可掬，日月入山，採薪以給灌縣人。人見化緣負薪下山，輒持一升、半升粟米來易，化緣盡所負，與之便去，亦不争較。往來出入，艱苦不辭，連年如此。一日，天大雪，誤迷失道，陷絶壑中，積雪可六七尺許，望見蒼崖古木，若在雲霄。忽有白鬚老人荷拂而來，引之起〔七〕，同行亂石間〔八〕，至一大樹下，相與盤憩。少頃，又一紫衣老人，修眉便腹，策杖於前，亦來共坐。三人常劚黄精生餌之，漸覺不飢，耐寒輕健〔九〕。如是者纍月，二老人忽指大樹下而告之曰：『此是子前身脱化處也。』出囊中一神枕，若履子大，授化緣枕之。化緣即覺，憬然而悟，遂起坐於石上，嘆曰：『大奇，大奇！』於是二老人下地，作禮而拜甚恭，尊之曰『樵陽子』而不名。後灌縣人驚傳其事，皆呼爲『樵陽子』矣。徘徊之間，忽失老人所在。化緣自此誓不出山，終日結跏趺危坐大樹下〔一〇〕，耳中隱隱聞隔谷鳴琴之聲〔一一〕，或時聞人語，窮而跡之，寂無有也。又數月，人有逐伴入山採樵〔一二〕，遇見化緣敝衣蓬首〔一三〕，形如枯木頹然，識是童家負薪兒，相與大怪，異之。事稍稍聞於灌令，灌令景君，愛奇之士也，暇日屏車騎，與二三賓客左右，徒行入此山中。涉溪登嶺，攀頓忘疲，乃至大樹下〔一四〕，具問所由。化緣曰：『某前身託此樹中〔一五〕，今乃得復形爲人耳。』令遂命伐樹。操斧未下，忽樹中聲震如霹靂，火生其腹，劃然洞開，見遺蜕焉。身著布衲，髻頂鐵冠，腰繫黄絛，猶未爛。頭枕一劍，劍可繞指。髮垂覆額，已長丈餘。指爪盤旋，環其足矣。尋復於蜕傍得石匣，匣中有券，其文皆古篆，丹砂所書，循環反覆，竟不曉其義理。景君與賓客左右，各驚歎而還。遂下令製龕，以奉樹中遺蜕，築庵居樵陽子。灌縣百姓翕然敬事之，以爲師。數年前遊江南，自梁溪至姑蘇，届於武林之西湖〔一六〕，俗流多不識。梁溪士大夫稍有一二接遇之者，然其見衣冠大僚、士族子弟亦不爲禮，所酬對甚簡，只教人於心地上領悟宗旨而已，莫能窺其詣也。未一歲而還，譚中丞秉鉞西川時〔一七〕，常爲樵陽子建大通觀於青城山下，至今尚存。

僞蜀大東門外有妙圓塔，院僧名行勤。俗姓張氏，人以其精於修行，因謂之張道者。早歲南行，中年駐錫。龎眉皓髮，貌古形羸。住草屋數間，惟繩牀一張及木棺一所。晝則升牀而坐，夜則入棺而卧。衣服未嘗更換，問之拱默不對〔一八〕。人皆仰其高節，遺之衣服則轉施貧人，與米麪鹽酪則受，以一大瓶貯之常滿，每齋取一抄合而食。偃息自若，不詸流俗，其清尚如此。時齒八十，臨終自拾薪草積院後，告諸門徒曰：『吾即日行化。希以木棺置薪乎上，以火爇之，老僧幸矣。』至期依其教諭，於煨燼中得舍利數十粒，葬於塔中。時有慈覺長老，禪門宗匠也。有《書妙圓塔院張道者屋壁》云：『成都有一張道者，五十年來住郫野。衹將淡薄作家風，未省承迎相苟且。南地禪宗盡徧參，西蜀叢林遊已罷。深知大藏是解粘，不把三乘定真假。張道者，傍沙溪，居蘭若，草作衣裳茅作舍。活計生涯一物無，免被外人來借借[一九]。寅齋午睡樂哈哈[二〇]，檀越供須都不謝。沿身不直五分銅，一句玄玄豈論價。張道者，貌古神清不可畫，鶴性雲情本自然，生死無心全不怕。縱逢劫火未爲災，暗裏龍神應嘆訝[二一]。張道者，不説禪，不答話，蓋爲人心難誘化。盡奔名利謾驅驅[二二]，箇箇何曾有般若。分明與説速休心，供家卻道也[二三]爛也。張道者，不聚徒，甚脱洒，不結遠公白蓮社。心似秋潭月一輪，何用聲名播天下。』（《茅亭客話》）

李青霞，眉州人李氏子。襁褓失明。歲飢，父母棄之江流，至青神，漁人夫婦得之曰：『盲兒也[二四]，姑養之。』十餘歲爲人傭磨，有瞽史扶琵琶説往事者，携之去，教之，善其藝。至綿州，多遊士大夫之門。一日在高翰林舍，適有道士與高論丹法，李忽躍然擊碎琵琶而求爲徒，道士壯而許之。遊諸名山將十載，還縣稱曰『青霞道人』。高叩之，已有悟矣，然多以術掩其妙，常以杯酒戲丸垢膩，投盆盎，得美鮮，治羹充坐饌。又善爲鶴舞，躍起二三尺，墜地無聲。又道人隱朿，洩未來，巧發奇中。嘉靖己亥還眉，弟妹在傭伍，訪而嫁娶之。數載復歸綿，卒於豆圌山。葬訖，世廟忽有旨求青霞，所司踪跡無影，指墓以復。又數年，州別駕尹姓者，江西人，方莅任，齋宿城隍祠，問焚獻道士曰：『爾名曾天城乎？』道士懼然。尹曰：『吾來時，有李青霞道人居吾郡，士大夫皆尊敬之。行時謂余：「必還眉州，此吾鄉也。城隍祠道士曾天成曾侍我爲徒，今尚在，爲我寄聲。」』曾駭曰：『李師葬綿，吾等俱往視其墓。何由復居貴鄉？』州人始知青霞不死也。

仙異

黄齊，衙隊軍偏裨也。常好道，行陰功，有歲年矣。於朝天嶺遇一老人，鬚鬢皎白，顔色嬰孺，肌膚如玉，與之語曰：『子既好道，五年之後，當有大厄，吾必來救。勉思陰德，毋退前志。』其後，齊下峽，舟覆流至灘上，如有人相拯。得及岸視之，乃前所遇老人也，尋失所在。自是往往見之。忽於什方縣市中相遇，召齊過其所居。出北郭外，行樹林中，可二三里即到其家，山川林木境趣幽勝，留止一夕。因言曰：『蜀之山川是大福之地，久合爲帝王之都。多是前代聖賢鎮壓崗源，穿絶地脈，致其遲晚。凡此去處，吾皆知之。又蜀字若去虫著金，正應金德王西[二五]，汝當爲我代言之。』及明，相送出門，已在後城山内，去縣七十餘里。既歸，數月齊卒。

道流

夔州道士王法玄，舌大而長，呼文字不甚典切，常以爲恨。因發願讀《道德經》，夢老君與剪其舌，覺而言詞輕利，精誦五千言，頗有徵驗。

蘇老泉之祖白蓮道人，遇蔣山人，示葬地。命取燈一盞，燃於其所，雖四面風來，此燈凝然不動。曰：『此正穴也。』

嘯道士。唐天寶末，有峨眉陳道士善長嘯，能作雷鼓霹靂之音，聽者傾悚。

張安道知成都，日以醫官自隨。重九，請出觀藥市。五更，藥市方合而雨作，入五局觀避之。至殿上，見一道人臨階而坐[二六]，往就之，相問已，道人曰：『張端明入蜀，今已再矣。』醫曰：『始一至蜀耳。』曰：『子不知也。凡人元氣重六十兩，漸老而耗。張公所耗過半矣。吾與之夙相好[二七]，今見子非偶然也。』解衣裾出藥兩圓，曰：『一圓可補一兩氣。』醫曰：『張公雖好道，然性慎重，恐未信也。』道人曰：『所以二圓，正爲爾也。取一圓並水銀一兩，納銚中，以盞蓋之，燒之良久，劄劄有聲。揭盞以松脂投之，當有異。三投而藥成，當知此非凡藥也。』徑歸白公，試之如其言，每投松脂，焰起充所坐小亭。至三投，焰如金色，傾出紫金也，乃服其一圓。而使醫徧遊成都，冀復遇焉，後見於孔明廟前，復一圓藥，然服之亦無他異。

柳條，女奴也。成都米市橋，僞蜀時有柳條家酒肆，蓋當時皆以當壚者名。柳條偶得患，沉綿經歲，俟死而已。有一道士常來貰酒，柳條每加勤奉，乃留丹數粒。柳條初服一粒，疾起能食，再服能行，終服充盛如初。

眉州有叟，嘗携子入息臺山。遇一道人，指其子曰：『夭。』叟欽道人不已，長跪求壽。道人取簿檢視之曰：『壽止十八。』與其子懇求不已，乃舉筆改爲八十。後子壽果如數。

楊通幽。洪都人。唐天寶間，道臨邛。明皇命通幽招致貴妃魂。白樂天《長恨歌》云：『臨邛道士洪都客，能以精神致魂魄。』即通幽也。

邵道人，年七十，善治病。令病者張目嘘氣，即可活，目諸弟子置飯病者前，出袖中鐵尺横飯上，誦《大悲咒》已，起尺摩病者曰：『瘥矣』。脱不可活，道人即趋出，病家以死曰請，出指示，日如其數。道人不[二八]取錢，每歲自正月始，活一人，取布尺裹衲[二九]，完勿取也。飯道人，无問多少美恶。道人喜飲水，冬月嚼冰塊，齒間瀺瀺有聲，頃之肩湧面紅，汗簌簌下。余世父夙患脛病，久不愈，以問道人，曰：『此祟也。若往聘某氏，謂其女陋，將更聘之。女慚，縊死，此其祟也。』世父大驚，伏地頓首曰：『奈何？』道人曰：『今遇我，三日解也。』三日病果瘥。居十餘年，忽謂諸弟子將歸。一日，令設几三層，坐其上。諸弟子始悟，環守之，夜有登几伺其息者。夜半，霹靂隆隆起屋脊，若干戈甲馬戰鬭之聲，弟子震慴伏地。天明起眎，則道人死矣。

蜀主祈時於青城山。青城令獻美女張麗華，蜀主幸於齋宫。是夕雷風大作，麗華殞玉。後有法師李若沖者誦經[三〇]巖中，見竹陰一女號泣而出，掩袂微吟云：『獨卧經秋墮鬢蟬，白楊風起不成眠。澄思往日椒房寵，泪濕衣襟損翠鈿。』若沖爲之誦《九轉生神經》，水火煉度。明日，一女子霓裳霞帔，斂衽而謝曰：『妾隨金簡出幽冥矣。』

僧釋

成都山中有一僧臥石穴中，二十餘年不起，亦不飲食，當臥處痕跡宛然。山中樵牧習見，就問之，亦不答。一日，有士子於山中遇髯道人，云：『此山中有六祖應化，知否？』士子即詣師禮拜，云：『師六祖耶？』久之，張目曰：『莫信髯道人亂道。』明日再過，不復見矣。

知慧菩薩，明梓潼人，周曉師女。生不茹葷，好誦梵典。年十九，絶粒，食惟餐柏葉。成化五年，促父母送往江村口白馬寺，登樓跏趺而化[三一]。今肉身在焉。

又裴氏女者，父應舉，細民也。女好趺坐、食柏葉[三二]。天啓中，年十三坐化。縣人建刹奉之，屢現五色光云。

蜀禪教皆祖破山禪師，梁山人，天童悟法嗣第二人也。其弟子丈雪禪師，内江人，演化於成都昭覺寺，門徒甚盛。康熙丙子五月至蜀訪之，則示寂半載矣，年八十餘。今住持弟子佛冕禪師，即其侄。

顛和尚者，長安人。踪跡詭異。蜀臬迎之成都，禮拜甚恭，而往往面斥之，言無忌憚。嘗食犬肉，帽簷插花一枝，引群丐遊市中。入昭覺寺，見丈雪禪師，詼嘲不屑，禪師頗敬憚焉。一日，騎馬出城數里，語厩[三三]吏曰：『吾歸矣。』徑舍騎徒步去[三四]。臬追贐，不受。往來秦蜀棧中，所至輒畫達摩像施人。歸至長安，數日遂坐化。人言是初祖遊戲震旦耳。

貫休入蜀，上王建詩云：『一瓶一鉢垂垂老，萬水千山得得來。』又作一鉢歌云：『無可離，無可著，何處更求無病藥。藥是病，病是藥，到頭兩事須拋卻。亦無病，亦無藥，正是真如靈性覺。』號禪月。因名之爲得得和尚。

東川降魔寺僧吉祥。魁梧多力，受飯五鉢，日夜誦經九函。池中魚知其數，以名召之，皆出水面，使去即没。

宋僧智永[三五]，成都人。工小景，長於傳摹，宛然亂真。唐智永以書名，此以畫名。

僧遠國《傷蜀詩》曰：『樂極悲來數有涯，歌聲纔歇便興嗟。牽羊癈主尋頃國，指鹿奸臣盡喪家。丹禁夜涼空鎖月，後庭春老漫開花。兩朝基業都成夢，林木蒼蒼噪暮鴉。』

王中令既平蜀，捕餘寇與伍隊相遠。飢甚，乃入一僧寺中，僧醉甚，箕踞。公怒欲斬之，僧應對不懾，公奇而釋之。問求蔬食，云有肉無蔬，公益奇之。餽以蒸豚頭，食之甚美。公喜，問僧：『止能飲酒食肉耶？爲有他技耶？』僧自言能詩。公令賦蒸豚詩，搒筆立成。詩云：『觜長毛短淺含臕[三六]，久向山中食藥苗。蒸處已將蕉葉裹，熟時更用杏漿澆。紅鮮雅稱金盤貯，軟熟真堪玉箸[三七]挑。若把擅根來比並，擅根只合喚[三八]藤條。』公大喜，與紫衣。

勾居士，名令玄。宗張平雲。有學人問答，隨機應響。著《火蓮集》《無相寶山論》《法印傳》《況道雜言》百餘篇。有《敬禮瓦屋和尚塔偈》[三九]曰：『大空無盡劫成塵，玄步孤高物外人。日本國來尋彼岸，洞山林下遇迷津。流流法乳誰分曉，了了教知我最親。一百六十三歲後，方於此塔葬全身。』瓦屋和尚，名能光，日本國人也。嗣洞山悟本禪師。天復年初入蜀，僞永泰軍節度使禄虔扆[四〇]，捨碧雞坊宅爲禪院居之。至孟蜀長興年末遷化，時齒一百六十有三，故有是句。

沙門僧鸞。詩慕李白，鄙賈島蹇澀，乃自諷其詞云：『鯨目光燒半海紅，鼇頭浪蹙掀天白。』而云：『我不能措思於籓籬蹄涔之間。』仍精於《周易》、佛經，爲歌行所掩。

校勘記

[一]『互』，底本作『忽』，今據《酉陽雜俎》改。
[二]『宣公』，底本作『定』，今據《酉陽雜俎》改。
[三]『住』，底本作『往』，今據《蜀中廣記》改。
[四]『十』，底本作『干』，據《酉陽雜俎》改。
[五]『方』，底本作『芳』，今據《睽車志》改。
[六]『域』，底本作『城』，今據《元始上真衆仙記》改。
[七]『拂』，底本作『杖』，今據《獪園》改。

〔八〕「行」，底本作「坐」，今據《獪園》改。
〔九〕「輕」，底本作「經」，今據乾隆補修本及《獪園》改。
〔一〇〕「蹴趺」，底本作「伽」，今據《獪園》改。
〔一一〕「耳中隱隱聞」後原脱「隔」字，今據《獪園》補。
〔一二〕「伴」，底本作「見」，今據乾隆補修本及《獪園》改。
〔一三〕「遇」，底本作「過」，今據《獪園》改。
〔一四〕「至」，底本作「息」，今據《獪園》改。
〔一五〕「託」，底本作「在」，今據《獪園》改。
〔一六〕「屆」，底本作「居」，今據《獪園》改。
〔一七〕「秉鉞」，底本作「秉越」，今據《獪園》改。
〔一八〕「拱默不對」，底本作「拱嘿而對」，今據《茅亭客話》改。
〔一九〕「借借」，底本作「假借」，今據《茅亭客話》改。
〔二〇〕「哈哈」，底本作「怡怡」，今據《茅亭客話》改。
〔二一〕「嘆訝」，底本作「嗟呀」，今據《茅亭客話》改。
〔二二〕「驅驅」，底本作「馳驅」，今據《茅亭客話》改。
〔二三〕「也」，底本作「門」，今據《茅亭客話》改。
〔二四〕「盲」，底本作「育」，今據《全蜀藝文志》改。
〔二五〕「金德王西」，《録異記》作「金德久遠，王於西方」。
〔二六〕「而」，底本作「曰」，今據乾隆補修本及《龍川別志》改。
〔二七〕「夙」，底本作「數」，今據《龍川別志》改。

〔二八〕『道人』後原脱『不』字，今據《空同集》補。
〔二九〕『取布尺裹』後原脱『衲』字，今據《空同集》補。
〔三〇〕『李若沖』，底本作『秦若沖』，今據《歲時廣記》改。
〔三一〕『樓跏趺而化』前原脱『登』字，今據《隴蜀餘聞》補。
〔三二〕『厩』，底本作『殿』，據《隴蜀餘聞》改。
〔三三〕『栢葉』前原脱『食』字，今據《隴蜀餘聞》補。
〔三四〕『去』，底本作『云』，今據《隴蜀餘聞》改。
〔三五〕『智』，底本作『知』，今據《硯山齋雜記》改。
〔三六〕『毛』，底本作『尾』，今據《冷齋夜話》改。
〔三七〕『箸』，底本作『筋』，據《冷齋夜話》改。
〔三八〕『喚』，底本作『噢』，據《冷齋夜話》改。
〔三九〕『禮』，底本作『孔』，今據《茅亭客話》改。
〔四〇〕『禄虔扆』，底本作『鹿虔扆』，今據《茅亭客話》改。

卷二十三

神異　先兆

乾德三年平蜀，除參知政事呂餘慶知軍府事，以僞皇太子策勛府爲理政所。先是，蜀每歲除日，諸公門各結符一對，俾題『元亨利貞』四字。時僞太子善書札，選本宫策勛府桃符，親題曰『天垂餘慶，地接長春』八字，以爲詞翰之美也。至是，呂公名餘慶，太祖聖誕節號長春，天垂地接，先兆皎然，則國之替興，固前定矣。時衵學士辛寅遜題桃符云：『新年納餘慶，佳節號長春。』

鄒平公段文昌，嘗佐太尉南康王韋皋，爲成都郵巡。忽失意，韋公逐之，使攝靈池尉。倉皇受命，羸僮劣馬，奔迫就縣。去靈池六七里，日已昏黑，路絶行人。忽有兩炬前引，更呼曰：『太尉來』，既及郭門，兩炬皆滅。扣關良久，令長差人延之，然後得入。時自郵巡與韋奉使入長安，劉禹錫爲禮部，往謁之。禹錫與日者從容之際，公遽至，日者匿於箔下。公既去，日者謂禹錫曰：『員外若圖省轉，事勢殊遠，須待十年後，此客入相，方轉本曹正郎耳。』自是禹錫失意，連授外官十餘年。

鄒平入相，方除禹錫禮部郎中歸闕，果如日者所言。

秦王以金一笥遺蜀王[一]，蜀王以禮物答之，盡化爲土。秦王怒，群臣拜賀曰：『土者地也，秦當得蜀矣。』

夢兆

王吉夜夢一蟛蜞，在都亭作人語曰：『我翌日當舍此。』吉覺，異之，使人於都亭候之。司馬長卿至。吉曰：『此人文章當横行一世。』天下因呼蟛蜞爲長卿。卓文君一生不食蟛蜞。

王承肇，雅州人。母崔氏夢山神牽五色獸，逼其衣，遂生肇。有異僧見而撫之曰：『老僧所居周公山，佳氣減半，乃孕靈此子耶？』後節制洛州，以功名著。

張魏公浚，父賢良，字君悦，家蜀綿竹，世以積德聞。紹聖初再試制科，宰相章惇覽其策，以所對不以元祐爲非。大怒，雖得僉書劍西判官以去，而科目自是廢矣。仕既不達，益篤意植嫩貽慶，以遺後人[二]。嘗一日晝寢，夢神人自天降，告之曰：『天命爾子名德作宰相。』驚而寤[三]，未幾而魏公生。時魏公之兄名滉[四]，君悦不欲更所從，乃字魏公曰德遠。出入將相，垂四十年，忠義勛名，爲中興第一。

異夢

廣明辛丑歲正月，僖宗車駕已及左綿郪縣，鎮使任時當晝假寢於廳事，忽夢巡街小吏告之曰：『大將軍迎駕，合伺於道左。』任即奔詣通衢之側[五]，兵騎數千已直北而去，旌旗部伍，異常嚴整。戈甲之盛，首尾十餘里不絕。久之，介金曳地者千數，擁白馬朱纓金甲一人，五彩日月旗羅列以從。任鞠躬，兩食頃，隊仗方絶，問報者：『大將軍爲誰？』云是法定寺後李將軍也。既覺，流汗浹體，想其所睹，歷然在目。是歲，余奉詔青城修齋，話其事。光庭記。

瑞應災異

蜀王建元年，巨人見青城山，鳳凰見萬歲縣，騶虞見武定。三年十月，麟見璧州。

永平二年六月，麟見文州。

三年正月，麟見永泰。五月，騶虞見璧山，有二鹿隨之。

四年麟見昌州。

蜀王建武定二年，廣都嘉禾合穗。

後唐天成四年，遂州進嘉禾一莖九穗。

宋乾德二年十月，眉州獻《禾生九穗圖》。

四年六月，果州南充縣，何姓田禾一莖十三穗，一莖廿一穗。七月，又生一莖九穗。

開寶八年，嘉州廨有禾一莖四十穗。

唐武德四年，益州獻草如人狀。

天復七年正月歲，龍見嘉陽江。諸州皆言甘露、白鹿、白雀、龜龍之瑞。

武定三年八月，有龍五丈見洵陽水中。

永平二年，劍州木連理。六月麟見文州。十二月黄龍見富義江。

三年，黄龍見邛州江。

通正元年，黄龍見太昌池。

宋皇祐初，彭山縣上《瑞麥圖》。仁宗曰：『朕嘗禁四方獻瑞。今得西川《麥秀圖》，可謂真瑞矣。其賜田夫束帛以勸。』

淳熙九年，夔州進士陳謙享進瑞麥，其穗三十六，有三[六]歧者。太守閬中林栗圖而贊之。

唐時，梓潼官吏於公成山掘土得一廟龕，龕中有尊像一，真人六，獅子、崑崙各二。於時王維爲留司，表賀略云：『是聖祖[七]見於萬青鄉，語絳都[八]人而指其處也。周流六虛，言於晉而驗於蜀。混成一氣，出於有而入於無。未達齋心，初迷三里之霧。既行真氣，俄成五色之雲。山腹洞開，仙容儼若，萬物今睹，千劫未逢。』

乾隆九年甲子五月十五日，余雙流縣簇橋場，秦客人張今倉牡馬生一卵，白色，堅如石。《堅瓠集》載：『馬有赭丹，凡番兵事急，能致風雨，突圍而走。』赭丹，馬腹中所産之物。用之念咒，即致風雨，豈即所謂馬卵與。

三十二年二月，遂寧東門内民家，養一牝馬，日見羸瘦。既斃，剖其腹，有一卵大如升，紺色，外形似橘。縣令索之，人聳以奇貨追回，衆争，墜石損壞，内心如雞鴨卵狀，外層似古缸瓦，厚二寸。余得一半，携至江南，無有識者。

《張犖集》載：『甲申七月，崇明北門外李家，馬生卵三枚，相傳以爲怪。因同王韜生往觀，大者如升，質色如雀卵，紅白相間，重三斤二，小者斤許。考之書，凡獸有之，名曰「鮓答」，治奇疾難名者，生牛馬腹中者良。由是言之，不關災祥也。』

乾德五年四月十九日，王衍出遊浣花溪。龍舟綵舫，十里綿亘。自百花潭至萬里橋，遊人士女珠翠夾岸。日方午，暴風起，須臾雷電晦冥。有白魚自江心躍起，騰空而去。或云變爲蛟。

嘉定八年，東西兩川地大震。馬湖彝界山崩八十里，江水不通。

萬曆戊午，馬湖、青羊二江合湧逆上，岷江水立十丈。

明德三年三月，熒惑犯積尸。昶以謂積尸，蜀分也，懼欲禳之。以問司天少監胡韞，韞曰：『按十二次，起井五度至柳八度爲鶉首，秦分也。蜀雖屬秦，乃極南之表。前世火入鬼，其應多在秦。晉咸和九年三月，火犯積尸。四月，雍州刺史郭權見殺。義熙十四年，火犯鬼。明年，雍州刺史朱齡石見殺，而蜀皆無事。』昶乃止。

乾德元年，彗星出輿鬼，長丈餘。蜀司天監言國有大災。蜀主詔於玉局觀設道場以禳之。張雲言：『百姓怨氣徹天。彗星見，乃亡國之徵，非禳可弭。』蜀主怒雲，流雲黎州，道卒。

萬曆庚戌年二月十九日[九]，安綿道石城、永平、五城諸鎮，五鼓後地大震數聲[一〇]。諸將公廨中屋瓦梁木拉然有聲，響如棟實崩，門扉不掩而闔。四境之内，十室九傾，如是竟日乃止。閏三月十四日，資縣東城小十字街、西城金帶街兩處，忽有火星飛起，因風發火，東西南北，狂燄四合，延燒廨宇無數，民家總計一千二百八十三户。明日，居人出徙城外，用逃回禄之難，其日復遇江水暴漲，人畜器物悉皆漂没。城中民免於焦土者，皆爲魚矣。

四月中，瀘州諸衛天地晝晦，山川震動，暴雷怪風，發屋折木。無何，雨雹交下，計掀揭官廨教場數十處。瓦木竹樹、旗旃帷蓋之類，俱飛在雲中。沙塵暗天，咫尺不辨。凡損田麥數千餘頃。而黔江一縣，爲雷雨漲江，衝城壞岸，蕩廬瀦野，淪陷不幾百里也[一一]。

井研胡菊潭相國世安[一二]，云其邑雷侍御某爲縣令時，生一子，半歲而夭。後復生一子，年七歲。一日晨睡不醒，喚久之乃覺。自云適見其兄來呼，入一山，似非人境，且贈之詩云：『三生未了塵凡業，一夕初完渾沌胎。紫氧臺前千劫盡，白羅天外百花開。』正吟末句[一三]，忽云『父母喚汝，可爲我致問安好也』。

康熙丁酉年五月三日，丹稜城中火，延燒百十餘家。先是四月中，數人玩月，坐科甲坊下。忽電光閃鑠，迷離不辨。仰視天上，開裂三丈有奇，一赤色飛鳧懸空盤舞，經時乃没。時以爲火兆。

張逸知青神，多異政。縣有松柏灘，歲有溺死者。逸禱於神，不踰月，徙數里去。自是無溺死者。

宣和六年，成都中酒保朱氏[一四]忽生髭，長六七寸，毓秀甚美[一五]，宛然男子。特詔爲女道士。

唐乾符六年秋，蜀郡婦人尹生子，首如豖，目在腫下。

大順元年，資州兵王全義妻如孕，覺有物漸下入股，至足大拇，痛甚。坼而生珠[一六]，如彈丸。漸長大如杯。

張英，英宗朝拜儀隴令。過采石江，遇一女子，絶色，謂英曰：『五百年夙願，當會於大儀山。』英叱之。任半載，日夕聞機杼聲。一日，率部衆逐機而往，忽至大儀山，洞門半啓，前女出迎，相携而入，洞門即閉。見圓石一雙，自門隙出。衆取歸，中道不能舉。遂建祠塑像，置石於腹。至今有禱輒應。

明弘治時，丹稜西興福寺大悲殿東柱，有泥塑小龍，宋紹興間故蹟。一日，僧拂殿塵，忽聞雷霆大作，河水湧潮，地中有若蚯蚓者，形色異常，蠕蠕而動。僧異之，擊以箒。柱上轟然，土龍一爪脱落，兩睛炯炯射人。急取釘，釘其首壁下方。木已爲火焚矣，今土龍爪尚懸。

校勘記

〔一〕『笥』，底本作『笏』，今據《太平御覽》改。
〔二〕『遺』，底本作『移』，今據《桯史》改。
〔三〕『寤』，底本作『寢』，今據《桯史》改。
〔四〕『湜』，底本作『愰』，今據乾隆補修本及《桯史》改。
〔五〕『任』，底本作『仕』，今據《蜀中廣記》改。
〔六〕『有歧』兩字間原脱『三』字，今據《蜀中廣記》補。
〔七〕『是聖』後原脱『祖』字，今據《蜀中廣記》補。
〔八〕『絳人』兩字間原脱『都』字，今據《蜀中廣記》補。
〔九〕『二月十九日』，底本作『二月十五日』，今據乾隆補修本改。
〔一〇〕『地』，底本作『城』，今據乾隆補修本改。
〔一一〕『不』，底本作『者』，今據乾隆補修本改。
〔一二〕『相國』，底本作『相公』，今據《池北偶談》改。
〔一三〕『吟』，底本作『詠』，乾隆補修本作『味』，今據《池北偶談》改。
〔一四〕『成都中酒保朱氏』，《續資治通鑑》作『都城中酒保朱氏女』。
〔一五〕『毓』，底本作『疏』，乾隆補修本作『陳』，今據《大宋宣和遺事》改。
〔一六〕『拆』，底本作『折』，今據《新唐書》改。

卷二十四

藝術

范處士德昭，蜀人也。不知所修之道。著《通宗論》《契真刊謬論〔一〕》《金液還丹論》。王蜀頻召入内問道，稱旨，頗禮優之。處士談論多及物情，以鑒爲先。蜀人每中元節多生五穀，俗謂之盆草，盛以供佛。初至時介意禁觸，謂嘗有雷護之。既節後，遂棄之糞壤。處士太息曰：『豈知聖人，則天之明，生其六氣。因地之性，用其五行。斵木爲耜，揉木爲耒。耒耨之利，以教天下，播種五穀，以育於人。而不知天地生育之恩，輕棄五穀如是，宜乎？神明不祐，而云獲禍。悲夫！』

道士魚又玄〔二〕，華陽人。工行書，得王右軍筆意，而清勁不墮世俗習，飄然有仙風道骨，可以想見其人。《與崇道大師書》，作字吐辭，頗類世間所傳武仙童書。其論四行，殊有旨趣：一曰勤潔，二曰嚴正，三曰定慧，四曰仁慈，非深造自得，何足知此。所藏行書第一。

蒲山人，云綿竹人也。幼有方外之趣，布裘筇杖，遊山野間。賣藥得錢，入酒家醺然一醉，類有道之士。尤喜翰墨，作正書甚古。嘗以雙鈎字寫《河上公注道德經》，筆墨精細，若遊絲雲漢，孤煙裊風，連綿不斷。或一筆而爲數字，分布匀妥，風味有餘，覽之令人有凌雲之意。所傳行書第一。

僧楚安，蜀人。善畫山水，點綴甚細。每畫一扇，上安姑蘇臺或滕王閣，千山萬水，盡在目前。今蜀中扇面印板，是其遺範[三]。楚安畫山水，須一季已來方就一扇[四]，人得之者，秘爲至寶。

何尊師，亡其名。閬中人。善畫貓，今爲難得。

成都王稑家藏黄荃《秋山圖》、勾龍爽《野老移居圖》、文湖洲《雜畫鳥獸草木横披圖》。

諸葛亮以南彝之俗難化，乃畫彝圖以賜彝。彝甚重之。

太慈寺壁畫《明皇按樂十眉圖》，地有瑞草，謂之錦地。張乖崖見，令剗平之，封其門。後五日開，復生如故。今寺猶存，在成都東門内。並無瑞草之異。

趙公祐，成都人。工畫佛道鬼神，世稱高絶，太和間已著名。李德裕鎮蜀，以賓禮遇之。改蒞浙西，辟從蓮幕。成都太慈、聖興兩寺皆有畫壁。子温其，綽有父風。孫德齊，畫猶精絶。昭宗見之，遷翰林待詔。相繼范瓊、陳皓、彭堅、常粲並子重胤[五]、麻居禮、道士張素卿、陳若愚，又李洪度，皆蜀人，藝俱精妙，均有畫傳世。

畫師

吴道子畫鍾馗，以左手捉鬼，右手抉鬼目。有得之以獻蜀主者，主甚愛之，常張於卧内。一日，召黄荃曰：『若用拇指掐其目，愈有力。』令荃改之。筌請歸私室，數日别畫用拇指者，並吴畫以獻蜀王。問之，對曰：『道子畫鍾馗，一身之力，氣色眼貌，俱在第二指。臣今所畫，一身之力，俱在拇指。不敢輒改。』蜀主嗟嘆其言。

玉壘山人景焕者，有文藝，善畫龍。涉獵經史，撰《野人閒話》《牧豎閒談》。住川城北隅，數畝園蔬，家數口，豐儉得中。山人性情温柔，守道儉素。未嘗與人有毫髮競對。人無老少，必先稱名應答。里中有富户王仲璋者，求山人畫龍。初甚愛重，後有人云：『景焕雖能畫，格品低於孫位、黄荃。』遂染爲皂。山人聞之，曰：『何不速言。』酬以好絹，恭謝而退。常使小僕，挈帽隨行。遇雨，尋僕不見，冒雨而歸〔六〕。妻問：『何以不戴帽，衣服濡濕。』答云：『亢陽祈雨〔七〕，不許人戴帽。』其妻使婢送金釵還鄰家，婢中路遺之。泣告山人，因他處假金釵，令還之。山人嘗於婢僕輩，知其困乏飢寒，誠謂君子不虐幼賤。山人園圃養二鵝，夜見鵝糞中有光明。往告之，山人令以水淘之，獲金二兩餘。吁！誰謂天道高，何報答如反掌耶。

明皇幸蜀，過嘉陵，愛其江山，命吳道子畫於大同殿壁。王維復畫小簇云：『江山已暗大同殿，絃管猶喧凝碧池。别寫嘉陵三百里，右丞心事與誰知。』

蜀孟氏時，苑中忽生百合花一本，數百房皆並蒂。圖其狀於聖壽寺門樓之東頰壁間，謂之《瑞花圖》。

眉山老書生作《七才子入關圖》，作人物亦各有意態。余以爲趙子雲之苗裔，摹寫物情漸密，而放浪閑遠則不逮也。或謂『七人者皆詩人，此筆乃少丘壑耶』。山谷曰：『一丘一壑，自須其人胸次有之，筆間那可得。』

畫圖

國初有賣藥叟高益，涿州人。因緣南衙事太宗，作《搜山圖》極工，遂待詔翰林中，畫相國寺行廊及崇夏寺殿壁，是名大高待詔。後有蜀人高文進，以蜀俘至闕，亦待詔翰林中。時新作相國寺，命文進訪高益舊本，畫四廊佛變化相。大率都下佛宫道館，多文進筆，號之兼修曹吳采墨[八]，是爲小高待詔，今爲翰林畫工之宗。此畫多蜀人筆法，亦傳是小高所作，落筆高妙，名不虚得也。

石恪，西蜀人。善畫，尤長於山水禽魚。亦歌詩，言論粗暴，多誚人短。開寶中，王師下西蜀，遣名畫入京[九]，恪在其數。宣於相國寺畫壁。工畢，上狀乞歸，奉敕任便，出京卒於道中。雍熙元年，殿直雷承昊奉命來衡陽。忽遇恪，爲七言詩送承昊。至暮與恪於舍，達曉分携。承昊行經數里，思恪卒已數年，遽出所贈詩，多言衡陽風景。其詩曰：『衡陽去此正三千，一路程途甚坦然。深邃門墻三楚外，清風池館五峰前。西邊市井來商客，東岸汀洲簇釣船。公退只應無別事，朱陵後洞看神仙。』及到任，公事一如恪言，詩章好事者傳之。

卞震，成都人。登進士第。廣政時爲渝州判，有聲。嘗吟《即事》云[一〇]：『雨壁長秋菌，風枝落病蟬。』又：『老笻撦瘦影，寒木凭吟身。』《春日偶題》云：『詩債到春無處避，離愁當醉暫時無。』《即事》云：『茶香解睡磨鐺煑，山色牽懷著屐登。』

蔣貽恭。巴蜀三紀以來，藝能之士，精於詩畫者衆矣。沙門曇或學李陽冰篆。道士張昭嗣學柳公權書[一一]，工部元員外昭嘏仿韓擇木八分，皆杜光庭門人也。僧曉巒攻張芝草書。黄少監荃門邊鸞花竹。處士滕昌祐擬梁廣花草。野人張道隱學張藻松石[一二]，相國李昊爲著名。李司議文才繼閻立本寫真。野人平生好讀莊老書，好圖龍之真形，飄飄然雲陰雨氣，有蜿蜒之勢。撰《龍證筆訣》三卷。彭州倅鄭昭請畫龍於州西門太山府君祠，其夕三更，風雨大作。蔣貽恭留題詩曰：『世人空解效丹青[一三]，惟子通玄得墨靈[一四]。應有神鬼看下筆，豈無風雨助成形。威疑噴浪歸滄海[一五]，勢欲挐雲上杳冥。静閉緑堂[一六]深夜後，曉來簾幕似聞腥。』（《野人閒話》）

孫處士知微，字太古，彭山人也。因師益部工水墨僧令宗，俗姓邱氏。知微形貌山野，性介潔。

凡欲圖畫道釋尊像，精心致意，虛神静思，不茹葷飲酒，多在山觀村院，終冬夏方能周就。嘗寓青城白候垻趙郉，愛其水竹重深，囂塵不入，冀絶外慮，得專藝學。知微畫思遲滯無覊束，有位者或求之，不動。即絶食托疾而遁。有功德並故事人物傳於世。彭山尚有程永辨，亦以畫得名。

畫

淳化甲午，李順作亂，蜀張乖崖鎮之。僞蜀僭侈，其宫室規模，皆王建、孟知祥乘其弊而爲之，公至則盡損之，列郡之式。郡有西樓，樓前有堂，堂之屏乃黄荃畫雙鶴、花竹、怪石，衆名曰『雙鶴廳』。南壁有黄氏畫湖灘山水雙鷺。二畫妙格，冠於兩川。賊鋒既平，公自壞壁盡置其畫爲一堂，因名曰畫廳。浣花龍興寺。《成都記》云：『本正覺寺。』内有前益州長史臨淮武公元衡，並從事五人，具朝服，繪於中堂。淳化五年兵火，復無畫踪矣。

成都北郭外昭覺寺，佛果圓悟禪師道場也。又有李時澤者，遂寧人，爲僧，亦名圓悟。善畫。學武洞清羅漢[二七]，亦住昭覺。大殿畫六十羅漢及文殊、普賢、藥師菩薩等像於壁。

醫術

蜀醫咎殷言：藏氣陰多則夢；陽壯則少夢，夢亦不復記。《周禮》有掌三夢，又以『日月星辰，各占六夢』，謂日有甲乙，月有建破，星辰有居直，星有扶刻也。又曰『舍萌於四方，以贈惡夢』。謂會民方相氏[一八]，四面而逐惡夢至四郊也。

朱師古。眉州人。年三十時，得疾不能食，聞葷腥即嘔。用火鐺旋煑湯，沃淡飯，數數食之，醫莫能治。史載之曰：『俗輩不讀醫經而妄欲療人，可嘆也。君之疾，正在《素問經》中，名食掛[一九]。凡人肺六葉，舒張如蓋，下覆於脾。子母氣和，則進食。一或有疾，則肺不能舒，脾爲之蔽，故不嗜食。《素問》曰：肺葉焦熱掛[二〇]。』遂授一方，買藥服之。三日，聞人食肉甚香。取而啖之，遂愈。

譚居士，名仁顯，成都人也。以醫爲事。居郡城東南隅，凡庭廡籬落間，遍植草藥。年高而精神愈壯，無喜怒，故毀譽不足以動其心。手持數珠，常誦佛經。治病所得錢帛，隨即分授於貧者。竟不言，但行陰施默益之道。每行藥至午方歸，閉户靠壁，暝目而坐。大中祥符乙卯冬，示疾，端坐而逝。時年一百。未化前，人問居士長生法，對曰：『至於導養[二一]得理，以盡性命。百年猶恨其多，況久生乎。』

唐慎微，字審元。華陽人。貌寢陋，舉動言語樸呐，而中極明敏。其治病百不失一，語症候不過數言，再問之，輒怒不應。其於人不以貴賤，有所召必往，寒暑雨雪不避也。其爲士人療病，不取一錢，但以名方秘録爲請。以此士人尤喜之，每於經史中得一藥名、一方論，必録以告，遂集爲《經史證類本草》。尚書右丞蒲傳正〔二二〕，欲以執政恩例，奏與一官，拒而不受。其二子五十一、五十四，及婿張宗説，字巖老，皆傳其藝，爲名醫。

技藝

景德五年，蜀人龔美者，以煅銀爲業。劉通爲虎捷都指揮使，從征太原，道卒。一女在襁褓而孤，鞠於外氏，善播鼗。美携之至京師〔二三〕。年十五入襄邸。帝即位，自美人進位德妃，專寵後宫。郭后崩，立爲后。以無宗族，更以美爲兄，改其姓爲劉。

蜀人有楊行廉精巧，嘗刻木爲僧，於益州市引手乞錢。滿五十餘手，則自傾寫下瓶口。

老鵶山在滎昌〔二四〕，有李戡、李戣兄弟〔二五〕故宅。二李善奕。會遼索棋戰〔二六〕，詔求天下善奕者。蜀以戡應詔，遼望風而畏，不敢措手〔二七〕。文潞公詩云：『昌元建邑幾經春，百里封疆秀色新。鴨子池邊登第客〔二八〕，老鵶山下著棋人。』

成都寶相寺偏院小殿中有菩薩像，其塵不集，如新塑者。相傳此像初造時，匠人依明堂先具五藏，次四肢百節。百餘年纖塵不凝焉。

張思訓。蜀人。太平興國中，製上渾儀，其制與舊儀不同，最爲巧捷。起爲樓閣，層高丈餘。以木偶爲七值人，以值七政，自能撞鐘擊鼓。又爲十二神，各值一時，即自執辰牌循環而出。見袁聚《楓窗小牘》。

藝術

熙寧初，吴仲庶知成都。一日，文明廳前大槐樹枝葉皆出煙，色青白如焚香，至暮方止，木如故。歷訪諸士，莫知其説。惟楊損之云：『《陰符經》謂「火生木，禍發必克」，疑有將士作亂而不成。』月餘，果告戍，作亂者皆獲。

蜀有楊艮者，善議命，遊東南公卿間。瞽而多知，自云知數，言頗不碌碌，其得失多以五行爲主，不深信《珞琭》諸書。嘉泰辛酉來九江，太守易文昌袚留之。時韓平原侂胄得君，權震天下。艮屏人愀然曰：『是不能令終。』畢言年月日，顧當北禍之歲，歷歷可據。既而皆大驗，乃嘆其神。其他無不中者。

樂器

蜀人雷威作琴，不必皆桐。遇大風雪中，獨往峨眉酣飲，著簑笠入深松中，聽其聲連延悠揚者，伐之以爲琴，妙過於桐。世稱雷公琴。有最愛重，以松雪名之。常自品第：第一者以玉徽，次者以瑟瑟徽，又次者以金徽，又次者螺蚌之徽。

檀槽琵琶。開元中，有中官使蜀回，得琵琶以獻。其槽邏皆桫檀爲之[二九]，温潤如玉，光耀可鑒。楊妃每抱是奏於梨園[三〇]，音韻凄[三一]清飄如雲外。虢國以下，兢爲貴妃琵琶弟子。每受曲畢，皆廣有進獻。李義山詩云：『檀槽一抹廣陵春』。

《禮樂志》曰：漢成帝綏和元年，犍爲郡於水濱得古磬一十六枚。劉向説帝宜興辟雍。

音樂

宋徽宗朝時[三二]，有魏漢津者，蜀黥卒[三三]。造大晟樂，以帝皇製樂，實自其身得之[三四]，請以徽廟中指三寸三節，定黄鍾之律。蔡京亦更從其説[三五]，即使範金裁石，用之郊廟，頒其樂於天下。然徽廟指寸視人加長，而樂律遂高。漢津亦私謂其弟子任宗堯曰：『律高則聲過哀，而亂國無日矣。當今聖人，其身出而身遘之乎。』未幾，遂有靖康之禍。

蜀將軍皇甫直，别音律，擊陶器能知時月，好彈琵琶。元和中，嘗造一詞，乘涼臨水彈之，本黄鍾而聲入蕤賓。因更絃再三奏之，聲猶蕤賓也。直甚惑不悦，自意爲不祥。隔日又奏於池上，聲如故。試彈於他處，則黄鍾也。直因調蕤賓，夜復彈於池上。覺近岸波動，有物激水如魚躍，及下絃則没矣。直遂集客車水竭池，窮池索之。數日，泥下丈餘得鐵一片，乃方響蕤賓鐵也。

黄處士，名延炬，字垂範，眉州人也。少爲僧，性僻而簡。嘗言家習正聲，自唐以來，待詔金馬門。父隨僖宗入蜀，至某四世矣。琴最勝於蜀。製作者數家，惟雷氏而已。又云雷氏之琴不必盡善，有瑟瑟徽者爲上，金玉者次之，螺蚌者抑又次焉。所以爲異者，岳雖高而絃低，雖低而不拍面，按之指下無弦吟，振之則有餘韻。非雷氏琴者，筝聲絶無琴韻也。又言隋文帝子蜀王秀造千面琴，散在人間，故有號寒玉、韻磬、響泉、和志者。琴則有摻[三六]、引、曲、調及弄，絃則有歌詩五曲，一曰《伐檀》，二曰《鹿鳴》，三曰《騶虞》，四曰《鵲巢》，五曰《白駒》，蓋取諸國風、雅、頌之詩，聲其章句，以律和之之謂也。咸平中，知州馮知節召孫知微畫，俾處士彈琴，二公俱止僧舍。進士張及贈之詩曰：『二公高節厭喧卑[三七]，同寄蕭宮共展眉[三八]。玉樹冰壺齊品格，野雲皋鶴本追隨。泉流指下何人賞，岳峭毫端祇自知。綣戀賢侯美風教，故山歸去尚遲遲。』祥符壬子，各告歸鄉里。是年病卒，年八十。

樂伎

《晉樂志》：漢高祖自蜀得定三秦，閬中范因率賓人從帝，爲前鋒。遂封因爲閬中侯，復賓人七姓。其俗善舞，高祖樂其猛鋭，使樂人習之。閬中有渝水，因其所居，故名巴渝舞。

楊正經，字懷玉。蜀人。其先酉陽宣慰司土官也，及身爲將，通音律，善鼓琴。崇禎中，修復雅樂。或薦之，召見稱旨，出内府漢文帝、唐太宗二琴賜之，官太常。癸未，以母喪歸蜀，奉賜琴以行。次旅舍，懸琴壁間，鏗然有聲者三。正經泣曰：『此亡國之徵也。不再臘矣。』是日，李自成入潼關。明年甲申，明亡。正經僧服，時抱賜琴出，遊吴楚間。人呼爲『僧太常』云。

蜀王衍十四年，俳優有唱『康老子』者，《教坊記》又名得寶子，衍問李昊等所自出〔三九〕，徐光溥曰：『康老而無子，落拓不事産業，好與梨園樂工遊。一旦家貲蕩盡而死。樂工哀之，爲短曲以祀之，云：「逢場作曲，對酒當歌。冠裳意褻，傀儡情多。人生頭白，爲歡幾何。」』

蜀主昶令羅城上盡插芙蓉，盛開四十里。語左右曰：『古以蜀爲錦城。今觀之，真錦城也。』嘗夜同花蕊夫人避暑於摩訶池上，作《洞仙歌》。

校勘記

〔一〕『真』，底本作『直』，今據《茅亭客話》改。
〔二〕『魚又玄』，底本作『魚又京』，今據《宣和書譜》改。
〔三〕『扇面』，底本作『畫面』，今據《圖畫見聞志》改。
〔四〕『季』，底本作『年』，今據《太平廣記》改。
〔五〕『重胤』，底本作『重應』，今據《圖畫見聞志》改。
〔六〕『冒』，底本作『帽』，今據《茅亭客話》改。
〔七〕『亢陽祈雨』，底本作『元陽求雨』，今據《茅亭客話》改。

〔八〕『吴』，底本作『候』，今據《山穀集》改。
〔九〕『遺』，底本作『遺』，今據《詩話總龜》改。
〔一〇〕『嘗吟《即事》云』後原衍『云』字，今據《詩話總龜》删。
〔一一〕『柳公權』，底本作『柳工權』，今據《詩話總龜》改。
〔一二〕『張藻』，底本作『張操』，今據《詩話總龜》改。
〔一三〕『效』，底本作『押』，今據《詩話總龜》改。
〔一四〕『玄』，底本作『京』，今據《詩話總龜》改。
〔一五〕『威』，底本作『咸』，今據《詩話總龜》改。
〔一六〕『静閉緑堂』，底本作『静緑閑堂』，今據《詩話總龜》改。
〔一七〕『清』，底本作『青』，今據《隴蜀余聞》改。
〔一八〕『會』，底本作『惠』，今據《酉陽雜俎》改。
〔一九〕『掛』，底本作『卦』，今據《宋稗類鈔》改。
〔二〇〕『焦熱』，底本作『雋熱』，今據《宋稗類鈔》改。
〔二一〕『至於導』後原脱『養』字，今據《茅亭客話》補。
〔二二〕『右丞』，《證類本草》作『左丞』。
〔二三〕『至師』兩字間原脱『京』字，今據《宋史》補。
〔二四〕『榮昌』，底本作『雲昌』，今據乾隆補修本及《蜀中廣記》改。
〔二五〕『李戡李戣兄弟』，底本作『李戡戣』，今據《蜀中廣記》改。
〔二六〕『遼』，底本作『虜』，今據《蜀中廣記》改。
〔二七〕『措』，底本作『借』，今據《蜀中廣記》改。

〔二八〕「鴨」，底本作「鳴」，今據《蜀中廣記》改。
〔二九〕「桫檀」，底本作「抄槽」，乾隆補修本作「桫檀」，今據《太平廣記》改。
〔三〇〕「梨園」，底本作「粱園」，今據《太平廣記》改。
〔三一〕「音韻」後原脱「淒」字，今據《太平廣記》補。
〔三二〕「宋」，疑作「宗」。
〔三三〕「黥」，底本作「黔」，今據《樂郊私語》改。
〔三四〕「得之」，底本作「之得」，今據《樂郊私語》改。
〔三五〕「從更」，底本作「更從」，今據《樂郊私語》改。
〔三六〕「琴則」後原脱「有」字，今據《茅亭客話》補。
〔三七〕「卑」，底本作「嗶」，今據《茅亭客話》改。
〔三八〕「宮」，底本作「公」，今據《茅亭客話》改。
〔三九〕「問」，底本作「簡」，今據《古今詞話》改。

卷二十五

術士

蜀人嚴儲者，與蘇易簡之父善。儲之始舉進士而易簡生，三日爲飲局。有日者同席，儲以年月詢之，日者曰：『君當俟蘇公之子爲狀元乃成名。』坐客皆笑。後歸朝，纍舉不捷。太平興國五年，於易簡榜下登第。

巫山道士黄萬護[一]，以符藥救人。蜀王建召之，鋪草席水面，泝流而上[二]，一日至成都。漢趙賓好異説，以氣無箕子。箕子者，萬物荄兹也。顔師古曰：『古皆荄、箕同音。』

僞蜀將韋承皐典眉州。召僧行真至郡[三]，同修作金法。藥垂成，韋坐貶，盧敬芝送至蟆頤津。韋收藥沉鼎於江中[四]，謂盧生曰：『先是，授吾術韋處士者，吾害之而滅口。今日之事，藥成而禍及，其有神理乎！』蜀國變更，韋以拒魏王之師誅死。

侯莫陳（三字姓）利用，成都人。賣藥京師，黄白術以惑人。太宗召見，試其術頗驗。纍官至團練使，前後賜與甚厚，居處皆僭乘輿。趙普廉知殺人及不法事，奏之。太宗令中使齎殺之。已，復遣貸死。後使馬旋濘而踣[五]。比追及，已爲前使誅矣。

術數

楊由爲成都文學掾[六]。少治《易》，曉占候。忽有風起，太守廉範問之，由曰：『有薦木實者，色黄赤。』頃之，五官掾獻橘數包[七]。蜀漢時，周群妙嫺算術讖説。遊岷山採藥，見一白猿從絶峰而下，對群而立。群抽所佩書刀投猿。猿化爲一老翁，握中有玉版長八寸[八]，以授群。群問曰：『公是何年生？』答曰：『已衰邁矣，忘其年月。猶憶軒轅之時始學曆數，風后、容成皆黄帝之史，就余授曆術。至顓頊時，考定日月星辰之運[九]，尤多差異[一〇]。春秋時有子韋、子野、裨竈之徒[一一]，權略雖驗，未得其門[一二]。邇來世代興亡，不復可記，因以相襲。至大漢時，有洛下閎，頗得其旨。』群服其言[一三]，更精勤算術。乃考校年曆之運，驗於圖緯，知蜀應滅。及明年，歸命奔吴。皆云周群詳陰陽之精妙也。蜀人謂之『後聖』。白猿之異，有似越人所記，而事皆迂誕，似是而非。

至和二年，成都人有費孝先者。始來眉山，云近遊青城山，訪老人村，壞一竹牀。孝先謝不敏，且欲償其值。老人笑曰：『子視其下字。』云：『此牀以某年月日某造，至某年月日爲費孝先所壞。成敗自有數，何以償爲！』孝先知有異，乃留師之。老人授以《易》軌革卦影之術，前此未有知此

學者。後五六年，孝先以此致富。（東坡《仇池筆記》）

丁元和者，蜀人。自幼好道，不慕聲利，疏傲無羈束[一四]。或晴霽，負琴出郭，飲酒杖策，逍遥於田畝間。常言祖父長興元年於遂州值孟先主，與東川董太尉會兵攻圍州城。先是，城中有一貧士曰宋自然，常於街市乞丐[一五]，里人不能辨之。至重圍中，人皆饑殍，宋亦餓殕於州市，相識者以箄裹埋城下。至明年，有遂州驅使李彦，先往潞州勾當，至城破方歸[一六]，説見宋自然在潞州，告云：『君若歸，傳與相識五六家，那時甚是勞煩。』[一七]人答以自然於重圍中已死，因與發冢處[一八]，只見箄其間有一紙文字云：『心是靈臺神之室，口爲玉池生玉液。常將玉液溉靈臺，流利關元滋百脈。潤柯葉生青[一九]，葉青柯潤便長生。世人不會長生藥，鍊石燒丹勞爾形。』元和因是學道，深得其用。

玉液者，舌下兩脈津水也。每旦於起坐，瞑目絶慮。叩齒二七通，漱令滿口，乃吞之。以意送至臍下炁海一七徧。經久，自然流水瀝瀝下坎澗之聲。如此則百脈和暢。《黄庭經》云：『玉池津水灌靈根』。又曰：『漱咽靈液災不干』。此之謂也。

謝道人，洪雅人。嘗賦《苕帚詩》云：『掃此圖清净[二〇]，愈掃愈不净。欲要掃教净，放下苕帚柄。』在彭州葛仙沼洞中坐，多有蛇纏身，三五日不去。移上深山中打坐。忽一日，以青褐寄觀主『我去矣』，數日不知何往[二一]，倚大石而逝。觀主瘞之。是日，有一老持謝道人簡[二二]，來取青褐。老云：『偶相遇在閬州』。始知其屍解矣。

湖廣黄岡縣陽邏驛有柳夫人墓廟，煙火尚盛。《考志》云：夫人蜀人，祖秉忠，父正，皆仕元。夫人生而靈異，齠年遭賊，兩無所傷[二三]。稍長，好道及讖緯術。歸龍氏且有子矣。父謀抗明兵，夫人言『天命有在』，不聽，與婿敗死。夫人爲俘，洪武恩詔放還。沂行江上[二四]，舟至陽邏虎頭磯，愛林巒幽奇、洲渚環向，遂請地於官，許之。夫人入山，踞顛績麻[二五]。七日，有叟皤然，袖符録一卷，授夫人曰：『明此，役鬼神、驅六丁矣。』是夕，風雷拔木，鷙獸潛藏，乃剪荆棘而居焉。適鄧將軍愈討麻陽道，過陽邏，微服往見。夫人獨目之曰：『將軍何不輿乎？』愈令軍中知法術者與之甬，皆禁不得試。夫人知愈輕麻陽，乃曰：『將軍無輕敵[二六]。敵脱，有吾當助之。』愈問其徵，曰：『群鴉作陣。』愈進討，兵果失利[二七]。天忽暝晦，群鴉翔集，見夫人緋衣，躍馬空中，霹靂山震，轉石揚沙，乘之大勝。麻陽平，歸奏太祖，賜封『妙真夫人[二八]』。後，夫人欲建太嶽祠而難其材。值木筏蔽江而下，乃以一絲繫續具，筏膠不行，商乃輸木。後，年九十解去。

張滉，字海上，王蜀舉人。雍熙丙戌歲，往嘉州謁平羌令。船次平羌溉下夜泊，夢二人容貌端嚴，白衣華煥，於滉前俯伏求救。滉覺，惟聞船棧下跳躑之聲不已，視之乃二鯉魚焉。滉性躁急，不容物，怒此魚撓其寢，遂扶棧取魚，棄於大江中。既而就寢，復夢二白衣持大蒜數頭，懇謝而去[二九]。遲明方悟，向夢者魚也。至平羌，以夢告令。令曰：『祥符也。放魚所感蒜者，算也。當延君算耳。』

滉至晚年著《後隱書》三卷，壽七十八。

楊艮者，善議命，遊公卿間。瞽而多智，自云知數，言頗不碌碌。其得失多以五行爲主，不深信《珞琭》諸書。時韓侂胄當國，權震天下。周夢與扣以所至[三〇]，愀然曰：『是不能令終。天年壬申，金也。申爲金位，有坤以厚之，故金之剛者莫加焉，目曰劍鋒，從可知矣。是金不復畏它火[三一]，惟丙寅能制之。蓋支干納音俱爲火，而履於木，木實生火，火且自生，生[三二]生不窮，雖使百鍊，終能勝天理之自然哉！凡人生時主末，今乃遇之，兆已成矣。且其月辛亥，其日己巳，四孟全備，二氣交戰，雖以致大受之福，亦以挺衝擊之災。今術者頗亦知之[三三]，多疑其丙寅歲病死，其實不然。蓋火災金液，外强中乾，以剛遇烈，赫赫然天地一鑪韝，萬物一橐籥，孰可向邇，是年顧當兆禍耳，未疾顛也。年運於卯，火爲沐浴，氣微而敗，灰燼鎔竭，不能支矣。然受物也大，非盡其用不可[三四]，一陽將萌，亶其時乎！』時吴江丞袁韶登科，人有儁才。或問其命，曰：『辛巳、丙申、丁亥、壬寅，亦俱在四孟，而丁壬、丙辛皆真化，且於格爲天地[三五]，德合尤分明。』[三六]遂扣艮前説，因以爲擬。艮作而言曰：『惟其太分明，所以非韓比。特二化氣皆生，韓自此卻不及之。』既而艮言大驗，人乃服其神。

謝石，字潤夫，成都人。以相字言人禍福。求相者但隨意書一字，即就其字離析而言，無不奇中，名聞九重。上皇因書一『朝』字，令中貴人持往試之。石見字，即端視中貴人曰：『此非觀察所書也。然謝石賤術，據字而言，今日遭遇，即因此黥配遠行，亦此字也，但未敢遽言之也。』中貴人愕然，且謂之曰：『但有所據，盡言無懼。』石以手加額曰：『朝字，離之爲「十月十日」字。非此月此日所生之天人，當誰書也。』一座皆驚，中貴馳奏。翌日，召至後苑，令左右及宮嬪書字示之。皆據字論説禍福，俱有精理，錫賚甚厚，並與補承信郎。緣此，四方求相者，其門如市。有朝士，其室懷孕過月，手書一『也』字，令其夫持問。是日座甚衆，石詳視謂朝士曰：『此閤中所書否？』曰：『何以言之？』石曰：『謂語助者，焉、哉、乎、也。因知是内助所書。尊閤盛年三十一否？』曰：『是也。』『以「也」字上爲「三十」，下爲「一」也。然吾官寄此[三七]，當力謀遷動而不可得否？』曰：『正以此爲撓耳。』『蓋「也」字着水則爲「池」，有馬則爲「馳」。今池運則無水，陸運則無馬，是安可動也。又尊閤父母兄弟，近身親人，無一存者。以「也」字着人，則是「他」字，今獨見「也」而不見「人」。又尊閤其家亦皆蕩盡，以「也」着「土」，則爲「地」字，今又不見「土」也。二者俱是否？』曰：『誠如所言。』朝士即謂之曰：『此皆非所問者。賤室懷孕過月，方切憂之，所以問耳。』石曰：『是必十三個月也。以字中有「十」字，並兩傍二竪、下畫，爲十三也。』石熟視朝士曰：『有一事似涉奇怪，因欲不言，官人所問正決此事。』朝士請其説。石曰：『「也」字着虫爲「虵」字。今尊閤所孕[三八]，殆蛇妖也。然不見蟲蠱[三九]，則不能爲害。謝石亦有薄術，可爲官人以藥下驗之，無害也。』朝士大異其説。請至家，以藥服之，果下百數小蛇而體平。都人益共神之[四〇]，而不知其竟挾何術也。

拆字而神奇若此乎？挾術一語得之。不然則與近日懸粉牌、起柵廠[四一]、逢人滿口胡説者何異。

馮山人懷古，字德淳，遂寧人。有人倫之鑒，善辨山水地理。太平興國中，於青城山三溪路牛心山前看花，山後因卜居，立三間大閣，偃息其中。居常所論皆丹石之旨，以吐納導引爲事[四二]，博採方訣、歌頌、圖記、丹經、道書，無不研考。咸平中，成都一豪家葬父，徧訪能地理者選山卜穴，凡數歲乃得之。因令馮看之，馮曰：『陵回阜轉，山高隴長，水出分明，甚奇絶也。』主人云：『葬後以來，家財耗散，人口淪亡，何奇絶地如是耶[四三]？』山人曰：『頗要言之[四四]。凡萬物中人最爲靈，受命於天，與物且異[四五]，而有貴賤各得其位，如鳥有巢、獸有穴，故無互相奪。此山是公候之地，豈常人可處。所以亡者不得存，安者不得寧。《易》曰：「負且乘，致寇至，小人而乘君子之器。」其是之謂乎。』

王蜀子城南隅，有道士開卜肆，言人生平休咎，皆目睹。蜀廣政中，進士蘇協、杜希言同往訪之，道士謂蘇曰：『秀才明年必成名。』蘇未深信之。道士曰：『名固定矣，兼生貴子。』時內饋方孕逼期，因是積以爲驗。顧杜曰：『秀才成何太晚耶？』杜不樂，以爲妄誕，愠而退。明年春，蘇制誥、賈舍人及第[四六]，杜果無成。蘇過杏園宴，生一子，即易簡也。至禮部侍郎、參知政事。杜方悟道士之言，遂再謁之，問：『名第雖云晚成，未審禄秩何年，遐終何地。』道士曰：『秀才勉旃，必成大名。然其事稍異，不能言之。』杜請，曰：『君成名之日，在蘇先輩新長之子座下。』杜曰：『若保斯言，欲辭福禄，得乎？』道士曰：『從此以往，未之或知也。』其年，蘇授彭州司法參軍，改陸州軍事推官。宋伐蜀[四七]，赴闕，纍任外官，其子果以狀元及第。端拱二年，由翰林學士知貢舉[四八]，杜始得成都解南宮奏名登第，授常州軍事推官，不禄。

蜀士胡姓，知其女貴，生子能作宰相。攜入京師，尋一朝士生宰相者，即與之。遇道間見韓光禄國華[四九]，拜於馬首云：『三年在京師，閱人多矣，光禄必生宰相子。敢以女爲獻。』後果生魏公。魏氏家廟有胡夫人。

韓魏公胡夫人墓：夫人胡氏，蜀郡成都人。曾、高以來，世籍富貴，豪於西土。父覺，始仕孟氏。太祖平兩川，遣歸闕，生夫人。於京師久之，不得調，卒。夫人從母李氏，適故秦王牙吏王慶。王被遣，家族無依，遂以夫人歸太師。生魏公、其兄曰璩二人。《桯史》云：蜀伶多能文，俳語率雜以經史，凡制帥幕府之燕集，多用之。嘉定初，吴畏齋帥成都，從行者多選人，類以京削繫念，伶知其然。一日，爲古冠服數人遊於庭，自稱孔門弟子。交質以姓，或曰常，或曰于，問其所涖官，則合而應之曰：『皆選人也。』固請析之。居首者率然對曰：『子不我知。《論語》所謂「常從事於斯矣」，即某其人也。官爲從事而繫以姓，亦理之常。』問其次，曰：『亦出《論語》「於從政乎何有」，蓋即某官氏之稱。』又問其次，曰：『某亦出《論語》十七篇所謂「吾將仕矣」。』遂相與嗟咤，以選調爲淹抑。有慫恿其旁曰：『子之名不見於七十子，固聖門下弟，盍叩十哲而受教焉。』如其言，見顔、閔方在堂，群而請益。子騫蹙額曰：『何必改？』究公應之曰[五〇]：『然。回也不改。』衆憮然曰：『無已，質諸夫子。』如之，夫子不答，久而曰：『鑽燧改火，急可已矣。』坐客皆愧而笑。聞者至今啓顔。優流侮聖言，真可誅絶。特記一時之戲語如此。

胡給事元質制置四川。既新貢院，壯麗甲西州。嗣歲庚子，適大比，乃侈其事，命供帳考校者，悉倍前規。鵠袍入試，茗卒饋漿，公庖繼肉，坐案寬潔[五一]，執事恪恭，誾誾于于，以鬯於文，士論大愜。會初場，題出《孟子》『舜聞善，若決江河』，而以『聞善而行，沛然莫禦』爲韻。士既就案矣，蜀俗敬長而尚先達，在場不廢請益焉。晡後，忽一老儒擿《禮部韻》示諸生，謂：『沛字惟十四泰有之，一爲顛沛，一爲沛邑，注無沛決之義。惟他有霈字，乃從雨，爲可疑。』衆曰是，鬨然扣簾請。出題者偶假寐，有少年出酬之，漫不經意，亶云[五二]：『禮部韻注義既非，增一雨頭無害也[五三]。』揖而退。如言以登於卷，坐遠於簾者，或不聞知，乃仍用前字，於是試者用沛、霈各半。明日，將試《論語》，籍籍相傳，凡用沛者窘。復扣簾請，出題者初不知有昨日之應，曰：『如字。』廷中大諠，浸不可制，譟而入，曰：『試官誤我三年，利害不細。』簾前鬨木如拱，皆折。或入於房，執考校者一人毆之。考校者惶遽，急曰：『有雨頭也使得，無雨頭也使得。』或又咎其誤，曰：『第二場更不敢也。』蓋一時祈脱之詞。移時稍定，試司申鼓譟場屋。胡以不稱於禮遇也，怒。

物色爲首者繫獄，韋布益不平。既拆號，宴主司以勞還。畢三爵，優伶序進。有儒服立於前者一人，旁揖之，相與詫博洽，辨古今，岸然不相下。因各求挑試所誦，憶。其一問：『漢四百載，名宰相凡幾？』儒服以蕭、曹而下，枚數之，無遺[五四]，群優咸贊其能。乃曰：『漢相吾言之矣。敢問唐三百載名將帥何人也？』旁揖者亦詘數英、衛，以及季葉，曰：『張巡、許遠、田萬春』。儒服起爭：『巡、遠是也。萬春之姓雷，歷考史牒，未有以雷爲田者。』揖者不服，撑拒滕口[五五]。俄一緑衣參軍，自稱教授，前据几[五六]，二人敬質疑，曰：『是固雷姓。』揖者大詬，袒裼奮拳。教授遽作恐懼狀，曰：『有雨頭也使得，無雨頭也使得。』坐中方失色，知其諷己也。忽然有黄衣者，持令旗躍出稠人中曰：『制置大學給事臺旨[五七]，試官在座[五八]，爾輩焉得無禮。』群優俱斂容，趨下，喏曰：『第二場再不敢也。』俠戺皆笑[五九]，席客大慚，明日遁去。遂釋繫者[六〇]。胡意郡士所使，録優而詰之，杖而出諸境，然其語盛傳至今。

丹稜西郊白塔。建於隋仁壽中。高十三級，大半畝許，年深灰剥，半爲草木偃。廢寺三間，一僧住焉。每元旦，城近人等多遊於此，蓋古道場也。乾隆二十三年己卯正，一日有縣衙火夫何姓者，偕群少造其顛。忽從竇穴中墜下，跌爲齏粉。六十餘年前，北門陳氏子亦從此竇墜下，其日同。邑人喧駭其事。鄰余家二里，劉姓婦張氏過之，嘆曰：『塔落荒陰，寢中憑鬼物不可知。誰當芟而出之。』人以爲婦言妄。亡何，其婦腰鐮背斧，日夜摩挲其上[六一]。月餘，草木一空。

近居者往復，婦曰：『嗣此，吾當整飭從新矣。』遂去。届仲冬，婦且來浄掃。路傍天王殿一間，築大灶二，復苫蓆棚於簷外。隨有肩灰至者，日日不絶。一侄驅一犍黄犢，無明昧轉米，至臘，灰積如山，得米數十石。蓋幾月前外出，近丹稜四路所抄化也。庚辰新正，大集土夫泥水人匠而興工焉。造飯水，薪雜遣，各目色備聚。延一親戚老成人支掌錢米出入，自以身爲匠役。督閲兩月，叠級層盤，粉藻一色，璇題落雁，儼與雲霞争輝矣〔六二〕。而閧傳，且及各邑。婦復白於山門外：『工止，塔頂未正。筮吉於三月十五日，凡與緣簿齊集而散會焉。』頂頑鐵鑄成者，自下望之，大可三四圍，重不知觔數，歪斜無歲月矣。令聞之，是日率同城文武，各帶役卒人等彈視。城内外老幼男婦，盡空以往〔六三〕。四鄰外縣來觀者，盈野無隙地。婦揀工役中强有力者六人，先登而搬撥之，數舉不一動。婦招手曰：『下待我來。』寺前廊一龕中懸大士像，云『自家香火處也』。婦改裝，冠毘那，衣僧衣，胸掛菩提數珠。焚香先禮大士前，次拜其姑，再拜其夫，再拜各官長等。萬衆悄視。婦從容而上，拂袖一試，如前傾之。但見婦於空中作磬折狀。蒙昧間，頂早上下四旁均齊方正矣。到此，俱不得知。婦下，衆且謂今日菩薩出現。然此時厲空風急，襟袖飃颻，望去閃閃若神仙然。先是，余正月赴省，經塔下，停騎入。視婦掃持簿前，命侄予以一金。婦曰：『大人不與衆同，毋自輕。』即此稱爲，亦予邑所未聞者。人傳三年前，言語多癲，時外出，偶來家，絶不與夫宿。余觀其像，不類癲，年三十外，面寬骨重，似非仙佛中人者。到今拜禮名山不歇，未審將來結果何如。功德現在，環縣聚觀。據事直書，詞無假借。正恐傳聞遠播，異日有弄筆墨以神其説者。是年，四月初十日，余赴京祝萬壽節。

前知

牟康民。內江人。少遇一人[六四]，能前知，隱居青城山中。萬曆末，上書當道曰：『辛酉九月蜀當有變，平之者，朱方伯燮元也。』已而，酋據重慶爲亂，如所言。賊將寇成都，朱詣青城見之，康民已候於途。叩之曰：『奢酋至成都乎？』曰：『至矣，十日耳。』『圍城乎？』曰：『圍百有五日。』『可守乎？』曰：『成都不可守，然有公在無慮。公二十年鎮撫西南，功比韋南康。』問天下事何如，曰：『北都王氣盡矣。』其後，朱總督西南，康民寄書云：『沐猴而冠者，與公作難。熊據其險，助之爲虐。幸聖明在上，必無虞也。』已，果爲楚人劉宗祥所劾，大學士王應熊主之。事尋得解。

蜀景耀五年，宮中大樹無故自折。譙周深憂之，無所與言，乃書柱曰：『衆而大，期之會。具而授，若何復？』言：『曹者，大也。衆而大，天下其將會也。具而授，如何復有立者乎？』蜀既亡，咸以周言爲驗。

先見

高駢鎮蜀日，巡邊至資中郡，舍於刺史衙，對山頂有開元佛寺。是夜黄昏，僧禮贊，嘌唄間作。駢命軍候悉擒械之。來晨，笞背悉逐。召將吏謂之曰：『僧徒禮念，亦無罪過。但以此寺十年後，當有秃丁數千作亂，我以是厭之。』其後，土人皆髡髮，執兵號大髡、小髡，據此寺爲寨，凌脅州將。果葉其言。

法術

欒巴爲尚書。正月朔朝見，帝賜酒，不飲，向西南噴之。有司奏不敬，巴謝曰：『臣本縣成都有火患，故噴酒以救之。』數日，成都果奏火災，得雨從東北來，遂息。雨中有酒氣。

異術

李璋太尉罷郢州，入朝。至襄陽疾病，止驛舍兩月餘。璋嘗命蜀人費孝先作卦影，先畫一鳳止於林，下有關焉。又畫一鳳立於臺。又畫紫衣而哭者五人。蓋襄州南數里有鳳林關，傳舍名鳳臺驛。始，璋止二子侍[六五]，三子守官於外。聞璋病甚，悉奔來視。至之翊日，璋乃卒，果臨其喪者五人。

段翳，字元璋，廣漢新都人也。習《易經》，明風角。有一生來學。積年，自謂略究要術，辭歸鄉里。翳爲合膏藥，並以簡書封筒中[六六]，告生曰：『有急，發視之。』生致葭萌，與吏爭渡津，吏撾破從者頭。生開筒得書言：『致葭萌，與吏鬬，頭破者以此膏裹之。』生用其言，創者即愈。

西川費孝先善軌革，世皆知名。有賈人王旻，因貨殖至成都，求爲卦。孝先曰：『教住莫住，教洗莫洗。一石穀搗得三斗米。遇明即活，遇暗即死。』再三戒之，令誦此言足矣，旻志之。既行，途中遇大雨，憩一屋下，路人盈塞，乃思曰：『教住莫住[六七]，得非此耶？』遂冒行。未幾屋遂顛覆，獨得免焉。旻之妻已私鄰比，欲媾終身之好，俟歸，將致毒謀。旻既至，妻約其私人曰：『今夕新沐者，乃夫也。』將晡，呼旻洗沐，重易巾幨。旻悟曰：『教洗莫洗，得非此也？』堅不從。妻怒不省，自沐，夜半反被害。既覺，驚呼鄰里共視，皆莫測其由，遂被囚繫拷訊。獄就，不能自辨，郡守録狀，旻泣言：『死即死矣。但孝先所言終無驗耳。』左右以是言上達，郡守命未得行法，呼旻問曰：『汝鄰比何人也？』曰：『康七。』遂遣人捕之：『殺汝妻者必此人也。』已而果然。因謂僚佐曰：『一石穀三斗米，非康七乎。』由是辨雪，誠遇明即活之效。

張魏公在蜀時，有梵僧難陁，得如幻三昧，入水火，貫金石，變化無窮。初入蜀，與三少尼俱行，或大醉狂歌，戍將將斷之[六八]。及僧至，且曰：『某寄跡桑門，別有樂術[六九]。』因指三尼：『此妙於歌管。』戍將反敬之，遂留連爲辦酒肉，夜會客，與之劇飲。僧假裲襠巾幗，市鉛黛，飾其三尼。

及坐，含睇調笑，逸態絶世。飲將闌，僧謂尼曰：『可爲押衙踏某曲。』因徐進對舞[七〇]，曳緒回雪，迅赴摩跌，伎又絶倫也。良久，喝曰：『婦女風邪。』忽起取戍將佩刀，衆謂酒狂，各驚走。僧乃拔刀砍之，皆踣於地，血及數丈。戍將大懼，左右縛僧，僧笑曰：『無草草。』徐舉尼，三支邛杖也，血乃酒耳。又嘗在飲會，令人斷其頭，釘耳於柱，無血。身坐席上，酒至，瀉入脰瘡中。面赤而歌，手復抵節。會罷，自起提首安之，初無痕也。時時預言人凶衰，皆謎語，事過方曉。成都有百姓供養數日，僧不欲住，閉關留之。僧因走入壁角，百姓遽牽，漸入，唯餘袈裟角，頃亦不見。來日，壁上有畫僧焉，其狀惟肖。經日，色漸薄。積七日，空有墨跡。至八日，跡亦滅，僧已在彭州矣。後不知所之。

蜀有費雞師。目赤，無一墨睛，本濮人也。某長慶初見之，已年七十餘。或爲人解災，必用一雞設祭於庭，又取江石如雞卵，令疾者握之。乃踏步作氣噓叱，雞旋轉而死，石亦四破[七一]。某舊家人永安，初不信，嘗謂曰：『爾有厄。』因作九符，逼令吞之，復去其左足鞋襪，符展在足心矣。又謂奴滄海曰：『爾將病。』令祖而負户，以筆再三畫於户外，大言曰：『過！過！』墨遂透背焉。

費孝先與知諫院唐坰作卦影。爲畫一人，衣金紫，持弓箭射落一雞。坰語人曰：『持弓者我也。王丞相生於辛酉，即雞也。必因我射而去位，則我亦從而貴矣。』翊日，抗疏以彈荆公，又乞留班，頗諠於殿陛。主大怒，降坰爲太常寺太祝，監廣州資庫，以是年八月被責。坰歎曰：『射落之雞乃我也。』

校勘記

［一］『黄護』兩字間原脱『萬』字，今據《歷世真仙體道通鑑》補。
［二］『泝』，底本作『沂』，今據《歷世真仙體道通鑑》改。
［三］『真』，底本作『其』，今據《北夢瑣言》改。
［四］『韋收藥沉鼎』，《北夢瑣言》作『韋牧沉藥鼎』。
［五］『踣』，底本作『仆』，今據《宋史》改。
［六］『成都文學』後原脱『掾』字，今據《山堂肆考》補。
［七］『包』，底本作『色』，今據《山堂肆考》改。
［八］『玉版』，底本作『玉板』，今據《拾遺記》改。
［九］『考』，底本作『者』，今據《拾遺記》改。
［一〇］『尤多差異』，底本作『毫無差異』，今據乾隆補修本及《拾遺記》改。
［一一］『徒』，底本作『術』，今據乾隆補修本及《拾遺記》改。
［一二］『門』，底本作『中』，今據乾隆補修本及《拾遺記》改。
［一三］『服』，底本作『復』，今據《拾遺記》改。
［一四］『傲』，底本作『放』，今據《茅亭客話》改。
［一五］『常』，底本作『嘗』，今據《茅亭客話》改。
［一六］『歸』，底本作『還』，今據《茅亭客話》改。

［一七］『那時』，底本作『郡務』，今據乾隆補修本及《茅亭客話》改。
［一八］『冢』，底本作『冡』，今據《茅亭客話》改。
［一九］『潤柯葉生青』，《茅亭客話》作『百脈潤，柯葉青』。
［二〇］『掃此圖清浄』，底本作『掃此清浄圖』，今據《貴耳集》改。
［二一］『數日不知何』後原脱『往』字，今據《貴耳集》補。
［二二］『簡』，底本作『束』，今據《貴耳集》改。
［二三］『齠年遭賊，兩無所傷』原脱『賊兩無』字，今據《黄岡府志》改。
［二四］『沂』，疑作『泝』。
［二五］『績』，底本作『續』，今據《黄岡府志》改。
［二六］『無敵』兩字間原脱『輕』字，今據《黄岡府志》補。
［二七］『兵』，此字乾隆補修本所無。
［二八］『妙真』，底本作『真沙』，今據《黄岡府志》改。
［二九］『懇』，底本作『邈』，今據《茅亭客話》改。
［三〇］『至』，底本作『生』，今據《桯史》改。
［三一］『它』，底本作『官』，今據《桯史》改。
［三二］『生不窮』前原脱『生』字，今據《桯史》補。
［三三］『今』，底本作『金』，今據《桯史》改。
［三四］『非』，底本作『罪』，今據《桯史》改。
［三五］『且於格爲天地』，底本作『且於相生天地』，今據《桯史》改。
［三六］『德合』，底本作『合德』，今據《桯史》改。

〔三七〕『吾』，底本作『君』，今據乾隆補修本及《宋稗類鈔》改。
〔三八〕『閣』，底本作『閔』，今據《宋稗類鈔》改。
〔三九〕『蟲』，底本作『蟲』，今據《宋稗類鈔》改。
〔四〇〕『益』，底本作『亦』，今據《宋稗類鈔》改。
〔四一〕『柵』，乾隆補修本作『棚』。
〔四二〕『導引』，底本作『導飲』，今據《茅亭客話》改。
〔四三〕『奇絶地如是耶』前原脱『何』字，今據《茅亭客話》補。
〔四四〕『要』，底本作『妄』，今據《茅亭客話》改。
〔四五〕『與且』兩字間原脱『物』字，今據《茅亭客話》補。
〔四六〕此句，《茅亭客話》作『蘇於制誥賈舍人下及第』。
〔四七〕『伐』，底本作『自』，今據乾隆補修本及《茅亭客話》改。
〔四八〕『由』，底本作『出』，今據乾隆補修本及《茅亭客話》改。
〔四九〕『國華』，底本作『華國』，今據《貴耳集》改。
〔五〇〕『兖公』，底本作『交公』，今據乾隆補修本及《桯史》改。
〔五一〕『案寬潔』前原脱『坐』字，今據《桯史》補。
〔五二〕『亶』，底本作『直』，今據乾隆補修本及《桯史》改。
〔五三〕『增一』，底本作『即從』，今據《桯史》改。
〔五四〕『遺』，底本作『移』，今據《桯史》改。
〔五五〕『滕口』，底本作『膝口』，今據《桯史》改。
〔五六〕『前据』後原脱『幾』字，今據《桯史》補。

〔五七〕『臺旨』，底本作『臺考』，今據《桯史》改。
〔五八〕『試官』，底本作『校官』，今據《桯史》改。
〔五九〕『俠卮』，底本作『挾卮』，今據《桯史》改。
〔六〇〕『遂』，底本作『盡』，今據《桯史》改。
〔六一〕『峷』，乾隆補修本作『抄』。
〔六二〕『霞』，乾隆補修本作『日』。
〔六三〕『空』，乾隆補修本作『室』。
〔六四〕『一人』，疑作『異人』。
〔六五〕『二』，底本作『三』，今據《墨客揮犀》改。
〔六六〕『封』，底本作『付』，今據《蜀中廣記》改。
〔六七〕『教住莫住』，底本作『教注莫注』，今據《搜神記》改。
〔六八〕『斷』，底本作『害』，今據《酉陽雜俎》改。
〔六九〕『樂』，底本作『藥』，今據《酉陽雜俎》改。
〔七〇〕『進』，底本作『對』，今據《酉陽雜俎》改。
〔七一〕『四』，底本作『隨』，今據乾隆補修本及《酉陽雜俎》改。

卷二十六

邊徼

漢元光五年，王恢討東越，使鄱陽令唐蒙風曉南越。南越食蒙枸醬。蒙至長安，問蜀賈人，賈人曰：『獨蜀出枸醬，多持竊出市夜郎，夜郎臨牂牁江[一]，南越以財物役屬之。』蒙乃上書曰：『南越名爲外臣，實一州主也。今以長沙、豫章往，水道多絶[二]。竊聞夜郎精兵可十餘萬，浮船牂牁，出其不意，此制越一奇也。請通夜郎道，爲置吏。』帝拜蒙爲中郎將。置犍爲郡，發卒治道數萬人，卒有逃亡者，用軍興法誅之。巴、蜀民大驚恐。上使司馬相如責蒙等，因諭告巴、蜀民以非上意，相如還報。時邛、笮君長聞南夷得賞賜多，欲請吏。上問相如，相如曰：『邛、梓、冉駹近蜀易通，爲置郡縣，愈於南夷。』上乃拜相如爲中郎將，建節往使。因巴、蜀吏幣物以賂西夷，皆請爲内臣，置一都尉。

章武三年，益州郡耆帥雍闓等四郡叛。闓殺太守，求附於吴。又使郡人孟獲誘煽諸夷，牂牁、越巂皆叛應闓。諸葛丞相以新喪，撫而不討，務農殖穀，閉門息民，民安食足，而後用之。建興三年七月，丞相亮討雍闓，斬之，遂平四郡。亮至南中[三]，所在戰捷，由越巂入，斬雍闓。孟獲收闓餘衆以拒亮。亮七擒七縱，即其渠率而用之。

唐太和二年十一月，南詔寇成都，入其郭。西川節度使杜元穎以文雅自高，不曉軍務，專務蓄積，減削士卒衣糧[四]，戍卒皆入蠻境鈔盜自給。蠻遂入寇，大掠子女百工數萬人及珍貨而去。詔貶元穎循州司馬。

四年二月，南詔寇成都。西道發兵救之。節度使李絳募兵千人赴之[五]。蠻兵退而還。十月，李德裕爲西川節度使。蜀自南詔入寇，一方殘弊。德裕至鎮，作籌邊樓，圖蜀地形，訪南詔、吐蕃險要，與習邊事者商議其中。未踰月，皆若身常涉歷。乃練士卒，葺堡鄣，積糧儲以備邊。蜀人粗安。

宋熙寧六年五月，瀘夷叛。七年春正月，熊本平之。以爲以彼能擾邊者，介十二村豪爲鄉導耳[六]，乃以計致百餘人，梟之瀘州。其徒股栗，願矢死自贖，獨柯陰一酋不至[八]。本合十九姓之衆，發黔南義軍强弩，遣大將王宣等帥以進討，賊悉力旅拒。宣敗之黄葛下，追奔深入。柯陰窘迫乞降，本受，盡籍丁口、土田及其重寶、善馬歸之官。以其酋箇怒知歸徠州[九]，其子及弟爲蕃部巡檢。於是淯井、長寧、烏蠻羅氏鬼主諸夷[一〇]，皆願世爲漢官。八年十一月，渝州獠木斗叛。熊本擊渝州獠，進營銅佛壩，破其黨。木斗舉溱州地五百里歸，爲四砦[一一]、九堡。建銅佛壩爲南平軍。

元豐三年五月，渝州獠寇南川，其酋阿訛奔箇恕。熊本重賞檄斬之。阿訛桀黠，習知邊隙，箇恕匿不殺。會箇恕老[一二]，以兵屬其子乞弟[一三]，遂與阿訛侵諸部。時羅苟夷叛，犯納溪。提刑穆珦言[一四]：『羅苟起端不加誅，則烏蠻觀望，爲害不細。』乃詔韓存寶擊之。存寶召乞弟，犄角討蕩五十六村，十三囤，蠻乞降，承租賦，乃罷兵。至是，乞弟率步騎六千至江安城下[一五]，責平羅苟之賞，數日乃引去。知瀘州喬敘遣梓夔都監王宣，以兵二千守江安，而以賄招乞弟與盟於納溪。蠻以爲畏己，益悖慢。盟五日，遂率衆圍熟夷羅箇牟族。王宣救之，一軍皆没，事遂張。驛召存寶授方略，統三將，兵萬八千趨東川。存寶怯弱不敢進，乞弟送款給降，存寶信之，遂休兵於綿、梓、遂、資間。

四年秋七月，韓存寶坐逗留無功，誅於瀘州。以步軍都虞侯林廣代將。時乞弟復送款，帝以其反覆無降意，督廣進兵。廣遂敗乞弟於納江，破樂共城，斬首二千級，乞弟遁。廣帥兵深入，自發納江，即入叢箐，無日不雨雪，兵夫疾病亡不可勝計，往往取僵屍臠割食之。過鴉飛不到山，至歸徠州，竟不得乞弟而還。

唐廣德元年十二月，吐蕃陷松、維、保三州。崔寧破吐蕃四節度及突厥、吐谷渾、氐、羌、群蠻二十餘萬於西山。

大曆十二年四月，吐蕃寇黎、雅州，崔寧擊破之。十月，復大破之於望漢城。十四年，吐蕃與南詔合兵十萬，三道入寇。使李晟[一六]、曲環擊吐蕃，破之，遂克維、茂二州。

貞元元年十月，節度使韋皋擊吐蕃，大破之，斬其大兵馬使乞藏遮遮。數年盡復巂州之境。八年八月，韋皋拔維州，獲其大將論贊熱。

十年正月，劍南西山羌蠻來降。

十七年正月，韋皋破吐蕃，轉戰千里，遂圍維州及昆明城。吐蕃救維州，韋皐擊敗之，擒其將論莽熱。維州、昆明不下，引兵還。

太和三年十一月，南詔入寇，陷巂、戎、邛州。詔發近道兵討之。

五年五月，李德裕遣使至南詔[一七]，得所掠百姓四千人而還。

九月，吐蕃悉怛謀以維州來降，不受。

九年十一月，南詔寇巂州。衮海兵五百人俱没。南詔陷犍爲、嘉、黎、雅州。竇滂自經於帳中，徐州將苗全緒解之，乃單騎奔漢州。南詔攻成都，盧耽遣突將出戰，殺傷蠻兵二千餘人。朝廷以顔慶復爲東川節度，大破蠻兵。宋威以忠武軍二千人至[一八]，與諸軍合戰，蠻兵大敗夜遁。欲追之，慶復疾，其功止之。然蠻自是不敢復犯成都矣。

乾符二年正月，蠻方攻雅州，遣使請和，引西川節度使高駢追擊之，殺獲甚衆。

宋嘉熙三年八月，蒙古塔海將兵入蜀。制置使丁黼聞之，先遣妻子南歸，誓死守。至是，塔海自新並入，詐竪宋將旗，黼以爲潰卒，以旗榜招之。既審知其非，領兵夜出城南，迫戰而死。蒙古遂取漢、邛、簡、眉、蓬州、遂寧、重慶、順慶府，尋引還。

淳祐三年二月，余玠爲兵部侍郎制置。四月，築招賢館於府佐。建城堡，築關隘，增屯田，邊警稍息。於是一意出師，率諸將巡邊，直擣興元。遇蒙古將汪德臣、鄭鼎，大戰而還。

十二年二月，蒙古將汪德臣城綿州。未幾，又城利州。自是，蒙古且耕且戰，蜀土遂不可復。十月，汪德臣復將兵掠成都、薄嘉定，四川大震。余玠率諸將俞興、元用等，夜開關力戰，始解去。

寶祐六年二月，蒙古紐璘將前軍，欲會都元帥阿答胡於成都。蒲擇之遣安撫劉整等據遂寧江箭灘渡，以斷東路。紐璘軍至不能渡[一九]，自旦至暮大戰，整等軍敗，紐璘遂長驅至成都。擇之命楊大淵等守劍門及靈泉山，自將兵救成都。會阿答胡死，紐璘率諸將大破大淵於靈泉山[二〇]，進圍雲頂山城。擇之軍潰，城中食盡，殺主將以降。成都、彭、漢[二一]、懷、綿等州，威、茂諸蕃悉降蒙古。十月，蒙古渡江陵江至白水，命總帥汪德臣造浮梁以濟，進次劍門。至苦竹隘，守將張實死之。十一月，蒙古進長寧山，兵圍長寧[二二]。守將王佐、徐昕戰敗。蒙古進兵攻鵝頂堡，城降，佐死之。由是，青居[二三]、大良、運山、石泉、龍州俱降於蒙古。十二月，蒙古兵渡馬湖入蜀。詔馬光祖移師峽州，向士璧移師紹慶府，以使策應。光祖、士璧以兵迎蒙古師，戰於房州，敗之。蒙古主取隆、雅州，又取閬州，楊大淵以城降[二四]。

開慶元年春正月，蒙古兵攻忠、涪州，漸薄夔境。詔蒲擇之、馬光祖戰守調遣，便宜行事。賈似道移馬光祖爲沿江制置使。蒙古破利州、隆順、順慶諸郡[二五]。二月，命紐璘造浮梁於涪州之藺市，以杜援兵。蒙古主自雞爪灘渡，直抵合州城，俘男女萬餘。王堅力戰以守，蒙古會師圍之。六月，四川制置使呂文德帥兵攻涪浮梁，力戰得入重慶，遂率艨艟千餘，泝嘉陵江而上。蒙古史天澤分軍爲兩翼，順流縱擊，文德敗績。七月，蒙古圍合州。自二月至於是月[二六]，守將王堅固守力戰，蒙古主屢督軍攻之不克。前鋒汪德臣選兵夜登外城，堅率兵逆戰。遲明，德臣單騎大呼曰：『王堅，我來活汝一城軍民，宜早降。』語未既[二七]，幾爲飛石中，因得疾死。會天大雨，攻城梯折，後軍不克進，俱退。蒙古主蒙哥卒於合州城下，或傳中飛矢死[二八]。諸王大臣用二驢[二九]，蒙以繒櫝，負之北行。合州圍解。

洪武十二年正月，平羌將軍丁玉擊松州番平。王遣指揮高顯城之[三〇]，遂併潘州於松州，置松潘衛。明年，以松州遠在山谷，屯種不給，命罷之。未幾，指揮耿忠經略其地，言：『松州爲番蜀要害地，軍衛不可罷。』乃命復置。

十三年八月，水盡源通塔坪[三一]、散毛諸洞蠻作亂，命江夏侯周德興充征南將軍，安慶侯仇成充副將軍征容美等洞。時德興方搜捕五溪，聞命即與仇成等移兵進討，皆平之。

宣德二年四月，松潘衛千户錢弘以罪誅。松潘衛當發軍戍交阯，衆憚行，弘因詭言番寇至，冀免調。又領軍突入麥匝諸族，逼取牛馬，而以大軍將至討攝之。番衆驚走，遂約生番五萬人爲亂，焚上下四關及諸屯堡。又圍威、茂、疊溪諸衛所，官軍屢戰皆敗。帝遣都督同知陳懷與指揮蔣貴合兵討之，而梟弘於松潘以徇。明年正月，官軍連敗賊。復疊溪，招撫諸番二十餘寨，松潘平。命懷鎮其地。

嘉靖二十五年三月，四川白草番亂，遣何卿充總兵官討，平之。卿會巡撫張時徹擒其渠，俘斬千計，克四十餘寨，賊平。卿素有威望，終嘉靖世，松潘鎮號得人，邊境安堵。

成化十四年三月，巡撫四川、都御史張瓚平松茂諸蠻。先後破寨五十有二，降寨一百有五，展拓茂州城池，增置墩堡，留兵戍守。

萬曆二十七年六月，播州楊應龍陷綦江。出庫銀犒兵，依倉就食，恣掠民間財貨子女。退屯三溪，以綦江之三溪[三二]、毋渡[三三]、南川之東鄉壩，立石爲播州界，號宣慰官庄。遊擊房嘉寵、張良賢死之。

二十八年六月，起前都御史李化龍川湖總督，帥師平播川。化龍集三省兵，分八路進，賊奔據海龍囤。總兵官劉綎先入婁山關，直抵囤下。諸軍繼至，築長圍迭攻。時久雨，將士馳泥淖中苦戰，大破之。應龍自縊死。七子皆就擒[三四]，及其妾田雌鳳。出應龍屍於烈焰中。八路共斬賊二萬餘，播州平。

天啓元年九月，永寧宣撫司奢崇明自稱『大梁王』，安邦彦自稱『四裔大長老』，歹費、小阿、烏繼、阿鮮怯各稱元帥。會徵兵援遼，崇明遣土目樊龍等，以兵詣重慶。巡撫徐可求汰其老弱，餉復不給，遂據城反，殺可求及道府總兵等五十餘人。陷瀘州、遵義、新都、内江，進圍成都。布政使朱燮元、周著，按察使林宰等分門固守。石柱女土司秦良玉，先遣弟民屏率兵四千，倍道兼行，扼賊歸路，而自統精兵六千援成都，圍遂解。擢燮元僉都御史、巡撫四川。明年夏，燮元以計斬樊龍，復重慶。邦彦陷貴陽以西千里。崇明趨永寧、犯赤水，遙倚聲援。燮元大會將士，令守將許成名佯北誘賊深入，分遣林兆等分路進兵，邦彦四應不支，羅乾象以奇兵繞出其背，急擊之。

奢崇明據重慶。貴州布政司參議胡平表方以忠州判官，在圍城中縋城，跣足走石柱司秦良玉，乞兵援成都。目把紛囂不肯應，平表慷慨號泣，不飲食者五日。良玉感動，乃起兵[三五]。平表百方激勸措處，以餉秦兵，一戰而復新都，再戰而成都之圍解。四川巡按授之監軍兼副總兵職銜，平表得以統束，易置諸將。白市驛之戰俘斬千餘，馬廟之戰俘斬萬餘。占據兩嶺，酣戰一日夜，斬首千餘。奪據二郎關，擒黑蓬頭，迫降樊龍，復重慶。奢寅糾土府水西，復集十萬，我五路應之，四路皆敗，總兵楊愈茂死之。平表以六千兵，人囊米五升，截苗殲賊，無不一當百，十萬衆潰敗如掃。生擒僞元帥巨賊四十餘人，獲其僞印敕、僞號錦册及各縣印五顆。救出被擄生靈數萬。

奢崇明重慶之變起。奢本苗屬，本猓玀種。居永寧藺州，爲蜀外徼。與黔徼水西安世爲界[三六]，而世相仇殺，各雄長於諸司。水西渠自安邦彦[三七]，藺之宣撫司崇明逆性天成，子寅尤凶狡，勇力絶人。憚永寧參將周敦，不敢發。周敦死，奢寅父子遣心腹將樊龍、張彤等提兵出重慶。巡撫徐可求坐演武廳，方按呼名給餉，樊龍、張彤等舉手一麾，賊黑蓬頭者，從營中躍馬直入，挾摽搶露刃，瞋目大呼，擲槍中可求胸。指揮王登爵挺身當之被殺。又殺司道總兵官以下共五十餘人，其餘殺戮無算。渝城陷，僭僞號曰『大梁』，僭元瑞應。以遵義生員何若海爲大丞相，使居中留守，通好諸苗。奢寅率木廣遵義兵，自仁懷出合江，羅乾象、朱國恩率羿子出納谿，來化、樊虎自重慶，奢崇明自長寧，四路各兵數萬，水陸並據，連破四十一州縣，共犯成都。時朱燮元轉四川左布政使，命副使戴燝、同知余新民駐北門，右布政使周著、都事趙維正駐西門，按察使林宰、恤刑員外劉可訓駐南門，提學副使胡承詔、同知侯世延駐東門，通判梁文華守東南芙蓉樓，推官羅寬守西北角樓，華陽縣知縣王珙守西南錦江樓，龍安士通判李泮守東北角樓。曹守爵、薛來衍、劉養鯤、余弘緒、周斯盛、陳元珪率死士李忠等五百人由北門出，直突賊營，大捷。斷其渠魁奢從義、王道大頭[三八]，賊將廖鎮權中炮死。燮元督李必茂、楊應評、薛來衍、武聲華、吴三省等並力合擊，炮石如雨，賊死甚衆，寅幾不免。西門周著、王拱厚賞死士，燒其土山，毁其伏壁，屢出屢捷。南門松潘通判段師文督兵一千五百至，林宰、劉可訓復百計鼓勵，每戰師文被甲直前，范繼道、秦明遠、夏光裕、張明等亦各率精鋭，所殺數百人，溺死無算。東門胡承詔與魯美中戰亦屢勝，而松潘、威、茂、高陽、董卜，雅、黎、峨眉諸援兵相繼轉戰，賊救死扶傷不暇，始有遁志矣。順慶通判官郭象儀率羅綱壩、譚正通、譚正修及標營指揮吴民望，戰賊於郫縣。石柱宣撫司女將秦良玉，同弟明屏、侄翼明、拱明，忠州州判胡平表戰賊於新都，俱大捷。餘亦率兵截殺。賊父子策馬徑走，餘悉狼狽逃遁。童謡曰：『城門謹閉一百日。』自天啓元年十月十八日薄城，至次年正月二十八日走遁，適滿一百日，童謡果驗。二賊既走，晝夜不停，崇明歸永寧，寅留茜草壩以待逸。賊何若海傳檄諸苗，言成都已破。水西安邦彦起兵犯黔，都都卜昏、遵義、楊保子七十二寨舊民亦相率蠭起，賊勢復震。内地爲賊所據者，長寧、慶符、高珙、建武、納谿、瀘州、合江、江安盡爲賊所有。樊龍陷渝，連結一十七大營，宿以重兵數萬，其出入要地止通遠門至佛圖關、二郎關一路。副使徐如珂指揮馮世修、義士金富廉、墊江知縣劉國藩兵，及平茶、石耶、酉陽諸土司抵關攻賊。秦良玉、余新民來自鳳〔三九〕、白市，與賊張彤接戰，大敗之，奪據二郎關。總兵杜文煥、監軍邱志充督毛兵、西兵至，奮勇當先，秦兵繼之，各官軍三土司左右合戰，徑取佛圖關。抵城下，復渝。楚監軍盧映田、總兵薛來應、副使張孝、僉事戴君恩亦統兵至渝城。賊將周鼎方率二萬人由江津援樊龍，欲奪佛圖關。徐如珂、盧映田、邱志充等分兵爲六營繫，秦明屏出奇兵，從間道横截，賊背腹不相顧，大敗，周鼎走合江。守備孔大成誘張彤殺樊龍父子自贖，樊龍父子突圍走，三土司争共殺之。大兵入城，部卒沈應龍斬張彤首送富廉。周鼎匿合江民舍，爲義兵詹君泰所獲。奢崇明糾兵八萬，破長寧，攻建武，陷高珙、慶符等縣。朱燮元、學副使李仙品、知府劉澤大列柵守江，出兵迎敵，大戰於來佛渡。標兵蔣達之陰識奢崇明，射之墜馬。賊將焦之仁挺身前，遂殺之，崇明得逸。賊大擾，自相格殺數千人，餘悉奔高珙、慶符。龔萬禄復建武，總兵楊愈懋復長寧，王世仁進兵瀘州，分屯合江、納谿。劉養鯤[四〇]、羅乾象使款賊。賊之在納谿者，爲雷應龍、閔侍孔，養鯤與永寧衛舉人胡漢日夜圖賊，賊一日數驚，及相率去，納谿遂復。賊將朱國恩、馮宜據合江。合江生員劉紹虞説馮宜使反正，而與義士袁鍪、袁鼎合兵襲國恩，殺馮宜，星夜走，合江亦復。賊聚瀘河之南，據險立柵。王世仁、郭象儀夜遣譚正通縱火攻，風起焰烈，賊之水砦山營俱燬，衆驚竄，蹈河入火死者不可勝數，餘悉逃入中箐關，三瀘乃定。奢寅與父分途出兵，崇明犯長寧，寅自永寧統兵五萬由陸出瀘南，周鼎二萬人由水出江津，共援樊龍。朱燮元遣薛來衍提兵二千進茜草壩，駐一蟾山。寅騎突至，四面蹙之，來衍與曹守爵、袁可成鏖戰，殺賊六百餘人。寅欲再鬬，聞崇明來佛渡敗衂，乃留宋武等屯兵桔子坎，以禦來衍[四一]，寅徑歸永寧。重慶、三瀘、敘南、建武悉復。賊將樊龍、張彤、焦之仁、白元桂等俱斬於陣，何若海、周鼎已擒，宋武、張令、閔侍孔等内附，智謀雄武一時略盡。嗣此，賊亦止於穴中訌突，不能復據內地矣。

松茂

《邊防記》以松潘、漳臘、小河爲川西之一；威州、保縣、茂州、叠溪、汶川、灌縣为川西之二；龍安、青川、石泉、安縣为川西之三。

《龍涸志》云：『男曰安達，女曰白麻。多種青稞、圓根。好用羶羊、麥粉。』

《宋史》云：『松潘之俗，日耕野壑，夜宿碉房。刻木契以成交易，炙羊膀以斷吉凶。人精悍善戰鬬。』

《四夷考》云：『松潘西至流沙關，相連天竺；西南紅土坡生蕃；南道叠、茂、威、灌；東通小河、龍安；北通漳臘。』

《經略制[四二]》云：『松潘之小河千户所，四崖絶壁，一綫逼窄。附近水毛牛、公羊洞諸番，未甚桀獷。』

《四夷考》云：『小河之下，鐵龍之上，惟葉堂爲要隘。』

《唐書》云：『西羌輕捷，便擊劍。漆皮爲牟甲，爲弓長六尺，以竹爲絃。皮爲帽，其形圓如缽，或戴冪羅，衣多毛毼[四三]。全剥牛腳皮爲靴，頂繫鐵錢，手貫鐵釧。王與酋帥，金爲首飾，胸前懸一金花，徑三寸。其土高，氣候涼，多風少雨，土宜小麥、青稞。山出金銀，多白雉。水有嘉魚，長四尺而鱗細。』

《四夷風俗記》：『維州諸番，歲時不用憲書，如辰年則畫十二龍。番僧依佛經推算甲子，毫釐不差。大率以十月爲一年。』

永寧

《漢書》云：『南夷夜郎最大，臨牂牁江，江廣數里，出番禺城下。』武帝時欲通夜郎，於其旁立犍爲郡，戍轉士罷、餓暑濕死者甚衆。西南夷又數反，耗費無功。使公孫弘視焉，還言其不可，乃罷。後平，爲牂牁郡，夜郎侯後封王。成帝時，夜郎王興與鈎町王禹[四四]、漏卧侯俞興[四五]，更舉兵相攻。牂牁太守陳立召興，斷其頭諭衆，降。

《邊防記》：『上川東曰南平、平茶、邑梅、酉陽；下川東曰石柱。』

李京云：『土獠蠻，男十四五左右，擊去兩齒後娶[四六]。豬、羊同室。無匙筋[四七]，手摶食。踏高撬，上下山坡如奔鹿。婦跣足，高髻，樺皮冠，耳墜大雙環，衣黑布，項帶鐵牌。死盛棺置千仞崖上，先墮者爲吉。山田薄少，刀耕火種，穀懸草榻，日搗而食。採荔販茶爲業。』

建昌

《九州要記》云：『巂西文夷，身青有文，如龍鱗於臂脛之間。將婚，會於路，歌謠相感合爲夫婦焉。又有穿鼻、儋耳種，瘴氣有聲，着人人死，着木木折，號曰『鬼巢』。僕夷在郡界千里，常居木上作屋。有尾，長二寸，若損尾立死。若欲地上居，則預穿穴以安尾，亦名尾濮。木耳夷，死，積薪燒之，煙正則大殺牛羊相賀以作樂，若遇風旁散，乃大悲哭。』

本志云：『東門十部蠻，群居，竹籬板舍，不事修飾，刻木爲信。裙不過脛[四八]，或時乘馬，則並坐橫足。酋長死，無子則妻女繼之。俗尚火葬，送以鼓吹。有疾者不用醫藥，召女巫以雞骨卜事，無巨細皆決之。巫善制堅盾、利刃，又能作爲之置毒，其末沾血立斃。』

《土夷考》云：『寧番衛蠻凶獷。約有九種，曰：僰人、猓玀、白夷、西番、麼些、狢𤢖、韃靼、回子、漁人。』

打箭爐，原青海部落。裏塘在爐之西，亦青海部落，堪布喇嘛之地。巴塘在裏塘之南，西藏拉汗所屬。乍了在巴塘西南，西藏闡教正副[四九]苦圖克兔舊管。乂木多在乍了西北，亦苦圖克兔舊管。類五齊在乂木多西北，紅帽子苦圖克兔居此。落隆宗在類五齊西南，亦西[五〇]。碩般多在落隆宗之西，亦西藏屬。達隆宗在碩般多之南，亦西藏屬。拉里在達隆宗西北，亦西藏屬。

工布江達在拉里西南，亦西藏屬。

打箭爐。層巒峻嶺，峭壁懸崖，中隔瀘水，勢最險要。

裏塘。層巒叠嶂，西藏要區。

巴塘。崇巒叠嶂，流合金沙，西藏要道。

乍了。三山環逼，二水交騰，窮荒僻壤。

乂木多。層巒叠嶂，怪岫奇峰，西藏門户。

類五齊。高峰聳峻，一水環流，西藏往路。

落隆宗。二山對峙，兩水合流，西藏孔道。

碩般多。四山旋繞，二水合襟，進藏要路。

達隆宗。二山横跨，四水環襟，西藏遼闊之區。

拉里。二山危峻，三水會同。

工布江達。憑山依谷，守險要區。

哀牢彝

哀牢彝，西蜀國名也。其先，有婦人捕魚水中，觸沉木[五一]，育生男子十人。沉木爲龍出水上，九男驚走死。一兒不去，龍因舐之。後諸夷推爲哀牢王。

牂牁

牂牁，本繫船筏名。《華陽國志》：『楚頃襄王遣莊蹻伐夜郎。蹻至牂牁，繫船於且蘭。既克夜郎，會秦奪楚黔中地，無路，不得歸，遂留主之，號莊王。以且蘭有繫船牂牁處，因改名牂牁。』《魏略》記吳將朱然圍樊城，遣兵於峴山，斫牂牁材[五二]。《潯陽記》亦言西北有一松樹，垂陰數畝。傳云陶公牂牁伐此樹。此語吳晉間猶存，今絶無知者，但言是郡名耳。

吐蕃

吐蕃自貞元末失維州，常惜其險，百計復之。乃選婦人有心者約曰：『去維州爲守卒之妻。十年兵至，汝爲內應。』及元和中，婦人已育數子。番冠大至，發火應之，維州復陷。

西番呼贊普之妻爲朱蒙。常魯公使西番，烹茶帳中，贊普問曰：『此爲何物？』魯公曰：『滌煩療渴，所謂茶也。』贊普曰：『我此亦有。』遂命出之，以指曰：『此壽州者，此舒州者，此顧渚者，此蘄門者，此昌明者，此㴩湖者。』

蠻夷

《華陽國志》曰南蠻有兩爨，一曰東爨烏蠻，一曰西爨白蠻。

蜀蠻。邛部川都王蒙備死，氣未絶，其妻子以錦數匹相續，繫死者，曳之於地，置十數里外高山上，令氣絶，乃復以錦被裹而埋之。會其族哭之，名作鬼親。

黎州諸蠻。其俗尚鬼。謂主祭者『鬼主』，故其酋長，號『都鬼主』。

獠人

《寧國論》云：『蜀中本無獠。犍爲、德陽[五三]山谷洞中，壤壤而出，轉轉漸大，自爲夫婦而益多。』獠人在牂牁，其婦人七月生子，死則竪棺埋之。吐蕃其俗以麥熟爲歲首，圍棋六博，吹蠡鳴鼓，以爲戲樂。附國，在蜀郡西北，其國俗好歌舞，其樂器則鼓簧吹笛，有死者，則子孫帶劍殺鬼報冤焉。

牂牁，其俗擊銅鼓以祀神。宋至道中來朝，太宗令作本國歌舞。一人吹瓢笙，如蚊蚋聲。良久，十數輩連袂宛轉而舞，以足頓地爲節。詢其名，則曰『水曲』也。

《西域傳[五四]》有『度索尋潼之國』。《後漢書》『跋涉懸度』，注：『溪口不通，以繩索相引而度。』唐獨孤及《招北客詞笮》：『復引一索，其名爲笮。人懸半空，度彼絶壑。』予按今蜀松、茂之地，皆有此橋。其河水險惡，既不可舟楫，施植兩柱於兩岸，以繩絙其中，繩上有一木筒，所謂『溜』也。欲度者則以繩縛人於筒上，登自以手緣索而進行，達彼岸復有人解之，所謂『尋溜』也。非目見制，不知其解。

《寰宇記》云：『每漢人與番人博易，不用錢。漢以細絹、茶、布，番以紅椒、鹽、馬。』至今猶然。

校勘記

［一］『臨牂牱江』前原脱『夜郎』二字，今據《資治通鑑》補。

［二］『水』，底本作『來』，今據《資治通鑑》改。

［三］『亮』，底本作『光』，今據乾隆補修本及《資治通鑑綱目》改。

［四］『糧』，底本作『種』，今據《資治通鑑》改。

［五］『李絳』，底本作『李絳』，今據《資治通鑑》改。

［六］『嚮導』，底本作『嚮道』，今據《資治通鑑》改。

［七］『柯一』兩字間原脱『陰』字，今據《續資治通鑑綱目》補。

［八］『箇知』兩字間原脱『怒』字，今據《續資治通鑑綱目》補。

［九］『羅氏』，底本作『羅氏』，今據《宋史紀事本末》改。

［一〇］『爲呰』兩字間原脱『四』字，今據《宋史》補。

〔一一〕『老』，底本作『先』，今據《宋史》改。
〔一二〕『兵』，底本作『其』，今據《宋史》改。
〔一三〕『穆珦』，底本作『穆珣』，今據《宋史》改。
〔一四〕『騎』，底本作『兵』，今據乾隆補修本及《宋史》改。
〔一五〕『使李』後原脱『晟』字，今據《資治通鑑》補。
〔一六〕『德遺』兩字間原脱『裕』字，今據《資治通鑑》補。
〔一七〕『忠武』後原脱『軍』字，今據《資治通鑑》補。
〔一八〕『不渡』兩字間原脱『能』字，今據《宋史》補。
〔一九〕『於』，底本作『等』，今據《宋史》改。
〔二〇〕『漢』，底本作『漢』，今據《宋史》改。
〔二一〕此句，《宋史》作『蒙古兵進圍長寧山』。
〔二二〕『青居』，底本作『清居』，今據《宋史》改。
〔二三〕『楊大淵』，底本作『楊仲淵』，今據《宋史》改。
〔二四〕『順慶』兩字間原脱『順』字，今據《宋史》補。
〔二五〕『自二月至於是』後原脱『月』字，今據《宋史》補。
〔二六〕『既』，底本作『幾』，今據《宋史》改。
〔二七〕『矢』，底本作『石』，今據乾隆補修本及《宋史》改。
〔二八〕『用二驢』後原衍『皮』字，今據《宋史》删。
〔二九〕『王』，又有作『玉』。
〔三〇〕『塔』，底本作『搭』，今據乾隆補修本改。

〔三一〕「綦」，底本作「棊」，今據《明史》改。

〔三二〕「渡」字前原脱「毋」字，今據《明史》補。

〔三三〕「七」，疑作「其」。

〔三四〕「乃」，底本作「方」，今據《寄園寄所寄》改。

〔三五〕「世」，疑作「氏」。

〔三六〕「自」，疑作「首」。

〔三七〕「奢從義、王道大」，疑作「奢崇義、王道達」。

〔三八〕「來自鳳」，疑作「自來鳳」。

〔三九〕「劉養鯤」，底本作「劉養親」，今據乾隆補修本改。

〔四〇〕「來衍」，底本作「來演」，今據乾隆補修本改。

〔四一〕「制」，疑作「志」。

〔四二〕「多毛毾」前原脱「衣」字，今據《北史》補。

〔四三〕「夜郎」後原脱「王興」二字，今據《漢書》補。

〔四四〕「興」，疑爲衍文。

〔四五〕「娶」，底本作「聚」，今據《古今譚概》改。

〔四六〕「無筯」兩字間原脱「匙」字，今據《古今譚概》補。

〔四七〕「裙」，底本作「裾」，今據乾隆補修本改。

〔四八〕「闡教正副」，底本作「闡正教副」，今據乾隆補修本改。

〔四九〕「亦西」後疑脱「藏屬」二字。

〔五〇〕「沉」，底本作「沇」，今據《後漢書》改。

〔五一〕『牂牁材』前原脱『斫』字，今據《太平御覽》補。

〔五二〕『德陽』，底本原作『從陽』，今據《續博物志》改。

〔五三〕『西域傳』，底本作『西城傳』，今據《太史升庵文集》改。

卷二十七

故事　僭竊

更始元年秋，茂陵公孫述起兵成都，自稱輔漢將軍，兼益州牧。及稱帝於蜀，隗囂使馬援往觀之，述盛陛衛，禮儀甚盛。援曰：『天下雄雌未定，公孫不吐哺走迎國士，與圖成敗，反修飾邊幅，如偶人形。此子何足久稽天下士乎！』因辭歸，謂囂曰：『子陽，井底蛙耳，而妄自尊大，不如專意東方。』

建武六年，遣耿弇等七將軍從隴道伐蜀。帝詔隗囂從天水伐蜀，囂以述罪惡未著爲辭，帝乃遣七將軍從隴道伐之。十一年春三月，遣吴漢將兵會岑彭伐蜀，破其浮橋，遂入江關。岑彭數攻田戎等不克，帝遣吴漢發荆州兵與彭會荆門。彭裝戰船十艘，吴漢以諸郡棹卒多費糧穀，欲罷之。彭以爲蜀兵盛，不可遣，上書言狀。帝報彭曰：『大司馬習用步騎，不曉水戰。荆門之事一由征南公爲重而已。』彭令諸軍直衝浮橋，順風並起，所向無前。蜀兵大亂，溺死者數千人。長驅入江關，令軍中無得擄掠，百姓大喜，争開門降。十二年春正月，吴漢大破蜀兵，拔廣都。七月，進攻成都。九月，臧宫拔綿竹，引兵與漢會。十一月，公孫述引兵出戰，吴漢擊殺之，延岑以成都降，蜀地悉平。

李雄，蜀中巴西氐也。晋惠帝永寧元年，父李特自稱益州牧，子流嗣，後雄繼之，稱成都王，僭稱帝，國號大成。初，雄以范長生有名德，爲蜀人所重，欲迎以爲君。長生不可，雄遂即位，約法七章，以叔父驤爲太傅，兄始爲太保，李離爲太尉，李國爲太宰，以國、離有智謀，事必咨而後行。雄事之彌謹，用度不足，諸將有以獻金銀者得官。尚書令楊褒謀曰[一]：『陛下設官爵，當網羅天下雄豪，何有以官賣金耶？』雄謝之。始皇時有長人五丈見宕渠[二]，秦史胡毋敬曰：『五百年其地必有異人爲大人者。』雄之稱尊號，祖先出自宕渠[三]，識者皆以爲應之。

王建，字光圖[四]，許州舞陽人。少以屠牛、盗驢、私販爲事，後爲忠武軍卒，遷隊將。僖宗在蜀，忠武軍將鹿晏弘以兵八千屬楊光復討賊，建與晏弘爲一都頭。光復死，晏弘率八都西迎僖宗於蜀。僖宗以晏弘爲節度使，晏弘以建爲領屬州刺史。十軍觀容使田令孜以建爲養子。僖宗還，以建爲神策軍宿衛。僖宗幸鳳翔，以建爲清道使，負玉璽以從。李昌符焚棧道，建控僖宗馬，冒煙焰中過。宿坂下[五]，僖宗枕建膝寢，既覺，解御衣賜之。

僖宗至興元。西川節度使陳敬瑄求田令孜爲西川監軍，楊復恭代爲軍容使。復恭出建爲壁州刺史。建招集亡命及溪洞夷落，以衆八千攻閬州，執其刺史楊行遷。又攻利州，刺史王珙棄城走。東川顧彦朗與建有舊，敬瑄、令孜使人召建，建選精兵二千馳成都，至鹿頭關，敬瑄復止之。建怒，擊破鹿頭關，取漢州。彦朗出兵助建於學射山。敬瑄遣將句帷立逆建，建擊敗之，遂攻彭州。敬瑄遣眉州刺史山行章將兵五萬屯新繁，建又擊敗之。敬瑄發兵七萬益行章，與建相持濛陽［六］、新都百餘日。

文德元年六月，韋昭度爲西川節度使。分邛、蜀、黎、雅爲永平軍，拜建節度使。［七］昭宗命昭度將彦朗討之。昭宗以建爲招討牙内都指揮使。建遣軍士擒昭度，昭度恐，留符節與建而東。昭度去，建以兵扼劍門，兩川由是阻絶。山行章屯廣都，建擊敗之［八］，行章走眉州，以州降。建引兵攻成都［九］，而資、簡、戎、茂、嘉［一〇］、邛諸州皆殺刺史降。建攻成都，田令孜夜入建軍，以節度觀察牌印授建。敬瑄開門迎建入城。遷敬瑄於雅州，使人殺之。以令孜爲監軍，既而亦殺之。

天順二年十月，唐以建爲檢校司徒、成都尹、劍南西川節度副大使知節度事、管内觀察處置雲南八國招撫等使。東川顧彦朗卒，弟彦暉立。唐遣宦者宗道弼賜彦暉東川旌節，綿州刺史常厚執道弼以攻梓州，建遣李簡、王宗滌討厚，欲圖併東川。

乾寧二年十二月，宗滌敗彦暉於楸林，斬其將羅璋，遂圍梓州。三年五月，昭宗遣宦者袁易簡詔建罷兵，建收兵還成都。黔南節度使王肇以其地降。四年，宗滌復攻東川，破梓州。以王宗滌爲留後，於是並有兩川之地。

天復元年，梁兵圍鳳翔。建遣王宗滌將兵五萬，聲言迎駕，以攻興元，執其節度使李繼業〔一一〕。武定節度使拓拔思敬遂以地降建，於是並有山南西道。建攻下夔、施、忠、萬四州。三年八月，唐封建蜀王。四年，唐遷都洛陽，建與唐隔絶。六年，又取歸州，於是並有三峽。

七年秋九月，建乃即皇帝位。封其諸子爲王，以王宗佶爲中書令〔一二〕，韋莊爲左散騎常侍、判中書門下事，唐襲爲樞密使，鄭騫爲御史中丞，張格、王鍇爲翰林學士，周博雅爲都尹。

武成元年正月，祀天南郊，大赦，改元。以王宗佶爲太師。宗佶以建爲忠武軍卒掠爲養子〔一三〕，心不自安，與鄭騫謀，求爲大司馬，總六軍，開元帥府。建心疑，叱衛士撲殺，並賜騫死。六月，以遂王宗懿爲皇太子。建加尊號英武睿聖皇帝。

二年，頒永昌曆。二月大赦，改明年爲永平元年。岐王李茂貞自爲梁所圍，山南入於蜀，因求故地。建怒，以王宗侃爲北路都統，宗佑、宗賀、唐襲爲三面招討使，與岐戰於青泥。宗侃敗績，退保西縣，爲茂貞所圍。建自將擊之，岐兵敗，解去，建至興元而還。加尊號曰『英武睿聖光皇帝』。二年，又加號曰『英武睿聖神功文德光皇帝』。梁太祖崩，建遣將作監李紘吊之，刻其印文曰『大蜀入梁之印』。

三年七月，建得銅牌子於什方，有文二十餘字，建以爲符讖，因以名諸子。

四年，荆南高季昌侵蜀。遣嘉王宗壽敗之於瞿塘。峽上有堰，或勸蜀王乘夏秋江漲，決水以灌江陵。毛文錫諫曰：『季昌不服，其民何罪。陛下方以德懷天下，忍以鄰國之民爲魚鱉乎。』蜀主乃止。八月，殺黔南節度使王宗訓。冬，南蠻攻掠界上，建遣王宗範敗之於大渡河。

五年，起壽昌殿於龍興宮，畫建像於壁。又起扶天閣，畫諸功臣像。十一月，大火焚其宮室。遣王宗儔等攻岐，取其秦、鳳、階、成四州[一四]。至於大散關，劉知俊以族來[一五]。通正元年，遣王宗綰等率兵十二萬，出大散關攻岐，取隴州。八月，起文思殿，以清資五品正員官購群書以實之，以內樞密使毛文錫爲文思殿大學士。十月，[一六]大赦，改元。十二月，又改明年元曰『天漢』，國號漢。天漢元年，殺劉知俊。十二月，大赦，改明年元曰『光天』，復國號蜀。

光天元年六月，建卒，年七十二。太子立，去『宗』名衍。衍，建十一子，以母寵得立。謚建曰『神武聖文孝德明惠皇帝』，廟號『高祖』，陵曰『永陵』。立正室周氏爲皇后，尊其母徐氏爲皇太后，后妹淑妃爲皇太妃。起宣華苑，重光、太清、延昌、會真殿，清和、迎仙宮，降真、蓬萊、丹霞亭，飛鸞閣、瑞獸門、怡神亭，與諸狎客、婦人日夜酣飲其中。立之明年，改元乾德。

乾德元年正月，祀天南郊，大赦。加尊號爲『聖德明孝皇帝』。與太后、太妃遊青城山，宮人衣服皆畫雲霞，飄然望之若仙。衍自作《甘州曲》，述其仙狀，上下山谷而歌，使宮人和之。六月，作高祖原廟於萬里橋，帥后妃百官，用褻味[一七]，作鼓吹祭之。華陽尉張士喬上疏諫，衍怒，流黎州。士喬感憤，赴水死。衍奢縱無度，日與太妃遊宴，所費不可勝紀。太后、太妃各出教令賣官，每一官出，自刺史以下，必數人並争，入錢多者得之。通都大邑起邸店，以奪民利。文思殿大學士韓昭以便佞得幸，乞數州刺史賣之，以營居第，許之。

二年冬，北巡至於西縣，旌旗戈甲，連亘百餘里。其還也，自閬州浮江而上，龍舟畫舸，照耀江水，所在供億，人不堪命。

三年，還成都。

五年，起上清宫，塑王子晉像，尊爲聖祖至道玉宸皇帝。又塑建及衍像，侍立左右，正殿塑玄元皇帝及唐帝，備法駕而朝。

六年，以王承休爲天雄軍節度使。是歲，改元曰『咸康』。衍自立，歲常獵於子來山。是歲，幸彭州陽平化、漢州三學山。十月，幸秦州。行至梓潼，大風拔木發屋。至綿谷，聞唐師入境，衍懼，留王宗弼守綿谷，遣王宗勛、宗儼、宗昱率兵拒唐師。還至成都，百官、後宫迎謁七里亭，衍雜宫人作回鶻隊以入。

同光三年，唐師伐蜀。以魏王岌充西川行營都統[一八]、郭崇韜招討制置使，軍事悉以委之[一九]。大軍西行入散關，倍道而進。王承捷以鳳、興、文、扶四州印節迎降，自餘城鎮皆望風款附，遂進逼成都。衍輿櫬、啣璧、面縛[二〇]，出降於七里亭。大軍入成都，崇韜禁軍士侵掠，市不改肆。自出師至克蜀，凡七十日。高季興聞蜀亡，方食，失匕箸，曰：『是老夫之過也。』梁震曰：『不足憂也。

唐主得蜀益驕，亡無日矣，安知其不爲吾福。』

三年四月[二一]，莊宗召衍入洛。至秦川驛，遣宦者向延嗣誅其族。衍母徐氏臨刑呼曰：『吾兒以一國迎降，反以爲戮，信義俱棄，吾知其禍不旋踵。』衍妾劉氏，鬒髮如雲而有色，行刑者將免之，劉氏曰：『家國喪亡，義不受辱。』遂就死。王宗壽爲太子太保，所在迎降，魏王常以書招之，獨宗壽不降。從衍東遷，至岐陽。衍死，宗壽至澠池，聞莊宗遇弑，亡入熊耳山。天成二年，宗壽出詣宋師[二二]，上書求衍宗族葬之。明宗嘉其忠，以爲保義軍行軍司馬，封衍順正公，許以諸侯禮葬。宗壽得王氏十八喪，葬之長安南三趙村。

孟知祥，邢州龍岡人[二三]。其叔父遷，當唐之末，據邢、洺、磁三州，爲晉所擄。晉以遷守澤、潞，梁兵攻晉，遷以澤、潞降梁。知祥父道，獨留事晉。及知祥壯，晉以其弟克讓女妻之，以爲左教練使。莊宗爲晉王，以祥爲中門使[二四]，祥薦郭崇韜自代，遷祥馬步軍都虞候。莊宗建號，以祥爲太原尹、北京留守。魏王繼岌、郭崇韜平蜀，莊宗遂以知祥爲成都尹、劍南西川節度副大使。同光四年正月，知祥至成都。崇韜死，魏王繼岌引軍東歸，先鋒康延孝反，攻破漢州。知祥遣大將李仁罕，會任圜、董璋等擊破延孝，得其將李肇、侯弘實及其兵數千歸。莊宗崩，魏王繼岌死，明宗入立，知祥乃訓練兵甲，陰有王蜀之志。

明宗繼立，悉誅宦者，罷諸道監軍。焦彥賓已罷，樞密使安重誨疑祥有異志，復以客省使李嚴爲監軍。知祥怒曰：『諸道皆廢監軍，獨吾軍置之。吾將有以待其來。』嚴至境上，遣人持書候祥〔二五〕。祥盛兵見之，冀严懼而返，嚴聞之自若。

天成二年正月，李嚴至成都。祥置酒召嚴。彦賓雖在蜀，嚴出詔示知祥。祥不聽，反責嚴曰：『今諸方鎮已罷監軍，公何得來此？』目客將王彦銖執嚴斬之〔二六〕。明宗猶欲懷以恩信，遣客省使李仁矩慰諭知祥，並送瓊華公主及其子昶歸之。知祥因請趙季良爲節度副使。三年，唐徙季良爲果州團練使，以何瓚爲節度副使。知祥得制書，匿之，遣將雷廷魯至京師論請，明宗從之。瓚至綿谷，祥奏爲行軍司馬。是歲，唐師伐荆南，詔知祥以兵下峽。祥遣毛重威率兵三千戍夔。高季興死，祥請罷戍，不許。乃諷重威以兵鼓譟潰而歸。

四年，明宗事於南郊。遣李仁矩責知祥助禮錢一百萬緡〔二七〕，祥不肯。久之，請獻五十萬。是歲，以夏魯奇爲武信軍節度使；分東川之閬州爲保寧軍，以李仁矩爲節度使；又以武虔裕爲綿州刺史。仁矩與東川董璋有隙。而虔裕，重誨表兄，璋與祥皆懼。璋遣人求婚，自結於祥。祥心不許，趙季良以謂宜合從以拒唐師〔二八〕，於是連表請罷還唐所遣節度使等。

長興元年二月，加拜知祥中書令。九月，董璋先攻破閬州，擒李仁矩殺之。知祥開宴，東北望闕拜伏，嗚咽涕泣，士卒皆欷歔，明日遂舉兵反。十一月，明宗下詔，削奪知祥官爵。命天雄軍節度使石敬塘爲都詔討使，夏魯奇爲副，安重誨督征蜀諸將。知祥遣李仁罕、張業、趙廷隱將兵三萬會璋攻遂州，別遣侯弘實將四千人助璋守東川，遣張武下峽取渝州。唐師攻劍門，殺璋守兵三千以入。祥遣廷隱分兵萬人而東，與敬塘戰於劍門，唐師大敗。張武取渝州，袁彦超取黔州。

二年正月，李仁罕克遂州，夏魯奇死之。祥以仁爲武信軍留後。敬塘班師。利州李彦珂聞唐敗，棄城走。祥以趙廷隱爲昭武軍留後。李仁罕進攻夔州，刺史安崇阮棄城走，以趙季良爲留後。唐召安重誨還，敬塘引兵遁歸。明宗責重誨失策，重誨死。遣西川進奏官蘇愿、進奉軍將杜紹本西歸招諭知祥［二九］。祥邀璋欲同謝罪，遣使三往，璋益疑，先襲破知祥漢州。知祥遣趙廷隱率兵三萬［三〇］，自將擊之。璋軍士皆譟。偏將張守進來降。璋大敗於金雁橋。遣工部尚書盧文紀册封知祥爲蜀王，而趙季良等五人皆拜節度使。明帝崩。明年正月，知祥即皇帝位，國號蜀。以季良爲司空、同中書門下平章事，中門使王處回爲樞密使，李昊爲翰林學士。三月，潞王舉兵於鳳翔，愍帝遣王思同等討之［三一］，兵潰。山南西道節度使張虔釗、武定軍節度使孫漢韶皆以其地附於蜀。四月，知祥改元曰『明德』。六月，知祥卒，子昶嗣。昶，祥第三子。繼立，不改元，仍稱明德。至五年，始改元曰『廣政』。昶好打毬、走馬，爲方士房中之術，多採良家女子以充後宫。年少不親政事，將相皆知祥故人，事昶驕蹇踰度。昶執李仁罕殺之，並族其家。

廣政九年，趙季良卒，張業用事。業，仁罕甥。仁罕誅時，業方掌禁兵，昶懼其反，乃用以爲相［三二］，兼判度支。

十一年，昶與匡聖指揮使安思謙謀殺張業，大學士王處回、趙廷隱旋亦致仕，故將舊臣殆盡，昶始親政事。是時，契丹滅晉，漢高祖起於太原，中國多故。雄武軍節度使何建以秦、成、階三州附於蜀，昶遣孫漢韶攻下鳳州，於是悉有王衍故地。漢將趙思綰據永興、王景崇據鳳翔反，皆納款於昶。昶遣張虔釗出大散關，何建出隴右，李廷珪出子午谷，以應思綰。又遣安思謙益兵向東。已而漢誅思綰、景崇，虔釗罷歸，思謙恥於無功，多殺士卒以威衆。昶使王藻謀殺思謙。而邊吏急奏，藻不以時聞，並擒藻斬之。

十二年，置吏部三銓、禮部貢舉。

十三年，昶加號睿文英武仁聖明孝皇帝。封子玄喆秦王，玄珏褒王，弟仁毅夔王，仁贄雅王，仁裕嘉王。

十八年，周世宗伐蜀，攻自秦州。昶以韓繼勛爲雄武軍節度使，趙季扎爲秦州監軍。季扎行至德陽，聞周兵至，遽馳還奏事。昶怒，殺之。遣高彦儔、李廷珪出堂倉以拒周師。高彦儔大敗，走青泥。於是秦、成、階、鳳復入於周。

二十一年，周兵伐南唐，取淮南十四州。荆南高保融以書招昶歸，不從。

二十五年，昶立秦王玄喆爲皇太子。昶幸晉、漢之際，中國多故，據險一方，君臣務爲奢侈自娱，至溺器皆以七寶裝之。王昭遠、趙彦韜等分掌機務，統要軍政。及宋師下荆湖，蜀相李昊言於蜀王曰：『臣觀宋氏啓運，不類漢、周，一統海內，其在斯乎？若通職供〔三三〕，亦保安三蜀之長策也。』蜀主乃遣趙彦韜爲諜，入汴覘强弱。彦韜潛以蜀與北漢約同舉兵，蠟丸書間行東漢，爲邊吏所得，獻之〔三四〕。帝久欲伐蜀而無詞，得書喜曰：『吾師有名矣。』遂命王全斌、劉光義、王仁贍、曹彬等分道伐蜀，且謂全斌曰：『凡克城寨，止籍其芻糧，悉以財帛分給將士。吾所欲得者，土地耳。』全斌乘勝而前，蜀主遣昭遠等拒之，昶母李太后言昭遠不可用，昶不聽。昭遠好讀兵書，以方略自許。兵始發成都，昶遣李昊等餞之，曰：『吾此行非止克敵，取中原如反掌耳。』手執鐵如意，指麾軍事，自比諸葛亮。昶又遣子玄喆率精兵數萬守劍門，玄喆輦其愛姬，攜樂器、伶人數十以從。

乾德二年十二月，王全斌入蜀興州，擒其招討使韓保正，蜀兵大潰。蜀人悉以其精鋭分三道逆戰，皆敗。王昭遠引兵迎戰，三戰皆敗。昭遠焚吉柏江浮橋，退守劍門。軍頭向韜得蜀降卒，全斌進次益光，降卒言：『益光東越大山數重，有狹徑名來蘇。蜀人於江西置柵，對岸可渡。自此出劍門南二十里至青彊，與官道合。』〔三五〕全斌遣偏將史延德分兵出來蘇，跨江爲浮梁以濟，遂進次青彊，與全斌夾攻。王昭遠聞之，退屯漢源坡以待全斌。未至漢源，劍門已破，昭遠股慄失次〔三六〕。趙崇韜布陣出戰〔三七〕，昭遠據胡牀不能起。全斌進擊，大破之，斬首萬餘級。昭遠走投東川，匿倉舍下，悲嗟流涕，目盡腫。俄而，宋追騎至，與崇韜被執，玄喆逃歸。

三年正月〔三八〕，劉光義、曹彬攻蜀夔州。州有鎖江爲浮梁，上設敵柵三重，夾江列礮具。宋師至夔，舍舟步進，先奔浮梁，乘勝登城。蜀臨江制置使高彦儔力戰不勝，身被十餘鎗，左右皆散。彦儔奔歸府第，整冠望西北再拜，縱火自焚。死後數日，光義得其骨於灰燼中，以禮葬之。

劉光義、曹彬取蜀五州，全斌進次魏城。孟昶聞之，問計左右，老將石頵以謂：『東兵遠來，宜聚兵堅守以敝之。』昶歎曰：『吾與先君以温衣美食養士四十年，一旦臨敵不能爲吾東向放一箭。雖欲堅壁，誰與吾守耶？』乃命李昊草表以降。全斌受之，遂入城，光義等亦引兵來會。自興師自受降凡六十六日。前蜀之亡也，降表亦李昊爲之。至是，又草焉。蜀人夜表其門曰『世修降表李家』，時傳以爲笑。

三月，宋兩川軍亂。時王全斌與崔彦進等在蜀日夜宴飲，不恤軍士，縱部下掠女子、奪財物，蜀人苦之。既而帝詔發蜀兵赴汴，人給錢十千，未行者加兩月廩食，全斌等不即奉命。蜀兵憤怨，行至綿州，遂作亂，劫屬邑[三九]，衆至十餘萬。獲文州刺史全師雄，推以爲帥，民争應之。全斌等懼，因遣米光緒招撫之。光緒盡滅師雄之族，納其愛女及橐裝，師雄遂無歸志，率衆分據要害。崔彦進、高彦暉進討，皆敗績戰死。全斌退保成都，師雄勢益張，邛、蜀等十六州及成都屬縣皆起兵應師雄。全斌等大懼，時成都城中降兵未遣者尚二萬七千，全斌慮其應賊，與諸將謀，誘至夾城中盡殺之。

夏六月，蜀主昶舉族與官屬至汴，率子弟素服待罪闕下。帝備禮見之，封昶秦國公。其母李氏詔書封爲國母。及昶卒，李氏不食，數日亦死，帝聞而傷之。帝嘗見昶寶裝溺器，命撞碎之，曰：

『以七寶飾此，當以何器貯食？所爲如是，不亡何待。』

流賊

譙縱據蜀，益州刺史朱齡石帥師伐之。齡石曰：『往年劉敬宣出黄虎，無功而返。賊謂我今從外水往，而料我當出其不意，猶從其内水來也。今以大衆自外水取成都，疑兵出内水，此制敵之奇也。』後譙縱果使譙道福以重兵守涪城，備内水。齡石入成都，譙縱走死。

天監四年十一月，魏王足奔梁。先是，足圍涪城，蜀人震恐。刑巒表於魏主曰[四〇]：『今益州有五可圖。建康、成都相去萬里，陸行既絶，而水軍非周年不達，一可圖也；頃經劉季連、鄧元起之亂，資儲空竭，吏民無復固守之志，二可圖也；淵藻裙屐少年，未洽治務，所任皆左右少年，三可圖也；蜀之所恃，惟在劍閣，今已奪其險，四可圖也；淵藻是衍至親，必無死理，若克涪城，必將逃走，蜀卒駑怯[四一]，弓矢寡弱，五可圖也。今若不取，後圖便難矣。』魏主不從，卒不能定蜀。久之奔梁。

上元二年四月，梓州刺史段子璋反，自稱梁王。五月，成都尹崔光遠斬之，十日平。

元和元年正月，劉闢求兼領三川，帝不許。遂發兵圍東川節度使李康於梓州，執李康。三月，命高崇文入梓州，闢歸李康於崇文。六月，崇文破鹿頭關，連戰皆捷。九月，崇文克成都，劉闢奔吐蕃。崇文使高霞寓追，擒之，檻送京師。

淳化四年春，蜀青神民王小波聚衆爲亂。攻青神，掠彭山，殺縣令齊元振，剖其腹，實以錢，以其平日愛錢故也。

十二月，西川都巡檢使張玘與王小波戰於江源。玘射中小波，已而爲小波所殺，小波亦病創死。其黨推小波妻弟李順爲帥，寇掠州縣。陷邛州、永康軍，衆至數十萬。

五年春正月，李順攻陷漢州，復陷彭，遂攻成都。轉運使樊知古、知府郭載及官屬出奔梓州，順入城據之，僭號大蜀王。遣其党四出，攻劫州縣，兩川大震。

二月，分遣楊廣數萬衆寇劍門。上官正爲劍門都監，麾下有疲卒數百，因勉激以忠義，勇氣百倍，力戰以守。會成都監軍宿翰兵至，正與之合，迎擊賊衆，斬馘幾盡。餘衆三百分還成都，順怒其驚衆，盡斬之。

李順圍梓州。知州張雍聞小波起，即練士卒，募强勇爲城守計，輦綿州金帛以實帑藏，命官屬治戎器，守械悉備。至是，順分遣其黨帥衆二十萬圍梓，城中兵纔三千，雍悉力禦之。凡八十日，王繼恩遣石知顒來援[四二]，賊乃潰去。王繼恩師至綿州，賊潰走，追殺其衆，遂復綿州。遣曹習破賊於老溪，復閬、巴、蓬、劍等州。

五月，王師至成都，破賊十萬衆，斬首三萬級，獲李順，遂復成都。其黨張餘復攻[四三]陷嘉、戎、瀘、渝、涪、忠、萬、開八州，監軍秦傳序死之。

八月，張詠知益州。時王繼恩、上官正、宿翰等討賊漸有成功，頓師不進，專務飲博，其下恣橫剽掠，餘寇時復張大。詠、勉正等親行，正由是決計深入，大致克捷。張餘賊衆攻夔州，白繼贇敗之於西津口，斬首二萬，獲舟千餘艘。正復連破賊於廣安、嘉陵、合州。賊進攻陵州，又爲知州張旦所敗。至是，正等大敗張餘於雲安軍，復其城。

至道元年二月，四川都監宿翰獲張餘於嘉州。先是，四川行營衛紹欽、楊瓊屢敗賊衆，復蜀、邛等州。餘攻眉州，翰擊敗之。餘走嘉州，爲軍士所獲。是年，召王繼恩還，以上官正、雷有終爲四川招安使。蜀寇悉平。

咸平三年春正月，益州戍卒作亂，推王均爲首。初，神衛戍卒益州，以都虞候王均、董福分領之。兵馬鈐轄符昭壽驕恣侵虐，軍士憤怨，戍卒趙廷順等八人遂殺昭壽爲亂。欲奉都巡檢使劉紹榮爲主〔四四〕，紹榮自經死，知州牛冕、轉運使張適縋城而去。監軍王澤召王均，謂曰：『汝所部爲亂，盍往招之。』叛卒見均，即擁之，均即僭號大蜀，改元化順。署置官稱，以小校王鍇爲主謀。均帥衆攻陷漢州，進攻綿州不克，直趨劍州，爲知州李士衡所敗，退保益州。帝聞之，以户部雷有終爲川陝招安使，李惠、石普、李守倫並爲巡檢使，給兵八千往討。知蜀州楊懷忠聞亂，即調鄉兵會諸巡檢兵入益州，焚城北門，至三井橋，與賊黨戰數合，不利而退。復檄嘉、眉等七州合兵再攻，敗之。

乘勝逐賊至州南十五里，砦於雞鳴原，以俟王師。均亦閉關自固。

二月，雷有終等至益州，時都巡檢張思鈞已克漢州[四五]，遂進壁升仙橋。賊攻砦，有終擊走之。王均開城門僞遁，有終等帥兵入城，官軍競剽掠。賊閉關發伏，布牀榻於路口，官軍不得出，因爲所殺。有終緣堞而墜得免，李惠死之。官軍退保漢州。益州城中民皆奔迸四出，復爲賊黨追殺。或囚縶之，支解族誅以恐衆。又脅士民之少壯者爲兵，先刺手背，次髠首，次黥面，給軍裝，令乘城與舊賊黨相間。

十月，賊由升仙橋分路襲王師。有終帥兵逆擊，大敗之。王均單騎還城，遂撤橋塞城。有終與石普進屯城北兵[四六]，分遣將校東西南砦，鼓譟攻之。賊出戰屢敗。然王師每薄城輒會雨，城滑不能上。有終命爲洞屋以進，均亦對設敵樓以相拒，有終遣卒焚之，賊自是消沮[四七]。復築月城以自固，有終令卒蒙氈秉燧以入，悉焚其望櫓機石。普分兵洞屋而前，遂入城。均夜與其黨二萬人突圍而遁，所過斷橋、塞路、焚倉庫。有終疑城内有伏，縱火其中，遣楊懷忠追均，至富順及之，大敗其衆。均縊死。懷忠取其首及僭僞法物，降其黨六千，賊平。

紹熙三年夏四月，議更蜀帥。留正言：『西邊三將，惟吴氏世襲兵柄，號爲吴家軍。吴挺脱至死亡[四八]，兵權不可復付其子。』

四年五月，利州安撫使吴挺卒。丘崇使總領財賦，楊輔權安撫使[四九]，統制官李世廣權總其軍。

知樞密院趙汝愚言『吴氏世掌西兵，非國家之利』，遂以興州都統制代挺，挺子曦帶御器械。嘉泰元年七月，以吴曦爲興州都統。曦以賄賂宰輔韓侂胄[五〇]，規求還蜀，侂胄許之，遂有是命。曦至興州，譖副都統制王大節，罷其官，由是兵權悉歸於曦。

開禧三年三月，以程松爲四川宣撫使，吴曦副之。曦進屯河池西，以軍六萬屬之，仍聽節制財賦，按劾計司。曦由是益得自專。尋詔曦兼陝西、河東招撫使。知大安軍安丙[五一]陳十可憂於松。松夜延丙，言曦必誤國，松不省。

夏四月，吴曦與其從弟晛及徐景望、趙富、米修之、董鎮共爲謀叛，陰遣其客姚淮源獻關外階、成、和、鳳四州於金，求封蜀王。

十二月，吴曦既遣姚淮源如金，因持重按河池。韓侂胄日夜望其進兵。金人聞曦叛求封[五二]，大喜，因命完顔綱經略之。綱進兵水雒，訪得曦族人吴端，署爲水雒城巡檢使[五三]，遣人報曦，曦大喜。及金將蒲察貞破和尚原，犯西和州，曦將王喜等力戰。曦忽傳令退保黑谷，軍遂潰。貞入成州，曦因焚河池，退保青野原，金人無復顧慮。時興州都統制毋思以重兵守關[五四]，吴曦聞金兵至，因撤幕關之戍。金人由板閘谷繞出關後，思孤軍不能支，遂陷。曦退屯罝口，完顔綱遣張仔會之，乃以金主璟命，遣馬良顯持詔書、金印，立曦爲蜀王。曦受之，遂還興州。金完顔綽哈攻鳳州[五五]，程松遣人求援於曦，曦給以當得三千騎往，宣言金使者欲得階、成、和、鳳四州以和。會報金兵至，松急趨米倉山而遁。

三年春正月，吴曦自稱蜀王。遣將利吉引金兵入鳳州〔五六〕，以四郡付之，表鐵山爲界。曦即興州爲行宫，改元，置百官。遣董鎮至成都治宫殿，欲徙居之，稱臣於金。分其所部兵十萬爲統帥，遣禄祁等戍萬州〔五七〕，泛舟下嘉陵江，聲言約金人夾攻襄陽。下黄榜於成都、潼川、利州、夔州四路，以興州爲興德府，召隨軍轉運使安丙爲丞相長史，權行都省事。又召權大安軍楊震仲，不屈，飲藥而死。吴晛爲曦謀，宜收用蜀名士，以保民心。於是陳咸自髡其髮，史次秦自瞽其目，李道傳、鄧性善、楊泰之悉棄其官。

二月，以楊輔爲四川制置使，吴曦逐之。帝意輔能誅曦，密詔授輔制置使，許以便宜從事。蜀中士大夫多勸輔以舉義者，青城山道人安世通獻書於輔，其言尤切。輔自以不習兵事，且内郡無兵可用，遷延不發。曦移輔知遂寧府，輔遂以印授通判韓植，棄成都而去。監興州合江楊巨源謀討吴曦，乃陰與曦將張林、朱邦寧及忠義士朱福等深相結。眉州程夢錫知之，以告安丙，丙屬夢錫以書致巨源。會興州中軍正將李好義，亦結軍士李貴、進士楊君玉、李坤辰、李彪等數十人。〔五八〕欲奉安丙主事，使坤辰來邀巨源與會。巨源往與約，還報丙。君玉與白子申共草密詔。未明〔五九〕，義帥其徒七十四人入僞宫。時僞宫門洞開，好義大呼而入曰：『奉朝廷密詔，以安長史爲宣撫，令我誅反賊，敢抗者夷其族。』曦兵千餘，聞有詔皆棄梃而走〔六〇〕。巨源持詔乘馬，自稱奉使，入户内。

曦啓户欲逸，李貴即前執之，刃中曦頰。曦反撲貴於地，好義亟呼王煥斧其腰，曦始縱貴，貴遂斫其首。馳告丙宣詔，軍民拜舞動天地，持曦首撫定城中，市不易肆，盡收曦黨，殺之。丙遂陳曦所以反，及矯制平賊便賞功狀，上疏自劾待罪，函曦首及違制法物與曦所受金人詔印送朝廷。朝廷大喜，曦首至臨安，獻於廟社，梟之市三日。詔誅曦妻子，家屬徙嶺南，奪曦父挺官爵，遷曦祖璘子孫出蜀，存璘廟祀。

明玉珍，隨州人。至正初，聚里中千餘人，屯青山。徐壽輝稱帝，玉珍歸之，以元帥守沔陽。與元將哈麻秃戰，流矢中左目，遂眇。尋以功授隴蜀行省右丞。至正二十年，陳友諒弒壽輝。玉珍乃自稱隴蜀王，據成都。二十二年春，僭即帝位於重慶，國號夏，建元天統。立妻彭氏爲皇后，子升爲太子。二十六年春，病卒，葬江水之北，號永昌陵，廟號太祖。立五年，年三十六。子升嗣，改元開熙，時年十歲。洪武四年，廖永忠伐蜀，下夔州，次銅鑼峽。升出降，送至京師，封歸義侯，賜第。明年徙於高麗。

洪武四年夏，明升據巴蜀。命湯和爲西征將軍，督楊璟、廖永忠、周德興、曹良臣等率京衛、荆、湘舟師，由瞿塘趨重慶，傅友德爲前將軍［六二］，督顧時、陳德、汪興祖等率河南、陝西步騎，由秦隴趋成都。密諭友德曰：『蜀人恐吾西伐，必悉其精鋭，東守瞿塘，北阻金牛。若出其不意，直搗階、文，門户既隳，腹心自潰。兵貴神速，但患不勇耳。』

四月，友德疾馳至陝，集諸軍，聲言出金牛。潛引兵趨陳倉，行抵階州，敗其將丁世珍，克其城。蜀人斷白龍江橋，友德修橋以渡，破五里關，遂拔文州。趨綿州，至漢江阻水，造戰艦百餘艘。艦成，將進兵漢州，欲以軍中消息達湯和，而山川阻絶，乃以木牌數千，書克階、文、綿州日月，投江，順流而下。蜀守者見之，皆解體。夏丞相戴壽等急分兵援漢州。未至，友德已破其守將向大亨於城下，率師迎敵，壽兵大敗，遂拔漢州。

六月，永忠至瞿塘，阻鉄鎖橋不得進。密遣數百人，持糗糧水筒，舁小舟踰山渡關，出其上流。令將士皆衣青蓑衣，魚貫走石崖間。度已至，帥精兵出墨葉渡。夜五鼓，兩軍分攻，破其陸寨[六二]。將士舁舟出江者，一時並發，上下夾攻，大破之，遂入夔府。湯和兵亦至，分道並進，直抵重慶，次銅鑼峽。明升懼，其右丞勸奔成都。升母彭氏泣曰：『事勢至此，縱往成都，不過延命旦夕。不如早降，以免生民於鋒鏑。』升遂遣使詣永忠納款。永忠以湯和未至，不受。後數日，和至重慶，明升面縛銜璧，與母彭氏及群臣奉表詣軍門降。和受璧，永忠解縛，承制慰撫，下令將士不得侵掠。送明升赴京師。

七月，傅友德進圍成都。身中流矢不退，將士殊死戰。突其象陣反走，躪藉死者甚衆。克成都，分兵會朱亮祖，徇未下州縣。崇慶知州尹善清拒戰，擊斬之。進克保寧，執吴友仁。蜀地悉平。

正德三年三月[六三]，保寧賊藍廷瑞、鄢本恕、廖惠等衆十餘萬延蔓陝西、湖廣之境，陷通江、營山，縱掠蓬、劍二州。鍾令永順土司彭世麟以計擒廷瑞［六四］、本恕，斬之。廖惠逸去，轉掠西川。官軍不敢擊，躡後馘良民爲功，士兵虐尤甚。時有謡曰：『賊如梳，兵如篦，士兵如鬀。』

崇禎十一年，李自成破七盤關，分三道入蜀。總兵侯良柱禦之於綿州，戰死。遂陷昭化、劍州、梓潼、江油、黎雅、青川［六五］，進逼成都。未幾，洪承疇督曹變蛟等來援。自成由洮州入番地，官軍轉戰千里，不解甲者二十七晝夜。自成引殘兵卒竄入岷州。

十三年五月，羅汝才、過天星犯夔州。石柱女帥秦良玉來援，與督師監紀萬元吉合軍，扼夔關。將軍左良玉、川撫邵捷春俱會。時總兵鄭嘉棟、副將羅于莘等四面蹙賊，斬賊首東山虎，擒賊自來虎等一百四十九人，前後共斬賊七千九百餘級。顛墜蹂躪死者徧山谷中，獲甲仗馬騾無數。於是托天王等皆降。

十七年四月，張獻忠陷夔州。時龍文光代陳士奇巡撫，士奇當行，蜀人留之，遂入重慶。賊屯忠州葫蘆壩四十餘日，乃左步右騎，翼舟而上［六六］。時參將曾英守涪州水路，趙榮貴守梁山陸路，遇賊敗走，賊奪佛圖關，陷涪州。人言：『公已謝事，宜去。』士奇誓守重慶，與賊相持月餘。城陷，士奇及副使陳纁、知府王行儉、知縣王錫並瑞王被賊執縛。獻忠集重慶軍民凡三萬七千餘人，斷其臂。因率衆犯成都。

獻忠薄成都，縱火急攻，成都陷，巡撫龍文光率兵拒戰，兵敗死之。蜀王闔宮遇害。獻忠即西王位，建元大順。以成都爲西京，以汪兆麟爲左丞相，嚴錫命爲右丞相，設六部尚書。朝會拜伏，呼嫠[六七]，所嗅者引出斬之。考武生，出廐馬最劣質者使騎。既上，發大礮，合營大喊，馬驚人人墮，踐爲肉泥。詭開科取，士不至者，拏戮。既至，盡殺於西門外，青羊宮棄筆硯如邱冢。川將劉進忠守漢中，多用川兵，獻忠謀坑其衆[六八]，漏言於閫者，一軍聞之盡逃。後，大清兵至漢中，進忠迎降，問獻忠所在，曰：『在順慶府金山鋪，爲西充咸亭交境，去此千餘里，疾馳五晝夜可及。』獻忠以進忠守朝天關，殊不爲意。進忠領官軍至賊營對山，指示善射者曰：『此獻忠也。』發矢中額，逃伏積薪下，拽出斬之。

賊

獻忠亂蜀，城市祠廟焚毁無遺。惟於梓潼七曲山張亞子廟盛有增飾，遇張桓侯廟亦不敢毁。黄巢之亂，所過多被毁傷，然獨厚於同姓。如黄姓之家，及黄岡黄梅等縣，皆以黄字得免。盗賊行事，相類如此。

成都江瀆廟北壁外[六九]，一美髯丈夫據銀胡牀坐，從者甚衆[七〇]。邦人云：『蜀賊李順也。』《宋史》：李順據成都，王繼恩招平之。時張詠爲成都守，繼恩送賊黨使鞫，悉放之，謂繼恩曰：『李順脅民爲賊，吾等化賊爲民，何乃不可乎？』

魏明己之侄有六直閣者，云少年在成都，時方承平[七一]，繁盛與京師同。一日，入酒肆中坐，覺桌下有遺物[七二]，如鑰匙之狀，極其光瑩，俱各不等，凡數十枚，莫曉其爲何物，姑收置之佩囊中。因遊狹斜，至深夜方歸，忽有三四少年揖於道傍，禮甚恭，然皆平生素昧者。力邀於酒肆中，堅辭不可，酒再行，乃出向所得如鑰之物見還，云：『某輩不知先生在此，輒犯不韙，兹謹納還。然所願受教於明師。』魏聞其言，略不知所謂，亦不知此爲何物，亦莫知緣何爲其所取。辭以偶爾得之，初不知爲何用，而衆猶不信，久而乃散。及扣黠者，則知此物探囊胠篋之具[七三]，此數輩適得之於魏，疑其爲高手盜也，欲師之耳。魏疑懼賈禍，亟毁棄之，久而不敢出市云。

補遺

灌縣離堆鬬雞臺之下塹鑿石崖，尺爲之畫，凡十有一，謂之水則。水及其九則民喜，盡没則民困。傍有石刻八分書『深淘灘，低則堰』六字，皆秦蜀守李冰所爲也。李公膺《益州記》[七四]。今志改『則堰』爲『作堰』，便失其意，亦且不文，書以存古。

五津。大江自湔堰至犍爲有五津，曰：白華津、萬里津、江首津、涉海津、江南津。《華陽國志》：王勃詩『風煙望五津』，盧照鄰文『予自江陽言歸至津』，皆指此也。

星橋。揚雄《蜀記》云：『星橋上應七星。』李膺《益州記》云：『一長星橋，今名萬里；二員橋，今名安樂；三機星橋，今名建昌；四夷星橋，今名笮橋[七五]；五尾星橋，今名禪尼；六沖星橋，今名永年；七曲星橋，今名升仙。』《水經注》云：『兩江有七橋，直西門郫江沖星橋，西南石牛門曰市橋，大城南門曰江橋，南萬里橋，西上曰夷橋，北折曰長升橋，十里曰升仙橋。』李冰治水造橋，上應乎七宿，故世祖謂吴漢曰『安軍宜在七橋連星間』是也。《蜀記》與《水經注》所載小異，並録之，以補地制之鈌云。

蜀有錦浦坊、三井橋、小鑾橋、江橋、闕下市。

成都青羊宮[七六]。後周爲至真觀。

天彭天社，新津。

瀘水西有真人帛仲理墓[七七]。前碑題曰『仲理名護[七八]，益州巴郡人』。

萇弘被放歸蜀，刳腸而死。蜀人以匱藏其血。三年而化爲碧玉。

《右軍帖》：王右軍之《與謝安書》云：『蜀中山川，如岷山，夏含霜雹。校之所聞[七九]，崑崙之伯仲也[八〇]。』《易林》：『舜升大禹石夷之野。』《後漢書·戴叔鸞傳》云：『大禹生西羌。』《水經注》：『禹生於蜀之廣柔縣石紐村，今之石泉縣也，石紐村，今之石鼓山也。其山朝暮二時有五色霞氣。又有大禹採藥亭在大業山，其地藥氣觸人，往往不可到。地志不載，聞之土人』云。

漢夜郎縣屬牂牁郡，唐屬珍州。牂牁郡本且蘭國，在今播州界。珍州在今施州歌羅寨[八一]。夜郎，生梓桐驛西二十里，有夜郎城，其古碑字已漫滅。

四道三谷。何仲默《三秦志》曰：自秦入蜀有三谷，有四道。三谷者，其西南曰褒谷；南曰駱谷，從洋入；東南曰斜谷，從郿入。其所從皆殊。舊云謂駱谷、儻谷同一谷，褒谷、斜谷同一谷，非是。其棧道有四出，從成、和、階、文出者爲沓中陰平道，鄧艾伐蜀由之；從兩當出者爲故道，漢高帝攻陳倉由之；從褒、鳳出者爲今連雲棧道，漢王之南鄭由之；從城固洋縣出爲斜駱道，武侯屯渭上田由之。此四道三谷者，關南之險阨，攻取所從來固矣。

王全斌伐蜀，自益光江趋來蘇徑，不由劍門入，是劍門外又別有一路也。

《趙徵君蕤》[八二]詩云：『國門遥天外，鄉路遠山隔。朝憶相如臺，夜夢子雲宅。』蘇頲《薦西蜀人才疏》云：『趙蕤術數，李白文章。』宋英宗問蜀士於歐陽修，修對曰：『文行蘇洵，經術黎醇[八三]。』

蘇子由云：『商人之書，簡潔而明肅，其詩奮發而嚴厲，非深於文者不能爲此言。』

蜀詩人

唐世蜀之詩人。陳子昂，射洪；李白，彰明；李遠，蜀人；李餘，成都；雍陶，成都；裴廷裕，成都；劉蛻，射洪；唐球，嘉州；陳詠，青神；岑倫，成都；符載，成都；雍裕之，成都；王嚴，綿州布衣；劉暌，綿州鄉進士；李渥，綿州；柳震，雙流；阮咸，成都；劉灣，蜀人；張曙，巴州；

僧可朋，丹稜；扈處宸，蜀人；毛文錫，蜀人；朱桃椎，成都；杜光庭，青城。若張蠙、韋莊、牛嶠、歐陽炯，皆他方流寓而老於蜀者。嘗欲裒集詩爲一帙，而未暇焉。

薛濤詩：『聞説邊城苦，如今到始知。好將筵上曲，唱與隴頭兒。』此薛濤在高駢宴上聞邊報樂府也。有諷諭而不露，得詩人之妙，使李白見之亦當低首，元白流紛紛停筆，不亦宜乎。濤有詩集，然不載此詩。

自古蜀之士大夫多卜居別鄉。李白寓江陵、山東、池州、廬山而終采石。老蘇欲卜嵩山，東坡欲買田陽羨。魏野之居陝州，蘇易簡之居吳門，孫光憲之居荆南，陳堯佐之居嵩縣，奕許將之居閩[八四]。張孝祥之居於湖。姚勉之居筠州。陳去非之居葉縣[八五]，毋廷瑞之居大冶，虞允文之居臨川[八六]，鄧文元之居湖州，楊孟載之居姑蘇，袁可潛之居笠澤。豈以其險遠，厭跋涉耶。

陳壽云：『蜀無史職，故災祥靡聞。』按：『黄龍見於秭歸，群鳥墜於江水，成都言有景星出，益州言無宰相氣。』若史官不能置，此事何由而書？蓋因父受髡辱，加兹傍議者也。《蜀志》又稱王崇補東觀，許蓋掌禮儀。又郄正爲秘書郎，廣求益部書籍。斯則典校無缺，屬辭有人矣。按：『後主景耀元年，史官奏景星見，大赦改元。』壽自書之，而自戾之何耶？

東坡詆佛。東坡《議學校貢舉書》斥士大夫主佛老之爲非。又《策別》云：『天子有七廟，今又飾佛老之宮而爲之祠[八七]，固已過矣。又使大臣兼官以領之，歲給費以鉅萬計，此何爲者耶！』

其言與《佛骨表》何異？又作《勝相院記》謂：「治其學者，大抵設械以應敵，匿形以逃敗[八八]，窘則推墜滉漾中，不可捕捉，如是而已。』此數句盡古今禪學自欺欺人之病。然東坡於禪學深入冥契，而其言如此，何也？蓋其與世不合，姑以消其不平，莊子云：『因之以曼衍，所以窮年也。』殆東坡之謂乎？又《賀坤成節表》：『放億萬之羽毛，未若消兵以全赤子。飯無數之緇褐，不若散廩以活饑民。』

蜀牋、川筆、川墨。蜀牋自唐已名天下。予修蜀藝文，有《蜀牋譜》一篇。近觀《龍川集》陳同甫與朱元晦書云：『川筆十枝，川墨一挺，蜀人以爲絶品。』則蜀之筆墨爲絶品，不知何時降爲眉州、大邑之濫惡耳。

蜀涪有相思崖，昔有童子、草女相悦交贈。今竹有桃釵之形，竹亦有柔麗之異。崖名相思崖，竹曰相思竹。

蘇東坡《書懷民所遺墨》：『世人論墨，多貴其黑，而不取其光。』不黑固爲棄物，不光則索然無神采，亦復無用。懷民遺僕二枚，云『清煙煤法墨』[八九]，既黑且光，殆如前所言者，書以報之。

《蘇東坡跋》：『張旭爲常熟尉，有父老訴事，爲判其狀。他日又來，張甚怒，以爲好訟。叩頭曰「非敢訟，誠見公筆勢殊妙，欲家藏之耳」。』

蘇東坡在黄時，每燕集，醉墨淋漓，不惜與人，至於營妓，亦時有之。有李琪者，慧而知書札，坡每顧之喜，終未獲賜。至公移汝州祖行[九〇]，琪再拜，取領巾乞書。公大書：『東坡七歲黄州住，何事無言及李琪。』即擲筆，與客談笑。至將徹，琪復拜請，坡大笑曰：『幾忘出場。』繼書云：『恰似西川杜工部，海棠雖好不留詩。』

圓通禪院蘇老泉舊遊處，東坡四月二十四日宿焉。明日老泉忌日也，乃手書《寶積獻蓋頌佛》一偈以贈長老僊公。僊公拊掌笑曰：『昨夜夢寶蓋飛下，着處輒出火。豈此祥乎。』東坡於是作詩：『石耳峰頭路接天，梵音堂下月臨泉。此生初飲廬山水，他日徒參雪竇禪[九一]。袖裏寶書猶未出，夢中飛蓋已先傳。何人更識嵇中散，野鶴昂藏未是仙。』

紹聖元年四月十五日，蘇東坡過韋城，而吴傳正之甥歐陽思仲在焉，相與談傳正高風。東坡嘗作《洞庭春色賦》，傳正獨愛重之，又作《中山松醪賦》，不減前作，東坡獨恨傳正未見。乃取李氏澄心堂紙、杭州程奕鼠鬚筆、傳正所贈易水供堂墨，録以授思仲，使面授傳正，且祝深藏之。

東坡與傳正爲世外之遊。及將赴中山，傳正贈東坡易水供堂墨一丸而别。

建炎以後，尚蘇氏文章。有語曰：『蘇文熟，喫羊肉。蘇文生，喫菜羹。』

邛州吴時，敏於爲文，未嘗屬稿。人目爲『立地書廚』。

温江出黄花蛇。長百丈，神光照三百餘步，口吐椒梅花香，熏灼三十餘里，殺啖人畜無數。差甲士二千餘收捕，爲其掉尾捲去溺死五百人。命天師與法官治之方戮，死骨如山。

梓潼蛇。蜀王遣五丁迎秦女，還至梓潼，見一大蛇入山穴中。一丁引其尾，不能出。五丁共引其尾，山崩。五丁踏蛇而大呼。

神泉。成都府安縣有泉十四穴，甘香異常，痼疾飲之即瘥。隋置神泉縣。

隱劍泉，在保寧府，梓潼五丁力士廟西一十七步。古老相傳云[九二]：『五丁開劍，路迎秦女，拔蛇山摧，五丁與女俱斃於此。』餘劍隱在路傍，忽生一泉。又云此劍每庚申見。

玉版泉，在重慶府銅梁縣南巴嶽山上。味甘冽不竭。相傳昔人鑿井得玉版[九三]，叩之清越如磬聲然。

諸葛武侯還定軍山，作一鼎，埋於漢川，其文曰『定軍鼎』。又作八陣鼎，沉於永安水中。皆大篆書。

敘州府慶符縣，蘭有春蘭、秋蘭、鳳尾蘭、素蘭、石蘭、竹蘭。春蘭花生葉下，素蘭花生葉上。

邛州有弄色木芙蓉。花先白，次绿，次緋，次紫。號文官花。

婆羅花。峨眉山中，苞大如拳，葉似枇杷，凡二十餘葉。

涪州僧無相嘗渡水無船，乃安鉢水中流[九四]，曰：『汝可自渡』，便取芭蕉搭水渡之，鉢亦隨至，達岸而去。

華陽王松麓煓，有樂府《蜀宮》四首。一《荷池引》，吊蜀王近侍嚴蘭珍也。蘭珍，華陽人。

父椿茂，邑諸生。珍工書法，年十六同邑齊飛鸞、許若瓊、李麗華選入宮。崇禎甲申十一月，賊攻城急，珍投宮西苑荷池死。二御溝怨，吊蜀王近侍齊飛鸞也。甲申十月朔，上同周貴妃自經端和殿，飛鸞躍入御溝死。三銀瓶擊，吊蜀王近侍許若瓊也。王殁之日，賊入宮，逆闖王宣執瓊見賊，賊喜，僞封皇后。夜伴宴寢，瓊持席上銀瓶，擊中獻賊額，賊大怒，戕瓊右臂，瓊復以左手挺，賊又戕左臂，罵不絶口，賊衆臠之。四漢殿仙，吊蜀王近侍季麗華也。麗華幼慧，父友許寬義嘗以『吴江月』[九五]令對，華應曰『漢殿秋』，其家因呼爲『漢殿仙』。賊破蜀宮，幽華密處，絶粒五日不死。十二月六日，吞金卒，卒時與蘭珍、飛鸞、若瓊年皆二十歲。《荷池引》曰：『宮中書法誰第一，嚴家女有鍾王筆。麗春軒裏最承恩，繭紙鸞箋紛絡繹[九六]。競渡詩成寫未終，驚天鼙鼓王城急[九七]。國將亡，生何益。妾身殞，妾事畢。行過風橋梳束鬟，回頭東望煙塵逼。不受賊奴污，願作魚兒食。浣花深水深幾尺，明年花開色應碧。』《怨》曰：『外城開，内城開，蜀地山河何有哉。國君縊，王后縊，魂與烈皇悲社稷。君王殉國妾殉君，仰天一痛慘煙雲。御溝水深清瀰瀰，中有玉人眠水底。君不見，美人頭桃花面，酒可消色不變。』《銀瓶擊》曰：『錦官城頭鼓聲死，鐵礮如雷地中起，山嶽崩頹悲徹耳。宮門開，黄虎來，殿庭格磔屍盈階。嗚呼！蜀王安在哉。阿瓊倉皇逢惡監，縛以獻賊賊稱豔。趨立宮中陪夜宴，包羞忍恥受賊封。決討殺賊酒筵中，眼底已無張獻忠。自顧手中無寸鐵，審視國仇心膽烈。隱孃驤首提銀瓶，奮力擊賊賊腦裂。賊曾未死魂已攝，群賊顧之咸飑䏶。右臂折，左臂折，倒地駡聲猶未絶。肉難骨碎飛香血。香血飛，貞心烈，惟誰與歸。荆軻難把秦王袖，豫讓徒擊趙襄衣，都亭殺賊今古稀。君不見，司農擲笏擊朱泚，忠義之氣堪比擬。堂堂大節屬娥眉，荆軻豫讓空男子。吁嗟乎！荆軻豫讓空男子。』《漢殿仙》曰：『漢殿仙，蜀王宣。夜何處，麗春軒。五日浣花溪上渡。王有賦，誰能對，字裏風霜含諷諭。龍舟酣宴正傳杯，錦水爲竭寇忽來。殺聲賊焰日爲隤，案頭黄紙隨劫灰。念君王，美人傷，絶粒不死吞金亡。何物黠賊逞狓猖，争殘玉體舞郎當。豈知烈女骨，萬古猶馨香。』

校勘記

〔一〕『楊褒』，底本作『楊豪』，今據乾隆補修本及《資治通鑑》改。
〔二〕『宕渠』，底本作『巖渠』，今據《十六國春秋》改。
〔三〕『祖先』，底本作『其先』，今據《十六國春秋》改。
〔四〕『光圖』，底本作『光國』，今據《新五代史》改。
〔五〕『宿坂』後原脱『下』字，今據《新五代史》補。
〔六〕『濛新』兩字間原脱『陽』字，今據《新五代史》補。
〔七〕此句脱文致文句不通，《新五代史》作『敬瑄不受代，昭宗命昭度將彦朗討之』。
〔八〕『敗之』，底本作『之敗』，今據《新五代史》改。
〔九〕『攻』，底本作『敗』，今據《新五代史》改。

〔一〇〕「嘉」，底本作「喜」，今據《新五代史》改。

〔一一〕「李繼」後原脱「業」字，今據《新五代史》補。

〔一二〕「令」，底本作「命」，今據乾隆補修本及《新五代史》改。

〔一三〕此句，《新五代史》作「宗佶本姓甘氏，建爲忠武軍卒時掠得之，養以爲子」。

〔一四〕「州」，底本作「川」，今據《新五代史》改。

〔一五〕此句，《新五代史》作「梁叛將劉知俊在岐，於是特以其族來」。

〔一六〕「十月」，底本作「十一月」，今據《新五代史》改。

〔一七〕「褻味」，底本作「䙝味」，今據乾隆補修本及《新五代史》改。

〔一八〕「都統」，底本作「統都」，今據《資治通鑑》改。

〔一九〕「軍事」，底本作「軍士」，今據乾隆補修本及《資治通鑑》改。

〔二〇〕「輿櫬、啣璧、面縛」，底本作「輿襯、啣壁、靣縛」，今據乾隆補修本及《資治通鑑》改。

〔二一〕「三年」，《新五代史》作「同光四年」。

〔二二〕「宋師」，《新五代史》作「京師」。

〔二三〕「邢州龍岡人」，底本作「刑州龍江人」，今據《新五代史》改。

〔二四〕「中門使」，底本作「中將使」，今據《新五代史》改。

〔二五〕「候」，底本作「侯」，今據乾隆補修本改。

〔二六〕「客王」兩字間原脱「將」字，今據《新五代史》補。

〔二七〕「李仁矩」，底本作「李仁規」。「縉」，底本作「縉」。今據《新五代史》改。

〔二八〕「從」，底本作「徙」，今據《新五代史》改。

〔二九〕「進奉軍將杜紹本」，底本作「進秦軍將杜紹」，今據《新五代史》改。

〔三〇〕「知祥」，底本作「知州」，今據《新五代史》改。

〔三一〕「遺思」兩字間原脱「王」字，今據《新五代史》補。

〔三二〕「用以爲相」前原脱「乃」字，乾隆補修本作「仄」，今據《新五代史》改。

〔三三〕「職供」，底本作「貢職」，今據《宋史》改。

〔三四〕此句，《宋史》作「彦韜潛以蜀與北漢約同舉兵蠟丸書獻之」；《新五代史》作「以蠟丸書間行東漢，約出兵以撓中國，爲邊吏所得」。

〔三五〕據《宋史》，其時爲「三年春正月」。

〔三六〕「股慄」，底本作「股慓」，今據《宋史》改。

〔三七〕「趙崇韜」，底本作「趙彦韜」，今據《宋史》改。

〔三八〕「三年正月」，《宋史》作「二年十二月」。

〔三九〕「屬」，底本作「蜀」，今據《宋史》改。

〔四〇〕「刑巒表於魏主」，底本作「刑蠻表於魏王」，今據《資治通鑑》改。

〔四一〕「駑怯」，底本作「驚怯」，今據《資治通鑑》改。

〔四二〕「石知顒」，底本作「石智」，今據《宋史》改。

〔四三〕「攻」，底本作「邛」，今據《宋史》改。

〔四四〕「都巡檢使劉紹榮」，底本作「部巡檢使劉紹營」，今據《宋史》改。

〔四五〕「張思鈞」，底本作「張思均」，今據《宋史》改。

〔四六〕「北」，底本作「百」，今據《宋史》改。

〔四七〕「沮」，底本作「阻」，今據《宋史》改。

〔四八〕「脱死」兩字間原脱「至」字，今據《宋史》補。

〔四九〕『丘崇』，底本作『丘宗山』，今據《宋史》改。
〔五〇〕『韓侂胄』，底本作『韓佹胄』，今據《續資治通鑑》改。
〔五一〕『知』，底本作『之』，今據乾隆補修本及《續資治通鑑》改。
〔五二〕『金人』，底本作『今人』，今據乾隆補修本及《續資治通鑑》改。
〔五三〕『署』，底本作『暑』，今據乾隆補修本及《續資治通鑑》改。
〔五四〕『毋思』，底本作『母思』，今據《續資治通鑑》改。
〔五五〕『金完顔綽哈攻鳳州』，底本作『金完顔抄合攻鳳州』，今據《續資治通鑑》改。
〔五六〕『利吉』，底本作『利告』，今據《續資治通鑑》改。
〔五七〕『禄祁』，底本作『禄初』，今據《續資治通鑑》改。
〔五八〕『欲奉』句前，原衍有『好義亦結』四字，今據《續資治通鑑》删。
〔五九〕『明』字前原脱『未』字，今據《續資治通鑑》補。
〔六〇〕『梃』，底本作『挺』，今據《續資治通鑑》改。
〔六一〕『傅友德爲前將軍』，底本作『傅有德爲前軍』，今據《明史》改。
〔六二〕『陸寨』，底本作『六寨』，今據《明史》改。
〔六三〕『正德三年三月』，乾隆補修本及《明史》作『五年三月』；《明史》作『三年三月』。應從《明史》作『三年三月』。
〔六四〕『彭世麟』，底本作『彭氏麟』，今據乾隆補修本及《明史》改。
〔六五〕『青川』，底本作『青神』，今據《明史》改。
〔六六〕『舟』，底本作『角』，今據《明史》改。
〔六七〕『獒』，底本作『熬』，今據《明史》改。

〔六八〕『坑』，底本作『陷』，今據《誅巢新編》改。
〔六九〕『成都』，底本作『城都』，今據《老學庵筆記》改。
〔七〇〕『衆』，底本作『多』，今據乾隆補修本及《老學庵筆記》改。
〔七一〕『時承』兩字間原脱『方』字，今據《癸辛雜識》補。
〔七二〕『桌』，底本作『草』，今據《癸辛雜識》改。
〔七三〕『胠笈』，底本作『腳笈』，今據《癸辛雜識》改。
〔七四〕『李公膺』，底本作『李公應』，今據《格致鏡原》改。
〔七五〕『笮橋』，底本作『雀橋』，今據《蜀中廣記》改。
〔七六〕『青羊宫』，乾隆補修本作『青陽宫』。
〔七七〕『帛仲理』，底本作『帛仲李』，今據乾隆補修本及《水經注》改。
〔七八〕『仲理名』後原脱『護』字，今據《丹鉛餘録》補。
〔七九〕『校』，底本作『較』，今據《太史升庵文集》改。
〔八〇〕『之仲』兩字間原脱『伯』字，今據《太史升庵文集》補。
〔八一〕『歌羅寨』，底本作『歌羅塞』，今據《太史升庵文集》改。
〔八二〕原詩爲李白作《淮南卧病書懷寄蜀中趙徵君蕤》。
〔八三〕『黎醇』，疑即『黎錞』。
〔八四〕『闑』，《廣志繹》作『閆』。
〔八五〕『之葉』兩字間原脱『居』字，今據《廣志繹》補。
〔八六〕『臨川』，底本作『臨州』，今據《廣志繹》改。
〔八七〕『祠』，底本作『詞』，今據《太史升庵文集》改。

［八八］『形』，底本作『邪』，今據乾隆補修本及《太史升庵文集》改。
［八九］『墨』，底本作『黑』，今據乾隆補修本及《蘇軾集》改。
［九〇］『汝祖』兩字間原脱『州』字，今據《春渚紀聞》補。
［九一］『雪竇』，底本作『雪竇』，今據《蘇軾集》改。
［九二］『古老』後原脱『相傳』兩字，今據《太平寰宇記》補。
［九三］『斵』，底本作『斷』，今據《蜀中廣記》改。
［九四］『中流』二字間原衍『中』字，今據《續高僧傳》删。
［九五］『令』，底本作『冷』，今據乾隆補修本及《雨村詩話》改。
［九六］『絡』，底本作『路』，今據乾隆補修本及《雨村詩話》改。
［九七］『城』，底本作『誠』，今據乾隆補修本及《雨村詩話》改。